ZEN HUMAN DESIGN
EPHEMERIS
1926–1950

ZEN HUMAN DESIGN

ZEN HUMAN DESIGN
EPHEMERIS
1926–1950

ISBN 978-1-931164-20-7

© 2019 Zen Human Design
All rights reserved.

Compiled, edited, designed, illustrated and produced by Chaitanyo.

No reproduction without the written permission of the publisher.

Zen Human Design
www.humandesignsystem.com

January 1926

Date/Time	☉	⊕	☾	☊	☋	☿	♀	♂	♃	♄	⚷	♆	♅
1 00	38.1	39.1	56.5	62.6	61.6	26.1	49.3	34.3	60.3	43.5	22.6	4.6	39.5
12			31.6	D	D	D	D	34.4	D	D	D	R	R
2 00	38.2	39.2	33.6			26.2							
12			7.6			26.3	49.4						
3 00	38.3	39.3	4.6					34.5	60.4				
12	38.4	39.4	59.1			26.4							
4 00			40.1										
12	38.5	39.5	64.1			26.5	49.5	34.6					
5 00			47.2			26.6							
12	38.6	39.6	6.2					9.1					
6 00			46.3			11.1							
12	54.1	53.1	18.3			11.2	49.6						
7 00			48.4					9.2	60.5				
12	54.2	53.2	57.4	R	R	11.3							
8 00			32.5			11.4							
12	54.3	53.3	50.6					9.3					
9 00	54.4	53.4	44.1			11.5	30.1						
12			1.2			11.6		9.4		43.6			
10 00	54.5	53.5	43.3										
12			14.4			10.1							
11 00	54.6	53.6	34.6			10.2		9.5	60.6				
12			5.2			10.3							
12 00	61.1	62.1	26.3										
12			11.5			10.4	30.2	9.6					
13 00	61.2	62.2	58.1			10.5							
12			38.3			10.6							
14 00	61.3	62.3	54.5					5.1					
12	61.4	62.4	60.1	D	D	58.1							
15 00			41.3			58.2		5.2	41.1				
12	61.5	62.5	19.5			58.3							
16 00			49.1										
12	61.6	62.6	30.3	R	R	58.4		5.3					
17 00			55.5			58.5							
12	60.1	56.1	63.1			58.6							
18 00			22.3				R	5.4					
12	60.2	56.2	36.5			38.1							
19 00			25.6			38.2		5.5	41.2				
12	60.3	56.3	21.2			38.3							
20 00			51.3			38.4							
12	60.4	56.4	42.4					5.6					
21 00	60.5	56.5	3.5	D	D	38.5							
12			27.6			38.6				36.1			
22 00	60.6	56.6	2.1			54.1		26.1		14.1			
12			23.2			54.2							
23 00	41.1	31.1	8.3					26.2	41.3				
12			20.4			54.3	30.1						
24 00	41.2	31.2	16.4			54.4							
12			35.5			54.5		26.3					
25 00	41.3	31.3	45.5			54.6							
12			12.6										39.4
26 00	41.4	31.4	15.6			61.1		26.4					
12	41.5	31.5	39.1			61.2							
27 00			53.1			61.3	49.6	26.5	41.4				
12	41.6	31.6	62.1			61.4							
28 00			56.2	R	R	61.5							
12	19.1	33.1	31.2					26.6					
29 00			33.2			61.6	49.5						
12	19.2	33.2	7.3			60.1							
30 00			4.3			60.2		11.1					
12	19.3	33.3	29.3			60.3			41.5				
31 00			59.4			60.4	49.4	11.2					
12	19.4	33.4	40.4			60.5							

February 1926

Date/Time	☉	⊕	☾	☊	☋	☿	♀	♂	♃	♄	⚷	♆	♅
1 00	19.5	33.5	64.4	62.6	61.6	60.5	49.4	11.2	41.5	14.1	36.1	4.6	39.4
12			47.5	R	R	60.6	R	11.3	D	D	D	R	R
2 00	19.6	33.6	6.5			41.1	49.3						
12			46.5	62.5	61.5	41.2							
3 00	13.1	7.1	18.6			41.3		11.4					
12			57.1			41.4	49.2		41.6				
4 00	13.2	7.2	32.1			41.5							
12			50.2					11.5					
5 00	13.3	7.3	28.3			41.6	49.1						
12			44.3			19.1		11.6					
6 00	13.4	7.4	1.4	D	D	19.2							
12			43.5			19.3	13.6						
7 00	13.5	7.5	14.6			19.4		10.1		14.2			
12	13.6	7.6	9.2			19.5			19.1				
8 00			5.3			19.6	13.5	10.2					4.5
12	49.1	4.1	26.4			13.1							
9 00			11.6			13.2							
12	49.2	4.2	58.2					13.4	10.3				
10 00			38.3			13.3							
12	49.3	4.3	54.5			13.4							
11 00			60.1	R	R	13.5	13.3	10.4			36.2		
12	49.4	4.4	41.3			13.6			19.2				
12 00			19.5			49.1		10.5					
12	49.5	4.5	49.2			49.2							
13 00			30.4			49.3	13.2						
12	49.6	4.6	55.6			49.4		10.6					
14 00	30.1	29.1	63.2			49.5							
12			22.4			49.6	13.1						
15 00	30.2	29.2	36.6			30.1		58.1					
12			17.2			30.2			19.3				
16 00	30.3	29.3	21.3			30.3		58.2					
12			51.5			30.4	19.6						
17 00	30.4	29.4	3.1			30.5							
12			27.2			30.6		58.3					
18 00	30.5	29.5	24.3			55.1							
12			2.4			55.2	19.5						
19 00	30.6	29.6	23.5			55.3		58.4					
12			8.6			55.4							
20 00	55.1	59.1	16.1	D	D	55.5		58.5	19.4				
12	55.2	59.2	35.2			55.6							
21 00			45.2										
12	55.3	59.3	12.3			37.1	19.4	58.6					
22 00			15.3			37.2							
12	55.4	59.4	52.4			37.4							
23 00			39.4			37.5		38.1					
12	55.5	59.5	53.4			37.6							
24 00			62.5			63.1		38.2	19.5				
12	55.6	59.6	56.5	R	R	63.2							
25 00			31.5			63.3							
12	37.1	40.1	33.5			63.4		38.3					
26 00			7.6			63.5	19.3						
12	37.2	40.2	4.6			63.6							
27 00	37.3	40.3	29.6			22.1		38.4					
12			40.1			22.2							
28 00	37.4	40.4	64.1			22.3		38.5	19.6				
12			47.1			22.4	D						

1926

March 1926

Date/Time	☉	⊕	☾	☊	☋	☿	♀	♂	♃	♄	⯝	♆	♅
1 00	37.5	40.5	6.2	62.5	61.5	22.5	19.3	38.5	19.6	14.2	36.3	4.5	39.4
12			46.2	R	R	22.6	D	38.6		D	D	R	R
2 00	37.6	40.6	18.3			36.1							
12			48.3	62.4	61.4	36.2	19.4	54.1					
3 00	63.1	64.1	57.4			36.3							
12			32.5										
4 00	63.2	64.2	50.5			36.4		54.2	13.1				
12			28.6			36.5							
5 00	63.3	64.3	1.1			36.6							
12			43.2			25.1		54.3					
6 00	63.4	64.4	14.2			25.2							
12	63.5	64.5	34.3			25.3		54.4		R			
7 00			9.5			25.4							
12	63.6	64.6	5.6	D	D	25.5							
8 00			11.1			25.6	19.5	54.5					
12	22.1	47.1	10.2						13.2				
9 00			58.4			17.1							
12	22.2	47.2	38.5			17.2		54.6					
10 00			61.1			17.3							
12	22.3	47.3	60.3	R	R	17.4	19.6	61.1					
11 00			41.4			17.5							
12	22.4	47.4	19.6			17.5							
12 00			49.2			17.6		61.2					
12	22.5	47.5	30.4										
13 00			55.6			21.1	13.1	61.3	13.3				
12	22.6	47.6	63.2										
14 00	36.1	6.1	22.4			21.2							
12			36.6			21.3		61.4					
15 00	36.2	6.2	17.2				13.2					4.4	
12			21.4										
16 00	36.3	6.3	51.6	62.3	61.3	21.4		61.5					
12			3.2										
17 00	36.4	6.4	27.3			21.5	13.3	61.6	13.4				
12			24.5								36.4		
18 00	36.5	6.5	2.6										
12			8.1				13.4	60.1					
19 00	36.6	6.6	20.2			21.6							
12			16.3					60.2					
20 00	25.1	46.1	35.4				13.5						
12			45.5										
21 00	25.2	46.2	12.5					60.3					
12			15.6	D	D	13.6							
22 00	25.3	46.3	52.6			R			13.5				
12	25.4	46.4	53.1					60.4					
23 00			62.1			49.1							
12	25.5	46.5	56.1	R	R			60.5					
24 00			31.2										
12	25.6	46.6	33.2				49.2						
25 00			7.2			21.5		60.6					
12	17.1	18.1	4.3										
26 00			29.3				49.3	41.1					
12	17.2	18.2	59.3			21.4			13.6				
27 00			40.4				49.4						
12	17.3	18.3	64.4					41.2					D
28 00			47.4			21.3							
12	17.4	18.4	6.5	62.2	61.2		49.5						
29 00			46.5					41.3					
12	17.5	18.5	18.6			21.2	49.6						
30 00			57.1					41.4					
12	17.6	18.6	32.1			21.1							
31 00	21.1	48.1	50.2				30.1						
12			28.3					41.5	49.1				

April 1926

Date/Time	☉	⊕	☾	☊	☋	☿	♀	♂	♃	♄	⯝	♆	♅
1 00	21.2	48.2	44.4	62.2	61.2	17.6	30.2	41.5	49.1	14.2	36.4	4.4	39.4
12			1.4	R	R	R	D	41.6	D	R	D	R	D
2 00	21.3	48.3	43.5	62.1	61.1	17.5	30.3						
12			14.6										
3 00	21.4	48.4	9.1			17.4		19.1			36.5		
12			5.2				30.4			14.1			
4 00	21.5	48.5	26.4										
12			11.5			17.3	30.5	19.2					
5 00	21.6	48.6	10.6										
12			38.1			17.2	30.6	19.3	49.2				
6 00	51.1	57.1	54.3	D	D								
12			61.4	R	R		55.1						
7 00	51.2	57.2	60.6			17.1		19.4					
12			19.1				55.2						
8 00	51.3	57.3	13.3					19.5					
12			49.5			25.6	55.3						
9 00	51.4	57.4	30.6										
12	51.5	57.5	37.2				55.4	19.6					
10 00			63.4										
12	51.6	57.6	22.6						49.3				
11 00			25.2			25.5	55.5	13.1					
12	42.1	32.1	17.4										
12 00			21.5				55.6	13.2					
12	42.2	32.2	42.1										
13 00			3.3	53.6	54.6		37.1						
12	42.3	32.3	27.4					13.3					
14 00			24.6			D	37.2						
12	42.4	32.4	23.1					13.4					
15 00			8.3				37.3						
12	42.5	32.5	20.4										
16 00			16.5				37.4	13.5	49.4				
12	42.6	32.6	35.6										
17 00			12.1			25.6	37.5						
12	3.1	50.1	15.1				37.6	13.6					
18 00			52.2										
12	3.2	50.2	39.2				63.1	49.1					
19 00			53.3										
12	3.3	50.3	62.3	D	D		63.2						
20 00			56.4	R	R	17.1		49.2					
12	3.4	50.4	31.4				63.3			43.6	36.6		
21 00	3.5	50.5	33.4					49.3					
12			7.5			17.2	63.4						
22 00	3.6	50.6	4.5					49.5					
12			29.5				63.5	49.4					
23 00	27.1	28.1	59.6			17.3							
12			40.6				63.6						
24 00	27.2	28.2	64.6					49.5					
12			6.1			17.4	22.1						
25 00	27.3	28.3	46.1	53.5	54.5			49.6					
12			18.2			17.5	22.2						
26 00	27.4	28.4	48.3				22.3						
12			57.3			17.6	30.1						
27 00	27.5	28.5	32.4				22.4						
12			50.5			21.1	30.2						
28 00	27.6	28.6	28.6				22.5						
12			1.1			21.2		49.6					
29 00	24.1	44.1	43.2				22.6	30.3					
12			14.3			21.3							
30 00	24.2	44.2	34.4	53.4	54.4		36.1	30.4					
12			9.5			21.4							

1926

May 1926

Date/Time	☉	⊕	☾	☊	☋	☿	♀	♂	♃	♄	⊕̂	♆	⚳
1 00	24.3	44.3	5.6	53.4	54.4	21.4	36.2	30.4	49.6	43.6	36.6	4.4	39.4
12			11.1	R	R	21.5	36.3	30.5	D	R	D	R	D
2 00	24.4	44.4	10.3			21.6							
12			58.4				36.4						
3 00	24.5	44.5	38.5			51.1		30.6					
12			61.1	D	D		36.5						
4 00	24.6	44.6	60.2			51.2		55.1		43.5		D	
12	2.1	1.1	41.4			51.3	36.6						
5 00			19.5				25.1						
12	2.2	1.2	49.1	R	R	51.4		55.2	30.1				
6 00			30.2			51.5	25.2						
12	2.3	1.3	55.4			51.6		55.3					
7 00			37.5				25.3						
12	2.4	1.4	22.1			42.1							
8 00			36.3			42.2	25.4	55.4					
12	2.5	1.5	25.4										
9 00			17.6			42.3	25.5						
12	2.6	1.6	51.2			42.4	25.6	55.5					
10 00			42.3			42.5							
12	23.1	43.1	3.5			42.6	17.1	55.6					
11 00			27.6								25.1		
12	23.2	43.2	2.2			3.1	17.2						
12 00			23.3	53.3	54.3	3.2	17.3	37.1					
12	23.3	43.3	8.4			3.3							
13 00			20.5			3.4	17.4	37.2					
12	23.4	43.4	16.6										
14 00			45.1			3.5	17.5		30.2				
12	23.5	43.5	12.2			3.6		37.3					
15 00			15.3			27.1	17.6						
12	23.6	43.6	52.4			27.2	21.1						
16 00			39.4			27.3		37.4					
12	8.1	14.1	53.5	D	D	27.4	21.2				43.4		
17 00			62.5			27.5		37.5					
12	8.2	14.2	56.6			27.6	21.3						
18 00			31.6										
12	8.3	14.3	7.1			24.1	21.4	37.6					
19 00			4.1			24.2	21.5						
12	8.4	14.4	29.1			24.3							
20 00			59.1	R	R	24.4	21.6	63.1					
12	8.5	14.5	40.2			24.5							
21 00	8.6	14.6	64.2			24.6	51.1	63.2					
12			47.3			2.1	51.2						
22 00	20.1	34.1	6.3			2.2							
12			46.3			2.3	51.3	63.3					
23 00	20.2	34.2	18.4			2.4							
12			48.5			2.5	51.4	63.4					
24 00	20.3	34.3	57.5			2.6	51.5						
12			32.6			23.1							
25 00	20.4	34.4	28.1			23.2	51.6	63.5	30.3				
12			44.2			23.3							
26 00	20.5	34.5	1.3			23.4	42.1						
12			43.4			23.6	42.2	63.6					39.5
27 00	20.6	34.6	14.5			8.1							
12			34.6	53.2	54.2	8.2	42.3	22.1					
28 00	16.1	9.1	5.2			8.3							
12			26.3			8.4	42.4						
29 00	16.2	9.2	11.4			8.5	42.5	22.2					
12			10.6			8.6				43.3			
30 00	16.3	9.3	38.1			20.1	42.6						
12			54.3	D	D	20.2		22.3					
31 00	16.4	9.4	61.4			20.4	3.1						
12			60.6			20.5	3.2	22.4					

June 1926

Date/Time	☉	⊕	☾	☊	☋	☿	♀	♂	♃	♄	⊕̂	♆	⚳
1 00	16.5	9.5	19.2	53.2	54.2	20.6	3.2	22.4	30.3	43.3	25.1	4.4	39.5
12			13.3	D	D	16.1	3.3		D	R	D	D	D
2 00	16.6	9.6	49.5			16.2		22.5					
12			30.6			16.3	3.4						
3 00	35.1	5.1	37.2			16.5	3.5						
12			63.4	R	R	16.6		22.6					
4 00	35.2	5.2	22.5			35.1	3.6						
12			25.1			35.2		36.1					
5 00	35.3	5.3	17.2			35.3	27.1						
12			21.4			35.4	27.2						
6 00	35.4	5.4	51.5			35.6		36.2					
12			42.6			45.1	27.3						
7 00	35.5	5.5	27.2			45.2							
12			24.3			45.3	27.4	36.3					
8 00	35.6	5.6	2.4			45.4	27.5						
12			23.5			45.5		36.4					
9 00	45.1	26.1	20.1			12.1	27.6						
12			16.2			12.2							
10 00	45.2	26.2	35.3			12.3	24.1	36.5					
12			45.3			12.4	24.2				25.2		
11 00	45.3	26.3	12.4			12.5							
12			15.5			12.6	24.3	36.6					
12 00	45.4	26.4	52.6			15.1	24.4						
12	45.5	26.5	39.6			15.3		25.1		43.2			
13 00			62.1	D	D	15.4	24.5						
12	45.6	26.6	56.1			15.5							
14 00			31.2			15.6	24.6	25.2					
12	12.1	11.1	33.2			52.1	2.1						
15 00			7.3			52.2							
12	12.2	11.2	4.3			52.3	2.2	25.3					
16 00			29.3			52.4							
12	12.3	11.3	59.4			52.5	2.3		R				
17 00			40.4			52.6	2.4	25.4					
12	12.4	11.4	64.4			39.1							
18 00			47.5			39.2	2.5	25.5					
12	12.5	11.5	6.5	R	R	39.3	2.6						
19 00			46.5			39.4							
12	12.6	11.6	18.6			39.5	23.1	25.6					
20 00			48.6			39.6							
12	15.1	10.1	32.1			53.1	23.2						
21 00			50.2			53.2	23.3	17.1					
12	15.2	10.2	28.3			53.3							
22 00			44.3			53.4	23.4					4.5	
12	15.3	10.3	1.4			53.5		17.2					
23 00			43.5			53.6	23.5						
12	15.4	10.4	34.1			62.1	23.6	17.3					
24 00			9.2			62.2							
12	15.5	10.5	5.3			62.3	8.1						
25 00			26.5				8.2	17.4					
12	15.6	10.6	11.6			62.4							
26 00			58.2			62.5	8.3						
12	52.1	58.1	38.4			62.6		17.5					
27 00			54.5	D	D	56.1	8.4						
12	52.2	58.2	60.1			56.2	8.5						
28 00			41.3					17.6					
12	52.3	58.3	19.5			56.3	8.6						
29 00			49.1			56.4	20.1						
12	52.4	58.4	30.2			56.5		21.1					
30 00			55.4			56.6	20.2						
12	52.5	58.5	37.6										

1926

July 1926

Date/Time	☉	⊕	☾	☊	☋	☿	♀	♂	♃	♄	⛢	♆	♇
1 00	52.5	58.5	22.2	53.2	54.2	31.1	20.3	21.2	30.3	43.2	25.2	4.5	39.5
12	52.6	58.6	36.3	D	D	31.2	20.4		D	R	R	D	D
2 00			25.5			31.3		21.3					
12	39.1	38.1	17.6				20.5			43.1			
3 00			51.2	R	R	31.4	20.6						
12	39.2	38.2	42.3			31.5		21.4					
4 00			3.4				16.1						
12	39.3	38.3	27.6			31.6							39.6
5 00			2.1			33.1	16.2	21.5					
12	39.4	38.4	23.2				16.3				R		
6 00			8.3			33.2							
12	39.5	38.5	20.4			33.3	16.4	21.6					
7 00			16.5				16.5						
12	39.6	38.6	35.6			33.4							
8 00			45.6				16.6	51.1					
12	53.1	54.1	15.1			33.5							
9 00			52.2			33.6	35.1		30.2				
12	53.2	54.2	39.2	D	D		35.2	51.2					
10 00			53.3			7.1							
12	53.3	54.3	62.3	R	R		35.3						
11 00			56.4			7.2	35.4	51.3					
12	53.4	54.4	31.4										
12 00	53.5	54.5	33.5			7.3	35.5						
12			7.5					51.4					
13 00	53.6	54.6	4.5			7.4	35.6						
12			29.6				45.1						
14 00	62.1	61.1	59.6					51.5					
12			40.6			7.5	45.2						
15 00	62.2	61.2	47.1				45.3						
12			6.1			7.6		51.6					
16 00	62.3	61.3	46.1				45.4						
12			18.2										
17 00	62.4	61.4	48.2			4.1	45.5	42.1					
12			57.3				45.6						
18 00	62.5	61.5	32.3										
12			50.4	D	D		12.1	42.2					
19 00	62.6	61.6	28.4			4.2	12.2						
12			44.5										
20 00	56.1	60.1	1.6				12.3	42.3	30.1				
12			14.1				12.4						
21 00	56.2	60.2	34.2										
12			9.3			4.3	12.5	42.4					
22 00	56.3	60.3	5.5										
12			26.6				12.6						
23 00	56.4	60.4	10.1				15.1	42.5				4.6	
12			58.3										
24 00	56.5	60.5	38.5				15.2						
12			61.1	R	R		15.3	42.6		D			
25 00	56.6	60.6	60.3		R		15.4						
12			41.4				15.4						
26 00	31.1	41.1	19.6				15.5						
12			49.2				3.1						
27 00	31.2	41.2	30.5				15.6						
12			37.1										
28 00	31.3	41.3	63.3				52.1	3.2					
12			22.4			4.2	52.2						
29 00	31.4	41.4	36.6							49.6			
12			17.2				52.3	3.3					
30 00	31.5	41.5	21.4				52.4						
12			51.5										
31 00	31.6	41.6	3.1			4.1	52.5	3.4			25.1		
12			27.2				52.6						

August 1926

Date/Time	☉	⊕	☾	☊	☋	☿	♀	♂	♃	♄	⛢	♆	♇
1 00	33.1	19.1	24.3	D	D	4.1	52.6	3.4	49.6	43.1	25.1	4.6	39.6
12			2.5				7.6	39.1	D	R	D	R	D
2 00	33.2	19.2	23.6					39.2	3.5				
12			20.1										
3 00	33.3	19.3	16.2				7.5	39.3					
12			35.2						3.6				
4 00	33.4	19.4	45.3					39.4					
12			12.4				7.4	39.5					
5 00	33.5	19.5	15.4										
12			52.5				7.3	39.6	27.1	49.5			
6 00	33.6	19.6	39.6					53.1					
12	7.1	13.1	53.6	R	R								
7 00			56.1				7.2	53.2	27.2				
12	7.2	13.2	31.1					53.3					
8 00			33.1				7.1						
12	7.3	13.3	7.2					53.4					
9 00			4.2			33.6			27.3				
12	7.4	13.4	29.2					53.5					
10 00			59.3					53.6					
12	7.5	13.5	40.3			33.5			27.4				
11 00			64.3				62.1						
12	7.6	13.6	47.4	53.1	54.1		62.2						
12 00			6.4			33.4							53.1
12	4.1	49.1	46.4				62.3	27.5					
13 00			18.5				62.4		49.4				
12	4.2	49.2	48.5			33.3							
14 00			57.5				62.5						
12	4.3	49.3	32.6				62.6	27.6					
15 00			50.6										
12	4.4	49.4	44.1				56.1						
16 00			1.2				56.2		43.2				
12	4.5	49.5	43.2			33.2		24.1					
17 00			14.3	D	D		56.3						
12	4.6	49.6	34.4										
18 00			9.5		D		56.4						29.1
12	29.1	30.1	5.6				56.5	24.2					
19 00			11.1										
12	29.2	30.2	10.3			33.3	56.6						
20 00			58.4				31.1	49.3					
12	29.3	30.3	38.6				24.3						
21 00			61.2	R	R		31.2						
12	29.4	30.4	60.3				31.3						
22 00			41.5			33.4							
12	29.5	30.5	13.1				31.4	24.4					
23 00			49.3				31.5						
12	29.6	30.6	30.6			33.5							
24 00			37.2				31.6						
12	59.1	55.1	63.4				33.1						
25 00			22.6			33.6		24.5					
12	59.2	55.2	25.2				33.2						
26 00			17.4			7.1	33.3						
12	59.3	55.3	21.6			7.2							
27 00	59.4	55.4	42.2				33.4	24.6					
12			3.3			7.3		49.2					
28 00	59.5	55.5	27.5				33.5						
12			24.6			7.4	33.6						
29 00	59.6	55.6	23.2			7.5							
12			8.3				7.1	2.1					
30 00	40.1	37.1	20.4			7.6	7.2						
12			16.5	D	D	4.1							
31 00	40.2	37.2	35.6			4.2	7.3						
12			12.1			4.3	7.4						

September 1926

Date	Time	☉	⊕	☽	☊	☋	☿	♀	♂	♃	♄	⇧	♆	⚷
1	00	40.3	37.3	15.1	53.1	54.1	4.3	7.4	2.1	49.2	43.2	36.6	29.1	53.1
	12			52.2	D	D	4.4	7.5	2.2	R	D	R	D	D
2	00	40.4	37.4	39.3			4.5	7.6						
	12			53.3	R	R	4.6							
3	00	40.5	37.5	62.3			29.1	4.1						
	12			56.4			29.2	4.2						
4	00	40.6	37.6	31.4			29.3		2.3		43.3			
	12			33.5	39.6	38.6	29.4	4.3		49.1				
5	00	64.1	63.1	7.5			29.5	4.4						
	12			4.5			29.6							
6	00	64.2	63.2	29.5			59.1	4.5						
	12			59.6			59.2	4.6						
7	00	64.3	63.3	40.6			59.3		2.4					
	12			64.6			59.4	29.1						
8	00	64.4	63.4	6.1			59.5	29.2						
	12			46.1			59.6							
9	00	64.5	63.5	18.1			40.1	29.3						
	12			48.2			40.2							
10	00	64.6	63.6	57.2			40.3	29.4						
	12	47.1	22.1	32.3	39.5	38.5	40.4	29.5	2.5					
11	00			50.3			40.5							
	12	47.2	22.2	28.4			40.6	29.6						
12	00			44.4			64.1	59.1						
	12	47.3	22.3	1.5			64.2							
13	00			43.5			64.3	59.2		13.6			29.2	
	12	47.4	22.4	14.6			64.4	59.3						
14	00			9.1			64.5							
	12	47.5	22.5	5.2			64.6	59.4						
15	00			26.3			47.1	59.5	2.6					
	12	47.6	22.6	11.4	D	D	47.2							
16	00			10.5			47.3	59.6						
	12	6.1	36.1	58.6			47.4	40.1						
17	00			54.2	R	R	47.5			43.4				
	12	6.2	36.2	61.3			47.6	40.2						
18	00			60.5			6.1	40.3						
	12	6.3	36.3	41.6			6.2							
19	00			13.2			6.3	40.4						
	12	6.4	36.4	49.4			6.4	40.5						
20	00			30.6			6.5							
	12	6.5	36.5	37.2			6.6	40.6	23.1					
21	00			63.5			46.1	64.1						
	12	6.6	36.6	36.1			46.2							
22	00			25.3			46.3	64.2						
	12	46.1	25.1	17.5	39.4	38.4	46.4	64.3						
23	00	46.2	25.2	51.1			46.5							
	12			42.3				64.4						
24	00	46.3	25.3	3.5			46.6	64.5						
	12			24.1			18.1							
25	00	46.4	25.4	2.2			18.2	64.6	13.5		36.5			
	12			23.4			18.3	47.1						
26	00	46.5	25.5	8.5			18.4							
	12			16.1			18.5	47.2						
27	00	46.6	25.6	35.2			18.6	47.3						
	12			45.3			48.1							
28	00	18.1	17.1	12.4			48.2	47.4			43.5			
	12			15.4			48.3	47.5						
29	00	18.2	17.2	52.5	D	D	48.4							
	12			39.6	R	R	48.5	47.6	R					
30	00	18.3	17.3	53.6				6.1						
	12			56.1			48.6							

October 1926

Date	Time	☉	⊕	☽	☊	☋	☿	♀	♂	♃	♄	⇧	♆	⚷
1	00	18.4	17.4	31.1	39.4	38.4	57.1	6.2	23.1	13.5	43.5	36.5	29.2	53.1
	12			33.1	R	R	57.2	6.3	R	R	D	R	D	D
2	00	18.5	17.5	7.2			57.3							
	12			4.2			57.4	6.4						
3	00	18.6	17.6	29.2			57.5	6.5						
	12	48.1	21.1	59.3			57.6							
4	00			40.3	39.3	38.3		6.6						
	12	48.2	21.2	64.3			32.1	46.1						
5	00			47.4			32.2							
	12	48.3	21.3	6.4			32.3	46.2						
6	00			46.4			32.4	46.3						
	12	48.4	21.4	18.5			32.5							
7	00			48.5			32.6	46.4						
	12	48.5	21.5	57.6				46.5			43.6			
8	00			32.6			50.1							
	12	48.6	21.6	28.1	39.2	38.2	50.2	46.6	2.6					
9	00			44.1			50.3	18.1						
	12	57.1	51.1	1.2			50.4							
10	00			43.2			50.5	18.2						
	12	57.2	51.2	14.3				18.3						
11	00			34.4			50.6							
	12	57.3	51.3	9.5			28.1	18.4						
12	00			5.5			28.2	18.5						
	12	57.4	51.4	26.6			28.3							
13	00	57.5	51.5	10.1				18.6						
	12			58.2			28.4	48.1						
14	00	57.6	51.6	38.4	D	D	28.5		2.5				29.3	
	12			54.5			28.6	48.2		D				
15	00	32.1	42.1	61.6	R	R	44.1	48.3						
	12			41.1										
16	00	32.2	42.2	19.3			44.2	48.5						
	12			13.5			44.3				14.1			
17	00	32.3	42.3	49.6			44.4							
	12			55.2				48.6						R
18	00	32.4	42.4	37.4			44.5	57.1	2.4					
	12			63.6			44.6							
19	00	32.5	42.5	36.2			1.1	57.2						
	12			25.4	39.1	38.1	1.2	57.3						
20	00	32.6	42.6	17.6								36.4		
	12			51.2			1.3	57.4						
21	00	50.1	3.1	42.4			1.4	57.5	2.3					
	12	50.2	3.2	3.6			1.5							
22	00			24.2				57.6						
	12	50.3	3.3	2.3			1.6	32.1						
23	00			23.5			43.1							
	12	50.4	3.4	8.6				32.2						
24	00			16.2			43.2	32.3						
	12	50.5	3.5	35.3			43.3		2.2					
25	00			45.4			43.4	32.4						
	12	50.6	3.6	12.5				32.5			14.2			
26	00			15.6			43.5							
	12	28.1	27.1	39.1	D	D	43.6	32.6						
27	00			53.2				50.1	2.1					
	12	28.2	27.2	62.2			14.1							
28	00			56.3			14.2	50.2						
	12	28.3	27.3	31.3	R	R		50.3						
29	00			33.4			14.3							
	12	28.4	27.4	7.4			14.4	50.4						
30	00	28.5	27.5	4.5				50.5	24.6					
	12			29.5			14.5							
31	00	28.6	27.6	59.5			14.6	50.6						
	12			40.6	52.6	58.6		28.1						

1926

November 1926

Date	Time	☉	⊕	☽	☊	⅋	☿	♀	♂	♃	♄	⯝	♆	♇
1	00	44.1	24.1	64.6	52.6	58.6	34.1	28.1	24.6	13.5	14.2	36.4	29.3	53.1
	12			47.6	R	R	34.2	28.2	24.5	D	D	R	D	R
2	00	44.2	24.2	46.1				28.3						
	12			18.1			34.3				14.3			
3	00	44.3	24.3	48.1				28.4		13.6				
	12			57.2			34.4	28.5						
4	00	44.4	24.4	32.2			34.5		24.4					
	12			50.3				28.6						
5	00	44.5	24.5	28.4			34.6	44.1						
	12	44.6	24.6	44.4										
6	00			1.5	52.5	58.5	9.1	44.2						
	12	1.1	2.1	43.6				44.3						
7	00			14.6			9.2		24.3					
	12	1.2	2.2	9.1				44.4						
8	00			5.2			9.3	44.5						
	12	1.3	2.3	26.3										
9	00			11.4			9.4	44.6						
	12	1.4	2.4	10.5				1.1	24.2					
10	00			58.6	D	D								
	12	1.5	2.5	54.1			9.5	1.2			14.4			
11	00			61.3				1.3						
	12	1.6	2.6	60.4										
12	00			41.5			9.6	1.4						
	12	43.1	23.1	13.1				1.5	24.1					
13	00	43.2	23.2	49.2	R	R								
	12			30.4				1.6						
14	00	43.3	23.3	55.5				43.1						
	12			63.1					49.1					
15	00	43.4	23.4	22.2				43.2						
	12			36.4			5.1	43.3						
16	00	43.5	23.5	25.6			R		27.6					
	12			21.2			9.6	43.4						
17	00	43.6	23.6	51.3				43.5						
	12			42.5										
18	00	14.1	8.1	27.1				43.6						
	12			24.3				14.1			14.5			
19	00	14.2	8.2	2.4										
	12	14.3	8.3	23.6			9.5	14.2	27.5					
20	00			20.2				14.3						
	12	14.4	8.4	16.3			9.4							
21	00			35.4				14.4						
	12	14.5	8.5	45.6			9.3	14.5						
22	00			15.1										
	12	14.6	8.6	52.2	52.4	58.4	9.2	14.6						
23	00			39.3	52.5	58.5	34.1		49.2					
	12	34.1	20.1	53.3			9.1							
24	00			62.4			34.6	34.2	27.4					
	12	34.2	20.2	56.5				34.3						
25	00			31.5			34.5							
	12	34.3	20.3	33.6			34.4	34.4						
26	00	34.4	20.4	7.6			34.5							
	12			29.1			34.3				14.6			
27	00	34.5	20.5	59.1			34.2	34.6						
	12			40.1	R	R	34.1	9.1						
28	00	34.6	20.6	64.2										
	12			47.2			14.6	9.2						
29	00	9.1	16.1	6.2			14.5	9.3						
	12			46.3										
30	00	9.2	16.2	18.3			14.4	9.4		49.3			R	
	12			48.4	52.4	58.4		9.5						

December 1926

Date	Time	☉	⊕	☽	☊	⅋	☿	♀	♂	♃	♄	⯝	♆	♇
1	00	9.3	16.3	57.4	52.4	58.4	14.3	9.5	27.3	49.3	14.6	36.4	29.3	53.1
	12			32.5	R	R	R	9.6	R	D	R	R	R	R
2	00	9.4	16.4	50.5			14.2	5.1						
	12	9.5	16.5	28.6										
3	00			44.6				5.2						
	12	9.6	16.6	43.1				5.3						
4	00			14.2				14.1						
	12	5.1	35.1	34.3				5.4			34.1			
5	00			9.4				5.5						
	12	5.2	35.2	5.5			D							
6	00			26.6				5.6					D	
	12	5.3	35.3	10.1				26.1		49.4				
7	00			58.2										
	12	5.4	35.4	38.4	D	D	14.2	26.2	D					
8	00	5.5	35.5	54.5				26.3						
	12			61.6										
9	00	5.6	35.6	41.2				26.4						
	12			19.3			14.3	26.5						
10	00	26.1	45.1	13.5										
	12			49.6				26.6						
11	00	26.2	45.2	55.2			14.4	11.1						
	12			37.3				11.2						
12	00	26.3	45.3	63.5			14.5							
	12			22.6	R	R		11.3		49.5	34.2			
13	00	26.4	45.4	25.2				11.4						
	12			17.4			14.6							
14	00	26.5	45.5	21.5			34.1	11.5	27.4					
	12	26.6	45.6	42.1				11.6						
15	00			3.2			34.2							
	12	11.1	12.1	27.4				10.1						
16	00			24.5			34.3	10.2						
	12	11.2	12.2	23.1										
17	00			8.2			34.4	10.3						
	12	11.3	12.3	20.3			34.5	10.4						
18	00			16.5						49.6				
	12	11.4	12.4	35.6			34.6	10.5						
19	00			12.1			9.1	10.6						
	12	11.5	12.5	15.2										
20	00	11.6	12.6	52.3			9.2	58.1						
	12			39.4	D	D	9.3	58.2			34.3			
21	00	10.1	15.1	53.5										
	12			62.6			9.4	58.3	27.5					
22	00	10.2	15.2	56.6			9.5	58.4						
	12			33.1										
23	00	10.3	15.3	7.2			9.6	58.5		30.1				
	12			4.2			5.1	58.6						
24	00	10.4	15.4	29.3				5.2						
	12			59.3				38.1						
25	00	10.5	15.5	40.3				5.3	38.2					39.6
	12	10.6	15.6	64.4				5.4						
26	00			47.4				5.5	38.3	27.6				
	12	58.1	52.1	6.4					38.4					
27	00			46.5				5.6						
	12	58.2	52.2	18.5	R	R		26.1	38.5					
28	00			48.5				26.2	38.6		30.2			
	12	58.3	52.3	57.6										
29	00			32.6				26.3	54.1		34.4			
	12	58.4	52.4	28.1				26.4	54.2					
30	00			44.1	D	D		26.5		24.1				
	12	58.5	52.5	1.2				26.6	54.3					
31	00			43.3					54.4					
	12	58.6	52.6	14.4			11.1							

January 1927

Date/Time	☉	⊕	☾	☊	☋	☿	♀	♂	♃	♄	⊕̇	♆	⚷
1 00	38.1	39.1	34.5	52.4	58.4	11.2	54.5	24.1	30.2	34.4	36.4	29.3	39.6
12			9.6	D	D	11.3	54.6		30.3	D	D	R	R
2 00	38.2	39.2	26.1										
12			11.2			11.4	61.1	24.2					
3 00	38.3	39.3	10.3			11.5	61.2						
12			58.4	R	R	11.6							
4 00	38.4	39.4	38.6			10.1	61.3						
12			61.1				61.4						
5 00	38.5	39.5	60.3			10.2							
12			41.5			10.3	61.5						
6 00	38.6	39.6	19.6			10.4	61.6	24.3	30.4				
12	54.1	53.1	49.2			10.5							
7 00			30.4				60.1						
12	54.2	53.2	55.5			10.6	60.2			34.5			
8 00			63.1			58.1							
12	54.3	53.3	22.3			58.2	60.3	24.4					
9 00			36.5			58.3	60.4						
12	54.4	53.4	25.6			58.4							
10 00			21.2				60.5						
12	54.5	53.5	51.3			58.5	60.6		30.5				
11 00			42.5	D	D	58.6							
12	54.6	53.6	3.6			38.1	41.1	24.5					
12 00	61.1	62.1	24.2			38.2	41.2						
12			2.3			38.3							
13 00	61.2	62.2	23.4				41.3						
12			8.5			38.4	41.4						
14 00	61.3	62.3	16.1			38.5		24.6					
12			35.2			38.6	41.5						
15 00	61.4	62.4	45.3			54.1	41.6		30.6				
12			12.4			54.2							
16 00	61.5	62.5	15.5				19.1						
12			52.6	R	R	54.3	19.2	2.1					
17 00	61.6	62.6	39.6			54.4							
12	60.1	56.1	62.1			54.5	19.3			34.6		29.2	
18 00			56.2			54.6	19.4						
12	60.2	56.2	31.3			61.1							
19 00			33.3			61.2	19.5	2.2					
12	60.3	56.3	7.4				19.6		55.1				
20 00			4.4			61.3					36.5		
12	60.4	56.4	29.5			61.4	13.1						
21 00			59.5			61.5	13.2						
12	60.5	56.5	40.5			61.6		2.3					
22 00			64.6			60.1	13.3						
12	60.6	56.6	47.6			60.2	13.4						
23 00			46.1			60.3							
12	41.1	31.1	18.1				13.5	2.4	55.2				
24 00	41.2	31.2	48.1			60.4	13.6						
12			57.2			60.5							
25 00	41.3	31.3	32.2			60.6	49.1						
12			50.2			41.1	49.2						
26 00	41.4	31.4	28.3			41.2		2.5					
12			44.3	D	D	41.3	49.3						
27 00	41.5	31.5	1.4			41.4	49.4						
12			43.4			41.5			55.3				
28 00	41.6	31.6	14.5				49.5	2.6					
12			34.6			41.6	49.6				9.1		
29 00	19.1	33.1	5.1			19.1							
12	19.2	33.2	26.2			19.2	30.1						
30 00			11.3			19.3	30.2	23.1					
12	19.3	33.3	10.4			19.4							
31 00			58.5	R	R	19.5	30.3						
12	19.4	33.4	54.1			19.6	30.4		55.4				

February 1927

Date/Time	☉	⊕	☾	☊	☋	☿	♀	♂	♃	♄	⊕̇	♆	⚷
1 00	19.4	33.4	61.2	52.4	58.4	13.1	30.4	23.1	55.4	9.1	36.5	21.2	39.6
12	19.5	33.5	60.4	R	R	13.2	30.5	23.2	D		D	R	R
2 00			41.6			13.3	30.6						
12	19.6	33.6	13.2			13.4							
3 00			49.4			13.5	55.1						
12	13.1	7.1	30.6			13.6	55.2	23.3					
4 00			37.2	52.3	58.3								
12	13.2	7.2	63.4			49.1	55.3		55.5				
5 00	13.3	7.3	22.6			49.2	55.4						
12			25.1			49.3		23.4					
6 00	13.4	7.4	17.3			49.4	55.5						
12			21.5			49.5	55.6						
7 00	13.5	7.5	42.1			49.6							
12			3.3			30.1	37.1	23.5					
8 00	13.6	7.6	27.4			30.2	37.2						
12			24.6			30.3			55.6				
9 00	49.1	4.1	23.1	D	D	30.4	37.3						
12			8.2			30.5	37.4	23.6					
10 00	49.2	4.2	20.3			30.6							39.5
12	49.3	4.3	16.4			55.1	37.5						
11 00			35.6			55.2	37.6				36.6		
12	49.4	4.4	45.6			55.3		8.1					
12 00			15.1			55.4	63.1				9.2		
12	49.5	4.5	52.2			55.5	63.2		37.1				
13 00			39.3	R	R	55.6		8.2					
12	49.6	4.6	53.4			37.1	63.3						
14 00			62.4			37.2	63.4						
12	30.1	29.1	56.5			37.3							
15 00			31.5			37.4	63.5	8.3					
12	30.2	29.2	33.6				63.6						
16 00			7.6			37.5							
12	30.3	29.3	29.1			37.6	22.1		37.2				
17 00	30.4	29.4	59.1			63.1	22.2	8.4					
12			40.2			63.2							
18 00	30.5	29.5	64.2			63.3	22.3						
12			47.2			63.4	22.4						
19 00	30.6	29.6	6.3	52.2	58.2	63.5		8.5					
12			46.3			63.6	22.5						
20 00	55.1	59.1	18.3				22.6						
12			48.4			22.1		8.6	37.3				
21 00	55.2	59.2	57.4			22.2	36.1						
12			32.4			22.3	36.2						
22 00	55.3	59.3	50.5									29.1	
12			28.5			22.4	36.3	20.1					
23 00	55.4	59.4	44.6			22.5	36.4						
12	55.5	59.5	1.6			22.6							
24 00			14.1				36.5						
12	55.6	59.6	34.1			36.1	36.6	20.2	37.4				
25 00			9.2	D	D								
12	37.1	40.1	5.3			36.2	25.1						
26 00			26.3				25.2	20.3					
12	37.2	40.2	11.4			36.3							
27 00			10.5				25.3						
12	37.3	40.3	38.1	R	R	36.4	25.4						
28 00			54.2					20.4	37.5				
12	37.4	40.4	61.3			36.5	25.5						

1927

March 1927

Date/Time	☉	⊕	☾	☊	☋	☿	♀	♂	♃	♄	⛢	♆	☋
1 00	37.4	40.4	60.5	52.2	58.2	36.5	25.6	20.4	37.5	9.2	25.1	29.1	39.5
12	37.5	40.5	19.1	R	R	D	D	20.5	D	D	D	R	R
2 00			13.2			17.1							
12	37.6	40.6	49.4			17.2							
3 00	63.1	64.1	30.6			36.6							
12			37.2	52.1	58.1	17.3	20.6						
4 00	63.2	64.2	63.5			17.4		37.6					
12			36.1		R								
5 00	63.3	64.3	25.3			17.5	16.1						
12			17.5			17.6							
6 00	63.4	64.4	51.1			36.5							
12			42.3				21.1						
7 00	63.5	64.5	3.5				16.2						
12			24.1				21.2						
8 00	63.6	64.6	2.2				21.3		63.1				
12			23.4			36.4		16.3					
9 00	22.1	47.1	8.5				21.4						
12			16.1				21.5						
10 00	22.2	47.2	35.2			36.3							
12	22.3	47.3	45.3	D	D		21.6	16.4					
11 00			12.4			36.2	51.1			9.3			
12	22.4	47.4	15.5										
12 00			52.6	R	R	36.1	51.2	16.5	63.2				
12	22.5	47.5	39.6				51.3						
13 00			62.1				22.6						
12	22.6	47.6	56.2				51.4						
14 00			31.2			22.5	51.5	16.6					
12	36.1	6.1	33.3										
15 00			7.3	15.6	10.6	22.4	51.6						
12	36.2	6.2	4.4			42.1	35.1						
16 00			29.4			22.3		63.3					
12	36.3	6.3	59.4				42.2						
17 00			40.5			22.2	42.3						
12	36.4	6.4	64.5				35.2			25.2			
18 00	36.5	6.5	47.5				42.4						
12			6.6			22.1	42.5			R			
19 00	36.6	6.6	46.6				35.3						
12			48.1	15.5	10.5	63.6	42.6		63.4				
20 00	25.1	46.1	57.1				3.1						
12			32.1				35.4						
21 00	25.2	46.2	50.2			63.5	3.2						
12			28.2										
22 00	25.3	46.3	44.2				3.3						
12			1.3			63.4	3.4	35.5					
23 00	25.4	46.4	43.3										
12			14.4				3.5	63.5					
24 00	25.5	46.5	34.4				3.6	35.6					
12			9.5										
25 00	25.6	46.6	5.5			63.3	27.1						
12			26.6				27.2	45.1		9.2			
26 00	17.1	18.1	10.1										
12	17.2	18.2	58.2	D	D		27.3						
27 00			38.3	R	R		27.4						
12	17.3	18.3	54.4		D		45.2	63.6					
28 00			61.5				27.5						
12	17.4	18.4	60.6				27.6						
29 00			19.2				45.3						D
12	17.5	18.5	13.4				24.1						
30 00			49.5			63.4	24.2						
12	17.6	18.6	55.1	15.4	10.4					45.4			
31 00			37.3				24.3						
12	21.1	48.1	63.5							22.1			

April 1927

Date/Time	☉	⊕	☾	☊	☋	☿	♀	♂	♃	♄	⛢	♆	☋
1 00	21.1	48.1	36.1	15.4	10.4	63.4	24.4	45.4	22.1	9.2	25.2	29.1	39.5
12	21.2	48.2	25.3	R	R	63.5	24.5	45.5	D	R	D	R	D
2 00			17.6									4.6	
12	21.3	48.3	51.2				24.6						
3 00			42.4				2.1	45.6			25.3		
12	21.4	48.4	3.6			63.6							
4 00			24.2				2.2						
12	21.5	48.5	2.4				2.3	12.1	22.2				
5 00	21.6	48.6	23.6			22.1							
12			20.1	15.3	10.3		2.4						
6 00	51.1	57.1	16.3			22.2	2.5	12.2					
12			35.4										
7 00	51.2	57.2	45.6				2.6						
12			15.1			22.3							
8 00	51.3	57.3	52.2	D	D		23.1	12.3					
12			39.3			22.4	23.2						
9 00	51.4	57.4	53.4						22.3				
12			62.4	R	R	22.5	23.3	12.4					
10 00	51.5	57.5	56.5				23.4						
12			31.5			22.6							
11 00	51.6	57.6	33.6				23.5	12.5					
12			7.6			36.1	23.6						
12 00	42.1	32.1	29.1										
12			59.1			36.2	8.1	12.6					
13 00	42.2	32.2	40.2			36.3	8.2		22.4				
12			64.2										
14 00	42.3	32.3	47.2			36.4	8.3						
12			6.3					15.1					
15 00	42.4	32.4	46.3			36.5	8.4						
12	42.5	32.5	18.3			36.6	8.5						
16 00			48.4					15.2					
12	42.6	32.6	57.4	15.2	10.2	25.1	8.6						
17 00			32.4			25.2	20.1						
12	3.1	50.1	50.5					15.3	22.5				
18 00			28.5			25.3	20.2						
12	3.2	50.2	44.6			25.4	20.3						
19 00			1.6					15.4					
12	3.3	50.3	43.6			25.5	20.4						
20 00			34.1			25.6							
12	3.4	50.4	9.2			17.1	20.5	15.5		25.4			
21 00			5.2				20.6						
12	3.5	50.5	26.3			17.2		22.6					
22 00			11.4			17.3	16.1						
12	3.6	50.6	10.4	D	D	17.4	16.2	15.6	9.1				
23 00			58.5										
12	27.1	28.1	38.6			17.5	16.3						
24 00			61.1			17.6	52.1						
12	27.2	28.2	60.2			21.1	16.4						
25 00			41.3	R	R	21.2	16.5						
12	27.3	28.3	19.5				52.2						
26 00			13.6			21.3	16.6		36.1				
12	27.4	28.4	30.2			21.4	35.1						
27 00			55.3			21.5		52.3					
12	27.5	28.5	37.5			21.6	35.2						
28 00	27.6	28.6	22.1			51.1	35.3						
12			36.3				52.4						
29 00	24.1	44.1	25.5			51.2	35.4						
12			21.1	15.1	10.1	51.3							
30 00	24.2	44.2	51.3			51.4	35.5						
12			42.5			51.5	35.6	52.5	36.2				

1927

May 1927

Date	Time	☉	⊕	☾	☊	☋	☿	♀	♂	♃	♄	⇡	♆	♅
1	00	24.3	44.3	27.1	15.1	10.1	51.6	35.6	52.5	36.2	9.1	25.4	4.6	39.5
	12			24.3	R	R	42.1	45.1	D	D	R	D	R	D
2	00	24.4	44.4	2.5			42.2	45.2	52.6					
	12			8.1			42.3							
3	00	24.5	44.5	20.2			42.4	45.3						
	12			16.4			42.5		39.1					
4	00	24.6	44.6	35.6			42.6	45.4						
	12			12.1				45.5						
5	00	2.1	1.1	15.2	D	D	3.1		39.2					
	12			52.4			3.2	45.6		36.3				
6	00	2.2	1.2	39.5			3.3	12.1				D		
	12			53.6			3.4		39.3					
7	00	2.3	1.3	56.1			3.5	12.2						
	12			31.1			3.6							
8	00	2.4	1.4	33.2			27.1	12.3	39.4		34.6			
	12			7.3			27.2	12.4						
9	00	2.5	1.5	4.3	R	R	27.4							
	12			29.4			27.5	12.5						
10	00	2.6	1.6	59.4			27.6		39.5	36.4		25.5		
	12			40.4			24.1	12.6						
11	00	23.1	43.1	64.5			24.2	15.1						
	12			47.5			24.3		39.6					
12	00	23.2	43.2	6.5			24.4	15.2						
	12	23.3	43.3	46.6			24.5	15.3						
13	00			18.6			24.6		53.1					
	12	23.4	43.4	48.6			2.1	15.4						
14	00			32.1			2.2							39.6
	12	23.5	43.5	50.1			2.3	15.5	53.2					
15	00			28.2			2.5	15.6		36.5				
	12	23.6	43.6	44.2			2.6							
16	00			1.3	12.6	11.6	23.1	52.1	53.3					
	12	8.1	14.1	43.3			23.2							
17	00			14.4			23.3	52.2						
	12	8.2	14.2	34.4			23.4	52.3	53.4					
18	00			9.5			23.5							
	12	8.3	14.3	5.6			8.1	52.4						
19	00			26.6			8.2							
	12	8.4	14.4	10.1	D	D	8.3	52.5	53.5					
20	00			58.2			8.4	52.6						
	12	8.5	14.5	38.3			8.5			36.6				
21	00			54.4			8.6	39.1	53.6		34.5			
	12	8.6	14.6	61.5			20.2	39.2						
22	00			60.6			20.3							
	12	20.1	34.1	19.1			20.4	39.3	62.1					
23	00			13.2			20.5							
	12	20.2	34.2	49.6			20.6	39.4						
24	00			30.5			16.1	39.5	62.2					
	12	20.3	34.3	37.1	R	R	16.3							
25	00			63.2			16.4	39.6						
	12	20.4	34.4	22.4			16.5		62.3					
26	00			36.5			16.6	53.1		25.1				
	12	20.5	34.5	17.1			35.1	53.2						
27	00			21.3			35.2		62.4					
	12	20.6	34.6	51.5			35.3	53.3						
28	00			3.1			35.5							
	12	16.1	9.1	27.2			35.6	53.4	62.5					
29	00			24.4			45.1	53.5						
	12	16.2	9.2	2.6			45.2							
30	00			8.2			45.3	53.6	62.6					
	12	16.3	9.3	20.4			45.4							
31	00			16.5			45.5	62.1						
	12	16.4	9.4	45.1			45.6		56.1					

June 1927

Date	Time	☉	⊕	☾	☊	☋	☿	♀	♂	♃	♄	⇡	♆	♅
1	00	16.5	9.5	12.2	12.6	11.6	12.1	62.2	56.1	25.2	34.5	25.5	4.6	39.6
	12			15.4	D	D	12.2	62.3		D	R	D	D	D
2	00	16.6	9.6	52.5			12.3							
	12			39.6			12.4	62.4	56.2		34.4			
3	00	35.1	5.1	62.1			12.5							
	12			56.2			12.6	62.5						
4	00	35.2	5.2	31.3			15.1	62.6	56.3					
	12			33.4			15.2							
5	00	35.3	5.3	7.5			15.3	56.1				25.6		
	12			4.5			15.4		56.4					
6	00	35.4	5.4	29.6			15.5	56.2						
	12			59.6			15.6							
7	00	35.5	5.5	64.1			52.1	56.3	56.5					
	12			47.1	R	R	52.2	56.4			25.3			
8	00	35.6	5.6	6.2			52.3							
	12			46.2			52.4	56.5	56.6					
9	00	45.1	26.1	18.2								29.1		
	12			48.3			52.5	56.6						
10	00	45.2	26.2	57.3			52.6	31.1	31.1					
	12			32.3			39.1							
11	00	45.3	26.3	50.4			39.2	31.2						
	12			28.4			39.3		31.2					
12	00	45.4	26.4	44.5				31.3						
	12			1.5			39.4							
13	00	45.5	26.5	43.6			39.5	31.4	31.3					
	12			14.6			39.6	31.5						
14	00	45.6	26.6	9.1			53.1							
	12			5.2				31.6	31.4					
15	00	12.1	11.1	26.2			53.2			25.4				
	12			11.3			53.3	33.1						
16	00	12.2	11.2	10.4	D	D			31.5		34.3			
	12			58.5			53.4	33.2						
17	00	12.3	11.3	38.6			53.5							
	12			61.1				33.3	31.6					
18	00	12.4	11.4	60.3			53.6	33.4						
	12			41.4			62.1							
19	00	12.5	11.5	19.5				33.5						
	12			13.6			62.2		33.1					
20	00	12.6	11.6	30.2				33.6						
	12			55.3	R	R	62.3							
21	00	15.1	10.1	37.5			62.4	7.1	33.2					
	12			63.6										
22	00	15.2	10.2	36.2			62.5	7.2						
	12			25.3	D	D		7.3	33.3					
23	00	15.3	10.3	17.5			62.6							
	12			51.1				7.4						
24	00	15.4	10.4	42.2			56.1		33.4	25.5				
	12			3.4				7.5						
25	00	15.5	10.5	27.5			56.2							
	12			2.1				7.6	33.5					
26	00	15.6	10.6	23.3										53.1
	12	52.1	58.1	8.4			56.3	4.1						
27	00			20.6					33.6					
	12	52.2	58.2	35.1			56.4	4.2						
28	00			45.3										
	12	52.3	58.3	12.4				4.3	7.1					
29	00			15.5	R	R								
	12	52.4	58.4	39.1			56.5	4.4						
30	00			53.2				7.2						
	12	52.5	58.5	62.3				4.5						

July 1927

Date/Time	☉	⊕	☾	☊	☋	☿	♀	♂	♃	♄	⚷	♆	♇
1 00	52.5	58.2	56.4	12.6	11.6	56.6	4.6	7.2	25.5	34.3	25.6	29.1	53.1
12	52.6	58.6	31.5	R	R	D	D	7.3	D	34.2	D	D	D
2 00			33.6			29.1							
12	39.1	38.1	7.6										
3 00			29.1				29.2	7.4					
12	39.2	38.2	59.2										
4 00			40.2				29.3						
12	39.3	38.3	64.3		31.1			7.5					
5 00			47.3				29.4						
12	39.4	38.4	6.4										
6 00			46.4				29.5	7.6	25.6				
12	39.5	38.5	18.4		R								
7 00			48.5				29.6						
12	39.6	38.6	57.5	D	D		4.1						
8 00			32.5				59.1						
12	53.1	54.1	50.6										
9 00			28.6			56.6	59.2	4.2					
12	53.2	54.2	1.1										
10 00			43.1				59.3				R		
12	53.3	54.3	14.2					4.3					
11 00			34.2										
12	53.4	54.4	9.3				59.4						
12 00			5.4			56.5		4.4					
12	53.5	54.5	26.4				59.5						
13 00			11.5										
12	53.6	54.6	10.6	R	R		59.6	4.5					
14 00			38.1			56.4							
12	62.1	61.1	54.3				40.1						
15 00			61.4					4.6					
12	62.2	61.2	60.5				40.2						
16 00			19.1			56.3							29.2
12	62.3	61.3	13.2					29.1					
17 00			49.4				40.3						
12	62.4	61.4	30.5			56.2							
18 00			37.1				40.4	29.2					
12	62.5	61.5	63.3			56.1							
19 00			22.4				40.5						
12	62.6	61.6	36.6										
20 00			17.1			62.6	40.6	29.3					
12	56.1	60.1	21.3										
21 00			51.5										
12	56.2	60.2	42.6			62.5	64.1	29.4					
22 00			27.2	D	D								
12	56.3	60.3	24.3				64.2						
23 00			2.5			62.4		29.5					
12	56.4	60.4	23.6										
24 00			20.2				64.3						
12	56.5	60.5	16.3			62.3		29.6					
25 00	56.6	60.6	35.4						R				
12			45.6				64.4						
26 00	31.1	41.1	15.1	R	R		59.1						
12			52.2			62.2	64.5						
27 00	31.2	41.2	39.3										
12			53.4					59.2					
28 00	31.3	41.3	62.5				64.6						
12			56.6										
29 00	31.4	41.4	33.1					59.3					
12			7.2				47.1						
30 00	31.5	41.5	4.3							34.1			
12			29.3					59.4					
31 00	31.6	41.6	59.4	12.5	11.5	D	47.2						
12			40.4										

August 1927

Date/Time	☉	⊕	☾	☊	☋	☿	♀	♂	♃	♄	⚷	♆	♇
1 00	33.1	19.1	64.5	12.5	11.5	62.2	47.2	59.5	25.6	34.1	25.6	29.2	53.1
12			47.5	R	R	D	47.3	D	R	R	R	D	53.2
2 00	33.2	19.2	6.6										
12			46.6				59.6						
3 00	33.3	19.3	48.1				47.4						
12			57.1										
4 00	33.4	19.4	32.1			62.3		40.1					
12			50.2										
5 00	33.5	19.5	28.2				47.5						
12			44.2			62.4		40.2					
6 00	33.6	19.6	1.3	D	D			D					
12			43.3					40.3					
7 00	7.1	13.1	14.4			62.5	47.6						
12			34.4										
8 00	7.2	13.2	9.5			62.6		40.4					
12			5.5										
9 00	7.3	13.3	26.6			56.1	6.1						
12			10.1	R	R			40.5					
10 00	7.4	13.4	58.2			56.2							
12			38.3										
11 00	7.5	13.5	54.4			56.3		40.6					
12			61.6										
12 00	7.6	13.6	41.1			56.4	6.2						29.3
12			19.3			56.5		64.1	25.5				
13 00	4.1	49.1	13.4			56.6				34.2			
12			49.6										
14 00	4.2	49.2	55.2			31.1		64.2			25.5		
12			37.3			31.2							
15 00	4.3	49.3	63.5			31.3							
12			36.1				6.3	64.3					
16 00	4.4	49.4	25.3	12.4	11.4	31.4							
12			17.5			31.5							
17 00	4.5	49.5	51.1			31.6		64.4					
12	4.6	49.6	42.3			33.1							
18 00			3.4			33.2							
12	29.1	30.1	27.6			33.3		64.5					
19 00			2.1			33.4							
12	29.2	30.2	23.3			33.5							
20 00			8.4	D	D	33.6		64.6					
12	29.3	30.3	20.6			7.1	R						
21 00			35.1			7.2							
12	29.4	30.4	45.2			7.3		47.1					
22 00			12.3			7.4							
12	29.5	30.5	15.5	R	R	7.5							
23 00			52.6			7.6		47.2					
12	29.6	30.6	53.1			4.1							
24 00			62.1			4.2							
12	59.1	55.1	56.2			4.3		47.3	25.4				
25 00			31.3			4.4							
12	59.2	55.2	33.4			4.5							
26 00			7.5			4.6	6.2	47.4					
12	59.3	55.3	4.5			29.1							
27 00			29.6			29.2							
12	59.4	55.4	59.6			29.3		47.5					
28 00			64.1			29.4							
12	59.5	55.5	47.1	12.3	11.3	29.5							
29 00			6.2			29.6		47.6					
12	59.6	55.6	46.2			59.2	6.1						
30 00			18.3			59.3							
12	40.1	37.1	48.3			59.4		6.1					
31 00			57.3			59.5							
12	40.2	37.2	32.4			59.6							

1927

September 1927

Date/Time	☉	⊕	☾	☊	☋	☿	♀	♂	♃	♄	⇧	♆	⚷
1 00	40.2	37.2	50.4	12.3	11.3	40.1	47.6	6.2	25.4	34.2	25.5	29.3	53.2
12	40.3	37.3	28.4	R	R	40.2	R	D	R	D	R	D	D
2 00			44.5			40.3							
12	40.4	37.4	1.5			40.4		6.3	25.3				
3 00	40.5	37.5	43.5			40.5	47.5						
12			14.6			40.6							
4 00	40.6	37.6	34.6			64.1		6.4					
12			5.1	D	D	64.2	47.4						
5 00	64.1	63.1	26.1			64.3		6.5					
12			11.2			64.4							
6 00	64.2	63.2	10.3	R	R	64.5						29.4	
12			58.4			64.6	47.3	6.6					
7 00	64.3	63.3	38.4			47.1							
12			54.6			47.2							
8 00	64.4	63.4	60.1	12.2	11.2	47.3	47.2	46.1					
12			41.2			47.4							
9 00	64.5	63.5	19.4			47.5							
12			13.5			47.6	47.1	46.2					
10 00	64.6	63.6	30.1			6.1				34.3			
12			55.3			6.2			25.2				
11 00	47.1	22.1	37.5			6.3	64.6	46.3					
12			22.1			6.4					25.4		
12 00	47.2	22.2	36.3			6.5							
12			25.5				64.5	46.4					
13 00	47.3	22.3	21.1			6.6							
12			51.3			46.1							
14 00	47.4	22.4	42.5			46.2	64.4	46.5					
12			27.1	12.1	11.1	46.3							
15 00	47.5	22.5	24.3			46.4							
12			2.5			46.5	64.3	46.6					
16 00	47.6	22.6	23.6			46.6							
12			20.2			18.1							
17 00	6.1	36.1	16.3			18.2		18.1					
12	6.2	36.2	35.5			18.3	64.2		25.1				
18 00			45.6			18.4		18.2					
12	6.3	36.3	15.1										
19 00			52.2			18.5	64.1						
12	6.4	36.4	39.3			18.6		18.3					
20 00			53.4			48.1							
12	6.5	36.5	62.5			48.2							
21 00			56.6			48.3	40.6	18.4					53.3
12	6.6	36.6	33.1										
22 00			7.1			48.4							
12	46.1	25.1	4.2			48.5		18.5					
23 00			29.3			48.6							
12	46.2	25.2	59.3			57.1	40.5						
24 00			40.4			57.2		18.6					
12	46.3	25.3	64.4						36.6	34.4			
25 00			47.4	45.6	26.6	57.3							
12	46.4	25.4	6.5			57.4	48.1						
26 00			46.5			57.5							
12	46.5	25.5	18.6			57.6	40.4						
27 00			48.6			32.1		48.2					
12	46.6	25.6	57.6										
28 00			50.1			32.2							
12	18.1	17.1	28.1			32.3	48.3						
29 00	18.2	17.2	44.1			32.4							
12			1.2				48.4						
30 00	18.3	17.3	43.2	45.5	26.5	32.5							
12			14.2			32.6							

October 1927

Date/Time	☉	⊕	☾	☊	☋	☿	♀	♂	♃	♄	⇧	♆	⚷
1 00	18.4	17.4	34.3	45.5	26.5	50.1	40.4	48.5	36.6	34.4	25.5	29.4	53.3
12			9.3	R	R	50.2	R	D	R	D	R	D	D
2 00	18.5	17.5	5.3						36.5				
12			26.4			50.3	D	48.6					
3 00	18.6	17.6	11.4	D	D	50.4							
12			10.5			50.5							
4 00	48.1	21.1	58.6			57.1							
12			54.1	R	R	50.6						29.5	
5 00	48.2	21.2	61.1			28.1					25.3		
12			60.3			28.2		57.2					
6 00	48.3	21.3	41.4			28.3							
12			19.5							34.5			
7 00	48.4	21.4	13.6			28.4		57.3					
12			30.2										
8 00	48.5	21.5	55.4			28.5	40.5	57.4					
12	48.6	21.6	37.6			28.6							
9 00			22.1										
12	57.1	51.1	36.3			44.1		57.5	36.4				
10 00			25.6			44.2							
12	57.2	51.2	21.2			44.3							
11 00			51.4					57.6					
12	57.3	51.3	42.6			44.4	40.6						
12 00			27.2	45.4	26.4								
12	57.4	51.4	24.4			44.5		32.1					
13 00			2.6			44.6							
12	57.5	51.5	8.2										
14 00			20.4			1.1	64.1	32.2					
12	57.6	51.6	16.6			1.2							
15 00			45.1										
12	32.1	42.1	12.3	D	D	1.3		32.3					
16 00			15.4				64.2						
12	32.2	42.2	52.6			1.4		32.4			34.6		
17 00			53.1			1.5							
12	32.3	42.3	62.2								36.3		
18 00	32.4	42.4	56.3	R	R	1.6	64.3	32.5					
12			31.3										
19 00	32.5	42.5	33.4			43.1							R
12			7.5					32.6					
20 00	32.6	42.6	4.5			43.2	64.4						
12			29.6										
21 00	50.1	3.1	59.6			43.3		50.1					
12			64.1				64.5						
22 00	50.2	3.2	47.1			43.4							
12			6.2					50.2					
23 00	50.3	3.3	46.2				64.6						
12			18.2			43.5		50.3					
24 00	50.4	3.4	48.3										
12			57.3			43.6	47.1						
25 00	50.5	3.5	32.3	45.3	26.3			50.4					
12	50.6	3.6	50.4										
26 00			28.4				47.2				9.1		
12	28.1	27.1	44.4			14.1		50.5					
27 00			1.5				47.3						
12	28.2	27.2	43.5										
28 00			14.5					50.6	36.2				
12	28.3	27.3	34.6				47.4						
29 00			9.6			14.2		28.1					
12	28.4	27.4	26.1				47.5						
30 00			11.1	D	D								
12	28.5	27.5	10.2			R		28.2					
31 00			58.2			47.6							
12	28.6	27.6	38.3			14.1						25.2	

November 1927

Date/Time	☉	⊕	☾	☊	⊗	☿	♀	♂	♃	♄	⚳	♆	♅
1 00	28.6	27.6	54.4	45.3	26.3	14.1		6.1	28.3	36.2	9.1	25.2	29.5	53.3
12	44.1	24.1	61.4	D		D	R	D	D	R	D	R	D	R
2 00	44.2	24.2	60.5											
12			41.6					6.2	28.4					
3 00	44.3	24.3	13.1	R	R		43.6							
12			49.3					6.3	28.5		9.2			
4 00	44.4	24.4	30.4											
12			55.5				43.5	6.4						
5 00	44.5	24.5	63.1						28.6					
12			22.3				43.4	6.5						
6 00	44.6	24.6	36.4											
12			25.6				43.3		44.1					
7 00	1.1	2.1	21.2					6.6						
12			51.4				43.2							
8 00	1.2	2.2	3.1				43.1	46.1	44.2					
12			27.3											
9 00	1.3	2.3	24.5				1.6	46.2	44.3					
12	1.4	2.4	23.1				1.5							
10 00			8.3					46.3						
12	1.5	2.5	20.5				1.4		44.4					
11 00			35.1				1.3	46.4						
12	1.6	2.6	45.3	D	D									
12 00			12.4				1.2	46.5	44.5		9.3			
12	43.1	23.1	15.6				1.1							
13 00			39.1					46.6						
12	43.2	23.2	53.3			44.6		44.6						
14 00			62.4			44.5	18.1							
12	43.3	23.3	56.5					1.1						
15 00			31.6			44.4	18.2							
12	43.4	23.4	7.1											
16 00	43.5	23.5	4.2				18.3	1.2						
12			29.2	R	R	44.3								53.2
17 00	43.6	23.6	59.3				18.4							
12			40.4					1.3						
18 00	14.1	8.1	64.4				18.5							
12			47.4											
19 00	14.2	8.2	6.5				18.6	1.4						
12			46.5		D									
20 00	14.3	8.3	18.6				48.1	1.5	D	9.4				
12			48.6	45.2	26.2		48.2							
21 00	14.4	8.4	57.6											
12			32.6				48.3	1.6						
22 00	14.5	8.5	28.1											
12	14.6	8.6	44.1				48.4							
23 00			1.1			44.4		43.1						
12	34.1	20.1	43.2				48.5							
24 00			14.2					43.2						
12	34.2	20.2	34.3				44.5	48.6						
25 00			9.3											
12	34.3	20.3	5.3			44.6	57.1	43.3						
26 00			26.4	D	D		57.2							
12	34.4	20.4	11.5			1.1								
27 00			10.5				57.3	43.4						
12	34.5	20.5	58.6			1.2								
28 00			38.6				57.4	43.5		9.5				
12	34.6	20.6	61.1			1.3								
29 00	9.1	16.1	60.2				57.5							
12			41.3			1.4		43.6						
30 00	9.2	16.2	19.4			1.5	57.6					29.6		
12			13.5					32.1						

December 1927

Date/Time	☉	⊕	☾	☊	⊗	☿	♀	♂	♃	♄	⚳	♆	♅
1 00	9.3	16.3	49.6	45.2	26.2	1.6	32.1	14.1	36.2	9.5	25.2	29.6	53.2
12			55.1	D	D		43.1	32.2	D	D	D	R	D	R
2 00	9.4	16.4	37.2					14.2						
12			63.4	R	R		43.2	32.3					R	
3 00	9.5	16.5	22.5				43.3							
12			25.1					32.4	14.3					
4 00	9.6	16.6	17.3				43.4	32.5						
12			21.4				43.5							
5 00	5.1	35.1	51.6				43.6	32.6	14.4				29.5	
12	5.2	35.2	3.2											
6 00			27.4				14.1	50.1	14.5		9.6			
12	5.3	35.3	24.6				14.2	50.2						
7 00			23.2				14.3							
12	5.4	35.4	8.4					50.3	14.6					
8 00			20.6				14.4							
12	5.5	35.5	35.1				14.5	50.4						
9 00			45.3	D	D		14.6		34.1					
12	5.6	35.6	12.5					34.1	50.5					
10 00			52.1					50.6	34.2			D		
12	26.1	45.1	39.2					34.2						
11 00	26.2	45.2	53.4					34.3	28.1					
12			62.5					34.4	34.3					
12 00	26.3	45.3	56.6	R	R			28.2						
12			33.2					34.5	28.3					
13 00	26.4	45.4	7.3					34.6	34.4	36.3				
12			4.4				9.1	28.4						
14 00	26.5	45.5	29.4				9.2		34.5	5.1				
12			59.5					28.5						
15 00	26.6	45.6	40.6				9.3	28.6						
12			64.6				9.4		34.6					
16 00	11.1	12.1	6.1				9.5	44.1						
12			46.1	D	D		9.6							
17 00	11.2	12.2	18.2					44.2	9.1					
12	11.3	12.3	48.2				5.1	44.3						
18 00			57.2				5.2		9.2					
12	11.4	12.4	32.3				5.3	44.4						
19 00			50.3				5.4	44.5						
12	11.5	12.5	28.3				5.5		9.3					
20 00			44.4					44.6						
12	11.6	12.6	1.4				5.6							
21 00			43.4				26.1	1.1	9.4					
12	10.1	15.1	14.5				26.2	1.2						
22 00			34.5				26.3		9.5	5.2				
12	10.2	15.2	9.6					1.3						
23 00	10.3	15.3	5.6				26.4		36.4					
12			11.1	R	R		26.5	1.4	9.6					
24 00	10.4	15.4	10.1				26.6	1.5						
12			58.2				11.1		5.1					
25 00	10.5	15.5	38.3				11.2	1.6						
12			54.4											
26 00	10.6	15.6	61.5				11.3	43.1	5.2					
12			60.6				11.4	43.2						
27 00	58.1	52.1	19.1				11.5							
12			13.2				11.6	43.3	5.3					
28 00	58.2	52.2	49.3				10.1	43.4						
12	58.3	52.3	30.4						5.4					
29 00			55.5				10.2	43.5						
12	58.4	52.4	37.6				10.3							
30 00			22.2				10.4	43.6	5.5		5.3			
12	58.5	52.5	36.3				10.5	14.1						
31 00			25.5				10.6		5.6	36.5				
12	58.6	52.6	17.6	D	D			14.2						

January 1928

Date	Time	☉	⊕	☾	☊	⚷	☿	♀	♂	♃	♄	⇧	♆	♅
1	00	58.6	52.6	51.2	45.2	26.2	58.1	14.3	5.6	36.5	5.3	25.2	29.5	53.2
	12	38.1	39.1	42.3	D	D	58.2	D	26.1	D	D	D	R	R
2	00			3.5			58.3	14.4						
	12	38.2	39.2	27.6			58.4							
3	00			2.2			58.5	14.5	26.2					
	12	38.3	39.3	23.4			58.6	14.6						
4	00	38.4	39.4	8.6					26.3					
	12			16.1			38.1	34.1						
5	00	38.5	39.5	35.3			38.2	34.2						
	12			45.5	R	R	38.3		26.4					
6	00	38.6	39.6	12.6			38.4	34.3						
	12			52.2			38.5	34.4	26.5					
7	00	54.1	53.1	39.3			38.6			36.6				
	12			53.5				34.5			5.4			
8	00	54.2	53.2	62.6			54.1		26.6					
	12			31.1			54.2	34.6						53.1
9	00	54.3	53.3	33.3			54.3	9.1						
	12	54.4	53.4	7.4			54.4		11.1					
10	00			4.5			54.5	9.2						
	12	54.5	53.5	29.6			54.6	9.3	11.2					
11	00			40.1										
	12	54.6	53.6	64.1			61.1	9.4						
12	00			47.2			61.2		11.3					
	12	61.1	62.1	6.3			61.3	9.5						
13	00			46.3			61.4	9.6	11.4	25.1				
	12	61.2	62.2	18.4			61.5							
14	00			48.4			61.6	5.1						
	12	61.3	62.3	57.5			60.1	5.2	11.5					
15	00	61.4	62.4	32.5	D	D	60.2							
	12			50.5				5.3	11.6					
16	00	61.5	62.5	28.5			60.3	5.4						
	12			44.6			60.4				5.5			
17	00	61.6	62.6	1.6			60.5	5.5	10.1					
	12			43.6			60.6	5.6						
18	00	60.1	56.1	34.1			41.1		10.2			25.3		
	12			9.1			41.2	26.1		25.2				
19	00	60.2	56.2	5.2			41.3							
	12			26.2	R	R	41.4	26.2	10.3					
20	00	60.3	56.3	11.3			41.5	26.3						
	12	60.4	56.4	10.4			41.6							
21	00			58.4				26.4	10.4					
	12	60.5	56.5	38.5			19.1	26.5						
22	00			54.6			19.2		10.5					
	12	60.6	56.6	60.1			19.3	26.6						
23	00			41.2			19.4	11.1						
	12	41.1	31.1	19.3			19.5		10.6					
24	00			13.5	45.1	26.1	19.6	11.2		25.3				
	12	41.2	31.2	49.6			13.1		58.1					
25	00			55.1			13.2	11.3						
	12	41.3	31.3	37.3			13.3	11.4						
26	00			63.4			13.4		58.2					
	12	41.4	31.4	22.6				11.5			5.6			
27	00	41.5	31.5	25.1			13.5	11.6	58.3					
	12			17.3			13.6							
28	00	41.6	31.6	21.4			49.1	10.1						
	12			51.6			49.2	10.2	58.4					
29	00	19.1	33.1	3.1			49.3			25.4				
	12			27.3			49.4	10.3	58.5					
30	00	19.2	33.2	24.4	D	D	49.5	10.4						
	12			2.6			49.6							
31	00	19.3	33.3	8.2			30.1	10.5	58.6					
	12			20.3				10.6						

February 1928

Date	Time	☉	⊕	☾	☊	⚷	☿	♀	♂	♃	♄	⇧	♆	♅
1	00	19.4	33.4	16.4	45.1	26.1	30.2	10.6	38.1	25.4	5.6	25.3	29.5	53.1
	12	19.5	33.5	35.6	D	D	30.3	58.1	D	D	D	D	R	R
2	00			12.1	R	R	30.4						29.4	
	12	19.6	33.6	15.3			30.5	58.2	38.2					
3	00			52.4			30.6	58.3		25.5				
	12	13.1	7.1	39.5				38.3						
4	00			62.1			55.1	58.4						
	12	13.2	7.2	56.2			55.2	58.5						
5	00			31.3			55.3		38.4					
	12	13.3	7.3	33.4			55.4	58.6						
6	00			7.5				38.1	38.5					
	12	13.4	7.4	4.6	35.6	5.6	55.5					26.1		
7	00			59.1			55.6	38.2						
	12	13.5	7.5	40.2				38.3	38.6	25.6				
8	00	13.6	7.6	64.3			37.1							
	12			47.4				38.4	54.1					
9	00	49.1	4.1	6.4			37.2	38.5						
	12			46.5			37.3							
10	00	49.2	4.2	18.6				38.6	54.2					
	12			48.6			37.4					25.4		
11	00	49.3	4.3	57.6				54.1						
	12			50.1				54.2	54.3					
12	00	49.4	4.4	28.1			37.5			17.1				
	12			44.1				54.3	54.4					
13	00	49.5	4.5	1.2				54.4						
	12			43.2										
14	00	49.6	4.6	14.2	D	D	37.6	54.5	54.5					
	12	30.1	29.1	34.3				54.6						
15	00			9.3					54.6					
	12	30.2	29.2	5.4				61.1						
16	00			26.4	R	R	R	61.2						
	12	30.3	29.3	11.5				61.1	17.2					
17	00			10.5				61.3						
	12	30.4	29.4	58.6				61.4	61.2					
18	00			54.1	35.5	5.5	37.5							
	12	30.5	29.5	61.2				61.5	61.3					
19	00			60.3				61.6						
	12	30.6	29.6	41.4			37.4							
20	00			19.5				60.1	61.4			26.2		
	12	55.1	59.1	13.6				60.2						
21	00	55.2	59.2	30.2			37.3		61.5	17.3				
	12			55.3				60.3						
22	00	55.3	59.3	37.5			37.2							
	12			22.1				60.4	61.6					
23	00	55.4	59.4	36.2			37.1	60.5						
	12			25.4	35.4	5.4			60.1					
24	00	55.5	59.5	17.6				55.6	60.6					
	12			51.2				41.1						
25	00	55.6	59.6	42.3				55.5		60.2	17.4			
	12			3.5				55.4	41.2					
26	00	37.1	40.1	24.1				41.3	60.3					
	12			2.3				55.3						
27	00	37.2	40.2	23.4				41.4						
	12	37.3	40.3	8.6				55.2	41.5	60.4				
28	00			16.1										
	12	37.4	40.4	35.3	D	D		55.1	41.6	60.5				
29	00			45.4	R	R		19.1		17.5		25.5		
	12	37.5	40.5	12.5				30.6						

1928

March 1928

Date/Time	☉	⊕	☾	☊	☋	☿	♀	♂	♃	♄	⯙	♆	♇
1 00	35.5	40.5	52.1	35.4	5.4	30.6	19.2	60.6	17.5	26.2	25.5	29.4	53.1
12	37.6	40.6	39.2	R	R	30.5	19.3		D	D	D	R	R
2 00			53.3					41.1					
12	63.1	64.1	62.4			30.4	19.4						39.6
3 00			56.5				19.5						
12	63.2	64.2	31.6					41.2					
4 00			7.1			30.3	19.6						
12	63.3	64.3	4.2				13.1	41.3	17.6				
5 00			29.3										
12	63.4	64.4	59.4	35.3	5.3		13.2						
6 00	63.5	64.5	40.5					41.4					
12			64.5			30.2	13.3						
7 00	63.6	64.6	47.6				13.4	41.5				29.3	
12			46.1										
8 00	22.1	47.1	18.1				13.5						
12			48.2				13.6	41.6	21.1				
9 00	22.2	47.2	57.2		D								
12			32.3				49.1	19.1					
10 00	22.3	47.3	50.3	35.2	5.2		49.2						
12			28.3										
11 00	22.4	47.4	44.4				49.3	19.2					
12			1.4			30.3	49.4			26.3			
12 00	22.5	47.5	43.4					19.3					
12			14.5				49.5		21.2				
13 00	22.6	47.6	34.5				49.6						
12	36.1	6.1	9.5					19.4					
14 00			5.6	D	D	30.4	30.1						
12	36.2	6.2	26.6			30.2	19.5						
15 00			11.6	R	R								
12	36.3	6.3	58.1			30.3	19.6						
16 00			38.2			30.5	30.4						
12	36.4	6.4	54.2						21.3				
17 00			61.3			30.5	13.1			25.6			
12	36.5	6.5	60.4			30.6	30.6						
18 00			41.5				13.2						
12	36.6	6.6	19.6			55.1	55.1						
19 00			49.2										
12	25.1	46.1	30.3			55.2	55.2	13.3					
20 00			55.5				55.3						
12	25.2	46.2	37.6					13.4	21.4				
21 00	25.3	46.3	22.2			55.3	55.4						
12			36.4	35.1	5.1		55.5						
22 00	25.4	46.4	25.6			55.4		13.5					
12			21.2			55.5	55.6						
23 00	25.5	46.5	51.4				37.1	13.6					
12			42.6			55.6							
24 00	25.6	46.6	27.2				37.2		21.5				
12			24.4			37.1	37.3	49.1					
25 00	17.1	18.1	2.5										
12			8.1			37.2	37.4	49.2					
26 00	17.2	18.2	20.3				37.5						
12			16.5			37.3							
27 00	17.3	18.3	35.6	D	D	37.4	37.6	49.3					
12			12.2				63.1						
28 00	17.4	18.4	15.3			37.5		49.4	21.6				
12			52.4	R	R	37.6	63.2						
29 00	17.5	18.5	39.6				63.3	49.5		R			D
12			62.1			63.1							
30 00	17.6	18.6	56.2			63.2	63.4						
12	21.1	48.1	31.3				63.5	49.6					
31 00			33.4			63.3							
12	21.2	48.2	7.5			63.4	63.6	30.1					

April 1928

Date/Time	☉	⊕	☾	☊	☋	☿	♀	♂	♃	♄	⯙	♆	♇
1 00	21.2	48.2	4.6	35.1	5.1	63.4	22.1	30.1	51.1	26.3	25.6	29.3	39.6
12	21.3	48.3	29.6	R	R	63.5		D	D	R	D	R	D
2 00			40.1			63.6	22.2	30.2					
12	21.4	48.4	64.2				22.1				17.1		
3 00			47.2	16.6	9.6		22.3	30.3					
12	21.5	48.5	6.3				22.2	22.4					
4 00			46.4				22.3						
12	21.6	48.6	18.4				22.4	22.5	30.4				
5 00			48.5				22.6		51.2				
12	51.1	57.1	57.5				22.5		30.5				
6 00			32.5				22.6	36.1					
12	51.2	57.2	50.6				36.1	36.2					
7 00			28.6				36.2		30.6				
12	51.3	57.3	44.6					36.3					
8 00			43.1				36.3	36.4	55.1				
12	51.4	57.4	14.1				36.4		51.3				
9 00	51.5	57.5	34.1				36.5	36.5	55.2				
12			9.2				36.6	36.6					
10 00	51.6	57.6	5.2	D	D		25.1						
12			26.2					25.1	55.3				
11 00	42.1	32.1	11.3				25.2	25.2					
12			10.3				25.3		55.4				
12 00	42.2	32.2	58.3				25.4	25.3					
12			38.4				25.5	25.4		51.4			
13 00	42.3	32.3	54.5				25.6		55.5				
12			61.5	R	R		17.1	25.5					
14 00	42.4	32.4	60.6				17.2	25.6	55.6				
12			19.1										
15 00	42.5	32.5	13.2				17.3	17.1					
12			49.3				17.4	17.2	37.1				
16 00	42.6	32.6	30.4				17.5			26.2			
12			55.6				17.6	17.3	37.2	51.5			
17 00	3.1	50.1	63.1	16.5	9.5		21.1						
12			22.3				21.2	17.4					
18 00	3.2	50.2	36.5				21.3	17.5	37.3				
12			17.1				21.4						
19 00	3.3	50.3	21.2				21.5	17.6	37.4				
12			51.5				21.6	21.1			17.2		
20 00	3.4	50.4	3.1				51.1		37.5				
12	3.5	50.5	27.3				51.2	21.2		51.6			
21 00			24.5				51.3	21.3					
12	3.6	50.6	23.1				51.4		37.6				
22 00			8.3				51.5	21.4					
12	27.1	28.1	20.5				51.6	21.5	63.1				
23 00			35.1	D	D		42.1						
12	27.2	28.2	45.3				42.2	21.6					
24 00			12.4				42.3	51.1	63.2				
12	27.3	28.3	15.6				42.4			42.1			
25 00			39.2				42.5	51.2	63.3				53.1
12	27.4	28.4	53.3				42.6	51.3					
26 00			62.4				3.1						
12	27.5	28.5	56.5				3.2	51.4	63.4				
27 00			33.1	R	R		3.3	51.5					
12	27.6	28.6	7.2				3.4		63.5				
28 00			4.2				3.6	51.6					
12	24.1	44.1	29.3				27.1	42.1		42.2			
29 00			59.4				27.2		63.6				
12	24.2	44.2	40.5				27.3	42.2					
30 00			64.5				27.4	42.3	22.1				
12	24.3	44.3	47.6				27.5						

May 1928

Date/Time	☉	⊕	☾	☊	☋	☿	♀	♂	♃	♄	⚷	♆	♅
1 00	24.3	44.3	6.6	16.5	9.5	27.6	42.4	22.1	42.2	26.2	17.2	29.3	53.1
12	24.4	44.4	18.1	R	R	24.1	D	22.2	D	R	D	R	D
2 00			48.1			24.3	42.5						
12	24.5	44.5	57.2			24.4	42.6	22.3	42.3				
3 00			32.2			24.5							
12	24.6	44.6	50.2			24.6	3.1	22.4					
4 00	2.1	1.1	28.3			2.1	3.2						
12			44.3			2.2							
5 00	2.2	1.2	1.3			2.3	3.3	22.5					
12			43.4			2.5	3.4						
6 00	2.3	1.3	14.4			2.6		22.6					
12			34.4			23.1	3.5		42.4				
7 00	2.4	1.4	9.5	D	D	23.2	3.6						
12			5.5			23.3		36.1		26.1			
8 00	2.5	1.5	26.5			23.4	27.1				17.3	D	
12			11.6			23.6	27.2	36.2					
9 00	2.6	1.6	10.6			8.1							
12			58.6			8.2	27.3						
10 00	23.1	43.1	54.1			8.3	27.4	36.3					
12			61.2			8.4			42.5				
11 00	23.2	43.2	60.2			8.5	27.5	36.4					
12			41.3			8.6	27.6						
12 00	23.3	43.3	19.4			20.1							
12			13.5			20.3	24.1	36.5					
13 00	23.4	43.4	49.6	R	R	20.4	24.2						
12			55.1			20.5		36.6					
14 00	23.5	43.5	37.2			20.6	24.3						
12			63.3			16.1		42.6					
15 00	23.6	43.6	22.5			16.2	24.4	25.1					
12			36.6			16.3	24.5						
16 00	8.1	14.1	17.2			16.4		25.2					
12			21.4			16.5	24.6						
17 00	8.2	14.2	51.5			16.6	2.1						
12			3.1			35.1		25.3					
18 00	8.3	14.3	27.3			35.2	2.2						
12			24.6			35.3	2.3	25.4	3.1				
19 00	8.4	14.4	23.2			35.4							
12			8.4	16.4	9.4	35.5	2.4						
20 00	8.5	14.5	20.6			35.6	2.5	25.5					
12	8.6	14.6	35.2	D	D	45.1							
21 00			45.4			45.2	2.6	25.6					
12	20.1	34.1	12.6	16.5	9.5	45.3	23.1						
22 00			52.2			45.4					5.6		
12	20.2	34.2	39.3				23.2	17.1					
23 00			53.5			45.5	23.3		3.2				
12	20.3	34.3	62.6			45.6		17.2					
24 00			31.2			12.1	23.4						
12	20.4	34.4	33.3			12.2	23.5						
25 00			7.4			12.3		17.3					
12	20.5	34.5	4.5				23.6						
26 00			29.6			12.4	8.1	17.4					
12	20.6	34.6	40.1	R	R	12.5							
27 00			64.2			12.6	8.2		3.3				
12	16.1	9.1	47.3					17.5					
28 00			6.3			15.1	8.3						
12	16.2	9.2	46.4			15.2	8.4	17.6					
29 00			18.4										
12	16.3	9.3	48.5			15.3	8.5						
30 00			57.5			15.4	8.6	21.1					
12	16.4	9.4	32.5										
31 00			50.6			15.5	20.1	21.2					
12	16.5	9.5	28.6	D	D	15.6	20.2		3.4				

June 1928

Date/Time	☉	⊕	☾	☊	☋	☿	♀	♂	♃	♄	⚷	♆	♅
1 00	16.5	9.5	44.6	16.5	9.5	15.6	20.2	21.2	3.4	5.6	17.4	29.3	53.1
12	16.6	9.6	1.6	D	D	52.1	20.3	21.3	D	R	D	D	D
2 00			14.1				20.4						
12	35.1	5.1	34.1			52.2		21.4					
3 00			9.1				20.5						
12	35.2	5.2	5.2	R	R	52.3	20.6						
4 00			26.2					21.5		5.5			
12	35.3	5.3	11.2			52.4	16.1						
5 00			10.3				16.2	21.6	3.5				
12	35.4	5.4	58.3			52.5							
6 00			38.4				16.3						
12	35.5	5.5	54.4			52.6	16.4	51.1					
7 00			61.5										
12	35.6	5.6	60.6	16.4	9.4		16.5	51.2					
8 00			41.6			39.1	16.6						
12	45.1	26.1	13.1										
9 00			49.2				35.1	51.3					
12	45.2	26.2	30.3			39.2	35.2		3.6				
10 00			55.4					51.4					
12	45.3	26.3	37.5				35.3						
11 00			63.6										
12	45.4	26.4	36.1	D	D	39.3	35.4	51.5					
12 00	45.5	26.5	25.3				35.5						
12			17.4					51.6					
13 00	45.6	26.6	21.6				35.6						
12			42.2				45.1						
14 00	12.1	11.1	3.3				42.1						
12			27.5			39.4	45.2		27.1				
15 00	12.2	11.2	2.1	16.5	9.5		45.3	42.2					53.2
12			23.3										
16 00	12.3	11.3	8.5				45.4						
12			16.1				45.5	42.3					
17 00	12.4	11.4	35.3	R	R	R				5.4			
12			45.5				45.6						
18 00	12.5	11.5	15.1				12.1	42.4					
12			52.3	16.4	9.4								
19 00	12.6	11.6	39.4			39.3	12.2	42.5					
12			53.6				12.3		27.2				
20 00	15.1	10.1	56.2										
12			31.3				12.4	42.6					
21 00	15.2	10.2	33.5				12.5						
12			7.6					3.1					
22 00	15.3	10.3	29.1				12.6						
12			59.2			39.2	15.1						
23 00	15.4	10.4	40.3					3.2					
12			64.4				15.2						
24 00	15.5	10.5	47.5					3.3					
12			6.6			39.1	15.3		27.3				
25 00	15.6	10.6	46.6	D	D		15.4						
12			48.1					3.4					
26 00	52.1	58.1	57.1				15.5						
12			32.2				52.6	15.6					
27 00	52.2	58.2	50.2					3.5					
12			28.2				52.1						
28 00	52.3	58.3	44.3				52.5	52.2	3.6				
12			1.3										
29 00	52.4	58.4	43.3				52.3						
12			14.4				52.4	52.4	27.1				
30 00	52.5	58.5	34.4						27.4				
12			9.4				52.5	27.2		5.3			

1928

July 1928

Date/Time	☉	⊕	☾	☊	☋	☿	♀	♂	♃	♄	⚴	♆	⚷
1 00	52.6	58.6	5.5	R	R	52.3	52.6	27.2	27.4	5.3	17.4	29.3	53.2
12			26.5			R	D	D	D	R	D	D	D
2 00	39.1	38.1	11.5			39.1	27.3						
12			10.6				39.2						
3 00	39.2	38.2	58.6			52.2							
12			54.1				39.3	27.4					
4 00	39.3	38.3	61.2				39.4						
12			60.2			52.1		27.5					
5 00	39.4	38.4	41.3				39.5						
12			19.4				39.6						
6 00	39.5	38.5	13.5					27.6	27.5				
12			49.6				53.1				29.4		
7 00	39.6	38.6	55.1			15.6	53.2						
12			37.2					24.1					
8 00	53.1	54.1	63.3				53.3						
12			22.4					24.2					
9 00	53.2	54.2	36.5				53.4						
12			17.1				53.5						
10 00	53.3	54.3	21.2					24.3					
12	53.4	54.4	51.3				53.6						
11 00			42.5	D	D	D	62.1						
12	53.5	54.5	3.6					24.4					
12 00			24.2				62.2						
12	53.6	54.6	2.4				62.3	24.5	27.6				
13 00			23.5								R		
12	62.1	61.1	20.1				62.4						
14 00			16.3				62.5	24.6					
12	62.2	61.2	35.5	R	R								
15 00			45.6			52.1	62.6						
12	62.3	61.3	15.2			56.1	2.1						
16 00			52.4										
12	62.4	61.4	39.6				56.2	2.2					
17 00			62.1			52.2	56.3			5.2			
12	62.5	61.5	56.3										
18 00			31.5				56.4	2.3					
12	62.6	61.6	33.6			52.3	56.5						
19 00			4.2	16.3	9.3								
12	56.1	60.1	29.3				56.6	2.4	24.1				
20 00			59.4			52.4	31.1						
12	56.2	60.2	40.5										
21 00			64.6			52.5	31.2	2.5					
12	56.3	60.3	6.1				31.3						
22 00			46.2			52.6		2.6					53.3
12	56.4	60.4	18.2				31.4						
23 00			48.3			39.1	31.5						
12	56.5	60.5	57.4			39.2		23.1					
24 00			32.4				31.6						
12	56.6	60.6	50.4			39.3	33.1						
25 00			28.5	D	D			23.2					
12	31.1	41.1	44.5			39.4	33.2						
26 00			1.5			39.5							
12	31.2	41.2	43.6			39.6	33.3	23.3					
27 00			14.6				33.4						
12	31.3	41.3	34.6			53.1		23.4	24.2				
28 00			5.1	R	R	53.2	33.5						
12	31.4	41.4	26.1			53.3	33.6						
29 00			11.1					23.5					
12	31.5	41.5	10.2			53.4	7.1						
30 00			58.2			53.5	7.2						
12	31.6	41.6	38.3			53.6		23.6					
31 00			54.4			62.1	7.3						
12	33.1	19.1	61.4			62.2	7.4						

August 1928

Date/Time	☉	⊕	☾	☊	☋	☿	♀	♂	♃	♄	⚴	♆	⚷
1 00	33.1	19.1	60.5	16.3	9.3	62.3	7.4	8.1	24.2	5.2	17.4	29.4	53.3
12	33.2	19.2	41.6	R	R	62.4	7.5	D	D	R	R	D	D
2 00			13.1			62.5	7.6						
12	33.3	19.3	49.2	16.2	9.2	62.6		8.2					
3 00			30.3			56.1	4.1						
12	33.4	19.4	55.4			56.2	4.2						
4 00			37.5			56.3		8.3					
12	33.5	19.5	22.1			56.4	4.3					29.5	
5 00			36.2			56.5	4.4						
12	33.6	19.6	25.3			56.6		8.4					
6 00	7.1	13.1	17.5			31.1	4.5						
12			21.6			31.2	4.6	8.5					
7 00	7.2	13.2	42.1			31.3			24.3				
12			3.3			31.4	29.1						
8 00	7.3	13.3	27.4			31.5	29.2	8.6					
12			24.6			31.6							
9 00	7.4	13.4	23.1	D	D	33.1	29.3						
12			8.3			33.2	29.4	20.1					
10 00	7.5	13.5	20.5			33.3							
12			16.6	R	R	33.5	29.5						
11 00	7.6	13.6	45.2			33.6	29.6	20.2					
12			12.3			7.1							
12 00	4.1	49.1	15.5			7.2	59.1						
12			52.6			7.3		20.3					
13 00	4.2	49.2	53.2			7.4	59.2						
12			62.4			7.5	59.3						
14 00	4.3	49.3	56.5			7.6		20.4					
12			31.6	16.1	9.1	4.1	59.4						
15 00	4.4	49.4	7.2			4.2	59.5						
12			4.3			4.3		20.5					
16 00	4.5	49.5	29.4			4.5	59.6						
12			59.6			4.6	40.1						
17 00	4.6	49.6	64.1			29.1		20.6					
12			47.2			29.2	40.2				D		
18 00	29.1	30.1	6.3			29.3	40.3						
12			46.4			29.4		16.1					
19 00	29.2	30.2	18.4			29.5	40.4						
12			48.5	20.6	34.6	29.6	40.5						
20 00	29.3	30.3	57.6			59.1		16.2					
12			32.6			59.2	40.6						
21 00	29.4	30.4	28.1			59.3	64.1						
12			44.1			59.4		16.3					
22 00	29.5	30.5	1.1			59.5	64.2						
12			43.2			59.6	64.3						
23 00	29.6	30.6	14.2			40.1		16.4					
12			34.2	D	D	40.2	64.4						
24 00	59.1	55.1	9.3	R	R	40.3	64.5						
12			5.3			40.4		16.5					
25 00	59.2	55.2	26.3			40.5	64.6						
12	59.3	55.3	11.4			40.6	47.1				17.3		
26 00			10.4			64.1							
12	59.4	55.4	58.4			64.2	47.2	16.6					
27 00			38.5			64.3	47.3						
12	59.5	55.5	54.6			64.4							
28 00			61.6			64.5	47.4	35.1					
12	59.6	55.6	41.1			64.6	47.5						
29 00			19.2			47.1							
12	40.1	37.1	13.3			47.2	47.6	35.2					
30 00			49.4			47.3	6.1						29.6
12	40.2	37.2	30.5							R			
31 00			37.1	20.5	34.5	47.4	6.2	35.3					
12	40.3	37.3	63.2			47.5							

September 1928

Date	Time	☉	⊕	☾	☊	☋	☿	♀	♂	♃	♄	⇡	♆	⟲
1	00	40.3	37.3	22.3	20.5	34.5	47.6	6.3	35.3	24.3	5.2	17.3	29.6	53.3
	12	40.4	37.4	36.5	R	R	6.1	6.4	D	R	D	R	D	53.4
2	00			25.6			6.2		35.4					
	12	40.5	37.5	21.2			6.3	6.5						
3	00			51.4			6.4	6.6						
	12	40.6	37.6	42.5			6.5		35.5					
4	00			27.1				46.1						
	12	64.1	63.1	24.2			6.6	46.2						
5	00			2.4			46.1		35.6					
	12	64.2	63.2	23.6			46.2	46.3						
6	00			20.1			46.3	46.4						
	12	64.3	63.3	16.3	D	D	46.4							
7	00			35.4	R	R	46.5	46.5	45.1					
	12	64.4	63.4	45.6				46.6						
8	00			15.1			46.6							
	12	64.5	63.5	52.3			18.1	18.1	45.2					
9	00			39.4			18.2	18.2						
	12	64.6	63.6	53.5			18.3							
10	00	47.1	22.1	56.1				18.3	45.3					
	12			31.2			18.4	18.4						
11	00	47.2	22.2	33.3	20.4	34.4	18.5							
	12			7.5			18.6	18.5						
12	00	47.3	22.3	4.6			48.1	18.6	45.4					
	12			59.1										
13	00	47.4	22.4	40.2			48.2	48.1						
	12			64.3			48.3	48.2						
14	00	47.5	22.5	47.4			48.4		45.5					
	12			6.5			48.5	48.3						
15	00	47.6	22.6	46.6				48.4						
	12			18.6			48.6		45.6					
16	00	6.1	36.1	57.1	20.3	34.3	57.1	48.5						
	12			32.2				48.6						
17	00	6.2	36.2	50.2			57.2				5.3			
	12			28.3			57.3	57.1	12.1					
18	00	6.3	36.3	44.3			57.4	57.2						
	12			1.3										
19	00	6.4	36.4	43.4			57.5	57.3						
	12			14.4			57.6		12.2					
20	00	6.5	36.5	34.4	D	D		57.4						
	12			9.5			32.1	57.5				17.2		
21	00	6.6	36.6	5.5			32.2		12.3					
	12			26.5			32.3	57.6						
22	00	46.1	25.1	11.6				32.1						
	12	46.2	25.2	10.6	R	R	32.4							
23	00			58.6			32.5	32.2	12.4					
	12	46.3	25.3	54.1				32.3		24.2				
24	00			61.1			32.6							
	12	46.4	25.4	60.2				32.4						
25	00			41.3			50.1	32.5	12.5					
	12	46.5	25.5	19.4			50.2						59.1	
26	00			13.5				32.6						
	12	46.6	25.6	49.6			50.3	50.1						
27	00			55.1					12.6					
	12	18.1	17.1	37.2			50.4	50.2						
28	00			63.4			50.5	50.3						
	12	18.2	17.2	22.5										
29	00			25.1			50.6	50.4						
	12	18.3	17.3	17.2	20.2	34.2		50.5	15.1					
30	00			21.4			28.1							
	12	18.4	17.4	51.6				50.6						

October 1928

Date	Time	☉	⊕	☾	☊	☋	☿	♀	♂	♃	♄	⇡	♆	⟲
1	00	18.4	17.4	3.2	20.2	34.2	28.2	28.1	15.1	24.2	5.3	17.2	59.1	53.4
	12	18.5	17.5	27.4	R	R	D	D	15.2	R	D	R	D	D
2	00			24.5			28.3	28.2						
	12	18.6	17.6	23.1				28.3			5.4			
3	00	48.1	21.1	8.3			28.4							
	12			20.5	D	D		28.4	15.3	24.1				
4	00	48.2	21.2	16.6			28.5	28.5						
	12			45.2										
5	00	48.3	21.3	12.4				28.6						
	12			15.5			28.6							
6	00	48.4	21.4	39.1				44.1	15.4					
	12			53.2	R	R		44.2						
7	00	48.5	21.5	62.4			44.1							
	12			56.5				44.3						
8	00	48.6	21.6	31.6				44.4						
	12			7.1			44.2		15.5					
9	00	57.1	51.1	4.2				44.5						
	12			29.3				44.6						
10	00	57.2	51.2	59.4										
	12			40.5				1.1						
11	00	57.3	51.3	64.6				1.2	15.6					
	12			6.1										
12	00	57.4	51.4	46.2			44.3	1.3				27.6		
	12	57.5	51.5	18.2				1.4						
13	00			48.3		R								
	12	57.6	51.6	57.4	20.1	34.1		1.5	52.1					
14	00			32.4			44.2	1.6					17.1	
	12	32.1	42.1	50.5										
15	00			28.5				43.1				5.5		
	12	32.2	42.2	44.5				43.2						
16	00			1.6										
	12	32.3	42.3	43.6			44.1	43.3	52.2					
17	00			34.1				43.4						
	12	32.4	42.4	9.1	D	D								
18	00			5.1			28.6	43.5						
	12	32.5	42.5	26.1				43.6						
19	00			11.2										
	12	32.6	42.6	10.2			28.5	14.1				27.5		
20	00			58.2				14.2	52.3					R
	12	50.1	3.1	38.3			28.4							
21	00	50.2	3.2	54.3			28.3	14.3						
	12			61.4										
22	00	50.3	3.3	60.4	R	R	28.2	14.4						
	12			41.5				14.5						
23	00	50.4	3.4	19.5			28.1							
	12			13.6				50.6	14.6	52.4				
24	00	50.5	3.5	30.1				34.1						
	12			55.2				50.5						
25	00	50.6	3.6	37.3				50.4	34.2			5.6		
	12			63.5					34.3					
26	00	28.1	27.1	22.6				50.3						
	12			25.2				50.2	34.4			27.4		
27	00	28.2	27.2	17.3					34.5					
	12			21.5				50.1		52.5				
28	00	28.3	27.3	42.1					34.6					
	12	28.4	27.4	3.3				32.6	9.1					
29	00			27.5										
	12	28.5	27.5	2.1				32.5	9.2					
30	00			23.3					9.3					
	12	28.6	27.6	8.5										
31	00			16.1	D	D		32.4	9.4				59.2	
	12	44.1	24.1	35.3					9.5					

1928

November 1928

Date/Time	☉	⊕	☽	☊	☋	☿	♀	♂	♃	♄	☢	♆	⚷
1 00	44.1	24.1	45.5	20.1	34.1	32.4	9.5		52.5	27.4	5.6	17.1	59.2	53.4
12	44.2	24.2	15.1	D	D		9.6		D	R		D	R	D	R
2 00			52.2					52.6						
12	44.3	24.3	39.4		D		5.1		27.3					
3 00			53.6				5.2							
12	44.4	24.4	56.1							26.1				
4 00			31.3				5.3							
12	44.5	24.5	33.4				5.4							
5 00	44.6	24.6	7.5	R	R									
12			4.6			32.5	5.5							
6 00	1.1	2.1	59.1				5.6							
12			40.2											
7 00	1.2	2.2	64.3			32.6	26.1							
12			47.4				26.2							
8 00	1.3	2.3	6.4			50.1								
12			46.5				26.3							
9 00	1.4	2.4	18.6			50.2	26.4							
12			48.6						27.2					
10 00	1.5	2.5	32.1			50.3	26.5							
12			50.1				26.6							
11 00	1.6	2.6	28.2			50.4								
12			44.2			50.5	11.1							
12 00	43.1	23.1	1.2				11.2				25.6			
12	43.2	23.2	43.3			50.6		R		26.2				
13 00			14.3				11.3							
12	43.3	23.3	34.3	D	D	28.1								
14 00			9.4			28.2	11.4							
12	43.4	23.4	5.4			28.3	11.5							
15 00			26.4											
12	43.5	23.5	11.4			28.4	11.6							
16 00			10.5			28.5	10.1							
12	43.6	23.6	58.5			28.6								
17 00			38.5				10.2		27.1					
12	14.1	8.1	54.6			44.1	10.3							
18 00			61.6			44.2								
12	14.2	8.2	41.1			44.3	10.4							
19 00	14.3	8.3	19.1				10.5							
12			13.2			44.4								
20 00	14.4	8.4	49.3			44.5	10.6							
12			30.3			44.6	58.1							
21 00	14.5	8.5	55.4	R	R	1.1				26.3				
12			37.5				58.2							
22 00	14.6	8.6	63.6			1.2	58.3							
12			36.2			1.3		52.5						
23 00	34.1	20.1	25.3			1.4	58.4							
12			17.4	D	D	1.5								
24 00	34.2	20.2	21.6			1.6	58.5							
12			42.2				58.6							
25 00	34.3	20.3	3.3			43.1								
12	34.4	20.4	27.5			43.2	38.1	3.6						
26 00			2.1			43.3	38.2							
12	34.5	20.5	23.3			43.4								
27 00			8.5			43.5	38.3							
12	34.6	20.6	16.2	R	R		38.4	52.4						
28 00			35.4			43.6								
12	9.1	16.1	45.6			14.1	38.5							
29 00			15.2			14.2	38.6			26.4				
12	9.2	16.2	52.4			14.3								
30 00			39.6			14.4	54.1							
12	9.3	16.3	62.2				54.2							

December 1928

Date/Time	☉	⊕	☽	☊	☋	☿	♀	♂	♃	♄	☢	♆	⚷
1 00	9.3	16.3	56.3	20.1	34.1	14.5	54.2	52.4	3.6	26.4	25.6	59.2	53.4
12	9.4	16.4	31.5	R	R	14.6	54.3	52.3	R	D	R	D	R
2 00	9.5	16.5	7.1			34.1								
12			4.2			34.2	54.4							
3 00	9.6	16.6	29.3			34.3	54.5							
12			59.4											
4 00	5.1	35.1	40.5			34.4	54.6				R			
12			64.6	D	D	34.5	61.1							
5 00	5.2	35.2	6.1			34.6		52.2						
12			46.2				9.1	61.2						
6 00	5.3	35.3	18.3				9.2	61.3						
12			48.3											
7 00	5.4	35.4	57.4				9.3	61.4	3.5	26.5				
12	5.5	35.5	32.4				9.4	61.5	52.1					53.3
8 00			50.4				9.5							
12	5.6	35.6	28.5				9.6	61.6						
9 00			44.5				5.1							
12	26.1	45.1	1.6				60.1							
10 00			43.6				5.2	60.2						
12	26.2	45.2	14.6				5.3		15.6					
11 00			34.6	R	R		5.4	60.3						
12	26.3	45.3	5.1				5.5	60.4						
12 00			26.1				5.6							
12	26.4	45.4	11.1					60.5						
13 00			10.2				26.1	60.6	15.5		D			
12	26.5	45.5	58.2				26.2							
14 00	26.6	45.6	38.2				26.3	41.1						
12			54.3				26.4							
15 00	11.1	12.1	61.3				26.5	41.2		26.6				
12			60.4					41.3	15.4					
16 00	11.2	12.2	41.4				26.6							
12			19.5				11.1	41.4						
17 00	11.3	12.3	13.5				11.2	41.5						
12			49.6				11.3							
18 00	11.4	12.4	30.6				11.4	41.6	15.3					
12			37.1					19.1						
19 00	11.5	12.5	63.2				11.5							
12	11.6	12.6	22.3				11.6	19.2						
20 00			36.4				10.1		15.2					
12	10.1	15.1	25.5	D	D		10.2	19.3						
21 00			17.6				10.3	19.4						
12	10.2	15.2	51.2				10.4							
22 00			42.3					19.5						
12	10.3	15.3	3.5				10.5	19.6	15.1					
23 00			27.6				10.6			11.1				
12	10.4	15.4	2.2				58.1	13.1						
24 00			23.4				58.2	13.2						
12	10.5	15.5	8.6				58.3							
25 00	10.6	15.6	16.2	R	R			13.3	12.6					
12			35.4				58.4							
26 00	58.1	52.1	45.6				58.5	13.4		D				
12			15.2				58.6	13.5						
27 00	58.2	52.2	52.4	8.6	14.6	38.1								
12			39.6			38.2		13.6	12.5					
28 00	58.3	52.3	62.2			38.3	49.1							
12			56.4											
29 00	58.4	52.4	31.6			38.4	49.2							
12			7.2			38.5								
30 00	58.5	52.5	4.4			38.6	49.3	12.4						
12	58.6	52.6	29.5			54.1	49.4							
31 00			59.6			54.2			11.2					
12	38.1	39.1	64.2			54.3	49.5							

1928

January 1929

Date	Time	☉	⊕	☾	☊	⊗	☿	♀	♂	♃	♄	⚝	♆	♇
1	00	38.1	39.1	47.3	8.6	14.6	54.4	49.6	12.4	3.5	11.2	25.6	59.2	53.3
	12	38.2	39.2	6.4	R	R	D	D	R	D	D	D	R	R
2	00			46.5			54.5	30.1	12.3					
	12	38.3	39.3	18.5			54.6							
3	00			48.6	D	D	61.1	30.2						
	12	38.4	39.4	32.1			61.2	30.3						
4	00			50.1			61.3							
	12	38.5	39.5	28.1			61.4	30.4	12.2					
5	00			44.2			61.5	30.5						
	12	38.6	39.6	1.2										
6	00	54.1	53.1	43.3			61.6	30.6						
	12			14.3			60.1							
7	00	54.2	53.2	34.3	R	R	60.2	55.1						
	12			9.3			60.3	55.2					59.1	
8	00	54.3	53.3	5.4			60.4		12.1					
	12			26.4			60.5	55.3			11.3			
9	00	54.4	53.4	11.4			60.6							
	12			10.5				55.4						
10	00	54.5	53.5	58.5			41.1	55.5						
	12			38.5			41.2							
11	00	54.6	53.6	54.6			41.3	55.6						
	12	61.1	62.1	61.6			41.4							
12	00			41.1			41.5	37.1	45.6					
	12	61.2	62.2	19.1	8.5	14.5	41.6	37.2						
13	00			13.2								17.1		
	12	61.3	62.3	49.3			19.1	37.3						
14	00			30.3			19.2	37.4						
	12	61.4	62.4	55.4			19.3		3.6					
15	00			37.5			19.4	37.5						
	12	61.5	62.5	63.6			19.5							
16	00			36.1				37.6						
	12	61.6	62.6	25.2			19.6	63.1						
17	00	60.1	56.1	17.3			13.1				11.4			
	12			21.4			13.2	63.2	45.5					
18	00	60.2	56.2	51.5										
	12			42.6			13.3	63.3						
19	00	60.3	56.3	27.2	D	D	13.4	63.4						
	12			24.3			13.5							
20	00	60.4	56.4	2.5				63.5						
	12			23.6			13.6							
21	00	60.5	56.5	20.2	R	R	49.1	63.6						
	12			16.4										
22	00	60.6	56.6	35.5			49.2	22.1						
	12	41.1	31.1	12.1				22.2						53.2
23	00			15.3			49.3							
	12	41.2	31.2	52.5				22.3						
24	00			53.1			49.4							
	12	41.3	31.3	62.3				22.4						
25	00			56.5	8.4	14.4	49.5	22.5						
	12	41.4	31.4	33.1					27.1					
26	00			7.3				22.6			11.5			
	12	41.5	31.5	4.4			49.6							
27	00			29.6				36.1						
	12	41.6	31.6	40.1										
28	00			64.3				36.2	D					
	12	19.1	33.1	47.4				36.3						
29	00	19.2	33.2	6.5										
	12			46.6			R	36.4						
30	00	19.3	33.3	48.1										
	12			57.2				36.5						
31	00	19.4	33.4	32.3										
	12			50.3				36.6						

February 1929

Date	Time	☉	⊕	☾	☊	⊗	☿	♀	♂	♃	♄	⚝	♆	♇
1	00	19.5	33.5	28.4	8.4	14.4	49.6	25.1	45.5	27.1	11.5	17.1	59.1	53.2
	12			44.4	8.3	14.3	49.5	D	D	D	D	D	R	R
2	00	19.6	33.6	1.5	D	D		25.2						
	12			43.5	8.4	14.4								
3	00	13.1	7.1	14.5	R	R	49.4	25.3		27.2				
	12	13.2	7.2	34.6	8.3	14.3								
4	00			9.6			49.3	25.4						
	12	13.3	7.3	5.6								11.6		
5	00			26.6			49.2	25.5						
	12	13.4	7.4	10.1				25.6						
6	00			58.1			49.1							
	12	13.5	7.5	38.2					13.6	17.1				
7	00			54.2										
	12	13.6	7.6	61.2			13.5	17.2	45.6					
8	00			60.3				13.4						
	12	49.1	4.1	41.4				17.3				17.2		
9	00			19.4				13.3						
	12	49.2	4.2	13.5				13.2	17.4					
10	00	49.3	4.3	49.6										
	12			55.1	8.2	14.2	13.1	17.5		27.3				
11	00	49.4	4.4	37.1										
	12			63.2				19.6	17.6					
12	00	49.5	4.5	22.3					21.1					
	12			36.4				19.5						
13	00	49.6	4.6	25.6					21.2					
	12			21.1				19.4		12.1				
14	00	30.1	29.1	51.2					21.3					
	12			42.3										
15	00	30.2	29.2	3.4				19.3	21.4					
	12			27.6								10.1	29.6	
16	00	30.3	29.3	2.1					21.5					
	12	30.4	29.4	23.2				19.2		27.4				
17	00			8.4	D	D			21.6					
	12	30.5	29.5	20.5	R	R								
18	00			35.1					51.1	12.2				
	12	30.6	29.6	45.2										
19	00			12.4					51.2					
	12	55.1	59.1	15.6										
20	00			39.1			D		51.3					
	12	55.2	59.2	53.3	8.1	14.1								
21	00			62.5					51.4					
	12	55.3	59.3	56.6										
22	00			33.2						12.3				
	12	55.4	59.4	7.4					51.5	27.5				
23	00	55.5	59.5	4.5				19.3						
	12			59.1					51.6					
24	00	55.6	59.6	40.2										
	12			64.4					42.1					
25	00	37.1	40.1	47.5										
	12			6.6				19.4	42.2	12.4				
26	00	37.2	40.2	18.2	23.6	43.6								
	12			48.3					42.3					
27	00	37.3	40.3	57.3				19.5						
	12			32.4										
28	00	37.4	40.4	50.5					42.4	27.6		17.3		
	12			28.6				19.6		12.5		10.2		

March 1929

Date/Time	☉	⊕	☽	☊	☋	☿	♀	♂	♃	♄	⚷	♆	☋
1 00	37.5	40.5	44.6	23.6	43.6	19.6	42.5	12.5	27.6	10.2	17.3	29.6	53.2
12			43.1	R	R	13.1	D	D	D	D	D	R	R
2 00	37.6	40.6	14.1	D	D		42.6						
12	63.1	64.1	34.1			13.2							
3 00			9.2										
12	63.2	64.2	5.2	R	R	13.3	3.1	12.6					
4 00			26.2										
12	63.3	64.3	11.3			13.4	3.2						
5 00			10.3						24.1				
12	63.4	64.4	58.3			13.5							
6 00			38.4				3.3						
12	63.5	64.5	54.4			13.6		15.1					
7 00			61.5										
12	63.6	64.6	60.5			49.1	3.4						
8 00			41.6			49.2							
12	22.1	47.1	19.6										
9 00			49.1			49.3	3.5	15.2					
12	22.2	47.2	30.2										
10 00	22.3	47.3	55.3	23.5	43.5	49.4	3.6		24.2				
12			37.4			49.5							
11 00	22.4	47.4	63.5										
12			22.6			49.6		15.3					
12 00	22.5	47.5	25.1			30.1	27.1						
12			17.3										
13 00	22.6	47.6	21.4			30.2							
12			51.5			30.3	27.2						
14 00	36.1	6.1	3.1					15.4					
12			27.2			30.4							
15 00	36.2	6.2	24.4			30.5	27.3		24.3				
12			2.5			30.6							
16 00	36.3	6.3	23.6	D	D								
12			20.2			55.1		15.5					
17 00	36.4	6.4	16.4			55.2	27.4				17.4		
12	36.5	6.5	35.5			55.3							
18 00			12.1										
12	36.6	6.6	15.2	R	R	55.4							
19 00			52.4			55.5		15.6		10.3			
12	25.1	46.1	39.5			55.6	27.5		24.4				
20 00			62.1										
12	25.2	46.2	56.2			37.1							
21 00			31.4			37.2		52.1					
12	25.3	46.3	33.5			37.3							
22 00			4.1			37.4	27.6						
12	25.4	46.4	29.2	23.4	43.4							29.5	
23 00			59.3			37.5							
12	25.5	46.5	40.5			37.6		52.2					
24 00			64.6			63.1			24.5				
12	25.6	46.6	6.1			63.2							
25 00			46.2										
12	17.1	18.1	18.3			63.3		52.3					
26 00	17.2	18.2	48.4			63.4	24.1						
12			57.5			63.5							
27 00	17.3	18.3	32.6			63.6							
12			28.1			22.1		52.4					
28 00	17.4	18.4	44.1			22.2							
12			1.2			22.3			24.6				
29 00	17.5	18.5	43.2										
12			14.3	D	D	22.4							
30 00	17.6	18.6	34.3			22.5		52.5					
12			9.4			22.6	R						D
31 00	21.1	48.1	5.4			36.1							
12			26.4			36.2							

April 1929

Date/Time	☉	⊕	☽	☊	☋	☿	♀	♂	♃	♄	⚷	♆	☋
1 00	21.2	48.2	11.5	23.4	34.4	36.3	24.1	52.6	24.6	10.3	17.4	29.5	53.2
12			10.5	D	D	36.4	R	D	2.1	D	D	R	D
2 00	21.3	48.3	58.5			36.5							
12			38.6	R	R	36.6					17.5		
3 00	21.4	48.4	54.6			25.1		39.1					
12			61.6			25.2							
4 00	21.5	48.5	41.1			25.3	27.6						
12	21.6	48.6	19.1			25.4							
5 00			13.2			25.5		39.2					
12	51.1	57.1	49.3			25.6							
6 00			30.4						2.2				
12	51.2	57.2	55.4			17.1							
7 00			37.5			17.2		39.3					
12	51.3	57.3	22.1			17.4	27.5						
8 00			36.2	23.3	43.3	17.5							
12	51.4	57.4	25.3			17.6							
9 00			17.4			21.1		39.4					
12	51.5	57.5	21.6			21.2							
10 00			42.1			21.3	27.4		2.3	R			
12	51.6	57.6	3.3			21.4							
11 00			27.5			21.5		39.5					
12	42.1	32.1	24.6			21.6							
12 00			23.2			51.1	27.3						
12	42.2	32.2	8.4	D	D	51.2							
13 00			20.5			51.3		39.6					
12	42.3	32.3	35.1			51.4							
14 00			45.3			51.5	27.2		2.4				
12	42.4	32.4	12.4			51.6		53.1					
15 00	42.5	32.5	15.6			42.1							
12			39.2			42.2	27.1						
16 00	42.6	32.6	53.3			42.4							
12			62.5			42.5		53.2					
17 00	3.1	50.1	56.6	R	R	42.6	3.6						
12			33.2				3.1						
18 00	3.2	50.2	7.3				3.2						
12			4.4				3.3	3.5	53.3	2.5			
19 00	3.3	50.3	29.6				3.4						
12			40.1				3.5				17.6		
20 00	3.4	50.4	64.2			27.1	3.4						
12			47.3			27.2		53.4					
21 00	3.5	50.5	6.4			27.3							
12			46.5			27.4	3.3						
22 00	3.6	50.6	18.6			27.5		53.5					
12			57.1			27.6			2.6				
23 00	27.1	28.1	32.2			24.1	3.2						
12			50.2			24.3							
24 00	27.2	28.2	28.3			24.4		53.6					
12			44.4			24.5	3.1						
25 00	27.3	28.3	1.4			24.6							
12			43.5	D	D	2.1							
26 00	27.4	28.4	14.5			2.2		62.1					
12	27.5	28.5	34.6			2.3	42.6		23.1				
27 00			9.6			2.4							
12	27.6	28.6	5.6			2.5		62.2					
28 00			11.1			2.6	42.5						
12	24.1	44.1	10.1			23.2							
29 00			58.1			23.3							
12	24.2	44.2	38.2			23.4		62.3					
30 00			54.2			23.5	42.4						
12	24.3	44.3	61.2			23.6			23.2				

May 1929

Date/Time	☉	⊕	☾	☊	⚷	☿	♀	♂	♃	♄	⇧	♆	♅
1 00	24.3	44.3	60.3	23.3	43.3	8.1	42.4	62.3	23.2	10.3	17.6	29.5	53.2
12	24.4	44.4	41.3	D	D	8.2	R	62.4	D	R	D	R	D
2 00			19.3			8.3	42.3			10.2			
12	24.5	44.5	13.4	R	R	8.4							
3 00			49.5			8.5		62.5					
12	24.6	44.6	30.5			8.6							
4 00			55.6			20.1							
12	2.1	1.1	63.1						23.3				
5 00			22.2			20.2	42.2	62.6					
12	2.2	1.2	36.3			20.3							
6 00			25.4			20.4							
12	2.3	1.3	17.6			20.5		56.1					
7 00			51.1			20.6							
12	2.4	1.4	42.3			16.1			21.1				
8 00			3.4										
12	2.5	1.5	27.6			16.2		56.2	23.4				
9 00			2.2			16.3							
12	2.6	1.6	23.4	D	D	16.4							
10 00			8.5					56.3				D	
12	23.1	43.1	16.1			16.5	42.1						
11 00			35.3			16.6							
12	23.2	43.2	45.5			35.1							
12 00	23.3	43.3	15.1				D	56.4	23.5				
12			52.3			35.2							
13 00	23.4	43.4	39.5	R	R	35.3							
12			62.1					42.2	56.5				
14 00	23.5	43.5	56.2			35.4							
12			31.4										
15 00	23.6	43.6	33.6			35.5							
12			4.1					56.6					
16 00	8.1	14.1	29.2	D	D	35.6			23.6				
12			59.4										
17 00	8.2	14.2	40.5			45.1		31.1					
12			64.6										
18 00	8.3	14.3	6.1			45.2							
12			46.2					31.2					
19 00	8.4	14.4	18.3			45.3	42.3						
12			48.4										
20 00	8.5	14.5	57.4						8.1				
12			32.5			45.4		31.3					
21 00	8.6	14.6	50.6										
12			28.6							10.1			
22 00	20.1	34.1	1.1			45.5	42.4	31.4					
12			43.1										
23 00	20.2	34.2	14.2	R	R								
12			34.2										
24 00	20.3	34.3	9.2			45.6		31.5	8.2				
12			5.3				42.5						
25 00	20.4	34.4	26.3										
12			11.3					31.6					
26 00	20.5	34.5	10.4										
12			58.4				42.6						
27 00	20.6	34.6	38.4					33.1					
12			54.5										
28 00	16.1	9.1	61.5						8.3				
12			60.5			R	3.1						
29 00	16.2	9.2	41.6					33.2					
12			19.6								21.2		
30 00	16.3	9.3	49.1				3.2						
12	16.4	9.4	30.1					33.3					
31 00			55.2										
12	16.5	9.5	37.2										

June 1929

Date/Time	☉	⊕	☾	☊	⚷	☿	♀	♂	♃	♄	⇧	♆	♅
1 00	16.5	9.5	63.3	D	D	45.6	3.3	33.4	8.4	10.1	21.2	29.5	53.2
12	16.6	9.6	22.4		R	D	D	D	R	D	D	D	D
2 00			36.5			45.5							
12	35.1	5.1	25.6				3.4						
3 00			21.1					33.5					
12	35.2	5.2	51.2										
4 00			42.4				3.5						53.3
12	35.3	5.3	3.5			45.4		33.6					
5 00			24.1						8.5	11.6			
12	35.4	5.4	2.3				3.6						
6 00			23.4	R	R			7.1					
12	35.5	5.5	8.6			45.3	27.1						
7 00			16.2										
12	35.6	5.6	35.4					7.2					
8 00			12.1				27.2						
12	45.1	26.1	15.3			45.2							
9 00			52.5				27.3		8.6				
12	45.2	26.2	53.1					7.3					
10 00			62.3			45.1							
12	45.3	26.3	56.5				27.4						
11 00			33.1					7.4					
12	45.4	26.4	7.2			35.6	27.5						
12 00			4.4										
12	45.5	26.5	29.6					7.5					
13 00			40.1				27.6						
12	45.6	26.6	64.2			35.5		20.1					
14 00			47.3				24.1	7.6					
12	12.1	11.1	6.4	D	D								
15 00			46.5				24.2						
12	12.2	11.2	18.6			35.4							
16 00			57.1				4.1						
12	12.3	11.3	32.2				24.3						
17 00			50.2										
12	12.4	11.4	28.3				24.4	4.2	20.2				
18 00			44.3							11.5			
12	12.5	11.5	1.4			35.3	24.5						
19 00			43.4	R	R		4.3						
12	12.6	11.6	14.5				24.6						
20 00			34.5										
12	15.1	10.1	9.5			2.1	4.4						
21 00			5.6										
12	15.2	10.2	26.6	D			20.3						
22 00			11.6			2.2	4.5						
12	15.3	10.3	58.1										
23 00			38.1	23.2	43.2	2.3							
12	15.4	10.4	54.1										
24 00			61.2			2.4	4.6						
12	15.5	10.5	60.2				35.4						
25 00	15.6	10.6	41.2			2.5							
12			19.3				29.1						
26 00	52.1	58.1	13.3			2.6	20.4						
12			49.4										
27 00	52.2	58.2	30.4			23.1	29.2					29.6	
12			55.5			35.5							
28 00	52.3	58.3	37.5			23.2							
12			63.6				29.3						
29 00	52.4	58.4	36.1			35.6	23.3						
12			25.2										
30 00	52.5	58.5	17.2				23.4	29.4	20.5				
12			21.3	D	D	45.1							

1929

July 1929

Date/Time	☉	⊕	☾	☊	☋	☿	♀	♂	♃	♄	⚷	♆	♇
1 00	52.6	58.6	51.5	23.2	43.2	45.1	23.5	29.4	20.5	11.4	21.2	29.6	53.3
12			42.6	D	D	D	23.5	29.5		R	D	D	D
2 00	39.1	38.1	27.1			45.2	23.6						
12			24.3										
3 00	39.2	38.2	2.4			45.3	8.1						
12			23.6	R	R		8.2	29.6					
4 00	39.3	38.3	20.2			45.4							
12			16.3				8.3		20.6				
5 00	39.4	38.4	35.5			45.5		59.1					
12			12.1				8.4						
6 00	39.5	38.5	15.3			45.6							
12			52.6			12.1	8.5	59.2					
7 00	39.6	38.6	53.2										
12			62.4			12.2	8.6						
8 00	53.1	54.1	56.6	23.1	43.1	12.3		59.3					
12			33.2				20.1						
9 00	53.2	54.2	7.4			12.4			16.1				
12			4.6			12.5	20.2	59.4					
10 00	53.3	54.3	59.2										
12			40.3			12.6	20.3						
11 00	53.4	54.4	64.5			15.1	20.4	59.5					
12			47.6			15.2							
12 00	53.5	54.5	46.1			15.3	20.5						53.4
12			18.2					59.6					
13 00	53.6	54.6	48.3			15.4	20.6						
12			57.4			15.5					21.3		
14 00	62.1	61.1	32.5	D	D	15.6	16.1	40.1	16.2				
12			50.6			52.1				11.3			
15 00	62.2	61.2	28.6			52.2	16.2						
12			1.1			52.3							
16 00	62.3	61.3	43.1	R	R	52.4	16.3	40.2					
12			14.2			52.5	16.4						
17 00	62.4	61.4	34.2			52.6							
12			9.2				16.5	40.3			R		
18 00	62.5	61.5	5.3			39.1							
12			26.3			39.2	16.6		16.3				
19 00	62.6	61.6	11.3			39.4		40.4					
12			10.4			39.5	35.1						
20 00	56.1	60.1	58.4			39.6	35.2						
12			38.4			53.1		40.5					
21 00	56.2	60.2	54.5			53.2	35.3						
12			61.5	2.6	1.6	53.3					21.2		
22 00	56.3	60.3	60.5			53.4	35.4	40.6					
12			41.6			53.5							
23 00	56.4	60.4	19.6			53.6	35.5						
12			49.1			62.1	35.6	64.1	16.4				
24 00	56.5	60.5	30.1			62.2							
12	56.6	60.6	55.2			62.3	45.1						
25 00			37.2			62.4		64.2					
12	31.1	41.1	63.3			62.6	45.2						
26 00			22.4			56.1							
12	31.2	41.2	36.4	2.5	1.5	56.2	45.3	64.3					
27 00			25.5			56.3	45.4						
12	31.3	41.3	17.6			56.4							
28 00			51.1			56.5	45.5	64.4					
12	31.4	41.4	42.2			56.6			16.5			59.1	
29 00			3.3			31.1	45.6						
12	31.5	41.5	27.4			31.3		64.5					
30 00			24.5	D	D	31.4	12.1						
12	31.6	41.6	23.1	R	R	31.5	12.2						
31 00			8.2			31.6		64.6					
12	33.1	19.1	20.4			33.1	12.3						

August 1929

Date/Time	☉	⊕	☾	☊	☋	☿	♀	♂	♃	♄	⚷	♆	♇
1 00	33.1	19.1	16.5	2.5	1.5	33.2	12.3	64.6	16.5	11.3	21.2	59.1	53.4
12	33.2	19.2	45.1	R	R	33.3	12.4	47.1	D	11.2	R	D	D
2 00			12.3			33.4	12.5						
12	33.3	19.3	15.5			33.5							
3 00			39.1			7.1	12.6	47.2	16.6				
12	33.4	19.4	53.3			7.2							
4 00			62.5			7.3	15.1						
12	33.5	19.5	31.1			7.4		47.3					
5 00			33.3			7.5	15.2						
12	33.6	19.6	7.5			7.6	15.3						
6 00			29.1			4.1		47.4					
12	7.1	13.1	59.3	2.4	1.4	4.2	15.4						
7 00			40.4			4.3							
12	7.2	13.2	64.6			4.4	15.5	47.5					
8 00			6.2			4.5	15.6						
12	7.3	13.3	46.3			4.6			35.1				
9 00			18.4			29.1	52.1	47.6					
12	7.4	13.4	48.5			29.2							
10 00			57.6			29.3	52.2						
12	7.5	13.5	50.1			29.4	52.3	6.1					
11 00			28.2			29.5							
12	7.6	13.6	44.3			29.6	52.4						
12 00			1.3			59.1		6.2					
12	4.1	49.1	43.4			59.2	52.5						
13 00			14.4			59.3	52.6						
12	4.2	49.2	34.5			59.4		6.3					
14 00			9.5			59.5	39.1						
12	4.3	49.3	5.5			59.6							
15 00			26.6			40.1	39.2	6.4	35.2				
12	4.4	49.4	11.6			40.2	39.3						
16 00	4.5	49.5	10.6			40.3							
12			38.1			40.4	39.4	6.5					
17 00	4.6	49.6	54.1			40.5	39.5						
12			61.1										
18 00	29.1	30.1	60.2			40.6	39.6	6.6					
12			41.2	2.3	1.3	64.1							
19 00	29.2	30.2	19.3			64.2	53.1						53.5
12			13.3			64.3	53.2	46.1					
20 00	29.3	30.3	49.4			64.4							
12			30.4			64.5	53.3						
21 00	29.4	30.4	55.5			64.6		46.2					
12			37.6				53.4		35.3				
22 00	29.5	30.5	63.6			47.1	53.5						
12			36.1			47.2		46.3					
23 00	29.6	30.6	25.2	2.2	1.2	47.3	53.6						
12			17.3			47.4						59.2	
24 00	59.1	55.1	21.4			47.5	62.1	46.4					
12			51.5				62.2						
25 00	59.2	55.2	42.6			47.6							
12			27.1			6.1	62.3	46.5					
26 00	59.3	55.3	24.2			6.2	62.4						
12			2.3	D	D	6.3		46.6					
27 00	59.4	55.4	23.4				62.5						
12			8.6			6.4							
28 00	59.5	55.5	16.1	R	R	6.5	62.6	18.1					
12			35.3			6.6	56.1						
29 00	59.6	55.6	45.4					35.4					
12			12.6			46.1	56.2	18.2		D			
30 00	40.1	37.1	52.1			46.2	56.3						
12			39.3			46.3							
31 00	40.2	37.2	53.5				56.4	18.3					
12			56.1			46.4							

1929

September 1929

Date/Time	☉	⊕	☾	☊	☋	☿	♀	♂	♃	♄	⚷	♆	♇
1 00	40.3	37.3	31.3	2.2	1.2	46.5	56.5	18.3	35.4	11.2	21.2	59.2	53.5
12			33.5	R	R	46.6	56.6	18.4	D	D	R	D	D
2 00	40.4	37.4	7.6										
12	40.5	37.5	29.2			18.1	31.1						
3 00			59.4			18.2	31.2	18.5					
12	40.6	37.6	40.6										
4 00			47.1	2.1	1.1	18.3	31.3						
12	64.1	63.1	6.3			18.4		18.6					
5 00			46.4				31.4						
12	64.2	63.2	18.6			18.5	31.5						
6 00			57.1			18.6		48.1			21.1		
12	64.3	63.3	32.2				31.6						
7 00			50.3			48.1	33.1						
12	64.4	63.4	28.4			48.2		48.2	35.5				
8 00			44.5				33.2						
12	64.5	63.5	1.5	D	D	48.3							
9 00			43.6				33.3	48.3					
12	64.6	63.6	34.1			48.4	33.4						
10 00			9.1			48.5		48.4					
12	47.1	22.1	5.1				33.5						
11 00			26.2	R	R	48.6	33.6						
12	47.2	22.2	11.2					48.5					
12 00			10.3			57.1	7.1						
12	47.3	22.3	58.3				7.2						
13 00			38.3			57.2		48.6					
12	47.4	22.4	54.3				7.3						
14 00			61.4			57.3							
12	47.5	22.5	60.4				7.4	57.1					
15 00			41.5			57.4	7.5						
12	47.6	22.6	19.5										
16 00	6.1	36.1	13.6			57.5	7.6	57.2					
12			49.6				4.1						
17 00	6.2	36.2	55.1										
12			37.2			57.6	4.2	57.3					
18 00	6.3	36.3	63.2	24.6	44.6		4.3						
12			22.3			32.1						59.3	
19 00	6.4	36.4	36.4				4.4	57.4					
12			25.5										
20 00	6.5	36.5	17.6			32.2	4.5	57.5					
12			51.1				4.6						
21 00	6.6	36.6	42.2										
12			3.3			29.1	57.6	35.6					
22 00	46.1	25.1	27.5			32.3	29.2						
12			24.6										
23 00	46.2	25.2	23.1	D	D	29.3	32.1						
12			8.2			29.4							
24 00	46.3	25.3	20.4										
12			16.5			29.5	32.2						
25 00	46.4	25.4	45.1										
12			12.2			29.6				11.3			
26 00	46.5	25.5	15.4		R	59.1	32.3						
12			52.5	R	R								
27 00	46.6	25.6	53.1			59.2	32.4						
12	18.1	17.1	62.2			59.3							
28 00			56.4										
12	18.2	17.2	31.6			59.4	32.5						
29 00			7.1			59.5							
12	18.3	17.3	4.3		32.2								
30 00			29.5			59.6	32.6						
12	18.4	17.4	59.6			40.1					17.6		

October 1929

Date/Time	☉	⊕	☾	☊	☋	☿	♀	♂	♃	♄	⚷	♆	♇
1 00	18.4	17.4	64.2	24.6	44.6	32.2	40.1	32.6	35.6	11.3	17.6	59.3	53.5
12	18.5	17.5	47.3	R	R	32.1	40.2	50.1	D	D	R	D	D
2 00			6.5				40.3						
12	18.6	17.6	46.6			57.6							
3 00			48.1				40.4	50.2					
12	48.1	21.1	57.2			57.5							
4 00			32.4				40.5	50.3					
12	48.2	21.2	50.5			57.4	40.6						
5 00			28.5										
12	48.3	21.3	44.6	D	D	57.3	64.1	50.4	R				
6 00			43.1				64.2						
12	48.4	21.4	14.2			57.2							
7 00			34.2			57.1	64.3	50.5					
12	48.5	21.5	9.3				64.4						
8 00	48.6	21.6	5.3				48.6						
12			26.4				64.5	50.6					
9 00	57.1	51.1	11.4			48.5	64.6						
12			10.5			48.4		28.1					
10 00	57.2	51.2	58.5				47.1						
12			38.5			48.3	47.2						
11 00	57.3	51.3	54.6	R	R		28.2						
12			61.6			48.2	47.3						
12 00	57.4	51.4	60.6				47.4						
12			19.1			48.1		28.3		11.4			
13 00	57.5	51.5	13.1				47.5						
12			49.2			18.6	47.6						
14 00	57.6	51.6	30.2					28.4					
12			55.3			6.1							
15 00	32.1	42.1	37.3			18.5	6.2	28.5					
12			63.4	24.5	44.5								
16 00	32.2	42.2	22.5				6.3						
12	32.3	42.3	36.6					28.6					
17 00			17.1				6.4						
12	32.4	42.4	21.2			D	6.5						
18 00			51.3					44.1					
12	32.5	42.5	42.5				6.6						
19 00			3.6				46.1					59.4	
12	32.6	42.6	24.1				44.2						
20 00			2.3	D	D	18.6	46.2		35.5				
12	50.1	3.1	23.4				46.3	44.3					
21 00			8.6										
12	50.2	3.2	16.1			48.1	46.4						R
22 00			35.3				46.5	44.4					
12	50.3	3.3	45.5										
23 00			12.6			48.2	46.6						
12	50.4	3.4	52.2			18.1	44.5						
24 00			39.3			48.3							
12	50.5	3.5	53.5			48.4	18.2	44.6			17.5		
25 00	50.6	3.6	56.1			18.3				11.5			
12			31.2	R	R	48.5							
26 00	28.1	27.1	33.4			18.4	1.1						
12			7.5			48.6	18.5						
27 00	28.2	27.2	29.1			57.1							
12			59.2			18.6	1.2						
28 00	28.3	27.3	40.4			57.2	48.1						
12			64.5			57.3							
29 00	28.4	27.4	47.6			57.4	48.2	1.3					
12			46.1				48.3						
30 00	28.5	27.5	18.3			57.5		1.4					
12			48.4			57.6	48.4						
31 00	28.6	27.6	57.5			32.1	48.5						
12			32.6				1.5						

November 1929

Date/Time	☉	⊕	☾	☊	☋	☿	♀	♂	♃	♄	⚴	♆	♇
1 00	44.1	24.1	28.1	24.5	44.5	32.2	48.6	1.5	35.5	11.5	17.5	59.4	53.5
12	44.2	24.2	44.2	R	R	32.3	57.1	D	R	D	R	D	R
2 00			1.2	D	D	32.4		1.6					
12	44.3	24.3	43.3			32.5	57.2		35.4				
3 00			14.4			32.6	57.3	43.1					
12	44.4	24.4	34.4										
4 00			9.5				50.1	57.4					
12	44.5	24.5	5.5				50.2	57.5	43.2		11.6		
5 00			26.6				50.3						
12	44.6	24.6	11.6	R	R		50.4	57.6					
6 00			58.1				50.5	32.1	43.3				
12	1.1	2.1	38.1				50.6						
7 00			54.1					32.2	43.4				
12	1.2	2.2	61.2			28.1	32.3						
8 00			60.2			28.2							
12	1.3	2.3	41.2			28.3	32.4	43.5					
9 00	1.4	2.4	19.3			28.4	32.5						
12			13.3			28.5							
10 00	1.5	2.5	49.3	D	D	28.6	32.6	43.6					
12			30.4				50.1						
11 00	1.6	2.6	55.4			44.1		14.1					
12			37.5			44.2	50.2						
12 00	43.1	23.1	63.6			44.3	50.3		35.3				
12			36.1			44.4		14.2					
13 00	43.2	23.2	25.1			44.5	50.4						
12			17.2			44.6	50.5	14.3					
14 00	43.3	23.3	21.3						10.1				
12			51.5			1.1	50.6						
15 00	43.4	23.4	42.6			1.2	28.1	14.4					
12	43.5	23.5	27.1			1.3							
16 00			24.3			1.4	28.2						
12	43.6	23.6	2.4	R	R	1.5	28.3	14.5					
17 00			23.6			1.6							
12	14.1	8.1	20.2				28.4	14.6					
18 00			16.4			43.1	28.5						
12	14.2	8.2	35.5			43.2							
19 00			12.1			43.3	28.6	34.1					
12	14.3	8.3	15.3			43.4	44.1		35.2				
20 00			52.5			43.5							
12	14.4	8.4	53.1			43.6	44.2	34.2					
21 00			62.3				44.3						
12	14.5	8.5	56.4			14.1		34.3					
22 00	14.6	8.6	31.6			14.2	44.4						
12			7.2			14.3	44.5						
23 00	34.1	20.1	4.3			14.4		34.4		10.2			
12			29.5			14.5	44.6						
24 00	34.2	20.2	59.6	D	D	14.6	1.1	34.5					
12			64.2										
25 00	34.3	20.3	47.3			34.1	1.2						
12			6.4			34.2	1.3	34.6					
26 00	34.4	20.4	46.5			34.3							
12			18.6			34.4	1.4						
27 00	34.5	20.5	57.1			34.5	1.5	9.1	35.1				
12			32.2								17.4		
28 00	34.6	20.6	50.3			34.6	1.6	9.2					
12	9.1	16.1	28.4			9.1	43.1						
29 00			44.4			9.2							
12	9.2	16.2	1.5	R	R	9.3	43.2	9.3					
30 00			43.6			9.4	43.3						
12	9.3	16.3	14.6					9.4					

December 1929

Date/Time	☉	⊕	☾	☊	☋	☿	♀	♂	♃	♄	⚴	♆	♇
1 00	9.3	16.3	9.1	24.5	44.5	9.5	43.4	9.4	35.1	10.2	17.4	59.4	53.5
12	9.4	16.4	5.1	R	R	9.6	43.5	D	R	10.3	R	D	R
2 00			26.2			5.1		9.5					
12	9.5	16.5	11.2			5.2	43.6						
3 00			10.3			5.3	14.1						
12	9.6	16.6	58.3					9.6					
4 00			38.3			5.4	14.2		16.6				
12	5.1	35.1	54.4			5.5	14.3	5.1					
5 00	5.2	35.2	61.4			5.6							
12			60.4			26.1	14.4						
6 00	5.3	35.3	41.5			26.2	14.5	5.2					
12			19.5										R
7 00	5.4	35.4	13.5			26.3	14.6	5.3					
12			49.6			26.4	34.1						
8 00	5.5	35.5	30.6			26.5							
12			37.1			26.6	34.2	5.4					
9 00	5.6	35.6	63.1			11.1	34.3						
12			22.2	D	D			5.5		10.4			
10 00	26.1	45.1	36.2			11.2	34.4						
12	26.2	45.2	25.3			11.3	34.5		16.5				
11 00			17.4			11.4		5.6					
12	26.3	45.3	21.5			11.5	34.6						
12 00			51.6			11.6	9.1	26.1					
12	26.4	45.4	3.1			10.1							
13 00			27.2				9.2						
12	26.5	45.5	24.4			10.2	9.3	26.2					
14 00			2.5	R	R	10.3							
12	26.6	45.6	8.1			10.4	9.4						
15 00			20.2			10.5	9.5	26.3					
12	11.1	12.1	16.4			10.6							
16 00			35.6				9.6	26.4					
12	11.2	12.2	12.2			58.1	5.1						
17 00	11.3	12.3	15.4			58.2							
12			52.6			58.3	5.2	26.5				D	
18 00	11.4	12.4	53.3	24.4	44.4	58.4	5.3		16.4	10.5			
12			62.5			58.5		26.6					
19 00	11.5	12.5	31.1				5.4						
12			33.3			58.6	5.5						
20 00	11.6	12.6	7.5			38.1		11.1					
12			4.6			38.2	5.6						
21 00	10.1	15.1	59.2			38.3	26.1	11.2					
12			40.4			38.4							
22 00	10.2	15.2	64.5				26.2						
12	10.3	15.3	47.6			38.5	26.3	11.3					
23 00			46.2			38.6							
12	10.4	15.4	18.3	D	D	54.1	26.4	11.4					
24 00			48.4			54.2	26.5						
12	10.5	15.5	57.5			54.3							
25 00			32.6				26.6	11.5					53.4
12	10.6	15.6	28.1			54.4	11.1			10.6			
26 00			44.1			54.5		11.6	16.3				
12	58.1	52.1	1.2	R	R	54.6	11.2						
27 00			43.2			61.1	11.3						
12	58.2	52.2	14.3					10.1					
28 00	58.3	52.3	34.4			61.2	11.4						
12			9.4			61.3	11.5	10.2					
29 00	58.4	52.4	5.4			61.4							
12			26.5			61.5	11.6						
30 00	58.5	52.5	11.5				10.1	10.3					
12			10.6			61.6							
31 00	58.6	52.6	58.6			60.1	10.2	10.4					
12			38.6			60.2	10.3						

1929

January 1930

Date	Time	☉	⊕	☾	☊	⚷	☿	♀	♂	♃	♄	⚷	♆	♇
1	00	38.1	39.1	61.1	24.3	44.3	60.2	10.3	10.4	16.3	10.6	17.4	59.4	53.4
	12			60.1	R	R	60.3	10.4	10.5	R	D	D	R	R
2	00	38.2	39.2	41.1			60.4	10.5						
	12	38.3	39.3	19.2			60.5	10.6	10.6		58.1			
3	00			13.2			60.5							
	12	38.4	39.4	49.2			60.6	58.1						
4	00			30.3				58.2	58.1	16.2				
	12	38.5	39.5	55.3			41.1							
5	00			37.3			41.2	58.3	58.2					
	12	38.6	39.6	63.4				58.4						
6	00			22.4			41.3							
	12	54.1	53.1	36.5				58.5	58.3			17.5		
7	00			25.5	24.2	44.2	41.4	58.6						
	12	54.2	53.2	17.6				58.4						
8	00			51.1			41.5	38.1						
	12	54.3	53.3	42.2	D	D	38.2							
9	00	54.4	53.4	3.3			41.6		58.5					
	12			27.4			38.3							
10	00	54.5	53.5	24.5	R	R	38.4	58.6						
	12			2.6		19.1					58.2			
11	00	54.6	53.6	8.2			38.5							
	12			20.3			38.6	38.1						
12	00	61.1	62.1	16.5										
	12			45.1			54.1	38.2						
13	00	61.2	62.2	12.3			54.2							
	12			15.5		R								
14	00	61.3	62.3	39.1			54.3	38.3						
	12	61.4	62.4	53.3			54.4							
15	00			62.5				38.4						
	12	61.5	62.5	31.1			54.5							
16	00			33.4			41.6	54.6	38.5					
	12	61.6	62.6	7.6										
17	00			29.2				61.1						
	12	60.1	56.1	59.4	24.1	44.1	41.5	61.2	38.6	16.1				
18	00			40.6										
	12	60.2	56.2	47.1			41.4	61.3	54.1					
19	00			6.3				61.4			58.3			
	12	60.3	56.3	46.4			41.3							
20	00	60.4	56.4	18.6			41.2	61.5	54.2					
	12			57.1				61.6						
21	00	60.5	56.5	32.2			41.1		54.3					
	12			50.3			60.6	60.1						
22	00	60.6	56.6	28.4	D	D		60.2						
	12			44.5	R	R	60.5		54.4					
23	00	41.1	31.1	1.5			60.4	60.3						
	12			43.6				60.4	54.5					
24	00	41.2	31.2	14.6			60.3							
	12			9.1			60.2	60.5						
25	00	41.3	31.3	5.1				60.6	54.6					
	12			26.2			60.1						59.3	
26	00	41.4	31.4	11.2			41.1	61.1						
	12	41.5	31.5	10.2			61.6	41.2						
27	00			58.3			61.5		61.2					
	12	41.6	31.6	38.3				41.3			58.4			
28	00			54.3				41.4						
	12	19.1	33.1	61.4	27.6	28.6	61.4		61.3					
29	00			60.4				41.5						
	12	19.2	33.2	41.4			61.3	41.6	61.4					
30	00			19.5										
	12	19.3	33.3	13.5				19.1						
31	00			49.5				19.2	61.5					
	12	19.4	33.4	30.6			61.2			D				

February 1930

Date	Time	☉	⊕	☾	☊	⚷	☿	♀	♂	♃	♄	⚷	♆	♇
1	00	19.5	33.5	55.6	27.6	28.6	61.2	19.3	61.6	16.1	58.4	17.5	59.3	53.1
	12			63.1	27.5	28.5	R	19.4	D	D	D	D	R	R
2	00	19.6	33.6	22.1				19.5	60.1					
	12			36.2										
3	00	13.1	7.1	25.2			D	19.6						
	12			17.3					60.2					
4	00	13.2	7.2	21.3				13.1						
	12			51.4				13.2						
5	00	13.3	7.3	42.5					60.3					
	12			3.6			61.3	13.3			58.5			
6	00	13.4	7.4	24.1	D	D		13.4	60.4					
	12			2.2										
7	00	13.5	7.5	23.3	R	R		13.5	60.5					
	12	13.6	7.6	8.4				13.6				17.6		
8	00			20.5			61.4							
	12	49.1	4.1	35.1				49.1	60.6					
9	00			45.2				49.2						53.3
	12	49.2	4.2	12.4			61.5	41.1						
10	00			15.6				49.3						
	12	49.3	4.3	39.2			61.6	49.4						
11	00			53.4				41.2						
	12	49.4	4.4	62.6				49.5						
12	00			31.2			60.1	49.6	41.3					
	12	49.5	4.5	33.4										
13	00	49.6	4.6	7.6	27.4	28.4	60.2	30.1	41.4					
	12			29.2				30.2						
14	00	30.1	29.1	59.4			60.3							
	12			40.6				30.3	41.5					
15	00	30.2	29.2	47.2			60.4	30.4		16.2	58.6			
	12			6.4					41.6					
16	00	30.3	29.3	46.6			60.5	30.5						
	12			48.1				30.6						
17	00	30.4	29.4	57.3			60.6		19.1					
	12			32.4				55.1						
18	00	30.5	29.5	50.5			41.1	55.2	19.2					
	12			28.6	D	D	41.2							
19	00	30.6	29.6	1.1				55.3						
	12	55.1	59.1	43.2			41.3	55.4	19.3					
20	00			14.3			41.4							
	12	55.2	59.2	34.3	R	R		55.5	19.4					
21	00			9.4			41.5	55.6						
	12	55.3	59.3	5.4					19.5					
22	00			26.5			41.6	37.1						
	12	55.4	59.4	11.5			19.1	37.2						
23	00			10.5				19.6						
	12	55.5	59.5	58.6			19.2	37.3						
24	00			38.6			19.3	37.4	13.1					
	12	55.6	59.6	54.6										
25	00			60.1			19.4	37.5						
	12	37.1	40.1	41.1	27.3	28.3	19.5	37.6	13.2		38.1			
26	00			19.1			19.6							
	12	37.2	40.2	13.2				63.1	13.3					
27	00	37.3	40.3	49.2			13.1	63.2						
	12			30.3			13.2		13.4			21.1		
28	00	37.4	40.4	55.3			13.3	63.3						
	12			37.3				63.4		16.3				

1930

March 1930

Date/Time	☉	⊕	☽	☊	☋	☿	♀	♂	♃	♄	⇩	♆	♑
1 00	37.5	40.5	63.4	27.3	28.3	13.4	63.4	13.5	16.3	38.1	21.1	59.3	53.3
12			22.4	R	R	13.5	63.5	D	D	D	D	59.2	R
2 00	37.6	40.6	36.5			13.6	63.6	13.6					
12			25.6										
3 00	63.1	64.1	17.6	27.2	28.2	49.1	22.1						
12			51.1			49.2	22.2	49.1					
4 00	63.2	64.2	42.2			49.3							
12			3.2				22.3	49.2					
5 00	63.3	64.3	27.3	D	D	49.4	22.4						
12	63.4	64.4	24.4			49.5		49.3					
6 00			2.5			49.6	22.5						
12	63.5	64.5	23.6			30.1	22.6						
7 00			20.1					49.4					
12	63.6	64.6	16.3			30.2	36.1						
8 00			35.4			30.3	36.2	49.5					
12	22.1	47.1	45.5	R	R	30.4							
9 00			15.1			30.5	36.3						
12	22.2	47.2	52.2			30.6	36.4	49.6	16.4				
10 00			39.4										
12	22.3	47.3	53.6			55.1	36.5	30.1		38.2			
11 00			56.1			55.2	36.6						
12	22.4	47.4	31.3			55.3		30.2					
12 00			33.5			55.4	25.1						
12	22.5	47.5	4.1			55.5	25.2						
13 00	22.6	47.6	29.3			55.6		30.3					
12			59.5			37.1	25.3						
14 00	36.1	6.1	64.1				25.4	30.4					
12			47.3			37.2							
15 00	36.2	6.2	6.5			37.3	25.5						
12			46.6			37.4	25.6	30.5					
16 00	36.3	6.3	48.2			37.5							
12			57.4			37.6	17.1	30.6					
17 00	36.4	6.4	32.5			63.1	17.2				21.2		
12			50.6			63.2		55.1	16.5				
18 00	36.5	6.5	44.2	D	D	63.3	17.3						
12			1.3			63.4	17.4						
19 00	36.6	6.6	43.4			63.5		55.2					
12			14.4			63.6	17.5						
20 00	25.1	46.1	34.5				17.6	55.3					
12			9.6			22.1							
21 00	25.2	46.2	5.6			22.2	21.1						
12	25.3	46.3	11.1			22.3	21.2	55.4					
22 00			10.1			22.4							
12	25.4	46.4	58.2	R	R	22.5	21.3	55.5					
23 00			38.2			22.6	21.4						
12	25.5	46.5	54.3			36.1		55.6					
24 00			61.3			36.2	21.5		16.6				
12	25.6	46.6	60.3			36.3	21.6						
25 00			41.4			36.4		37.1					
12	17.1	18.1	19.4			36.5	51.1						
26 00			13.4			36.6	51.2	37.2					
12	17.2	18.2	49.5			25.1							
27 00			30.5			25.2	51.3	37.3					
12	17.3	18.3	55.6			25.3	51.4						
28 00			37.6			25.4					38.3		
12	17.4	18.4	22.1			25.6	51.5	37.4					
29 00			36.1	27.1	28.1	17.1	51.6						
12	17.5	18.5	25.2			17.2		37.5					
30 00	17.6	18.6	17.3			17.3	42.1		35.1				
12			21.3			17.4	42.2						
31 00	21.1	48.1	51.4			17.5		37.6					
12			42.5			17.6	42.3						

April 1930

Date/Time	☉	⊕	☽	☊	☋	☿	♀	♂	♃	♄	⇩	♆	♑
1 00	21.2	48.2	3.6	27.1	28.1	21.1	42.4	63.1	35.1	38.3	21.2	59.2	D
12			24.1	D	D	21.2	D	D	D	D	D	R	
2 00	21.3	48.3	2.2			21.3	42.5	63.2					
12			23.3			21.4	42.6						
3 00	21.4	48.4	8.4			21.5					21.3		
12			20.5			21.6	3.1	63.3					
4 00	21.5	48.5	35.1			51.2	3.2						
12			45.2			51.3		63.4					
5 00	21.6	48.6	12.3			51.4	3.3		35.2				
12			15.5			51.5	3.4						
6 00	51.1	57.1	52.6			51.6		63.5					
12			53.2	R	R	42.1	3.5						
7 00	51.2	57.2	62.3			42.2	3.6	63.6					
12			56.5			42.3							
8 00	51.3	57.3	33.1			42.4	27.1	22.1					
12			7.2			42.6							
9 00	51.4	57.4	4.4			3.1	27.2						
12	51.5	57.5	29.6			3.2	27.3	22.2					
10 00			40.1			3.3			35.3				
12	51.6	57.6	64.3			3.4	27.4	22.3				59.1	
11 00			47.5			3.5	27.5						
12	42.1	32.1	6.6			3.6							
12 00			18.2			27.1	27.6	22.4					
12	42.2	32.2	48.3			27.2	24.1						
13 00			57.5			27.3		22.5					
12	42.3	32.3	32.6			27.4	24.2						
14 00			28.2	D	D	27.5	24.3						
12	42.4	32.4	44.3			27.6		22.6					
15 00			1.4			24.1	24.4						
12	42.5	32.5	43.5			24.2	24.5	36.1	35.4				
16 00			14.6			24.3							
12	42.6	32.6	9.1			24.4	24.6	36.2					
17 00			5.2			24.5	2.1						
12	3.1	50.1	26.2			24.6							
18 00			11.3			2.1	2.2	36.3					
12	3.2	50.2	10.3			2.2	2.3						
19 00			58.4			2.3		36.4					
12	3.3	50.3	38.4			2.4	2.4				21.4		
20 00			54.5			2.5	2.5						
12	3.4	50.4	61.5					36.5	35.5				
21 00	3.5	50.5	60.5	R	R	2.6	2.6						
12			41.6			23.1	23.1	36.6					
22 00	3.6	50.6	19.6			23.2			R				
12			13.6			23.3	23.2	25.1					
23 00	27.1	28.1	30.1				23.3						
12			55.1			23.4							
24 00	27.2	28.2	37.2	D	D	23.5	23.4	25.2					
12			63.2										
25 00	27.3	28.3	22.3			23.6	23.5	25.3	35.6				
12			36.3			8.1	23.6						
26 00	27.4	28.4	25.4										
12			17.5			8.2	8.1	25.4					
27 00	27.5	28.5	21.5				8.2						
12			51.6			8.3		25.5					
28 00	27.6	28.6	3.1			8.4	8.3						
12			27.2	R	R		8.4						
29 00	24.1	44.1	24.4			8.5		25.6					
12			2.5				8.5		45.1				
30 00	24.2	44.2	23.6				8.6	17.1					
12			20.1			8.6							

1930

May 1930

Date/Time	☉	⊕	☾	☊	☍	☿	♀	♂	♃	♄	⯝	♆	♇
1 00	24.3	44.3	16.3	27.1	28.1	8.6	20.1	17.2	45.1	38.3	21.4	59.1	53.3
12			35.4	R	R		20.1	20.2	D	D	R	D	D
2 00	24.4	44.4	45.6										
12			15.1				20.3	17.3					
3 00	24.5	44.5	52.3			20.2	20.4						
12	24.6	44.6	39.4					17.4					
4 00			53.6				20.5						
12	2.1	1.1	56.1				20.6		45.2				
5 00			31.3					17.5					
12	2.2	1.2	33.5			20.3	16.1						
6 00			7.6	D	D		16.2	17.6					
12	2.3	1.3	29.2										
7 00			59.3				16.3				21.5		
12	2.4	1.4	40.5				21.1						
8 00			64.6				16.4						
12	2.5	1.5	6.2				16.5	21.2	45.3				
9 00			46.3		R								
12	2.6	1.6	18.5				16.6						
10 00			48.6				35.1	21.3					
12	23.1	43.1	32.1										
11 00			50.3				35.2	21.4					
12	23.2	43.2	28.4	R	R		35.3						
12 00			44.5					21.5					
12	23.3	43.3	1.6				35.4				D		
13 00			14.1			20.2	35.5		45.4				
12	23.4	43.4	34.2					21.6					
14 00			9.3				35.6						
12	23.5	43.5	5.3				45.1	51.1					
15 00			26.4										
12	23.6	43.6	11.5			20.1	45.2						
16 00			10.5					51.2					
12	8.1	14.1	58.6				45.3						
17 00			38.6				45.4	51.3		38.2			
12	8.2	14.2	61.1		8.6			45.5					
18 00			60.1				45.5						
12	8.3	14.3	41.2				45.6	51.4					
19 00			19.2		8.5								
12	8.4	14.4	13.2				12.1	51.5					
20 00			49.3				12.2						
12	8.5	14.5	30.3										
21 00	8.6	14.6	55.3	D	D	8.4	12.3	51.6					
12			37.4				12.4		45.6				
22 00	20.1	34.1	63.4				42.1						53.4
12			22.5		8.3		12.5						
23 00	20.2	34.2	36.5				12.6						
12			25.6					42.2					
24 00	20.3	34.3	17.6			8.2	15.1						
12			51.1					42.3					
25 00	20.4	34.4	42.2				15.2						
12			3.3				15.3						
26 00	20.5	34.5	27.4	R	R	8.1		42.4	12.1				
12			24.5				15.4						
27 00	20.6	34.6	23.1				15.5	42.5					
12			8.2								21.6		
28 00	16.1	9.1	20.3				15.6						
12			16.5			23.6	52.1	42.6					
29 00	16.2	9.2	45.1										
12			12.2				52.2	3.1					
30 00	16.3	9.3	15.4				52.3		12.2				
12			52.6										
31 00	16.4	9.4	53.2				52.4	3.2					
12			62.3										

June 1930

Date/Time	☉	⊕	☾	☊	☍	☿	♀	♂	♃	♄	⯝	♆	♇
1 00	16.5	9.5	56.5	27.1	28.1	23.6	52.5	3.3	12.2	38.2	21.6	59.1	53.4
12			33.1	R	R	R	52.6		D	D	R	D	D
2 00	16.6	9.6	7.3		D								
12			4.4				39.1	3.4					
3 00	35.1	5.1	29.6				39.2		12.3				
12			40.2					3.5					
4 00	35.2	5.2	64.3	D	D		39.3						
12			47.5				39.4			38.1			
5 00	35.3	5.3	6.6					3.6					
12			18.1				39.5						
6 00	35.4	5.4	48.2				39.6	27.1					
12			57.4		8.1								
7 00	35.5	5.5	32.5				53.1						
12			50.6					27.2	12.4				
8 00	35.6	5.6	44.1	R	R		53.2						
12			1.2			8.2	53.3	27.3					
9 00	45.1	26.1	43.3										
12			14.4				53.4						
10 00	45.2	26.2	34.4				53.5	27.4					
12			9.5			8.3							
11 00	45.3	26.3	5.6	3.6	50.6		53.6	27.5					
12	45.4	26.4	26.6				62.1		12.5				
12 00			10.1			8.4							
12	45.5	26.5	58.2				62.2	27.6					
13 00			38.2			8.5							
12	45.6	26.6	54.3				62.3	24.1					59.2
14 00			61.3			8.6	62.4						
12	12.1	11.1	60.3										
15 00			41.4			20.1	62.5	24.2					
12	12.2	11.2	19.4				62.6		12.6				
16 00			13.5			20.2		24.3					
12	12.3	11.3	49.5				56.1						
17 00			30.5			20.3	56.2						
12	12.4	11.4	55.6					24.4					
18 00			37.6			20.4	56.3						
12	12.5	11.5	63.6							58.6			
19 00			36.1			20.5	56.4	24.5					
12	12.6	11.6	25.1	D	D	20.6	56.5		15.1				
20 00			17.2					24.6					
12	15.1	10.1	21.2			16.1	56.6						
21 00			51.3			16.2	31.1						
12	15.2	10.2	42.4				2.1						
22 00			3.5			16.3	31.2						
12	15.3	10.3	27.6	R	R	16.4	31.3	2.2					
23 00			2.1			16.5							
12	15.4	10.4	23.2				31.4		15.2				
24 00			8.3			16.6		2.3					
12	15.5	10.5	20.5	3.5	50.5	35.1	31.5						
25 00			16.6			35.2	31.6	2.4					
12	15.6	10.6	45.2										
26 00			12.4			35.3	33.1						
12	52.1	58.1	15.6			35.4	33.2	2.5					
27 00			39.2			35.5					51.1		
12	52.2	58.2	53.4			35.6	33.3		15.3				
28 00			62.6			45.1	33.4	2.6					
12	52.3	58.3	31.2			45.2							
29 00			33.4			45.3	33.5	23.1					
12	52.4	58.4	7.6										
30 00			29.1			45.4	33.6						
12	52.5	58.5	59.3			45.5	7.1	23.2					

July 1930

Date/Time	☉	⊕	☽	☋	☊	☿	♀	♂	♃	♄	⚷	♆	♇
1 00	52.5	58.5	40.5	3.5	50.5	45.6	7.1	23.2	15.3	58.6	51.1	59.2	53.4
12	52.6	58.6	47.1	R	R	12.1	7.2	23.3	D	58.5	D	D	53.5
2 00			6.2			12.2	7.3		15.4				
12	39.1	38.1	46.4			12.3							
3 00			18.5			12.4	7.4	23.4					
12	39.2	38.2	48.6	D	D	12.5							
4 00			32.2			12.6	7.5						
12	39.3	38.3	50.3			15.1	7.6	23.5					
5 00			28.4	R	R	15.3							
12	39.4	38.4	44.5			15.4	4.1	23.6					
6 00			1.5	3.4	50.4	15.5	4.2		15.5				
12	39.5	38.5	43.6			15.6							
7 00			34.1			52.1	4.3	8.1					
12	39.6	38.6	9.2			52.2							
8 00			5.2			52.3	4.4						
12	53.1	54.1	26.3			52.4	4.5	8.2					
9 00			11.4			52.5							
12	53.2	54.2	10.4			52.6	4.6	8.3					
10 00	53.3	54.3	58.5			39.2	29.1		15.6				
12			38.5			39.3							
11 00	53.4	54.4	54.5			39.4	29.2	8.4					
12			61.6			39.5							
12 00	53.5	54.5	60.6			39.6	29.3						
12			19.1	3.3	50.3	53.1	29.4	8.5					
13 00	53.6	54.6	13.1			53.2							
12			49.1			53.4	29.5	8.6					
14 00	62.1	61.1	30.2			53.5	29.6						
12			55.2			53.6			52.1	58.4			
15 00	62.2	61.2	37.2			62.1	59.1	20.1					
12			63.3			62.2							
16 00	62.3	61.3	22.3			62.3	59.2						
12			36.3			62.4	59.3	20.2					
17 00	62.4	61.4	25.4			62.6							
12			17.4			56.1	59.4	20.3					
18 00	62.5	61.5	21.5			56.2							
12			51.5			56.3	59.5		52.2				
19 00	62.6	61.6	42.6	D	D	56.4	59.6	20.4					
12			27.1	R	R	56.5							
20 00	56.1	60.1	24.2			56.6	40.1						
12			2.2			31.1	40.2	20.5					
21 00	56.2	60.2	23.4			31.3						59.3	
12			8.5			31.4	40.3	20.6					
22 00	56.3	60.3	20.6			31.5				R			
12			35.2			31.6	40.4						
23 00	56.4	60.4	45.3			33.1	40.5	16.1	52.3				
12			12.5	3.2	50.2	33.2							
24 00	56.5	60.5	52.1			33.3	40.6						
12			39.3			33.4		16.2					
25 00	56.6	60.6	53.5			33.5	64.1						
12			56.1			33.6	64.2						
26 00	31.1	41.1	31.3			7.1		16.3					
12			33.5			7.2	64.3						
27 00	31.2	41.2	4.1			7.3		16.4	52.4				
12			29.3			7.4	64.4						
28 00	31.3	41.3	59.5			7.5	64.5						
12			64.1			7.6		16.5		58.3			
29 00	31.4	41.4	47.3			4.1	64.6						
12			6.5			4.2	47.1						
30 00	31.5	41.5	18.1			4.3		16.6					
12			48.2	3.1	50.1	4.4	47.2						
31 00	31.6	41.6	57.4			4.5							
12			32.5			4.6	47.3	35.1	52.5				

August 1930

Date/Time	☉	⊕	☽	☋	☊	☿	♀	♂	♃	♄	⚷	♆	♇
1 00	33.1	19.1	50.6	D	D	29.1	47.4	35.1	52.5	58.3	51.1	59.3	53.5
12			44.1			29.2	D	35.2	D	R	R	D	D
2 00	33.2	19.2	1.2	R	R	29.3	47.5						
12			43.3										
3 00	33.3	19.3	14.4			29.4	47.6	35.3					
12			34.5			29.5	6.1						
4 00	33.4	19.4	9.5			29.6							
12			5.6			59.1	6.2	35.4					
5 00	33.5	19.5	26.6			59.2			52.6				
12	33.6	19.6	10.1			59.3	6.3						
6 00			58.1			59.4	6.4	35.5					
12	7.1	13.1	38.2			59.5							
7 00			54.2				6.5						53.6
12	7.2	13.2	61.3			59.6		35.6					
8 00			60.3			40.1	6.6						
12	7.3	13.3	41.3			40.2	46.1	45.1					
9 00			19.4			40.3							
12	7.4	13.4	13.4	42.6	32.6		46.2		39.1				
10 00			49.4			40.4		45.2					
12	7.5	13.5	30.5			40.5	46.3						
11 00			55.5			40.6	46.4						
12	7.6	13.6	37.5			64.1		45.3					
12 00			63.6				46.5						
12	4.1	49.1	22.6			64.2							
13 00			36.6			64.3	46.6	45.4					
12	4.2	49.2	17.1			64.4							
14 00			21.1				18.1		39.2				
12	4.3	49.3	51.2			64.5	18.2	45.5					
15 00			42.2			64.6							
12	4.4	49.4	3.3	D	D	47.1	18.3						
16 00			27.4					45.6				21.6	
12	4.5	49.5	24.4			47.2	18.4			58.2			
17 00			2.5			47.3	18.5	12.1					
12	4.6	49.6	23.6	R	R							59.4	
18 00			20.1			47.4	18.6						
12	29.1	30.1	16.2			47.5		12.2					
19 00			35.4			48.1			39.3				
12	29.2	30.2	45.5			47.6							
20 00			12.6			6.1	48.2	12.3					
12	29.3	30.3	52.2			48.3							
21 00			39.4			6.2							
12	29.4	30.4	53.6			6.3	48.4	12.4					
22 00			56.2	42.5	32.5								
12	29.5	30.5	31.4			6.4	48.5						
23 00			33.6					12.5					
12	29.6	30.6	4.2			6.5	48.6						
24 00			29.4			57.1		39.4					
12	59.1	55.1	59.6			6.6		12.6					
25 00	59.2	55.2	64.2			46.1	57.2						
12			47.4										
26 00	59.3	55.3	6.6			46.2	57.3	15.1					
12			18.2										
27 00	59.4	55.4	48.4			46.3	57.4						
12			57.6				57.5	15.2					
28 00	59.5	55.5	50.1	D	D	46.4							
12			28.3				57.6						
29 00	59.6	55.6	44.4					15.3	39.5				
12			1.5			46.5	32.1						
30 00	40.1	37.1	43.6										
12			34.1			46.6	32.2	15.4					
31 00	40.2	37.2	9.2	R	R		32.3						
12			5.2										

September 1930

Date	Time	☉	⊕	☾	☊	☋	☿	♀	♂	♃	♄	⯝	♆	⯗
1	00	40.3	37.3	26.3	42.5	32.5	18.1	32.4	15.5	39.5	58.2	21.6	59.4	53.6
	12			11.4	R	R	D	D	D	D		R	D	D
2	00	40.4	37.4	10.4			32.5							
	12			58.5			18.2		15.6					
3	00	40.5	37.5	38.5			32.6		39.6					
	12			54.6										
4	00	40.6	37.6	61.6			18.3	50.1	52.1					
	12			60.6										
5	00	64.1	63.1	19.1				50.2						
	12			13.1	42.4	32.4		50.3	52.2					
6	00	64.2	63.2	49.1										
	12			30.2				50.4						
7	00	64.3	63.3	55.2					52.3					
	12			37.2			18.4	50.5						
8	00	64.4	63.4	63.3										
	12			22.3				50.6	52.4					
9	00	64.5	63.5	36.3		R			53.1					
	12	64.6	63.6	25.4				28.1						
10	00			17.4					52.5		D			
	12	47.1	22.1	21.5			18.3	28.2						
11	00			51.5										
	12	47.2	22.2	42.6	D	D		28.3	52.6					59.5
12	00			3.6										
	12	47.3	22.3	24.1				28.4						
13	00			2.2				28.5	39.1					
	12	47.4	22.4	23.3			18.2							
14	00			8.3				28.6						
	12	47.5	22.5	20.4										
15	00			16.5			18.1	44.1	39.2	53.2				
	12	47.6	22.6	45.1										
16	00			12.2	R	R		44.2						
	12	6.1	36.1	15.3			46.6		39.3					
17	00			52.5				44.3				21.5		
	12	6.2	36.2	39.6			46.5							
18	00			62.2				44.4	39.4					
	12	6.3	36.3	56.4			46.4							
19	00			31.5				44.5						
	12	6.4	36.4	7.1			46.3		39.5					
20	00			4.3			46.2	44.6						
	12	6.5	36.5	29.5										
21	00			40.1			46.1	1.1	39.6					
	12	6.6	36.6	64.3							53.3			
22	00	46.1	25.1	47.5			6.6	1.2						
	12			46.1										
23	00	46.2	25.2	18.3			6.5	1.3	53.1					
	12			48.5										
24	00	46.3	25.3	32.1			6.4							
	12			50.2	D	D	6.3	1.4	53.2					
25	00	46.4	25.4	28.4										
	12			44.5				1.5						
26	00	46.5	25.5	43.1			6.2		53.3					
	12			14.2				1.6						62.1
27	00	46.6	25.6	34.3			6.1							
	12			9.4				43.1						
28	00	18.1	17.1	5.5					53.4					
	12			26.6			47.6	43.2		53.4				
29	00	18.2	17.2	11.6										
	12			58.1					53.5					
30	00	18.3	17.3	38.1	R	R		43.3						
	12			54.2										

October 1930

Date	Time	☉	⊕	☾	☊	☋	☿	♀	♂	♃	♄	⯝	♆	⯗
1	00	18.4	17.4	61.2	42.4	32.4	D	43.4	53.6	53.4	58.2	21.5	59.5	62.1
	12			60.3	R	R		D	D	D		R	D	D
2	00	18.5	17.5	41.3			43.5							
	12	18.6	17.6	19.3										
3	00			13.4				62.1						
	12	48.1	21.1	49.4			6.1	43.6						
4	00			30.4										
	12	48.2	21.2	55.5			14.1	62.2						
5	00			37.5							58.3			
	12	48.3	21.3	63.5			6.2	14.2						
6	00			22.6										
	12	48.4	21.4	36.6			6.3		62.3					
7	00			17.1			14.3				53.5			
	12	48.5	21.5	21.1			6.4							
8	00			51.2					62.4					
	12	48.6	21.6	42.2			6.5	14.4						
9	00			3.3	D	D								
	12	57.1	51.1	27.4			6.6	14.5						59.6
10	00			24.5			46.1		62.5					
	12	57.2	51.2	2.5										
11	00			23.6			46.2	14.6				21.4		
	12	57.3	51.3	20.1			46.3		62.6					
12	00	57.4	51.4	16.2			46.4							
	12			35.3				34.1						
13	00	57.5	51.5	45.4			46.5							
	12			12.6			46.6		56.1					
14	00	57.6	51.6	52.1				18.1	34.2					
	12			39.2				18.2						
15	00	32.1	42.1	53.4										
	12			62.5	R	R		18.3	34.3	56.2				
16	00	32.2	42.2	31.1				18.4						
	12			33.2				18.5						
17	00	32.3	42.3	7.4				18.6						
	12			4.6			48.1		34.4	56.3				
18	00	32.4	42.4	59.1	D	D		48.2						
	12			40.3						53.6				
19	00	32.5	42.5	64.5				48.3		56.4				
	12			6.1				48.4	34.5					
20	00	32.6	42.6	46.3				48.5						
	12			18.4				48.6						
21	00	50.1	3.1	48.6				57.1		56.5				
	12	50.2	3.2	32.2				57.2	34.6					
22	00			50.3	R	R		57.3						
	12	50.3	3.3	28.5				57.4			58.4			
23	00			44.6					56.6					R
	12	50.4	3.4	43.2				57.5						
24	00			14.3				57.6	9.1					
	12	50.5	3.5	34.4				32.1						
25	00			9.5				32.2	31.1					
	12	50.6	3.6	5.6				32.3						
26	00			11.1				32.4						
	12	28.1	27.1	10.2				32.5						
27	00			58.3				32.6	31.2					
	12	28.2	27.2	38.3				50.1	9.2					
28	00			54.4										
	12	28.3	27.3	61.5				50.2						
29	00	28.4	27.4	60.5				50.3						
	12			41.5	D	D		50.4	31.3					
30	00	28.5	27.5	19.6				50.5						
	12			13.6				50.6						
31	00	28.6	27.6	49.6				28.1						
	12			55.1				28.2	31.4					

November 1930

Date/Time	☉	⊕	☾	☊	☋	☿	♀	♂	♃	♄	⯙	♆	♇
1 00	44.1	24.1	37.1	42.4	32.4	28.3	9.2	31.4	53.6	58.4	21.4	59.6	62.1
12			63.1	D	D	D	D	D	D	D	R	D	R
2 00	44.2	24.2	22.2			28.4							
12			36.2			28.5	R	31.5					
3 00	44.3	24.3	25.3			28.6							
12			17.3			44.1							
4 00	44.4	24.4	21.4			44.2							
12			51.4			44.3					58.5	21.3	
5 00	44.5	24.5	42.5	R	R	44.4		31.6					
12	44.6	24.6	3.6										
6 00			24.1			44.5							
12	1.1	2.1	2.1			44.6							
7 00			23.2			1.1							
12	1.2	2.2	8.3			1.2		33.1					
8 00			20.5			1.3							
12	1.3	2.3	16.6			1.4	9.1	R					
9 00			45.1			1.5							
12	1.4	2.4	12.2	42.3	32.3			33.2					
10 00			15.4			1.6							
12	1.5	2.5	52.5			43.1							
11 00			39.6			43.2							
12	1.6	2.6	62.2			43.3	34.6						
12 00	43.1	23.1	56.3			43.4							
12			31.5					33.3					
13 00	43.2	23.2	33.6			43.5							
12			4.2			43.6	34.5						
14 00	43.3	23.3	29.3	D	D	14.1							
12			59.5			14.2							
15 00	43.4	23.4	64.1			14.3		33.4		58.6			
12			47.2				34.4						
16 00	43.5	23.5	6.4			14.4							
12			46.5			14.5							
17 00	43.6	23.6	48.1			14.6							
12			57.2			34.1	34.3						
18 00	14.1	8.1	32.4	R	R	34.2		33.5					53.6
12			50.5										
19 00	14.2	8.2	44.1			34.3	34.2						
12	14.3	8.3	1.2			34.4							
20 00			43.3			34.5							
12	14.4	8.4	14.5			34.6							
21 00			34.6			9.1	34.1	33.6					
12	14.5	8.5	5.1										
22 00			26.2			9.2							
12	14.6	8.6	11.3			9.3	14.6						
23 00			10.4			9.4							
12	34.1	20.1	58.4			9.5							
24 00			38.5			9.6	14.5	7.1					
12	34.2	20.2	54.6							38.1			
25 00			61.6			5.1							
12	34.3	20.3	41.1			5.2	14.4						
26 00	34.4	20.4	19.1			5.3							
12			13.2			5.4							
27 00	34.5	20.5	49.2				14.3						
12			30.2			5.5						40.1	
28 00	34.6	20.6	55.3			5.6		7.2					
12			37.3	D	D	26.1	14.2						
29 00	9.1	16.1	63.3			26.2		53.5					
12			22.4			26.3							
30 00	9.2	16.2	36.4										
12			25.4			26.4	14.1						

December 1930

Date/Time	☉	⊕	☾	☊	☋	☿	♀	♂	♃	♄	⯙	♆	♇
1 00	9.3	16.3	17.5	42.3	32.3	26.5	14.1	7.2	53.5	38.1	21.3	40.1	53.6
12	9.4	16.4	21.5	D	D	26.6	R	D	R	D	R	D	R
2 00			51.6			11.1		7.3					
12	9.5	16.5	3.1	R	R		43.6						
3 00			27.1			11.2							
12	9.6	16.6	24.2			11.3				38.2			
4 00			2.3			11.4							
12	5.1	35.1	23.4			11.5							
5 00			8.5				43.5						
12	5.2	35.2	16.1			11.6							
6 00			35.2	42.2	32.2	10.1							
12	5.3	35.3	45.3			10.2							
7 00			12.5			10.3							
12	5.4	35.4	15.6										
8 00	5.5	35.5	39.2			10.4	43.4	7.4					
12			53.4			10.5							
9 00	5.6	35.6	62.5			10.6						R	
12			31.1										
10 00	26.1	45.1	33.3			58.1				53.4			
12			7.4			58.2							
11 00	26.2	45.2	4.6			58.3							
12			59.2			58.4							
12 00	26.3	45.3	40.3							38.3			
12			64.5			58.5							
13 00	26.4	45.4	47.6	D	D	58.6							
12	26.5	45.5	46.2		D								
14 00			18.3			38.1							
12	26.6	45.6	48.5			38.2							
15 00			57.6			38.3							
12	11.1	12.1	50.1	R	R								
16 00			28.2			38.4							
12	11.2	12.2	44.4			38.5							
17 00			1.5										
12	11.3	12.3	43.6			38.6							
18 00			34.1			54.1							
12	11.4	12.4	9.2										
19 00			5.3	42.1	32.1	54.2	43.5	R	53.3				
12	11.5	12.5	26.4										
20 00	11.6	12.6	11.5			54.3							
12			10.6			54.4				38.4		59.6	
21 00	10.1	15.1	58.6										
12			54.1			54.5					D		
22 00	10.2	15.2	61.2										
12			60.2			54.6	43.6						
23 00	10.3	15.3	41.3										
12			19.3	51.6	57.6								
24 00	10.4	15.4	13.4			61.1							
12			49.4										
25 00	10.5	15.5	30.4				14.1						
12	10.6	15.6	55.5			61.2							
26 00			37.5										
12	58.1	52.1	63.5							53.2			
27 00			22.6				14.2						
12	58.2	52.2	36.6										
28 00			25.6	R									
12	58.3	52.3	21.1	D	D					38.5			
29 00			51.1				14.3						
12	58.4	52.4	42.2	R	R			7.3					
30 00			3.2										
12	58.5	52.5	27.3			61.1	14.4						
31 00	58.6	52.6	24.4										
12			2.5										

January 1931

Date/Time	☉	⊕	☾	☊	☋	☿	♀	♂	♃	♄	⚴	♆	♅
1 00	38.1	39.1	23.6	51.6	57.6	54.6	14.4	7.3	53.2	38.5	21.3	59.6	53.6
12			20.1	R	R	R	14.5	R	R	R	D	D	R	R
2 00	38.2	39.2	16.2										
12			35.3			54.5			53.1				
3 00	38.3	39.3	45.5			54.4	14.6						
12			12.6					7.2					
4 00	38.4	39.4	52.2			54.3							
12			39.4	51.5	57.5	34.1							
5 00	38.5	39.5	53.5			54.2							
12	38.6	39.6	56.1			54.1	34.2			38.6			
6 00			31.3			38.6							
12	54.1	53.1	33.5										
7 00			4.1			38.5	34.3						
12	54.2	53.2	29.3			38.4		7.1					
8 00			59.5										
12	54.3	53.3	64.1			38.3	34.4						
9 00			47.2			38.2							
12	54.4	53.4	6.4				34.5		39.6				
10 00			46.6			38.1							
12	54.5	53.5	48.1			58.6	34.6						53.5
11 00			57.3					33.6					
12	54.6	53.6	32.4			58.5							
12 00	61.1	62.1	50.5			9.1							
12			28.6										
13 00	61.2	62.2	1.1			58.4	9.2			54.1			
12			43.3										
14 00	61.3	62.3	14.4				9.3	33.5					
12			34.5			58.3							
15 00	61.4	62.4	9.5	51.4	57.4								
12			5.6				9.4						
16 00	61.5	62.5	11.1										
12			10.2				9.5	33.4	39.5				
17 00	61.6	62.6	58.2										
12	60.1	56.1	38.3		D	9.6							
18 00			54.4										
12	60.2	56.2	61.4				5.1						
19 00			60.5					33.3					
12	60.3	56.3	41.5	51.3	57.3		5.2						
20 00			19.6										
12	60.4	56.4	13.6			58.4	5.3						
21 00			30.1							54.2			
12	60.5	56.5	55.1				5.4	33.2					
22 00			37.1										
12	60.6	56.6	63.2			58.5	5.5						
23 00	41.1	31.1	22.2										
12			36.2				5.6						
24 00	41.2	31.2	25.2			58.6		33.1	39.4				
12			17.3				26.1						
25 00	41.3	31.3	21.3			38.1							
12			51.3	D	D		26.2						
26 00	41.4	31.4	42.4				31.6						
12			3.4			38.2	26.3						
27 00	41.5	31.5	27.5	R	R								
12			24.5			38.3	26.4						
28 00	41.6	31.6	2.6										
12			8.1			38.4	26.5	31.5					
29 00	19.1	33.1	20.2										
12	19.2	33.2	16.3			38.5	26.6		54.3				
30 00			35.4			38.6							
12	19.3	33.3	45.6				11.1						
31 00			15.1	51.2	57.2	54.1		31.4					
12	19.4	33.4	52.3				11.2						

February 1931

Date/Time	☉	⊕	☾	☊	☋	☿	♀	♂	♃	♄	⚴	♆	♅
1 00	19.4	33.4	39.4	51.2	57.2	54.2	11.2	31.4	39.4	54.3	21.3	59.6	53.5
12	19.5	33.5	53.6	R	R	54.3	11.3	R	39.3	D	D	R	R
2 00			56.2										
12	19.6	33.6	31.4			54.4	11.4	31.3					
3 00			33.6				11.5						
12	13.1	7.1	4.2			54.5							
4 00	13.2	7.2	29.4			54.6	11.6						
12			59.6										
5 00	13.3	7.3	64.3			61.1	10.1	31.2					
12			47.5			61.2					21.4		
6 00	13.4	7.4	6.6				10.2						
12			18.2			61.3							
7 00	13.5	7.5	48.4			61.4	10.3			54.4			
12			57.6	D	D	61.5		31.1					
8 00	13.6	7.6	50.1				10.4						
12			28.3			61.6	10.5						
9 00	49.1	4.1	44.4			60.1							
12			1.5				10.6						59.5
10 00	49.2	4.2	43.6	R	R	60.2		56.6					
12	49.3	4.3	34.1			60.3	58.1						
11 00			9.2			60.4							
12	49.4	4.4	5.3			58.2		39.2					
12 00			26.4	51.1	57.1	60.5	58.3						
12	49.5	4.5	11.5			60.6							
13 00			10.5			41.1	58.4	56.5					
12	49.6	4.6	58.6										
14 00			54.1			41.2	58.5						
12	30.1	29.1	61.1			41.3							
15 00			60.2			41.4	58.6						
12	30.2	29.2	41.2				38.1			54.5			
16 00			19.2			41.5							
12	30.3	29.3	13.3			41.6	38.2	56.4					
17 00	30.4	29.4	49.3			19.1							
12			30.4			19.2	38.3						
18 00	30.5	29.5	55.4										
12			37.4			19.3	38.4						
19 00	30.6	29.6	63.4	21.6	48.6	19.4	38.5						
12			22.5			19.5							
20 00	55.1	59.1	36.5			19.6	38.6						
12			25.5			13.1		56.3					
21 00	55.2	59.2	17.6				54.1						
12			21.6			13.2	54.2						
22 00	55.3	59.3	51.6	D	D	13.3							
12			3.1			13.4	54.3						
23 00	55.4	59.4	27.1			13.5							
12	55.5	59.5	24.2			13.6	54.4						
24 00			2.2										
12	55.6	59.6	23.3			49.1	54.5						
25 00			8.3			49.2	54.6			54.6			
12	37.1	40.1	20.4			49.3		56.2					
26 00			16.5	R	R	49.4	61.1						
12	37.2	40.2	35.6			49.5							
27 00			12.1			49.6	61.2				21.5		
12	37.3	40.3	15.2			30.1	61.3						
28 00			52.4										
12	37.4	40.4	39.5			30.2	61.4						

March 1931

Date/Time	☉	⊕	☾	☊	☍	☿	♀	♂	♃	♄	⯝	♆	♇
1 00	37.4	40.4	62.1	21.6	48.6	30.3	61.4	56.2	39.2	54.6	21.5	59.5	53.5
12	37.5	40.5	56.3	R	R	30.4	61.5	R	R	D	D	R	R
2 00	37.6	40.6	31.5			30.5	61.6						
12			7.1			30.6							
3 00	63.1	64.1	4.3			55.1	60.1						53.4
12			29.5			55.2							
4 00	63.2	64.2	40.1			55.3	60.2						
12			64.3			55.4	60.3						
5 00	63.3	64.3	47.5			55.5							
12			46.1			55.6	60.4						
6 00	63.4	64.4	18.3										
12			48.5			37.1	60.5						
7 00	63.5	64.5	32.1	D	D	37.2	60.6						
12			50.3			37.3			D	61.1			
8 00	63.6	64.6	28.5			37.4	41.1						
12			44.6			37.5	41.2						
9 00	22.1	47.1	43.2			37.6		D					
12	22.2	47.2	14.3			63.1	41.3						
10 00			34.4			63.2							
12	22.3	47.3	9.5			63.3	41.4						
11 00			5.6			63.4	41.5						
12	22.4	47.4	11.1	R	R	63.5							
12 00			10.2			63.6	41.6						
12	22.5	47.5	58.3			22.1							
13 00			38.3			22.2	19.1						
12	22.6	47.6	54.4			22.3	19.2						
14 00			61.4			22.4							
12	36.1	6.1	60.5			22.5	19.3						
15 00			41.5			22.6							
12	36.2	6.2	19.6			36.1	19.4						
16 00			13.6			36.2	19.5						59.4
12	36.3	6.3	49.6			36.3							
17 00	36.4	6.4	55.1			36.5	19.6			21.6			
12			37.1			36.6	13.1						
18 00	36.5	6.5	63.1			25.1							
12			22.2			25.2	13.2						
19 00	36.6	6.6	36.2			25.3							
12			25.2			25.4	13.3						
20 00	25.1	46.1	17.2			25.5	13.4		61.2				
12			21.3			25.6		56.3					
21 00	25.2	46.2	51.3	D	D	17.1	13.5						
12			42.4			17.2	13.6						
22 00	25.3	46.3	3.4			17.3							
12			27.4			17.4	49.1						
23 00	25.4	46.4	24.5			17.5							
12			2.5			17.6	49.2						
24 00	25.5	46.5	23.6			21.1	49.3						
12			20.1			21.3							
25 00	25.6	46.6	16.1			21.4	49.4						
12	17.1	18.1	35.2			21.5							
26 00			45.3			21.6	49.5						
12	17.2	18.2	12.4			51.1	49.6	56.4					
27 00			15.5			51.2							
12	17.3	18.3	52.6	R	R	51.3	30.1						
28 00			53.2			51.4	30.2						
12	17.4	18.4	62.3			51.5							
29 00			56.5			51.6	30.3						
12	17.5	18.5	31.6			42.1							
30 00			7.2			42.2	30.4						
12	17.6	18.6	4.4			42.3	30.5						
31 00			29.6			42.4		56.5					
12	21.1	48.1	40.2			42.5	30.6		39.3				

April 1931

Date/Time	☉	⊕	☾	☊	☍	☿	♀	♂	♃	♄	⯝	♆	♇
1 00	21.1	48.1	64.4	21.6	48.6	42.6	55.1	56.5	39.3	61.2	21.6	59.6	53.4
12	21.2	48.2	47.6	R	R	3.1	D	D	D	D	D	R	R
2 00			46.2			3.2	55.2						
12	21.3	48.3	18.4			3.3	55.3						D
3 00			48.6	D	D					51.1			
12	21.4	48.4	32.2			3.4	55.4						
4 00	21.5	48.5	50.4			3.5	56.6						
12			28.6			3.6	55.5						
5 00	21.6	48.6	1.1			27.1	55.6						
12			43.3	R	R					61.3			
6 00	51.1	57.1	14.5			27.2	37.1						
12			34.6			27.3	37.2						
7 00	51.2	57.2	5.1			27.4							
12			26.2				37.3	31.1					
8 00	51.3	57.3	11.4			27.5							
12			10.4			27.6	37.4						
9 00	51.4	57.4	58.5				37.5						
12			38.6			24.1							
10 00	51.5	57.5	61.1	D	D		37.6						
12			60.1			24.2	63.1	31.2					
11 00	51.6	57.6	41.2						39.4				
12			19.2			24.3	63.2						
12 00	42.1	32.1	13.3										
12			49.3			24.4	63.3						
13 00	42.2	32.2	30.3				63.4						
12			55.4					31.3					
14 00	42.3	32.3	37.4			24.5	63.5						
12	42.4	32.4	63.4				63.6						
15 00			22.4										
12	42.5	32.5	36.5			24.6	22.1						
16 00			25.5				22.2						
12	42.6	32.6	17.5					31.4					
17 00			21.6	R	R		22.3						
12	3.1	50.1	51.6										
18 00			3.1				22.4						
12	3.2	50.2	27.1			2.1	22.5						
19 00			24.2						31.5			51.2	
12	3.3	50.3	2.2				22.6		39.5				
20 00			23.3		R		36.1						
12	3.4	50.4	8.4										
21 00			20.4				36.2						
12	3.5	50.5	16.5				36.3	31.6					
22 00			35.6			24.6							
12	3.6	50.6	12.1				36.4						
23 00			15.2										
12	27.1	28.1	52.3				36.5						
24 00			39.4				36.6	33.1					
12	27.2	28.2	53.5										
25 00			56.1			24.5	25.1						
12	27.3	28.3	31.2				25.2						
26 00			33.3	D	D								
12	27.4	28.4	7.5				25.3	33.2	39.6				
27 00	27.5	28.5	29.1			24.4	25.4						
12			59.2										
28 00	27.6	28.6	40.4				25.5						
12			64.6			24.3							
29 00	24.1	44.1	6.1				25.6	33.3					
12			46.3				17.1						
30 00	24.2	44.2	18.5			24.2							
12			57.1	R	R		17.2						

1931

May 1931

Date/Time	☉	⊕	☽	☊	⚴	☿	♀	♂	♃	♄	⚷	♆	♇
1 00	24.3	44.3	32.3	21.6	48.6	24.2	17.3	33.4	39.6	61.3	51.2	59.4	53.4
12			50.5	R	R	24.1		D	D	D	D	D	R	D
2 00	24.4	44.4	44.1				17.4						
12			1.2				17.5						
3 00	24.5	44.5	43.4			27.6			53.1				53.5
12			14.6				17.6	33.5					
4 00	24.6	44.6	9.1	21.5	48.5				R				
12			5.3			27.5	21.1						
5 00	2.1	1.1	26.4				21.2						
12			11.5					33.6					
6 00	2.2	1.2	10.6			27.4	21.3						
12			38.1				21.4			51.3			
7 00	2.3	1.3	54.2				21.5	7.1					
12			61.3										
8 00	2.4	1.4	60.3			27.3	21.6						
12			41.4										
9 00	2.5	1.5	19.5				51.1		53.2				
12			13.5										
10 00	2.6	1.6	49.5	D	D		51.2	7.2					
12			30.6				51.3						
11 00	23.1	43.1	55.6			27.2							
12	23.2	43.2	37.6				51.4						
12 00			22.1				51.5	7.3					
12	23.3	43.3	36.1										
13 00			25.1				51.6						
12	23.4	43.4	17.2				42.1						
14 00			21.2			D		7.4					
12	23.5	43.5	51.2	R	R		42.2						
15 00			42.3				42.3		53.3				
12	23.6	43.6	3.3									D	
16 00			27.4				42.4	7.5					
12	8.1	14.1	24.4			27.3							
17 00			2.5				42.5						
12	8.2	14.2	23.6				42.6						
18 00			20.1					7.6					
12	8.3	14.3	16.2				3.1						
19 00			35.2				3.2						
12	8.4	14.4	45.3			27.4							
20 00			12.5				3.3	4.1	53.4				
12	8.5	14.5	15.6				3.4						
21 00			39.1										
12	8.6	14.6	53.2			27.5	3.5						
22 00			62.3				3.6	4.2					
12	20.1	34.1	56.5										
23 00			31.6	21.4	48.4	27.6	27.1						
12	20.2	34.2	7.1										
24 00			4.3				27.2	4.3					
12	20.3	34.3	29.4			24.1	27.3						
25 00			59.6	D	D								
12	20.4	34.4	64.1			24.2	27.4	4.4	53.5				
26 00			47.3				27.5			51.4			
12	20.5	34.5	6.5			24.3							
27 00			46.6				27.6						
12	20.6	34.6	48.2			24.4	24.1	4.5					
28 00			57.4	R	R								
12	16.1	9.1	32.5			24.5	24.2						
29 00			28.1				24.3						
12	16.2	9.2	44.2			24.6		4.6					
30 00	16.3	9.3	1.4				24.4		53.6				
12			43.6				2.1						
31 00	16.4	9.4	34.1				24.5						
12			9.3			2.2	24.6	29.1					

June 1931

Date/Time	☉	⊕	☽	☊	⚴	☿	♀	♂	♃	♄	⚷	♆	♇
1 00	16.5	9.5	5.4	21.4	48.4	2.3	24.6	29.1	53.6	61.3	51.4	59.4	53.5
12			26.5	R	R		2.1	D	D	61.2	D	D	D
2 00	16.6	9.6	10.1			2.4	2.2	29.2					
12			58.2			2.5							
3 00	35.1	5.1	38.3				2.3						
12			54.4			2.6	2.4						
4 00	35.2	5.2	61.5			23.1		29.3	62.1				
12			60.5				2.5						
5 00	35.3	5.3	41.6	21.3	48.3	23.2	2.6						
12			13.1			23.3							
6 00	35.4	5.4	49.1			23.4	23.1	29.4					
12			30.2										
7 00	35.5	5.5	55.2			23.5	23.2						
12			37.2			23.6	23.3	29.5					
8 00	35.6	5.6	63.3			8.1							
12			22.3	D	D	8.2	23.4						
9 00	45.1	26.1	36.3				23.5		62.2				
12			25.4			8.3		29.6					
10 00	45.2	26.2	17.4			8.4	23.6						
12			21.4	R	R	8.5	8.1						
11 00	45.3	26.3	51.5			8.6		59.1					
12			42.5			20.1	8.2						
12 00	45.4	26.4	3.6			20.2	8.3						
12			27.6			20.3							
13 00	45.5	26.5	2.1				8.4	59.2					
12			23.1			20.4		62.3					
14 00	45.6	26.6	8.2			20.5	8.5						
12			20.3			20.6	8.6	59.3					
15 00	12.1	11.1	16.4			16.1							
12			35.5			16.2	20.1						
16 00	12.2	11.2	45.6			16.3	20.2						
12			15.1			16.4		59.4					
17 00	12.3	11.3	52.3			16.5	20.3						
12			39.4	21.2	48.2	16.6	20.4						
18 00	12.4	11.4	53.5			35.1		59.5	62.4				
12			56.1			35.2	20.5						
19 00	12.5	11.5	31.2			35.3	20.6			61.1			
12			33.4			35.4							
20 00	12.6	11.6	7.5			35.6	16.1	59.6					
12			29.1			45.1	16.2				51.5		53.6
21 00	15.1	10.1	59.3			45.2							
12			40.4			45.3	16.3	40.1					
22 00	15.2	10.2	64.6			45.4							
12			6.1			45.5	16.4		62.5				
23 00	15.3	10.3	46.3			45.6	16.5	40.2					
12			18.4	D	D	12.1							
24 00	15.4	10.4	48.6	R	R	12.2	16.6						
12	15.5	10.5	32.1			12.4	35.1						
25 00			50.3			12.5		40.3					
12	15.6	10.6	28.4			12.6	35.2						
26 00			44.6			15.1	35.3						
12	52.1	58.1	43.1			15.2		40.4	62.6				
27 00			14.2			15.3	35.4						
12	52.2	58.2	34.4			15.5	35.5						
28 00			9.5			15.6		40.5					
12	52.3	58.3	5.6			52.1	35.6						
29 00			11.1	21.1	48.1	52.2	45.1						
12	52.4	58.4	10.3			52.3							
30 00			58.4			52.4	45.2	40.6					
12	52.5	58.5	38.5			52.6							

July 1931

Date/Time	☉	⊕	☾	☊	☋	☿	♀	♂	♃	♄	⚷	♆	♅
1 00	52.5	58.5	54.6	21.1	48.1	39.1	45.3	40.6	56.1	61.1	51.5	59.4	53.6
12	52.6	58.6	61.6	R	R	39.2	45.4	64.1	D	R	D	D	D
2 00			41.1			39.3							
12	39.1	38.1	19.2			39.4	45.5						
3 00			13.3			39.5	45.6	64.2		54.6			
12	39.2	38.2	49.3			39.6							
4 00			30.4			53.2	12.1						
12	39.3	38.3	55.4	17.6	18.6	53.3	12.2						
5 00			37.4			53.4		64.3					
12	39.4	38.4	63.5			53.5	12.3		56.2				
6 00			22.5			53.6	12.4						
12	39.5	38.5	36.5			62.1		64.4					
7 00			25.6			62.2	12.5						
12	39.6	38.6	17.6			62.3	12.6						
8 00			21.6	D	D	62.4		64.5					
12	53.1	54.1	42.1	R	R	62.5	15.1						
9 00			3.1			56.1	15.2						
12	53.2	54.2	27.1			56.2		64.6	56.3				
10 00			24.2			56.3	15.3						
12	53.3	54.3	2.3			56.4							
11 00			23.3			56.5	15.4						
12	53.4	54.4	8.4			56.6	15.5	47.1					
12 00			20.5			31.1							
12	53.5	54.5	16.6			31.2	15.6						
13 00			45.1			31.3	52.1	47.2					59.5
12	53.6	54.6	12.2			31.4							
14 00			15.3			31.5	52.2		56.4				
12	62.1	61.1	52.5			31.6	52.3	47.3					
15 00			39.6			33.1							
12	62.2	61.2	62.2			33.2	52.4			54.5			
16 00			56.3	17.5	18.5	33.3	52.5	47.4					
12	62.3	61.3	31.5			33.4							
17 00			7.1				52.6						
12	62.4	61.4	4.2			33.5	39.1	47.5					
18 00			29.4			33.6			56.5				
12	62.5	61.5	59.6			7.1	39.2						
19 00			64.2			7.2	39.3	47.6					
12	62.6	61.6	47.3			7.3							
20 00			6.5			7.4	39.4						
12	56.1	60.1	18.1			7.5	39.5						
21 00			48.2	D	D	7.6		6.1					
12	56.2	60.2	57.4			4.1	39.6						
22 00			32.5										
12	56.3	60.3	28.1	R	R	4.2	53.1	6.2	56.6				
23 00	56.4	60.4	44.2			4.3	53.2						
12			1.4			4.4							
24 00	56.5	60.5	43.5			4.5	53.3	6.3					
12			14.6			4.6	53.4						
25 00	56.6	60.6	9.1				53.5	6.4					
12			5.3			29.1							
26 00	31.1	41.1	26.4			29.2	53.6						
12			11.5			29.3		31.1		R			62.1
27 00	31.2	41.2	10.6				62.1	6.5					
12			38.1	17.4	18.4	29.4	62.2						
28 00	31.3	41.3	54.1			29.5							
12			61.2			29.6	62.3	6.6		54.4			
29 00	31.4	41.4	60.3				62.4						
12			41.4			59.1							
30 00	31.5	41.5	19.4			59.2	62.5	46.1					
12			13.5			59.3	62.6						
31 00	31.6	41.6	49.5							31.2			
12			30.6			59.4	56.1	46.2					

August 1931

Date/Time	☉	⊕	☾	☊	☋	☿	♀	♂	♃	♄	⚷	♆	♅
1 00	33.1	19.1	55.6	17.4	18.4	59.5	56.2	46.1	31.2	54.4	51.5	59.5	62.1
12			63.1	R	R	D	D	D	D	R	R	D	D
2 00	33.2	19.2	22.1			59.6	56.3	46.3					
12			36.1			40.1	56.4						
3 00	33.3	19.3	25.2										
12			17.2			40.2	56.5	46.4					
4 00	33.4	19.4	21.2	D	D				31.3				
12			51.3			40.3	56.6						
5 00	33.5	19.5	42.3			40.4	31.1	46.5					
12			3.3										
6 00	33.6	19.6	27.4			40.5	31.2						
12			24.4				31.3	46.6					
7 00	7.1	13.1	2.5	R	R	40.6							
12			23.5				31.4						
8 00	7.2	13.2	8.6			64.1	31.5	18.1					
12			16.1			64.2		31.4					
9 00	7.3	13.3	35.1				31.6						
12			45.2				33.1	18.2					
10 00	7.4	13.4	12.3	17.3	18.3	64.3							
12			15.5				33.2						59.6
11 00	7.5	13.5	52.6			64.4	33.3	18.3					
12			53.1										
12 00	7.6	13.6	62.3			64.5	33.4		54.3				
12			56.5				33.5	18.4	31.5				
13 00	4.1	49.1	31.6			64.6							
12			7.2				33.6						
14 00	4.2	49.2	4.4				7.1	18.5					
12			29.6			47.1							
15 00	4.3	49.3	40.2				7.2						
12	4.4	49.4	64.4				7.3	18.6					
16 00			47.6			47.2							
12	4.5	49.5	46.2				7.4						
17 00			18.4	D	D		7.5	48.1	31.6				
12	4.6	49.6	48.6										
18 00			32.1				7.6						
12	29.1	30.1	50.3			47.3	4.1	48.2					
19 00			28.5										
12	29.2	30.2	44.6				4.2						
20 00			43.2				4.3	48.3					
12	29.3	30.3	14.3	R	R								
21 00			34.4				4.4		33.1				
12	29.4	30.4	9.5				4.5	48.4					
22 00			5.6										
12	29.5	30.5	11.1			R	4.6						
23 00			10.2					48.5					
12	29.6	30.6	58.3				29.1						
24 00			38.4				29.2						
12	59.1	55.1	54.5					48.6					
25 00			61.6				29.3						
12	59.2	55.2	60.6				29.4		33.2				
26 00			19.1					57.1					
12	59.3	55.3	13.1	17.2	18.2	47.2	29.5						
27 00			49.2				29.6						
12	59.4	55.4	30.2					57.2					
28 00			55.3				59.1						
12	59.5	55.5	37.3			47.1	59.2						
29 00			63.4					57.3					
12	59.6	55.6	22.4				59.3						
30 00			36.4			64.6	59.4		33.3				
12	40.1	37.1	25.4					57.4					
31 00			17.5	D	D		59.5						
12	40.2	37.2	21.5			64.5	59.6					51.4	

September 1931

Date/Time	☉	⊕	☽	☊	☋	☿	♀	♂	♃	♄	⇧	♆	♇
1 00	40.2	37.2	51.5	17.2	18.2	64.5	59.6	57.5	33.3	54.2	51.4	59.6	62.1
12	40.3	37.3	42.6	D	D	64.4	40.1		D		R	D	D
2 00	40.4	37.4	3.6				40.2	57.6					
12			27.6			64.3							
3 00	40.5	37.5	2.1				40.3						
12			23.1			64.2	40.4	32.1	33.4				
4 00	40.6	37.6	8.2										
12			20.2			64.1	40.5						
5 00	64.1	63.1	16.3				40.6	32.2					62.2
12			35.4	R	R	40.6					40.1		
6 00	64.2	63.2	45.4				64.1						
12			12.5			40.5	64.2	32.3					
7 00	64.3	63.3	15.6										
12			39.2			40.4	64.3						
8 00	64.4	63.4	53.3				64.4	32.4	33.5				
12			62.4			40.3							
9 00	64.5	63.5	56.6				64.5						
12			33.1				64.6	32.5					
10 00	64.6	63.6	7.3			40.2							
12			4.5			47.1							
11 00	47.1	22.1	59.1				47.2	32.6					
12			40.3			40.1							
12 00	47.2	22.2	64.5				47.3	50.1					
12			6.1				47.4		33.6				
13 00	47.3	22.3	46.3										
12			18.5	D	D		47.5	50.2					
14 00	47.4	22.4	57.1				47.6						
12			32.3		D								
15 00	47.5	22.5	50.5			6.1		50.3					
12			44.1			6.2							
16 00	47.6	22.6	1.3										
12	6.1	36.1	43.4			6.3		50.4					
17 00			14.6			6.4							
12	6.2	36.2	9.1					7.1					
18 00			5.3			40.2	6.5	50.5					
12	6.3	36.3	26.4				6.6						
19 00			11.5	R	R			50.6					
12	6.4	36.4	10.6			40.3	46.1						
20 00			38.1				46.2						
12	6.5	36.5	54.2			40.4		28.1					
21 00			61.2				46.3						
12	6.6	36.6	60.3			40.5	46.4						
22 00			41.4					28.2		D			
12	46.1	25.1	19.4			40.6	46.5		7.2				
23 00			13.5			64.1	46.6						
12	46.2	25.2	49.5					28.3					
24 00			30.6			64.2	18.1						
12	46.3	25.3	55.6			64.3	18.2	28.4					
25 00			37.6										
12	46.4	25.4	22.1			64.4	18.3						
26 00			36.1			64.5	18.4	28.5					
12	46.5	25.5	25.1			64.6							
27 00			17.2				18.5						
12	46.6	25.6	21.2	D	D	47.1	18.6	28.6	7.3				
28 00	18.1	17.1	51.2			47.2					51.3		
12			42.2			47.3	48.1						
29 00	18.2	17.2	3.3			47.4	48.2	44.1					
12			27.3			47.5							
30 00	18.3	17.3	24.3	R	R	47.6	48.3	44.2					
12			2.4				48.4						

October 1931

Date/Time	☉	⊕	☽	☊	☋	☿	♀	♂	♃	♄	⇧	♆	♇
1 00	18.4	17.4	23.4	17.2	18.2	6.1	48.4	44.2	7.3	54.2	51.3	40.1	62.2
12			8.5	R	R	6.2	48.5	44.3	D		R	D	D
2 00	18.5	17.5	20.5			6.3	48.6					40.2	
12			16.6			6.4							
3 00	18.6	17.6	35.6			6.5	57.1	44.4	7.4				
12			12.1			6.6	57.2						
4 00	48.1	21.1	15.2				46.1						
12			52.3				46.2	57.3	44.5				
5 00	48.2	21.2	39.4	D	D		46.3	57.4					
12			53.5				46.4		44.6				
6 00	48.3	21.3	62.6				46.5	57.5					
12			31.2				46.6	57.6					
7 00	48.4	21.4	33.3				18.1		1.1				
12	48.5	21.5	7.5				18.2	32.1					
8 00			4.6					32.2					
12	48.6	21.6	59.2				18.3		1.2	7.5			
9 00			40.4				18.4	32.3					
12	57.1	51.1	64.6				18.5	32.4					
10 00			6.2				18.6		1.3				
12	57.2	51.2	46.4				48.1	32.5					
11 00			18.6	R	R		48.2		1.4				
12	57.3	51.3	57.2				48.3	32.6					
12 00			32.4				48.4	50.1					
12	57.4	51.4	50.6				48.5		1.5				
13 00			44.2				48.6	50.2		54.3			
12	57.5	51.5	1.4				57.1	50.3					
14 00			43.6				57.2		1.6				
12	57.6	51.6	34.2				57.3	50.4		7.6			
15 00			9.3				57.4	50.5	43.1				
12	32.1	42.1	5.5				57.5						
16 00			26.6					50.6					
12	32.2	42.2	10.2				57.6	28.1	43.2				
17 00	32.3	42.3	58.3				32.1						
12			38.4				32.2	28.2					
18 00	32.4	42.4	54.5				32.3	28.3	43.3				
12			61.6	D	D		32.4						
19 00	32.5	42.5	60.6				32.5	28.4	43.4				
12			19.1				32.6	28.5					
20 00	32.6	42.6	13.1				50.1						
12			49.2				50.2	28.6	43.5				
21 00	50.1	3.1	30.2				44.1		4.1				
12			55.3				50.3			51.2			
22 00	50.2	3.2	37.3				50.4	44.2	43.6				
12			63.3				50.5	44.3					
23 00	50.3	3.3	22.4				50.6		14.1				
12			36.4				28.1	44.4					
24 00	50.4	3.4	25.4				28.2	44.5					
12			17.5	R	R		28.3		14.2				R
25 00	50.5	3.5	21.5					44.6					
12	50.6	3.6	51.5				28.4	1.1	14.3				
26 00			42.5				28.5						
12	28.1	27.1	3.6				28.6	1.2					
27 00			27.6				44.1	1.3	14.4				
12	28.2	27.2	2.1				44.2						
28 00			23.1				44.3	1.4		4.2			
12	28.3	27.3	8.2					1.5	14.5				
29 00			20.2				44.4						
12	28.4	27.4	16.3				44.5	1.6	14.6				
30 00			35.3				44.6	43.1					
12	28.5	27.5	45.4				1.1						
31 00			12.5				1.2	43.2	34.1				
12	28.6	27.6	15.6				1.3	43.3					

November 1931

Date	Time	☉	⊕	☾	☊	☋	☿	♀	♂	♃	♄	⚷	♆	♇
1	00	28.6	27.6	52.6	17.2	18.2	1.3	43.3	34.1	4.2	54.4	51.2	40.2	62.2
	12	44.1	24.1	53.1	R	R	1.4	43.4	34.2	D	D	R	D	R
2	00	44.2	24.2	62.2			1.5	43.5						
	12			56.3			1.6		34.3					
3	00	44.3	24.3	31.5			43.1	43.6						
	12			33.6	D	D		14.1						
4	00	44.4	24.4	4.1			43.2		34.4					
	12			29.3			43.3	14.2						
5	00	44.5	24.5	59.4			43.4	14.3	34.5	4.3				
	12			40.6			43.5						40.3	
6	00	44.6	24.6	47.1			43.6	14.4						
	12			6.3				14.5	34.6					
7	00	1.1	2.1	46.5			14.1							
	12			48.1	R	R	14.2	14.6	9.1					
8	00	1.2	2.2	57.3			14.3	34.1						
	12			32.5			14.4							
9	00	1.3	2.3	28.1				34.2	9.2					
	12	1.4	2.4	44.3	17.1	18.1	14.5	34.3						
10	00			1.5			14.6							
	12	1.5	2.5	14.1			34.1	34.4	9.3					
11	00			34.3			34.2	34.5						
	12	1.6	2.6	9.4					9.4					
12	00			5.6			34.3	34.6						
	12	43.1	23.1	11.2			34.4	9.1						
13	00			10.3			34.5		9.5					
	12	43.2	23.2	58.4			34.6	9.2						
14	00			38.6				9.3	9.6	54.5				
	12	43.3	23.3	61.1			9.1							
15	00			60.2			9.2	9.4						
	12	43.4	23.4	41.3			9.3	9.5	5.1	4.4				
16	00	43.5	23.5	19.3			9.4							
	12			13.4				9.6	5.2			51.1		
17	00	43.6	23.6	49.5			9.5	5.1						
	12			30.5	D	D	9.6							
18	00	14.1	8.1	55.5			5.1	5.2	5.3					
	12			37.6				5.3						
19	00	14.2	8.2	63.6			5.2		5.4					
	12			22.6			5.3	5.4						
20	00	14.3	8.3	25.1			5.4	5.5						
	12			17.1	R	R			5.5					
21	00	14.4	8.4	21.1			5.5	5.6						
	12			51.2			5.6	26.1						
22	00	14.5	8.5	42.2			26.1		5.6					
	12	14.6	8.6	3.2				26.2						
23	00			27.3			26.2	26.3	26.1					
	12	34.1	20.1	24.3			26.3							
24	00			2.4			26.4	26.4						
	12	34.2	20.2	23.4				26.5	26.2					
25	00			8.5	25.6	46.6	26.5			54.6				
	12	34.3	20.3	20.5			26.6	26.6	26.3					
26	00			16.6			11.1	11.1						
	12	34.4	20.4	45.1										
27	00			12.1			11.2	11.2	26.4					
	12	34.5	20.5	15.2			11.3	11.3						
28	00			52.3					26.5					
	12	34.6	20.6	39.4			11.4	11.4						
29	00	9.1	16.1	53.5			11.5	11.5						
	12			62.6					26.6					
30	00	9.2	16.2	31.1			11.6	11.6						
	12			33.2			10.1	10.1	11.1					

December 1931

Date	Time	☉	⊕	☾	☊	☋	☿	♀	♂	♃	♄	⚷	♆	♇
1	00	9.3	16.3	7.4	25.5	46.5	10.1	10.1	11.1	4.4	54.6	51.1	40.3	62.2
	12			4.5	R	R	10.2	10.2	D	D	D	R	D	R
2	00	9.4	16.4	29.6				10.3	11.2					
	12			40.2			10.3							
3	00	9.5	16.5	64.3	D	D	10.4	11.3						
	12			47.4			10.4	10.5						
4	00	9.6	16.6	6.6			10.5							
	12			18.2	R	R		10.6	11.4					
5	00	5.1	35.1	48.3			10.6	58.1				61.1		
	12	5.2	35.2	57.5				11.5						
6	00			50.1				58.2						
	12	5.3	35.3	28.2			58.1	58.3						
7	00			44.4				11.6						
	12	5.4	35.4	1.6			58.2	58.4	4.5					
8	00			14.2				58.5	10.1					
	12	5.5	35.5	34.4										
9	00			9.5				58.6						
	12	5.6	35.6	26.1			58.3	38.1	10.2					
10	00			11.3					R					
	12	26.1	45.1	10.4				38.2	10.3					
11	00	26.2	45.2	58.5				38.3						
	12			54.1	25.4	46.4						R		
12	00	26.3	45.3	61.2		R		38.4	10.4					
	12			60.3				38.5		4.4				
13	00	26.4	45.4	41.4				10.5						
	12			19.5				38.6						62.1
14	00	26.5	45.5	13.6				54.1				61.2		
	12			49.6					10.6					
15	00	26.6	45.6	55.1			58.2	54.2						
	12			37.2				54.3	58.1					
16	00	11.1	12.1	63.2										
	12	11.2	12.2	22.2			58.1	54.4	58.2					
17	00			36.3	D	D		54.5						
	12	11.3	12.3	25.3			10.6							
18	00			17.3	R	R	10.5	54.6	58.3					
	12	11.4	12.4	21.4				61.1						
19	00			51.4			10.4		58.4					
	12	11.5	12.5	42.4				61.2						
20	00			3.4			10.3	61.3						
	12	11.6	12.6	27.5			10.2	58.5						
21	00			24.5			10.1	61.4						
	12	10.1	15.1	2.6				61.5	58.6					
22	00			23.6			11.6							
	12	10.2	15.2	20.1			11.5	61.6				61.3		
23	00	10.3	15.3	16.2	25.3	46.3	11.4	60.1	38.1					
	12			35.2										
24	00	10.4	15.4	45.3			11.3	60.2	38.2					
	12			12.4			11.2	60.3						
25	00	10.5	15.5	15.5										
	12			52.6			11.1	60.4	38.3					
26	00	10.6	15.6	53.1				60.5					D	
	12			62.2			26.6		38.4					
27	00	58.1	52.1	56.4				60.6						
	12			31.5	25.2	46.2	26.5	41.1	38.5					
28	00	58.2	52.2	33.6										
	12	58.3	52.3	4.2				41.2						
29	00			29.3			26.4	41.3	38.6					
	12	58.4	52.4	59.4										
30	00			40.6				41.4	54.1					
	12	58.5	52.5	47.1				41.5				61.4		
31	00			6.3										
	12	58.6	52.6	46.4	D	D		41.6	54.2					

January 1932

Date	Time	☉	⊕	☾	☊	☋	☿	♀	♂	♃	♄	⯰	♆	♇
1	00	58.6	52.6	18.6	25.2	46.2	D	19.1	54.2	4.4	61.4	51.1	40.3	62.1
	12	38.1	39.1	57.1	R	R	D	54.3		R	D	D	R	R
2	00			32.3				19.2						
	12	38.2	39.2	50.4				19.3						
3	00	38.3	39.3	28.6					54.4	4.3				
	12			1.1				19.4						
4	00	38.4	39.4	43.3			26.5	19.5	54.5					
	12			14.4										
5	00	38.5	39.5	34.6				19.6	54.6					
	12			5.1										
6	00	38.6	39.6	26.3			26.6	13.1						
	12			11.4				13.2	61.1					
7	00	54.1	53.1	10.6			11.1							
	12			38.1	25.1	46.1		13.3	61.2		61.5			
8	00	54.2	53.2	54.2				13.4						
	12	54.3	53.3	61.3			11.2							
9	00			60.5				13.5	61.3					
	12	54.4	53.4	41.6			11.3	13.6						
10	00			19.6					61.4					
	12	54.5	53.5	49.1			11.4	49.1						
11	00			30.2				49.2	61.5					
	12	54.6	53.6	55.3			11.5							
12	00			37.3				49.3						
	12	61.1	62.1	63.4			11.6	49.4	61.6					
13	00			22.4			10.1							
	12	61.2	62.2	36.5				49.5	60.1	4.2				
14	00			25.5	D	D	10.2	49.6						
	12	61.3	62.3	17.5										
15	00	61.4	62.4	21.6			10.3	30.1	60.2					
	12			51.6			10.4	30.2			61.6			
16	00	61.5	62.5	42.6	R	R			60.3					
	12			3.6			10.5	30.3						
17	00	61.6	62.6	24.1			10.6	30.4	60.4				40.2	
	12			2.1										
18	00	60.1	56.1	23.2			58.1	30.5						
	12			8.2			58.2	30.6	60.5					
19	00	60.2	56.2	20.3										
	12			16.3	36.6	6.6	58.3	55.1	60.6					
20	00	60.3	56.3	35.4			58.4	55.2						
	12	60.4	56.4	45.5										
21	00			12.6			58.5	55.3	41.1					
	12	60.5	56.5	52.1			58.6	55.4						
22	00			39.2					41.2	4.1				
	12	60.6	56.6	53.3			38.1	55.5						
23	00			62.4			38.2	55.6	41.3					
	12	41.1	31.1	56.6			38.3				60.1			
24	00			33.1			37.1							
	12	41.2	31.2	7.3			38.4	41.4						
25	00			4.4			38.5	37.2						
	12	41.3	31.3	29.6			38.6	37.3	41.5					
26	00	41.4	31.4	40.1										
	12			64.3	36.5	6.5	54.1	37.4						
27	00	41.5	31.5	47.5			54.2	37.5	41.6					
	12			6.6	D	D	54.3							
28	00	41.6	31.6	18.2				37.6	19.1					53.6
	12			48.4			54.4	63.1						
29	00	19.1	33.1	57.5			54.5		19.2					
	12			50.1	36.6	6.6	54.6	63.2		7.6				
30	00	19.2	33.2	28.2			61.1	63.3						
	12			44.4	R	R			19.3					
31	00	19.3	33.3	1.5			61.2	63.4						
	12			14.1	36.5	6.5	61.3	63.5	19.4		60.2			

February 1932

Date	Time	☉	⊕	☾	☊	☋	☿	♀	♂	♃	♄	⯰	♆	♇
1	00	19.4	33.4	34.2	36.5	6.5	61.4	63.5	19.4	7.6	60.2	51.1	40.2	53.6
	12	19.5	33.5	9.4	R	R	D	63.6	D	R	D	D	R	R
2	00			5.5			61.5	22.1	19.5					
	12	19.6	33.6	26.6			61.6					51.2		
3	00			10.1			60.1	22.2	19.6					
	12	13.1	7.1	58.3			60.2							
4	00			38.4			60.3	22.3	13.1					
	12	13.2	7.2	54.5				22.4						
5	00			61.6			60.4							
	12	13.3	7.3	41.1			60.5	22.5	13.2	7.5				
6	00			19.2			60.6	22.6						
	12	13.4	7.4	13.3			41.1		13.3					
7	00	13.5	7.5	49.3			41.2	36.1						
	12			30.4				36.2	13.4					
8	00	13.6	7.6	55.5			41.3							
	12			37.5			41.4	36.3			60.3			
9	00	49.1	4.1	63.6			41.5	36.4	13.5					
	12			22.6			41.6							
10	00	49.2	4.2	25.1	D	D	19.1	36.5	13.6					
	12			17.1				36.6						
11	00	49.3	4.3	21.1			19.2							
	12			51.2			19.3	25.1	49.1					
12	00	49.4	4.4	42.2			19.4							
	12			3.2			19.5	25.2	49.2					
13	00	49.5	4.5	27.3			19.6	25.3		7.4				
	12	49.6	4.6	24.3			13.1		49.3					
14	00			2.3			13.2	25.4						
	12	30.1	29.1	23.4			13.3	25.5						
15	00			8.4	R	R			49.4					
	12	30.2	29.2	20.4			13.4	25.6						
16	00			16.5			13.5	17.1	49.5					
	12	30.3	29.3	35.6			13.6							
17	00			45.6			49.1	17.2	49.6		60.4			
	12	30.4	29.4	15.1			49.2	17.3						
18	00			52.2			49.3							
	12	30.5	29.5	39.3			49.4	17.4	30.1					
19	00			53.4			49.5							
	12	30.6	29.6	62.6			49.6	17.5	30.2					
20	00	55.1	59.1	31.1	36.4	6.4	30.1	17.6		7.3				
	12			33.2			30.2							
21	00	55.2	59.2	7.4			21.1	30.3						
	12			4.6			30.3	21.2						
22	00	55.3	59.3	59.1			30.4		30.4					
	12			40.3			30.5	21.3						
23	00	55.4	59.4	64.5			30.6		30.5					
	12			6.1			55.1	21.4						
24	00	55.5	59.5	46.3	D	D	55.2	21.5					40.1	
	12			18.5			55.3		30.6					
25	00	55.6	59.6	57.1			55.4	21.6						
	12			32.2			55.5	51.1	55.1		60.5			
26	00	37.1	40.1	50.4			55.6					51.3		
	12	37.2	40.2	28.6			37.1	51.2	55.2					
27	00			1.2			37.2	51.3						
	12	37.3	40.3	43.3			37.3							
28	00			14.5			37.4	51.4	55.3	7.2				
	12	37.4	40.4	34.6			37.5							
29	00			5.2	R	R	37.6	51.5	55.4					
	12	37.5	40.5	26.3			63.1	51.6						

March 1932

Date/Time	☉	⊕	☾	☊	☋	☿	♀	♂	♃	♄	⛢	♆	♇
1 00	37.5	40.5	11.4	36.4	6.4	63.2	51.6	55.4	7.2	60.5	51.3	40.1	53.6
12	37.6	40.6	10.5	R	R	63.3	42.1	55.5	R	D	D	R	R
2 00			58.6			63.4	42.2						
12	63.1	64.1	54.1			63.5		55.6					
3 00			61.2			63.6	42.3						
12	63.2	64.2	60.3			22.1		37.1					
4 00			41.4			22.2	42.4						
12	63.3	64.3	19.5			22.3	42.5						
5 00	63.4	64.4	13.6			22.4		37.2					
12			49.6			22.5	42.6						
6 00	63.5	64.5	55.1			22.6	3.1	37.3		60.6			
12			37.1			36.1							
7 00	63.6	64.6	63.2			36.3	3.2	37.4					
12			22.2			36.4			7.1				
8 00	22.1	47.1	36.3			36.5	3.3						
12			25.3	D	D	36.6	3.4	37.5					
9 00	22.2	47.2	17.3			25.1							
12			21.4			25.2	3.5	37.6					
10 00	22.3	47.3	51.4			25.3							
12			42.4			25.4	3.6						
11 00	22.4	47.4	3.5			25.5	27.1	63.1					
12			27.5			25.6							
12 00	22.5	47.5	24.5			17.1	27.2	63.2					
12	22.6	47.6	2.6			17.2	27.3						
13 00			23.6			17.3		63.3					
12	36.1	6.1	8.6			17.4	27.4						
14 00			16.1			17.5							
12	36.2	6.2	35.1				27.5	63.4					
15 00			45.2			17.6	27.6						
12	36.3	6.3	12.2			21.1		63.5			51.4		
16 00			15.3	R	R	21.2	24.1			41.1			
12	36.4	6.4	52.4			21.3		63.6					
17 00			39.5	D	D	21.4	24.2						
12	36.5	6.5	53.6			21.5	24.3						
18 00			56.1			21.6		22.1					
12	36.6	6.6	31.2				24.4						
19 00			33.3			51.1		22.2					
12	25.1	46.1	7.5			51.2	24.5		33.6				
20 00			4.6			51.3	24.6						
12	25.2	46.2	59.2					22.3					
21 00	25.3	46.3	40.4			51.4	2.1						
12			64.6			51.5		22.4					
22 00	25.4	46.4	6.2				2.2						
12			46.4	R	R	51.6	2.3	22.5					
23 00	25.5	46.5	18.6										
12			57.2			42.1	2.4						
24 00	25.6	46.6	32.4					22.6					
12			50.6			42.2	2.5						
25 00	17.1	18.1	44.2				2.6	36.1					
12			1.4			42.3							
26 00	17.2	18.2	43.6				23.1						
12			34.2					36.2					
27 00	17.3	18.3	9.3			42.4	23.2						
12			5.5				23.3	36.3					
28 00	17.4	18.4	26.6							41.2			
12			10.2			42.5	23.4	36.4					
29 00	17.5	18.5	58.3										
12	17.6	18.6	38.4	D	D		23.5						
30 00			54.5					36.5					
12	21.1	48.1	61.6				23.6						
31 00			41.1			8.1	36.6					59.6	
12	21.2	48.2	19.2		R								

April 1932

Date/Time	☉	⊕	☾	☊	☋	☿	♀	♂	♃	♄	⛢	♆	♇
1 00	21.2	48.2	13.2	36.4	6.4	42.5	8.2	36.6	33.6	41.2	51.4	59.6	53.6
12	21.3	48.3	49.3	D	D	R	D	25.1	R	D	51.5	R	R
2 00			30.4				8.3						
12	21.4	48.4	55.4				8.4	25.2					
3 00			37.5										D
12	21.5	48.5	63.5				8.5	25.3					
4 00			22.5			42.4							
12	21.6	48.6	36.6	R	R		8.6						
5 00			25.6					25.4					
12	51.1	57.1	17.6				20.1						
6 00			51.1			42.3		25.5					
12	51.2	57.2	42.1				20.2						
7 00			3.1				20.3						
12	51.3	57.3	27.2			42.2		25.6					
8 00	51.4	57.4	24.2				20.4						
12			2.2					17.1					
9 00	51.5	57.5	23.3			42.1	20.5		D				
12			8.3					17.2					
10 00	51.6	57.6	20.3			51.6	20.6						
12			16.4				16.1						
11 00	42.1	32.1	35.4					17.3					
12			45.5			51.5	16.2						
12 00	42.2	32.2	12.5					17.4		41.3			
12			15.6			51.4	16.3						
13 00	42.3	32.3	52.6										
12			53.1				16.4	17.5					
14 00	42.4	32.4	62.2			51.3							
12			56.3	D	D		16.5	17.6					
15 00	42.5	32.5	31.4										
12			33.5			51.2	16.6						
16 00	42.6	32.6	7.6					21.1					
12			29.2			51.1	35.1						
17 00	3.1	50.1	59.3				35.2	21.2					
12			40.5										
18 00	3.2	50.2	47.1				35.3	21.3			51.6		
12			6.2			21.6							
19 00	3.3	50.3	46.4	R	R		35.4						
12	3.4	50.4	18.6					21.4					
20 00			57.2				35.5						
12	3.5	50.5	32.5					21.5					
21 00			28.1			21.5	35.6						
12	3.6	50.6	44.3										
22 00			1.5				45.1	21.6					
12	27.1	28.1	14.1										
23 00			34.3				45.2	51.1					
12	27.2	28.2	9.5										
24 00			26.1				45.3						
12	27.3	28.3	11.3			D		51.2					
25 00			10.4				45.4						
12	27.4	28.4	58.6					51.3					
26 00			54.1	36.3	6.3		45.5						
12	27.5	28.5	61.2										
27 00			60.3				45.6	51.4					
12	27.6	28.6	41.4			21.6							
28 00			19.5	D	D		12.1	51.5					
12	24.1	44.1	13.6										
29 00			49.6				12.2	51.6					
12	24.2	44.2	55.1					7.1					
30 00			37.1			51.1	12.3						
12	24.3	44.3	63.2	36.4	6.4			42.1					

1932

May 1932

Date/Time	☉	⊕	☾	☊	☋	☿	♀	♂	♃	♄	⯝	♆	♅
1 00	24.3	44.3	22.2	36.4	6.4	51.1	12.4	42.1	7.1	41.3	51.6	59.6	53.6
12	24.4	44.4	36.3	D	D	D	D	42.2	D	D	D	R	D
2 00			25.3	R	R	51.2							
12	24.5	44.5	17.3				12.5						
3 00	24.6	44.6	21.4	36.3	6.3			42.3					
12			51.4			51.3	12.6						
4 00	2.1	1.1	42.4					42.4					
12			3.4			51.4	15.1						
5 00	2.2	1.2	27.5								42.1		
12			24.5				15.2	42.5					
6 00	2.3	1.3	2.5			51.5							
12			23.6					42.6					
7 00	2.4	1.4	8.6			51.6	15.3						
12			16.1										
8 00	2.5	1.5	35.1			42.1	15.4	3.1					
12			45.2										
9 00	2.6	1.6	12.2			42.2	15.5	3.2					
12			15.3										
10 00	23.1	43.1	52.3			42.3							
12			39.4	36.2	6.2		15.6	3.3					
11 00	23.2	43.2	53.5			42.4							
12			62.5			42.5	52.1	3.4	7.2				
12 00	23.3	43.3	56.6										
12			33.1			42.6							
13 00	23.4	43.4	7.2				52.2	3.5					
12			4.3			3.1							
14 00	23.5	43.5	29.4	D	D	3.2		3.6					
12			59.6				52.3						
15 00	23.6	43.6	64.1			3.3					R		
12			47.3			3.4	52.4	27.1					
16 00	8.1	14.1	6.4	R	R								
12			46.6			3.5		27.2					
17 00	8.2	14.2	48.2			3.6	52.5					D	
12			57.4			27.1							
18 00	8.3	14.3	32.6					27.3					
12			28.2			27.2	52.6						
19 00	8.4	14.4	44.4			27.3		27.4					
12	8.5	14.5	1.6			27.4							
20 00			14.2				39.1						
12	8.6	14.6	34.4			27.5		27.5	7.3				
21 00			9.6			27.6							
12	20.1	34.1	26.2			24.1		27.6					
22 00			11.4			24.2	39.2						
12	20.2	34.2	10.5										
23 00			38.1	36.1	6.1	24.3		24.1					
12	20.3	34.3	54.3			24.4	39.3				42.2		
24 00			61.4			24.5		24.2					
12	20.4	34.4	60.5			24.6							
25 00			41.6			2.1							
12	20.5	34.5	13.1			2.2	39.4	24.3					
26 00			49.2			2.3							
12	20.6	34.6	30.3			2.4		24.4					
27 00			55.4										
12	16.1	9.1	37.4	D	D	2.5							
28 00			63.5			2.6	39.5	24.5	7.4				
12	16.2	9.2	22.5			23.1							
29 00			36.6	R	R	23.2		24.6					
12	16.3	9.3	25.6			23.3							
30 00			17.6			23.4							
12	16.4	9.4	51.1			23.5	39.6	2.1					
31 00			42.1			23.6							
12	16.5	9.5	3.1			8.1							

June 1932

Date/Time	☉	⊕	☾	☊	☋	☿	♀	♂	♃	♄	⯝	♆	♅
1 00	16.5	9.5	27.1	36.1	6.1	8.2	39.6	2.2	7.4	41.3	42.2	59.6	53.6
12	16.6	9.6	24.2	R	R	8.3	D	D	R	D	D	D	D
2 00			2.2			8.4		2.3					
12	35.1	5.1	23.2			8.5							
3 00			8.3			8.6							
12	35.2	5.2	20.3			20.2		2.4	7.5				
4 00			16.4	22.6	47.6	20.3	53.1						
12	35.3	5.3	35.4			20.4		2.5					
5 00			45.5			20.5							
12	35.4	5.4	12.5			20.6							
6 00			15.6			16.1		2.6					
12	35.5	5.5	39.1			16.2							
7 00			53.1			16.3					23.1		62.1
12	35.6	5.6	62.2			16.4							
8 00			56.3			16.6	R						
12	45.1	26.1	31.4			35.1		23.2					
9 00			33.5			35.2							
12	45.2	26.2	7.6	22.5	47.5	35.3							
10 00	45.3	26.3	29.1			35.4			23.3	7.6			
12			59.2			35.5							
11 00	45.4	26.4	40.3			35.6			23.4				
12			64.5			45.2							
12 00	45.5	26.5	47.6			45.3	39.6						
12			46.1			45.4			23.5				
13 00	45.6	26.6	18.3			45.5							
12			48.4			45.6			23.6				
14 00	12.1	11.1	57.6			12.2							
12			50.2			12.3							
15 00	12.2	11.2	28.4			12.4		8.1					
12			44.5			12.5					42.3		
16 00	12.3	11.3	43.1			12.6	39.5		4.1				
12			14.3			15.1		8.2					
17 00	12.4	11.4	34.5			15.3							
12			5.1			15.4		8.3		41.2			
18 00	12.5	11.5	26.3			15.5							
12			11.5			15.6	39.4						
19 00	12.6	11.6	58.1			52.1		8.4					
12			38.2			52.2							
20 00	15.1	10.1	54.4	22.4	47.4	52.3		8.5					
12			61.5			52.4	39.3						
21 00	15.2	10.2	41.1			52.6							
12			19.2			39.1		8.6	4.2				
22 00	15.3	10.3	13.3			39.2							
12			49.4			39.3	39.2						
23 00	15.4	10.4	30.5			39.4		20.1					
12			55.6			39.5							
24 00	15.5	10.5	37.6			39.6	39.1	20.2					
12			22.1			53.1							
25 00	15.6	10.6	36.2	D	D	53.2							
12			25.2			53.3	52.6	20.3					
26 00	52.1	58.1	17.2	R	R	53.4							
12			21.3			53.5			4.3				
27 00	52.2	58.2	51.3			53.6		20.4					
12			42.3			62.1	52.5						
28 00	52.3	58.3	3.4			62.2		20.5					
12			27.4			62.3							
29 00	52.4	58.4	24.4			62.4	52.4						
12			2.5			62.5		20.6					
30 00	52.5	58.5	23.5			62.6							
12			8.6			56.1	52.3	16.1					

July 1932

Date/Time	☉	⊕	☾	☊	☋	☿	♀	♂	♃	♄	⊕̂	♆	♅
1 00	52.6	58.6	20.6	22.4	47.4	56.2	52.3	16.1	4.3	41.2	42.3	59.6	62.1
12			16.6	R	R	56.3	R	D	D	R	D	40.1	D
2 00	39.1	38.1	45.1			56.4	52.2	16.2	4.4				
12			12.2	22.3	47.3	56.5							
3 00	39.2	38.2	15.2			56.6							
12			52.3				52.1	16.3		41.1			
4 00	39.3	38.3	39.4			31.1							
12			53.5			31.2		16.4					
5 00	39.4	38.4	62.6			31.3	15.6						
12			31.1			31.4							
6 00	39.5	38.5	33.2			31.5		16.5					
12			7.3			31.6	15.5		4.5				
7 00	39.6	38.6	4.4					16.6					
12			29.5			33.1							
8 00	53.1	54.1	59.6			33.2							
12	53.2	54.2	64.1			33.3	15.4						
9 00			47.3	D	D			35.1					
12	53.3	54.3	6.4			33.4							
10 00			46.5			33.5		35.2					
12	53.4	54.4	48.1			33.6	15.3						
11 00			57.2										
12	53.5	54.5	32.4	R	R	7.1		35.3	4.6				
12 00			50.5			7.2							
12	53.6	54.6	44.1			7.3							
13 00			1.3					35.4					
12	62.1	61.1	43.4			7.4	15.2						
14 00			14.6	22.2	47.2	7.5		35.5					62.2
12	62.2	61.2	9.2										
15 00			5.3			7.6							
12	62.3	61.3	26.5			4.1		35.6					
16 00			10.1										
12	62.4	61.4	58.2			4.2			29.1				
17 00			38.4			4.3		45.1		60.6			
12	62.5	61.5	54.5				15.1						
18 00			60.1			4.4							
12	62.6	61.6	41.2					45.2					
19 00			19.3			4.5							
12	56.1	60.1	13.5					45.3					
20 00			49.6			4.6							
12	56.2	60.2	55.1										
21 00			37.1			29.1	D	45.4	29.2				
12	56.3	60.3	63.2										
22 00			22.3	D	D	29.2							
12	56.4	60.4	36.4					45.5					
23 00			25.4			29.3							
12	56.5	60.5	17.5					45.6					
24 00			21.5			29.4							
12	56.6	60.6	51.5										
25 00			42.6				15.2	12.1					
12	31.1	41.1	3.6			29.5			29.3				
26 00			27.6	R	R								
12	31.2	41.2	2.1			29.6		12.2					
27 00			23.1										
12	31.3	41.3	8.1										
28 00			20.2					12.3					
12	31.4	41.4	16.2			59.1							
29 00			35.3				15.3						
12	31.5	41.5	45.3	22.1	47.1			12.4			R		
30 00			12.4						29.4	60.5			
12	31.6	41.6	15.5			59.2		12.5					
31 00			52.5										
12	33.1	19.1	39.6										

August 1932

Date/Time	☉	⊕	☾	☊	☋	☿	♀	♂	♃	♄	⊕̂	♆	♅
1 00	33.1	19.1	62.1	22.1	47.1	59.2		15.4	12.6	29.4	60.5	42.3	40.1	62.2
12	33.2	19.2	56.2	R	R	D		D	D	R	R	D	D
2 00			31.3										
12	33.3	19.3	33.4					15.1					
3 00			7.5									40.2	
12	33.4	19.4	29.1				15.5		29.5				
4 00	33.5	19.5	59.2			R		15.2					
12			40.3										
5 00	33.6	19.6	64.5										
12			47.6	D	D			15.6	15.3				
6 00	7.1	13.1	46.2										
12			18.3					15.4					
7 00	7.2	13.2	48.5					52.1					
12			57.6										
8 00	7.3	13.3	50.2						15.5	29.6			
12			28.4				59.1						
9 00	7.4	13.4	44.5					52.2					
12			43.1	R	R				15.6				
10 00	7.5	13.5	14.2										
12			34.4					29.6	52.3				
11 00	7.6	13.6	9.5					52.1					
12			26.1										
12 00	4.1	49.1	11.2				29.5	52.4		59.1	60.4		
12			10.4					52.2					
13 00	4.2	49.2	58.5				29.4						
12			54.1					52.5					
14 00	4.3	49.3	61.2					52.3					
12			60.3				29.3						
15 00	4.4	49.4	41.4					52.6	52.4				
12			19.6				29.2						
16 00	4.5	49.5	49.1					39.1					
12			30.2				29.1		52.5	59.2			
17 00	4.6	49.6	55.3					39.2					
12			37.3										
18 00	29.1	30.1	63.4			4.6		52.6					
12			22.5	D	D								
19 00	29.2	30.2	36.5			4.5	39.3						
12			25.6				39.1						
20 00	29.3	30.3	21.1			4.4	39.4						62.3
12			51.1										
21 00	29.4	30.4	42.1				39.5	39.2	59.3				
12			3.2			4.3							
22 00	29.5	30.5	27.2										
12			24.2				39.6	39.3					
23 00	29.6	30.6	2.3			4.2							
12			23.3				53.1						
24 00	59.1	55.1	8.3				39.4						
12	59.2	55.2	20.4	R	R		53.2						
25 00			16.4			4.1		59.4					
12	59.3	55.3	35.5				39.5						
26 00			45.5				53.3						
12	59.4	55.4	12.6										
27 00			15.6				53.4	39.6		60.3			
12	59.5	55.5	39.1		D								
28 00			53.2				53.5	53.1					
12	59.6	55.6	62.3										
29 00			56.4				53.6					40.3	
12	40.1	37.1	31.5				53.2	59.5					
30 00			33.6			62.1							
12	40.2	37.2	4.1			4.2							
31 00			29.3				62.2	53.3					
12	40.3	37.3	59.4										

September 1932

Date	Time	☉	⊕	☾	☊	☋	☿	♀	♂	♃	♄	⚷	♆	♇
1	00	40.3	37.3	40.6	22.1	47.1	4.2	62.2	53.3	59.5	60.3	42.3	40.3	62.3
	12	40.4	37.4	47.1	D	D	4.3	62.3	53.4		D	R	R	D	D
2	00			6.3				48.2						
	12	40.5	37.5	46.5			4.4	62.4		59.6				
3	00			18.6					53.5					
	12	40.6	37.6	57.2			4.5	62.5						
4	00			32.4										
	12	64.1	63.1	50.6			4.6	62.6	53.6					
5	00			44.1										
	12	64.2	63.2	1.3			29.1	56.1						
6	00			43.5					62.1					
	12	64.3	63.3	14.6			29.2	56.2						
7	00			9.2			29.3			40.1				
	12	64.4	63.4	5.4			29.4	56.3	62.2					
8	00			26.5	R	R		56.4						
	12	64.5	63.5	11.6			29.5							
9	00	64.6	63.6	58.2			29.6	56.5	62.3					
	12			38.3			59.1							
10	00	47.1	22.1	54.4			59.2	56.6						
	12			61.5	D	D		62.4						
11	00	47.2	22.2	41.1			59.3	31.1						
	12			19.2			59.4			40.2				
12	00	47.3	22.3	13.3			59.5	31.2	62.5					
	12			49.4			59.6					42.2		
13	00	47.4	22.4	30.4			40.1	31.3						
	12			55.5			40.2		62.6					
14	00	47.5	22.5	37.6			40.3	31.4						
	12			22.1			40.4							
15	00	47.6	22.6	36.1	R	R	40.5	31.5	56.1					
	12			25.2			40.6			40.3				
16	00	6.1	36.1	17.2			64.1	31.6						
	12			21.3			64.2	33.1	56.2					
17	00	6.2	36.2	51.3			64.3							
	12			42.4				33.2						
18	00	6.3	36.3	3.4			64.4		56.3					
	12			27.4			64.5	33.3						
19	00	6.4	36.4	24.5			64.6							
	12			2.5			47.1	33.4	56.4					
20	00	6.5	36.5	23.5			47.2			40.4	60.2			
	12			8.6			47.3	33.5						
21	00	6.6	36.6	20.6			47.4	33.6						
	12	46.1	25.1	16.6			47.5		56.5					
22	00			45.1			47.6	7.1						
	12	46.2	25.2	12.1			6.1							
23	00			15.2			6.2	7.2	56.6					
	12	46.3	25.3	52.2	D	D	6.3					40.4		
24	00			39.3			6.4	7.3						
	12	46.4	25.4	53.4			6.5		31.1	40.5				
25	00			62.4			6.6	7.4						
	12	46.5	25.5	56.5			46.1	7.5						
26	00			31.6			46.2		31.2					
	12	46.6	25.6	7.1			46.3	7.6						
27	00			4.3			46.4							
	12	18.1	17.1	29.4			46.5	4.1	31.3					
28	00			59.5			46.6	4.2						
	12	18.2	17.2	64.1			18.1							
29	00			47.2	R	R	18.2	4.3	31.4	40.6				
	12	18.3	17.3	6.4			18.3							
30	00			46.6			18.4	4.4						
	12	18.4	17.4	48.2			18.5		31.5					

October 1932

Date	Time	☉	⊕	☾	☊	☋	☿	♀	♂	♃	♄	⚷	♆	♇
1	00	18.4	17.4	57.4	22.1	47.1	18.6	4.5	31.5	40.6	60.2	42.2	40.4	62.3
	12	18.5	17.5	32.6	R	R	48.1	4.6	D	D	R	R	D	D
2	00	18.6	17.6	28.2			48.2							
	12			44.4	63.6	64.6	48.3	29.1	31.6					
3	00	48.1	21.1	1.6			48.4			D				
	12			14.2				29.2		64.1				
4	00	48.2	21.2	34.4			48.5	29.3	33.1					
	12			9.5			48.6							
5	00	48.3	21.3	26.1			57.1	29.4						
	12			11.3			57.2		33.2					
6	00	48.4	21.4	10.4			57.3	29.5						
	12			58.6			57.4							
7	00	48.5	21.5	54.1	D	D	57.5	29.6	33.3					
	12			61.2			57.6	59.1						
8	00	48.6	21.6	60.3			32.1					42.1		
	12			41.4				59.2	33.4	64.2				
9	00	57.1	51.1	19.5			32.2							
	12			13.6			32.3	59.3						
10	00	57.2	51.2	30.1			32.4	59.4						
	12			55.2			32.5		33.5					
11	00	57.3	51.3	37.2			32.6	59.5						
	12	57.4	51.4	63.3			50.1							
12	00			22.4	R	R	50.2	59.6	33.6					
	12	57.5	51.5	36.4			40.1							
13	00			25.5			50.3			64.3				
	12	57.6	51.6	17.5			50.4	40.2	7.1					
14	00			21.6			50.5	40.3						
	12	32.1	42.1	51.6			50.6							
15	00			42.6			28.1	40.4						
	12	32.2	42.2	27.1				7.2			60.3			
16	00			24.1			28.2	40.5						
	12	32.3	42.3	2.1			28.3	40.6						
17	00			23.2			28.4		7.3					
	12	32.4	42.4	8.2			28.5	64.1						
18	00			20.2			28.6		64.4					
	12	32.5	42.5	16.3				64.2	7.4					
19	00			35.3			44.1	64.3						
	12	32.6	42.6	45.3			44.2							
20	00	50.1	3.1	12.4			44.3	64.4						
	12			15.4			44.4		7.5					
21	00	50.2	3.2	52.5			44.5	64.5						
	12			39.5				64.6						
22	00	50.3	3.3	53.6			44.6		7.6					
	12			62.6			1.1	47.1						
23	00	50.4	3.4	31.1	D	D	1.2	47.2		64.5				
	12			33.2			1.3		4.1					
24	00	50.5	3.5	7.3				47.3				40.5		
	12			4.4			1.4							
25	00	50.6	3.6	29.5			1.5	47.4						R
	12			59.6			1.6	47.5	4.2					
26	00	28.1	27.1	64.2										
	12			47.3	R	R	43.1	47.6						
27	00	28.2	27.2	6.5			43.2	6.1	4.3					
	12			18.1			43.3							
28	00	28.3	27.3	48.3			43.4	6.2		64.6				
	12	28.4	27.4	57.5										
29	00			50.1			43.5	6.3	4.4					
	12	28.5	27.5	28.3	63.5	64.5	43.6	6.4						
30	00			44.5			14.1							
	12	28.6	27.6	43.1			6.5	4.5						
31	00			14.3			14.2	6.6						
	12	44.1	24.1	34.5			14.3						51.6	

November 1932

Date/Time	☉	⊕	☾	☊	☋	☿	♀	♂	♃	♄	⇧	♆	⚷
1 00	44.1	24.1	5.1	63.5	64.5	14.4	46.1	4.5	64.6	60.3	51.6	40.5	62.3
12	44.2	24.2	26.3	R	R	D	46.2	4.6	D	D	R	D	R
2 00			11.5			14.5							
12	44.3	24.3	58.1			14.6	46.3		47.1				
3 00			38.3			34.1		29.1					
12	44.4	24.4	54.4				46.4						
4 00			61.5			34.2	46.5						
12	44.5	24.5	41.1			34.3							
5 00	44.6	24.6	19.2				46.6	29.2					
12			13.3	D	D	34.4	18.1						
6 00	1.1	2.1	49.4			34.5							
12			30.5			34.6	18.2						
7 00	1.2	2.2	55.5				18.3	29.3					
12			37.6			9.1							
8 00	1.3	2.3	22.1	R	R	9.2	18.4			60.4			
12			36.1					29.4	47.2				
9 00	1.4	2.4	25.2			9.3	18.5						
12			17.2			9.4	18.6						
10 00	1.5	2.5	21.2										
12			51.3			9.5	48.1	29.5					
11 00	1.6	2.6	42.3			9.6	48.2						
12	43.1	23.1	3.4										
12 00			27.4	63.4	64.4	5.1	48.3						
12	43.2	23.2	24.4				48.4	29.6					
13 00			2.5			5.2							
12	43.3	23.3	23.5			5.3	48.5						
14 00			8.5										
12	43.4	23.4	20.6			5.4	48.6	59.1	47.3				
15 00			16.6				57.1						
12	43.5	23.5	35.6			5.5							
16 00			12.1				57.2						
12	43.6	23.6	15.1	63.3	64.3	5.6	57.3	59.2					
17 00			52.1										
12	14.1	8.1	39.2			26.1	57.4						
18 00	14.2	8.2	53.2				57.5						
12			62.3			26.2		59.3					
19 00	14.3	8.3	56.3				57.6						
12			31.4				32.1						
20 00	14.4	8.4	33.5			26.3							
12			7.6				32.2	59.4					
21 00	14.5	8.5	4.6				32.3		47.4				
12			59.1	D	D	26.4							
22 00	14.6	8.6	40.3				32.4			60.5			
12			64.4	R	R			59.5					
23 00	34.1	20.1	47.5				32.5						
12			6.6				32.6						
24 00	34.2	20.2	18.2										
12	34.3	20.3	48.4				50.1	59.6					
25 00			57.5			R	50.2						
12	34.4	20.4	50.1										
26 00			28.3				50.3						
12	34.5	20.5	44.5				50.4	40.1					
27 00			43.1										
12	34.6	20.6	14.4				50.5						
28 00			34.6	63.2	64.2	26.3	50.6						
12	9.1	16.1	5.2					40.2	47.5				
29 00			26.4				28.1						
12	9.2	16.2	11.6			26.2	28.2			51.5			
30 00			58.2										
12	9.3	16.3	38.4			26.1	28.3						

December 1932

Date/Time	☉	⊕	☾	☊	☋	☿	♀	♂	♃	♄	⇧	♆	⚷
1 00	9.4	16.4	54.6	63.2	64.2	26.1	28.4	40.3	47.5	60.5	51.5	40.5	62.3
12			60.1	R	R	5.6	D	D	D	D	R	D	R
2 00	9.5	16.5	41.3			5.5	28.5						
12			19.4				28.6						
3 00	9.6	16.6	13.5			5.4			40.4		60.6		
12			49.6			5.3		44.1					
4 00	5.1	35.1	55.1					44.2					
12			37.2			5.2							
5 00	5.2	35.2	63.3			5.1		44.3					
12			22.4			9.6			40.5				
6 00	5.3	35.3	36.4					44.4					
12			25.5			9.5		44.5					
7 00	5.4	35.4	17.5			9.4							
12	5.5	35.5	21.6					44.6		47.6			
8 00			51.6			9.3		1.1	40.6				
12	5.6	35.6	42.6			9.2							
9 00			27.1					1.2					
12	26.1	45.1	24.1	63.1	64.1	9.1		1.3					
10 00			2.1										
12	26.2	45.2	23.2				34.6	1.4		64.1			
11 00			8.2					1.5					
12	26.3	45.3	20.2										
12 00			16.3					1.6					
12	26.4	45.4	35.3				34.5	43.1					
13 00	26.5	45.5	45.3						64.2		41.1		R
12			12.4	37.6	40.6			43.2					
14 00	26.6	45.6	15.4					43.3					
12			52.5			D							
15 00	11.1	12.1	39.5					43.4					
12			53.6					43.5		64.3			
16 00	11.2	12.2	62.6										
12			31.1					43.6					
17 00	11.3	12.3	33.2				34.6	14.1					
12			7.2										
18 00	11.4	12.4	4.3					14.2					
12	11.5	12.5	29.4					14.3	64.4				
19 00			59.5			9.1				6.1			
12	11.6	12.6	40.6	D	D			14.4					
20 00			47.1					14.5					
12	10.1	15.1	6.2			9.2							
21 00			46.3	R	R			14.6					
12	10.2	15.2	18.5			9.3		34.1	64.5				
22 00			48.6							41.2			
12	10.3	15.3	32.2			9.4		34.2					
23 00			50.3					34.3					
12	10.4	15.4	28.5			9.5							
24 00			1.1					34.4					
12	10.5	15.5	43.3	37.5	40.5	9.6		34.5	64.6				
25 00	10.6	15.6	14.5										
12			9.1			5.1		34.6					
26 00	58.1	52.1	5.3			9.1							
12			26.5			5.2							
27 00	58.2	52.2	10.1			5.3		9.2					
12			58.3					9.3					
28 00	58.3	52.3	38.5			5.4			47.1				
12			54.6			5.5		9.4					
29 00	58.4	52.4	60.2					9.5				D	
12			41.4			5.6							
30 00	58.5	52.5	19.5			26.1		9.6					
12	58.6	52.6	49.1					5.1					
31 00			30.2			26.2					41.3		
12	38.1	39.1	55.3			26.3	5.2						62.2

January 1933

Date/Time	☉	⊕	☾	☊	☋	☿	♀	♂	♃	♄	⚶	♆	♇
1 00	38.1	39.1	37.4	37.5	40.5	26.3	5.3	47.2	6.1	41.3	51.5	40.5	62.2
12	38.2	39.2	63.5	D	D	26.4		D	D	D	D	R	R
2 00			22.6			26.5	5.4						
12	38.3	39.3	25.1			26.6	5.5						
3 00			17.1										
12	38.4	39.4	21.2			11.1	5.6						
4 00			51.2	R	R	11.2	26.1						
12	38.5	39.5	42.3										
5 00	38.6	39.6	3.3			11.3	26.2						
12			27.3			11.4	26.3						
6 00	54.1	53.1	24.4	37.4	40.4	11.5		47.3					
12			2.4				26.4						
7 00	54.2	53.2	23.4			11.6	26.5						
12			8.5			10.1							
8 00	54.3	53.3	20.5			10.2	26.6			41.4			
12			16.5					R					
9 00	54.4	53.4	35.6			10.3	11.1						
12			45.6			10.4	11.2						
10 00	54.5	53.5	15.1			10.5							
12	54.6	53.6	52.1			10.6	11.3						
11 00			39.2				11.4						
12	61.1	62.1	53.2			58.1							
12 00			62.3			58.2	11.5						
12	61.2	62.2	56.4	37.3	40.3	58.3	11.6	47.4					
13 00			31.4			58.4							
12	61.3	62.3	33.5				10.1						
14 00			7.6			58.5	10.2						
12	61.4	62.4	29.1			58.6							
15 00			59.2			38.1	10.3						
12	61.5	62.5	40.3			38.2	10.4						
16 00			64.4	D	D					41.5			
12	61.6	62.6	47.5			38.3	10.5						
17 00	60.1	56.1	6.6			38.4	10.6						
12			18.1			38.5							
18 00	60.2	56.2	48.2			38.6	58.1						
12			57.4				58.2						
19 00	60.3	56.3	32.5			54.1							
12			28.1	R	R	54.2	58.3						
20 00	60.4	56.4	44.2			54.3	58.4						
12			1.4			54.4							
21 00	60.5	56.5	43.5			54.5	58.5						
12			34.1				58.6	R					
22 00	60.6	56.6	9.3			54.6							
12	41.1	31.1	5.5			61.1	38.1						
23 00			26.6			61.2	38.2						
12	41.2	31.2	10.4			61.3							
24 00			58.4			61.4	38.3			41.6			
12	41.3	31.3	38.6				38.4						
25 00			61.1			61.5							
12	41.4	31.4	60.3			61.6	38.5						
26 00			41.5			60.1	38.6						
12	41.5	31.5	19.6			60.2							
27 00			49.2			60.3	54.1						
12	41.6	31.6	30.3			60.4	54.2						
28 00	19.1	33.1	55.4							51.6			
12			37.5	D	D	60.5	54.3		47.6				
29 00	19.2	33.2	63.6			60.6	54.4						
12			36.1			41.1							
30 00	19.3	33.3	25.2			41.2	54.5	47.3					
12			17.3			41.3	54.6						
31 00	19.4	33.4	21.4			41.4							
12			51.4			41.5	61.1						

February 1933

Date/Time	☉	⊕	☾	☊	☋	☿	♀	♂	♃	♄	⚶	♆	♇
1 00	19.5	33.5	42.5	37.3	40.3	41.6	61.2	47.3	47.6	19.1	51.6	40.5	62.2
12			3.5	D	D			R	R	D	D	R	R
2 00	19.6	33.6	27.5			19.1	61.3						
12			24.6			19.2	61.4					40.4	
3 00	13.1	7.1	2.6	R	R	19.3							
12	13.2	7.2	8.1			19.4	61.5						
4 00			20.1			19.5	61.6						
12	13.3	7.3	16.1			19.6							
5 00			35.2			13.1	60.1	47.2					
12	13.4	7.4	45.2			13.2	60.2						
6 00			12.2			13.3							
12	13.5	7.5	15.3			13.4	60.3						
7 00			52.3			13.5	60.4						
12	13.6	7.6	39.4										
8 00			53.4			13.6	60.5						
12	49.1	4.1	62.5			49.1	60.6			19.2			
9 00			56.6			49.2							
12	49.2	4.2	33.1			49.3	41.1	47.1	47.5				
10 00	49.3	4.3	7.2			49.4	41.2						
12			4.3			49.5							
11 00	49.4	4.4	29.4			49.6	41.3						
12			59.5			30.1	41.4						
12 00	49.5	4.5	40.6	D	D	30.2							
12			47.1			30.3	41.5						
13 00	49.6	4.6	6.2			30.4	41.6	64.6					
12			46.4			30.5							
14 00	30.1	29.1	18.5			30.6	19.1						
12			48.6			55.1	19.2						
15 00	30.2	29.2	32.2			55.2							62.1
12			50.3			55.3	19.3						
16 00	30.3	29.3	28.5			55.4	19.4	64.5					
12	30.4	29.4	44.6			55.5				19.3			
17 00			43.2			55.6	19.5						
12	30.5	29.5	14.3			37.1	19.6						
18 00			34.5	R	R	37.2			47.4				
12	30.6	29.6	5.1			37.3	13.1	64.4					
19 00			26.2			37.4	13.2						
12	55.1	59.1	11.4			37.5							
20 00			10.5			37.6	13.3						
12	55.2	59.2	38.1			63.1	13.4						
21 00			54.2			63.2							
12	55.3	59.3	61.4			63.3	13.5	64.3					
22 00			60.5			63.4	13.6						
12	55.4	59.4	19.1			63.5							
23 00	55.5	59.5	13.2			63.6	49.1						
12			49.3			22.1	49.2					42.1	
24 00	55.6	59.6	30.5			22.2		64.2					
12			55.6			22.3	49.3						
25 00	37.1	40.1	63.1	D	D		49.4			19.4			
12			22.2			22.4							
26 00	37.2	40.2	36.3			22.5	49.5		47.3				
12			25.4			22.6	49.6	64.1					
27 00	37.3	40.3	17.4	R	R	36.1							
12			21.5			36.2	30.1						
28 00	37.4	40.4	51.6			36.3	30.2						
12			42.6			36.4		40.6					

March 1933

Date/Time	☉	⊕	☾	☊	☋	☿	♀	♂	♃	♄	⇧	♆	⚷
1 00	37.5	40.5	27.1	37.3	40.3	36.5	30.3		40.6	47.3	19.4	42.1	40.4	62.1
12	37.6	40.6	24.1	R	R	D	30.4		R	R		D	R	R
2 00			2.2			36.6								
12	63.1	64.1	23.2			25.1	30.5							
3 00			8.3			25.2	30.6	40.5						
12	63.2	64.2	20.3											
4 00			16.3			25.3	55.1							
12	63.3	64.3	35.4	D	D	25.4	55.2							
5 00			45.4											
12	63.4	64.4	12.4			25.5	55.3	40.4	47.2	19.5				
6 00			15.5			25.6	55.4							
12	63.5	64.5	52.5											
7 00			39.6			17.1	55.5							
12	63.6	64.6	53.6				55.6							
8 00			56.1			17.2		40.3						
12	22.1	47.1	31.2				37.1							
9 00	22.2	47.2	33.2			17.3	37.2					40.3		
12			7.3											
10 00	22.3	47.3	4.4				37.3							
12			29.5				37.4	40.2						
11 00	22.4	47.4	40.1			17.4								
12			64.2	R	R		37.5							
12 00	22.5	47.5	47.3				37.6							
12			6.5					47.1						
13 00	22.6	47.6	46.6				63.1	40.1						
12			48.2				63.2							
14 00	36.1	6.1	57.3		R									
12			32.5				63.3		19.6					
15 00	36.2	6.2	28.1				63.4			42.2				
12			44.2				59.6							
16 00	36.3	6.3	1.4				63.5							
12	36.4	6.4	43.6				63.6							
17 00			34.1											
12	36.5	6.5	9.3			17.3	22.1							
18 00			5.5				22.2							
12	36.6	6.6	26.6	37.2	40.2		59.5							
19 00			10.2	D	D	17.2	22.3							
12	25.1	46.1	58.3	37.3	40.3		22.4							
20 00			38.5					64.6						
12	25.2	46.2	54.6			17.1	22.5							
21 00			60.2				22.6							
12	25.3	46.3	41.3			25.6	59.4							
22 00			19.4				36.1							
12	25.4	46.4	13.5				36.2							
23 00			49.6			25.5								
12	25.5	46.5	55.1				36.3							
24 00			37.2			25.4	36.4							
12	25.6	46.6	63.3	R	R				13.1					
25 00	17.1	18.1	22.4			25.3	36.5							
12			36.5				36.6	59.3						
26 00	17.2	18.2	25.6			25.2								
12			21.1				25.1							
27 00	17.3	18.3	51.1	37.2	40.2	25.1	25.2							
12			42.2					64.5						
28 00	17.4	18.4	3.2				25.3							
12			27.3			36.6	25.4							
29 00	17.5	18.5	24.3											
12			2.4			36.5	25.5							
30 00	17.6	18.6	23.4				25.6	59.2						
12			8.5											
31 00	21.1	48.1	20.5			36.4	17.1							
12			16.5				17.2							

April 1933

Date/Time	☉	⊕	☾	☊	☋	☿	♀	♂	♃	♄	⇧	♆	⚷
1 00	21.2	48.2	35.6	37.2	40.2	36.4	17.2	59.2	64.5	13.1	42.2	40.3	62.1
12			45.6	R	R		17.3	R	R	D	42.3	R	R
2 00	21.3	48.3	12.6			36.3	17.4						
12			52.1										
3 00	21.4	48.4	39.1				17.5						
12	21.5	48.5	53.2	D	D		17.6						
4 00			62.2										
12	21.6	48.6	56.3				21.1			13.2			D
5 00			31.3				21.2						
12	51.1	57.1	33.4						64.4				
6 00			7.5		D		21.3						
12	51.2	57.2	4.6			59.1							
7 00			59.1				21.4						
12	51.3	57.3	40.2				21.5						
8 00			64.3	R	R								
12	51.4	57.4	47.4				21.6						
9 00			6.6				51.1						
12	51.5	57.5	18.1										
10 00			48.3				51.2						
12	51.6	57.6	57.5			36.4	51.3						
11 00			50.1										
12	42.1	32.1	28.3				51.4						
12 00			44.5				51.5						
12	42.2	32.2	43.1			36.5		D					
13 00			14.2				51.6						
12	42.3	32.3	34.4				42.1						
14 00	42.4	32.4	9.6										
12			26.2	37.1	40.1	36.6	42.2						
15 00	42.5	32.5	11.4				42.3						
12			10.6			25.1							
16 00	42.6	32.6	38.1				42.4						
12			54.3				42.5		64.3				
17 00	3.1	50.1	61.4			25.2							
12			60.6	D	D		42.6			13.3	42.4		
18 00	3.2	50.2	19.1			25.3	3.1	59.2					
12			13.2										
19 00	3.3	50.3	49.3			25.4	3.2						
12			30.4				3.3						
20 00	3.4	50.4	55.5			25.5						40.2	
12			37.6	R	R		3.4						
21 00	3.5	50.5	22.1			25.6	3.5						
12			36.2										
22 00	3.6	50.6	25.2			17.1	3.6						
12			17.3				27.1						
23 00	27.1	28.1	21.4			17.2							
12			51.4			17.3	27.2						
24 00	27.2	28.2	42.5				27.3						
12			3.5			17.4							
25 00	27.3	28.3	27.6				27.4						
12	27.4	28.4	24.6			17.5	27.5						
26 00			23.1			17.6							
12	27.5	28.5	8.1				27.6	59.3					
27 00			20.1			21.1	24.1						
12	27.6	28.6	16.2	55.6	59.6	21.2							
28 00			35.2				24.2						
12	24.1	44.1	45.2			21.3	24.3						
29 00			12.3			21.4							
12	24.2	44.2	15.3			21.5	24.4						
30 00			52.3										
12	24.3	44.3	39.4			21.6	24.5						

1933

May 1933

Date	Time	☉	⊕	☾	☊	☋	☿	♀	♂	♃	♄	⇡	♆	☋
1	00	24.3	44.3	53.4	55.6	59.6	51.1	24.6	59.3	64.3	13.3	42.4	40.2	62.1
1	12	24.4	44.4	62.4	R	R	51.2	D	59.4	R	D	D	R	D
2	00			56.5				2.1						
2	12	24.5	44.5	31.5			51.3	2.2						
3	00			33.6	D	D	51.4							
3	12	24.6	44.6	4.1			51.5	2.3						
4	00			29.1				2.4						
4	12	2.1	1.1	59.2			51.6					42.5		
5	00			40.3	R	R	42.1	2.5						
5	12	2.2	1.2	64.4			42.2	2.6	59.5					
6	00			47.6			42.3							
6	12	2.3	1.3	46.1			42.4	23.1						
7	00			18.2				23.2						
7	12	2.4	1.4	48.4			42.5			13.4				
8	00			57.6			42.6	23.3						
8	12	2.5	1.5	50.2			3.1	23.4						
9	00			28.4			3.2							
9	12	2.6	1.6	44.6			3.3	23.5	59.6					
10	00	23.1	43.1	43.2	55.5	59.5	3.4	23.6						
10	12			14.4			3.5		D					
11	00	23.2	43.2	34.6			3.6	8.1						
11	12			5.2			27.1	8.2						
12	00	23.3	43.3	26.4										
12	12			11.6			27.2	8.3	40.1					
13	00	23.4	43.4	58.2			27.3	8.4						
13	12			38.4			27.4							
14	00	23.5	43.5	54.6			27.5	8.5						
14	12			60.1			27.6	8.6						
15	00	23.6	43.6	41.3			24.1							
15	12			19.4			24.2	20.1						
16	00	8.1	14.1	13.6			24.3	20.2	40.2					
16	12			30.1			24.4							
17	00	8.2	14.2	55.2	D	D	24.5	20.3						
17	12			37.3	R	R	24.6							
18	00	8.3	14.3	63.4			2.2	20.4						
18	12			22.4			2.3	20.5	40.3					
19	00	8.4	14.4	36.5			2.4							
19	12			25.6			2.5	20.6					D	
20	00	8.5	14.5	17.6			2.6	16.1						
20	12			51.1			23.1							
21	00	8.6	14.6	42.2			23.2	16.2						
21	12			3.2	55.4	59.4	23.3	16.3	40.4					
22	00	20.1	34.1	27.2			23.4					42.6		
22	12			24.3			23.5	16.4						62.2
23	00	20.2	34.2	2.3			23.6	16.5						
23	12			23.4			8.2							
24	00	20.3	34.3	8.4			8.3	16.6	40.5					
24	12			20.4			8.4	35.1						
25	00	20.4	34.4	16.5			8.5							
25	12			35.5			8.6	35.2						
26	00	20.5	34.5	45.5	55.3	59.3	20.1	35.3						
26	12			12.6			20.2		40.6					
27	00	20.6	34.6	15.6			20.4	35.4						
27	12			52.6			20.5	35.5				R		
28	00	16.1	9.1	53.1			20.6							
28	12			62.1			16.1	35.6						
29	00	16.2	9.2	56.1			16.2	45.1	64.1					
29	12	16.3	9.3	31.2			16.3							
30	00			33.2			16.5	45.2						
30	12	16.4	9.4	7.3			16.6	45.3						
31	00			4.3			35.1							
31	12	16.5	9.5	29.4			35.2	45.4	64.2					

June 1933

Date	Time	☉	⊕	☾	☊	☋	☿	♀	♂	♃	♄	⇡	♆	☋
1	00	16.5	9.5	59.5	D	D	35.3	45.5	64.2	64.3	13.4	42.6	40.2	62.2
1	12	16.6	9.6	40.6	R	R	35.4	D	D	D	R	D	D	D
2	00			47.1			35.6	45.6						
2	12	35.1	5.1	6.2			45.1		64.3					
3	00			46.3			45.2	12.1						
3	12	35.2	5.2	18.4			45.3	12.2						
4	00			48.6			45.4							
4	12	35.3	5.3	32.1			45.5	12.3		64.4				
5	00			50.3			12.1	12.4	64.4					
5	12	35.4	5.4	28.5			12.2							
6	00			1.1			12.3	12.5						
6	12	35.5	5.5	43.3	55.2	59.2	12.4	12.6						
7	00			14.5			12.5		64.5					
7	12	35.6	5.6	9.1			12.6	15.1						
8	00			5.3			15.1	15.2						
8	12	45.1	26.1	26.5			15.2							
9	00			10.1			15.3	15.3	64.6					
9	12	45.2	26.2	58.3			15.4	15.4						
10	00			38.5			15.5							
10	12	45.3	26.3	61.1			15.6	15.5						
11	00			60.3			52.1	15.6	47.1					
11	12	45.4	26.4	41.5			52.2							
12	00			13.1			52.3	52.1						
12	12	45.5	26.5	49.2			52.4	52.2				3.1		
13	00			30.3			52.5		47.2					
13	12	45.6	26.6	55.5	D	D	52.6	52.3						
14	00			37.6			39.1							
14	12	12.1	11.1	22.1			39.2	52.4						
15	00			36.2	R	R	39.3	52.5	47.3					
15	12	12.2	11.2	25.2			39.4			64.5				
16	00			17.3			39.5	52.6			13.3			
16	12	12.3	11.3	21.4			39.6	39.1						
17	00			51.4			53.1		47.4					
17	12	12.4	11.4	42.5			53.2	39.2					40.3	
18	00			3.5			53.3	39.3						
18	12	12.5	11.5	27.6	55.1	59.1	53.4							
19	00			24.6			53.4	39.4	47.5					
19	12	12.6	11.6	23.1			53.5	39.5						
20	00			8.1			53.6							
20	12	15.1	10.1	20.1			62.1	39.6						
21	00			16.2			62.2	53.1	47.6					
21	12	15.2	10.2	35.2			62.3	53.2						
22	00			45.2			62.4	53.3						
22	12	15.3	10.3	12.3			62.5		6.1					
23	00	15.4	10.4	15.3			62.5	53.4						
23	12			52.3				53.4						
24	00	15.5	10.5	39.4	30.6	29.6	62.6	53.5		64.6				
24	12			53.4			56.1							
25	00	15.6	10.6	62.4			56.2	53.6	6.2					
25	12			56.5				62.1						
26	00	52.1	58.1	31.5			56.3							
26	12			33.6			56.4	62.2	6.3					
27	00	52.2	58.2	7.6			56.5	62.3						
27	12			29.1										
28	00	52.3	58.3	59.1	D	D	56.6	62.4						
28	12			40.2				6.4						
29	00	52.4	58.4	64.3			31.1	62.5						
29	12			47.4				62.6						
30	00	52.5	58.5	6.5			31.2							
30	12			46.6			31.3	56.1	6.5					

1933

July 1933

Date/Time	☉	⊕	☾	☊	☋	☿	♀	♂	♃	♄	⚷	♆	⚶
1 00	52.6	58.6	48.1	R	R	31.3	56.2	6.5	64.6	13.3	3.1	40.3	62.2
12			57.2			31.4		D	47.1	R	D	D	D
2 00	39.1	38.1	32.4				56.3	6.6					
12			50.5			31.5	56.4						62.3
3 00	39.2	38.2	44.1										
12			1.2			31.6	56.5						
4 00	39.3	38.3	43.4				56.6	46.1					
12			14.6			33.1							
5 00	39.4	38.4	9.2				31.1						
12			5.4			33.2	31.2	46.2					
6 00	39.5	38.5	26.6										
12			10.2				31.3						
7 00	39.6	38.6	58.4			33.3				13.2			
12			38.6				31.4	46.3					
8 00	53.1	54.1	61.2			33.4	31.5		47.2				
12			60.4										
9 00	53.2	54.2	41.6				31.6	46.4					
12			13.2				33.1						
10 00	53.3	54.3	49.4			33.5							
12			30.5				33.2						
11 00	53.4	54.4	37.1	D	D		33.3	46.5					
12			63.2										
12 00	53.5	54.5	22.3			33.6	33.4						
12			36.4				33.5	46.6					
13 00	53.6	54.6	25.5										
12			17.6				33.6						
14 00	62.1	61.1	51.1				7.1	18.1					
12			42.1						47.3				
15 00	62.2	61.2	3.2	R	R		7.2						
12			27.2			7.1	7.3						
16 00	62.3	61.3	24.3					18.2					
12			2.3				7.4						
17 00	62.4	61.4	23.4		R								
12			8.4	30.5	29.5		7.5	18.3					
18 00	62.5	61.5	20.4				7.6				3.2		
12			16.5		33.6								
19 00	62.6	61.6	35.5				4.1	18.4					
12			45.5				4.2						
20 00	56.1	60.1	12.6						47.4				
12			15.6				4.3						
21 00	56.2	60.2	52.6				4.4	18.5					
12			53.1							13.1			
22 00	56.3	60.3	62.1			33.5	4.5						
12		56.4	60.4	56.1				4.6	18.6					
23 00			31.2										
12	56.5	60.5	33.3				29.1						
24 00			7.3			33.4	29.2	48.1					
12	56.6	60.6	4.4										
25 00			29.4				29.3						
12	31.1	41.1	59.5	D	D	33.3	29.4	48.2	47.5				
26 00			40.6										
12	31.2	41.2	47.1				29.5					40.4	
27 00			6.2			33.2							
12	31.3	41.3	46.3				29.6	48.3					
28 00			18.4				59.1						
12	31.4	41.4	48.5			33.1							
29 00			57.6				59.2	48.4					
12	31.5	41.5	50.1			31.6	59.3						
30 00			28.2										
12	31.6	41.6	44.4	R	R		59.4	48.5					
31 00			1.5			31.5	59.5		47.6				
12	33.1	19.1	14.1										

August 1933

Date/Time	☉	⊕	☾	☊	☋	☿	♀	♂	♃	♄	⚷	♆	⚶
1 00	33.1	19.1	34.3	30.5	29.5	31.4	59.6	48.6	47.6	13.1	3.2	40.4	62.3
12	33.2	19.2	9.4	R	R	R	40.1	D	D	R	D	D	D
2 00			5.6										
12	33.3	19.3	11.2			31.3	40.2	57.1					
3 00			10.4				40.3				R		
12	33.4	19.4	58.6						19.6				
4 00			54.2			31.2	40.4	57.2					
12	33.5	19.5	61.4										
5 00			60.5				40.5		6.1				
12	33.6	19.6	19.1				40.6						
6 00			13.3			31.1		57.3					
12	7.1	13.1	49.5				64.1						
7 00			30.6	D	D		64.2						62.4
12	7.2	13.2	37.2					57.4					
8 00			63.3				64.3						
12	7.3	13.3	22.4				64.4						
9 00			36.6					57.5					
12	7.4	13.4	17.1				64.5						
10 00			21.2			D	64.6		6.2				
12	7.5	13.5	51.2					57.6					
11 00			42.3				47.1						
12	7.6	13.6	3.4										
12 00			27.5				47.2	32.1					
12	4.1	49.1	24.5				47.3						
13 00			2.6										
12	4.2	49.2	23.6	R	R		47.4	32.2					
14 00			8.6			31.2	47.5						
12	4.3	49.3	16.1										
15 00	4.4	49.4	35.1				47.6	32.3	6.3				
12			45.1			31.3	6.1						
16 00	4.5	49.5	12.2								19.5		
12			15.2				6.2	32.4					
17 00	4.6	49.6	52.2			31.4	6.3						
12			39.3										
18 00	29.1	30.1	53.3			31.5	6.4	32.5					
12			62.4										
19 00	29.2	30.2	56.4			31.6	6.5				3.1		
12			31.5				6.6	32.6	6.4				
20 00	29.3	30.3	33.5			33.1							
12			7.6			33.2	46.1						
21 00	29.4	30.4	29.1				46.2	50.1					
12			59.1	D	D	33.3							
22 00	29.5	30.5	40.2			33.4	46.3						
12			64.3	R	R		46.4	50.2				40.5	
23 00	29.6	30.6	47.4			33.5							
12			6.5			33.6	46.5						
24 00	59.1	55.1	46.6			7.1	46.6	50.3	6.5				
12			48.1			7.2							
25 00	59.2	55.2	57.3				18.1						
12			32.4			7.3		50.4					
26 00	59.3	55.3	50.5			7.4	18.2						
12			44.1			7.5	18.3	50.5					
27 00	59.4	55.4	1.2			7.6							
12			43.3			4.1	18.4						
28 00	59.5	55.5	14.5			4.2	18.5	50.6					
12			34.6	D	D	4.3			6.6				
29 00	59.6	55.6	5.2			4.4	18.6						
12			26.4			4.5	48.1	28.1			19.4		
30 00	40.1	37.1	11.5			4.6							
12			58.1			29.1	48.2						
31 00	40.2	37.2	38.3			29.2	48.3	28.2					
12			54.4			29.3							

1933

September 1933

Date	Time	☉	⊕	☾	☊	☋	☿	♀	♂	♃	♄	⇧	♆	ω
1	00	40.3	37.3	61.6	30.5	29.5	29.4	48.4	28.2	6.6	19.4	3.1	40.5	62.4
	12	40.4	37.4	41.2	D	D	29.5	D	28.3	D	R	R	D	D
2	00			19.3			29.6	48.5		46.1				
	12	40.5	37.5	13.5			59.1	48.6						
3	00			49.6			59.2		28.4					
	12	40.6	37.6	55.2	R	R	59.3	57.1						
4	00			37.3			59.4	57.2						
	12	64.1	63.1	63.5			59.5		28.5					
5	00			22.6			59.6	57.3						
	12	64.2	63.2	25.1			40.1	57.4						
6	00			17.2			40.2		28.6					
	12	64.3	63.3	21.3			40.3	57.5		46.2				
7	00			51.4			40.4		44.1					
	12	64.4	63.4	42.5			40.5	57.6						
8	00			3.6			40.6	32.1						
	12	64.5	63.5	27.6			64.1		44.2					
9	00			2.1			64.2	32.2						
	12	64.6	63.6	23.2			64.3	32.3						
10	00			8.2			64.4		44.3					
	12	47.1	22.1	20.3			64.5	32.4						
11	00			16.3			64.6	32.5		46.3				
	12	47.2	22.2	35.3			47.1		44.4					
12	00			45.4	D	D	47.2	32.6						
	12	47.3	22.3	12.4			47.3							
13	00			15.4			47.4	50.1	44.5					
	12	47.4	22.4	52.5			47.5	50.2						
14	00			39.5			47.6		44.6					
	12	47.5	22.5	53.5			6.1	50.3						
15	00	47.6	22.6	62.6			6.2	50.4			19.3			
	12			56.6			6.3		1.1	46.4				
16	00	6.1	36.1	33.1			6.4	50.5						
	12			7.1			6.5							
17	00	6.2	36.2	4.2			6.6	50.6	1.2				40.6	
	12			29.3			46.1	28.1						
18	00	6.3	36.3	59.4	R	R	46.2							
	12			40.5			46.3	28.2	1.3					
19	00	6.4	36.4	64.6			46.4	28.3						
	12			6.1			46.5		1.4					
20	00	6.5	36.5	46.2			46.6	28.4		46.5				
	12			18.3			18.1	28.5						
21	00	6.6	36.6	48.4			18.2		1.5					62.5
	12			57.6			18.3	28.6						
22	00	46.1	25.1	50.1										
	12			28.3			18.4	44.1	1.6					
23	00	46.2	25.2	44.4	30.4	29.4	18.5	44.2						
	12			1.6			18.6							
24	00	46.3	25.3	14.1			48.1	44.3	43.1	46.6				
	12			34.3			48.2	44.4						
25	00	46.4	25.4	9.5			48.3		43.2				42.6	
	12			5.6			48.4	44.5						
26	00	46.5	25.5	11.2			48.5							
	12	46.6	25.6	10.3			48.6	44.6	43.3					
27	00			58.5	D	D			1.1					
	12	18.1	17.1	38.6			57.1							
28	00			61.2			57.2	1.2	43.4					
	12	18.2	17.2	60.3			57.3	1.3		18.1				
29	00			41.5			57.4		43.5					
	12	18.3	17.3	19.6			57.5	1.4						
30	00			49.2			57.6							
	12	18.4	17.4	30.3				1.5	43.6					

October 1933

Date	Time	☉	⊕	☾	☊	☋	☿	♀	♂	♃	♄	⇧	♆	ω
1	00	18.4	17.4	55.4	R	R	32.1	1.6	43.6	18.1	19.3	42.6	40.6	62.5
	12	18.5	17.5	37.6			32.2	D	D	D	R	R	D	D
2	00			22.1			32.3	43.1	14.1					
	12	18.6	17.6	36.2			32.4	43.2						
3	00			25.3			32.5		18.2					
	12	48.1	21.1	17.4				43.3	14.2					
4	00			21.5			32.6							
	12	48.2	21.2	51.6			50.1	43.4	14.3					
5	00			3.1			50.2	43.5						
	12	48.3	21.3	27.2			50.3							
6	00			24.2				43.6	14.4					
	12	48.4	21.4	2.3			50.4	14.1						
7	00	48.5	21.5	23.4			50.5		18.3					
	12			8.4			50.6	14.2	14.5					
8	00	48.6	21.6	20.5			28.1							
	12			16.5				14.3	14.6					
9	00	57.1	51.1	35.5			28.2	14.4						
	12			45.6			28.3							
10	00	57.2	51.2	12.6	30.3	29.3	28.4	14.5	34.1					
	12			15.6				14.6						
11	00	57.3	51.3	39.1			28.5		34.2					
	12			53.1			28.6	34.1		18.4				
12	00	57.4	51.4	62.1	D	D	44.1							
	12			56.2				34.2	34.3					
13	00	57.5	51.5	31.2			44.2	34.3						
	12			33.3			44.3							
14	00	57.6	51.6	7.3			44.4	34.4	34.4					
	12			4.4										
15	00	32.1	42.1	29.4	R	R	44.5	34.5	34.5		D		64.1	
	12			59.5			44.6	34.6						
16	00	32.2	42.2	40.6			1.1		18.5					
	12	32.3	42.3	47.1			9.1	34.6						
17	00			6.2			1.2	9.2						
	12	32.4	42.4	46.4			1.3							
18	00			18.5				9.3	9.1					
	12	32.5	42.5	48.6			1.4							
19	00			32.2			1.5	9.4	9.2			42.5		
	12	32.6	42.6	50.3			1.6	9.5						
20	00			28.5										
	12	50.1	3.1	1.1			43.1	9.6	9.3	18.6				
21	00			43.3			43.2							
	12	50.2	3.2	14.4			5.1	9.4						
22	00			34.6			43.3	5.2						
	12	50.3	3.3	5.2			43.4							
23	00			26.4			5.3	9.5						
	12	50.4	3.4	11.6	30.2	29.2	43.5							
24	00	50.5	3.5	58.1			5.4	9.6						
	12			38.3			43.6	5.5						
25	00	50.6	3.6	54.5			14.1		48.1					
	12			61.6			5.6	5.1						
26	00	28.1	27.1	41.2	D	D	14.2							
	12			19.3				26.1						R
27	00	28.2	27.2	13.4			14.3	26.2	5.2					
	12			49.6			14.4							
28	00	28.3	27.3	55.1	R	R		26.3	5.3					
	12			37.2			14.5							
29	00	28.4	27.4	63.3				26.4						
	12			22.4			14.6	26.5	5.4	48.2				
30	00	28.5	27.5	36.5										
	12			25.6			34.1	26.6	5.5					
31	00	28.6	27.6	21.1										
	12			51.2			34.2	11.1						

November 1933

Date/Time	☉	⊕	☾	☊	☋	☿	♀	♂	♃	♄	⚷	♆	♇
1 00	44.1	24.1	42.3	30.2	29.2	34.2	11.2	5.6	48.2	19.3	42.5	64.1	62.5
12	44.2	24.2	3.3	R	R	D	D	D	D	D	D	R	R
2 00			27.4			34.3	11.3	26.1					
12	44.3	24.3	24.5										
3 00			2.5			34.4	11.4		48.3				
12	44.4	24.4	23.6	30.1	29.1		11.5	26.2					
4 00			8.6										
12	44.5	24.5	16.1				11.6	26.3					
5 00			35.1			34.5							
12	44.6	24.6	45.2				10.1						
6 00			12.2				10.2	26.4					
12	1.1	2.1	15.2										
7 00			52.3				10.3	26.5					
12	1.2	2.2	39.3						48.4				
8 00	1.3	2.3	53.3				10.4						
12			62.4			R	10.5	26.6					
9 00	1.4	2.4	56.4										
12			31.4				10.6	11.1					
10 00	1.5	2.5	33.5										
12			7.5				58.1						
11 00	1.6	2.6	4.6	D	D			11.2					
12			29.6	R	R		58.2						
12 00	43.1	23.1	40.1			34.4	58.3				42.4		
12			64.2					11.3	48.5				
13 00	43.2	23.2	47.2				58.4						
12			6.4			34.3		11.4		19.4			
14 00	43.3	23.3	46.5	49.6	4.6		58.5						
12			18.6			34.2							
15 00	43.4	23.4	57.1				58.6	11.5					
12	43.5	23.5	32.3			34.1	38.1						
16 00			50.4			14.6		11.6					
12	43.6	23.6	28.6				38.2						
17 00			1.2			14.5		10.1	48.6				
12	14.1	8.1	43.4			14.4	38.3						
18 00			14.6										
12	14.2	8.2	9.2			14.3	38.4	10.2					
19 00			5.4			14.2	38.5						
12	14.3	8.3	26.6	49.5	4.5			10.3					
20 00			10.2			14.1	38.6						
12	14.4	8.4	58.4			43.6							
21 00			38.6			43.5	54.1	10.4					
12	14.5	8.5	61.2										
22 00	14.6	8.6	60.4			43.4	54.2	10.5	57.1				
12			41.5										
23 00	34.1	20.1	13.1			43.3	54.3						
12			49.2				54.4	10.6					
24 00	34.2	20.2	30.3	D	D	43.2							
12			55.5	R	R		54.5	58.1					
25 00	34.3	20.3	37.6			43.1							
12			22.1				54.6						
26 00	34.4	20.4	36.2					58.2					
12			25.3				61.1						
27 00	34.5	20.5	17.4			1.6		58.3					
12			21.4				61.2		57.2				
28 00	34.6	20.6	51.5										
12	9.1	16.1	42.6			D	61.3	58.4					
29 00			27.1							19.5		64.2	
12	9.2	16.2	24.1				61.4	58.5					
30 00			2.2										
12	9.3	16.3	23.2	49.4	4.4	43.1	61.5						

December 1933

Date/Time	☉	⊕	☾	☊	☋	☿	♀	♂	♃	♄	⚷	♆	♇
1 00	9.3	16.3	8.3	49.4	4.4	43.1	61.6	58.6	57.2	19.5	42.4	64.2	62.5
12	9.4	16.4	20.3	R	R	D	D	D	D	D	R	D	62.4
2 00			16.4				60.1	38.1					
12	9.5	16.5	35.4			43.2							
3 00			45.4				60.2	38.2	57.3				
12	9.6	16.6	12.5										
4 00	5.1	35.1	15.5			43.3	60.3						
12			52.5					38.3					
5 00	5.2	35.2	39.6	49.3	4.3	43.4	60.4						
12			53.6					38.4					
6 00	5.3	35.3	62.6			43.5	60.5						
12			31.1										
7 00	5.4	35.4	33.1			43.6	60.6	38.5					
12			7.1										
8 00	5.5	35.5	4.2			14.1	41.1	38.6					
12			29.2	D	D	14.2			57.4				
9 00	5.6	35.6	59.3				41.2						
12			40.3			14.3		54.1					
10 00	26.1	45.1	64.4				41.3						
12	26.2	45.2	47.4	R	R	14.4		54.2					
11 00			6.5			14.5				19.6			
12	26.3	45.3	46.6				41.4	54.3					
12 00			48.1			14.6							
12	26.4	45.4	57.3			34.1	41.5						
13 00			32.4			34.2		54.4					
12	26.5	45.5	50.5				41.6						
14 00			44.1			34.3		54.5					
12	26.6	45.6	1.3			34.4	19.1						
15 00			43.5						57.5				
12	11.1	12.1	14.6			34.5	19.2	54.6				R	
16 00	11.2	12.2	9.3			34.6							
12			5.5			9.1		61.1					
17 00	11.3	12.3	11.1				19.3						
12			10.3			9.2							
18 00	11.4	12.4	58.5	49.2	4.2	9.3	19.4	61.2			42.3		
12			54.1			9.4							
19 00	11.5	12.5	61.3				19.5	61.3					
12			60.5			9.5							
20 00	11.6	12.6	19.1			9.6		61.4					
12			13.3			5.1	19.6						
21 00	10.1	15.1	49.5	D	D				13.1				
12	10.2	15.2	30.6			5.2	13.1	61.5	57.6				
22 00			37.2			5.3							
12	10.3	15.3	63.3			5.4		61.6					
23 00			22.4			5.5	13.2						
12	10.4	15.4	36.5										
24 00			25.6	R	R	5.6		60.1					
12	10.5	15.5	21.1			26.1	13.3						
25 00			51.2			26.2		60.2					
12	10.6	15.6	42.3			26.3							
26 00			3.3				13.4	60.3					
12	58.1	52.1	27.4			26.4							
27 00			24.5			26.5							
12	58.2	52.2	2.5			26.6	13.5	60.4					
28 00	58.3	52.3	23.6			11.1							
12			8.6					60.5					
29 00	58.4	52.4	20.6			11.2	13.6		32.1				
12			35.1			11.3							
30 00	58.5	52.5	45.1			11.4		60.6					
12			12.1			11.5	49.1				13.2		
31 00	58.6	52.6	15.2				41.1						
12			52.2			11.6						64.1	

January 1934

Date/Time	☉	⊕	☾	☊	☋	☿	♀	♂	♃	♄	⇑	♆	♇
1 00	38.1	39.1	39.2	49.1	4.1	10.1	49.1	41.2	32.1	13.2	42.3	64.1	62.4
12			53.3	R	R	10.2	49.2	D		D	D	R	R
2 00	38.2	39.2	62.3			10.3							
12	38.3	39.3	56.3			10.4		41.3			D		
3 00			31.4										
12	38.4	39.4	33.4			10.5	49.3	41.4					
4 00			7.4			10.6							
12	38.5	39.5	4.5	D	D	58.1		41.5					
5 00			29.5			58.2							
12	38.6	39.6	59.6			58.3	49.4						
6 00			40.6					41.6					
12	54.1	53.1	47.1			58.4							
7 00			6.1			58.5		19.1	32.2				
12	54.2	53.2	46.2			58.6							
8 00	54.3	53.3	18.3			38.1				13.3			
12			48.4			38.2	49.5	19.2					
9 00	54.4	53.4	57.5	R	R								
12			32.6			38.3		19.3					
10 00	54.5	53.5	28.1			38.4							
12			44.3			38.5		19.4					
11 00	54.6	53.6	1.4			38.6							
12			43.6			54.1							
12 00	61.1	62.1	34.1					19.5					
12			9.3			54.2							
13 00	61.2	62.2	5.5			54.3		19.6					
12	61.3	62.3	11.1			54.4	49.6						
14 00			10.3			54.5		13.1					
12	61.4	62.4	58.5			54.6							
15 00			54.2			61.1							
12	61.5	62.5	61.4			61.2	R	13.2					
16 00			60.6										
12	61.6	62.6	19.2			61.3		13.3		13.4			
17 00			13.4			61.4							
12	60.1	56.1	49.6	D	D	61.5	49.5			42.4			
18 00			55.1			61.6		13.4					
12	60.2	56.2	37.3			60.1							
19 00			63.5			60.2		13.5					62.3
12	60.3	56.3	22.6			60.3			32.3				
20 00	60.4	56.4	25.1					13.6					
12			17.3			60.4							
21 00	60.5	56.5	21.4			60.5							
12			51.5			60.6		49.1					
22 00	60.6	56.6	42.6			41.1							
12			3.6	R	R	41.2	49.4	49.2					
23 00	41.1	31.1	24.1			41.3							
12			2.2			41.4		49.3					
24 00	41.2	31.2	23.2			41.5							
12			8.3			41.6				13.5			
25 00	41.3	31.3	20.3			19.1		49.4					
12	41.4	31.4	16.3				49.3						
26 00			35.4			19.2		49.5					
12	41.5	31.5	45.4			19.3							
27 00			12.4			19.4							
12	41.6	31.6	15.5			19.5	49.2	49.6					
28 00			52.5			19.6							
12	19.1	33.1	39.5			13.1		30.1					
29 00			53.6			13.2							
12	19.2	33.2	62.6			13.3	49.1	30.2					
30 00			56.6			13.4							
12	19.3	33.3	33.1			13.5							
31 00			7.1			13.6	13.6	30.3					
12	19.4	33.4	4.2	D	D	49.1							

February 1934

Date/Time	☉	⊕	☾	☊	☋	☿	♀	♂	♃	♄	⇑	♆	♇
1 00	19.5	33.5	29.2	49.1	4.1	49.2	13.6	30.4	32.1	13.6	42.4	64.1	62.3
12			59.3	D	D	49.3	R		D	D	D	R	R
2 00	19.6	33.6	40.3				13.5	30.5					
12			64.4			49.4							
3 00	13.1	7.1	47.4			49.5							
12			6.5			49.6	13.4	30.6					
4 00	13.2	7.2	46.6			30.1							
12			48.1			30.2		55.1					
5 00	13.3	7.3	57.1			30.3	13.3						
12			32.2			30.4							
6 00	13.4	7.4	50.3			30.5		55.2					
12	13.5	7.5	28.5			30.6	13.2						
7 00			44.6			55.1		55.3					
12	13.6	7.6	43.1	R	R	55.2				R			
8 00			14.2			55.3	13.1	55.4					
12	49.1	4.1	34.4			55.4							
9 00			9.6	D	D	55.5					49.1		
12	49.2	4.2	26.1				19.6	55.5					
10 00			11.3			55.6							
12	49.3	4.3	10.5			37.1		55.6					
11 00			38.1			37.2	19.5						
12	49.4	4.4	54.2			37.3		37.1					
12 00			61.4			37.4							
12	49.5	4.5	60.6			37.5							
13 00	49.6	4.6	19.2				19.4	37.2					
12			13.4			37.6							
14 00	30.1	29.1	49.6	R	R	63.1		37.3					
12			55.2			63.2							
15 00	30.2	29.2	37.4				19.3						
12			63.5			63.3		37.4					
16 00	30.3	29.3	36.1			63.4							
12			25.3					37.5					
17 00	30.4	29.4	17.4			63.5	19.2				49.2		
12			21.5			63.6		37.6					40.6
18 00	30.5	29.5	51.6										
12			3.1			22.1							
19 00	30.6	29.6	27.2					63.1					
12	55.1	59.1	24.3			22.2							
20 00			2.4					63.2					
12	55.2	59.2	23.5			22.3	19.1						
21 00			8.5					63.3					
12	55.3	59.3	20.6	D	D						42.5		
22 00			16.6										
12	55.4	59.4	35.6			22.4		63.4					
23 00			12.1										
12	55.5	59.5	15.1					63.5					
24 00			52.1										
12	55.6	59.6	39.2								49.3		
25 00			53.2			R		63.6					
12	37.1	40.1	62.2										
26 00	37.2	40.2	56.3			D	22.1						
12			31.3					32.2					
27 00	37.3	40.3	33.3				22.2						
12			7.4										
28 00	37.4	40.4	4.4	R	R	22.3							
12			29.5				22.3						

1934

March 1934

Date/Time	☉	⊕	☾	☊	☋	☿	♀	♂	♃	♄	⚸	♆	⚶
1 00	37.5	40.5	59.5	49.1	4.1	22.3	19.1	22.3	32.2	49.3	42.5	40.6	62.3
12			40.6	R	R	22.2	D	22.4	R	D	D	R	R
2 00	37.6	40.6	47.1					22.5					
12			6.2										
3 00	63.1	64.1	46.2			22.1		22.5					
12			18.3				19.2						
4 00	63.2	64.2	48.4			63.6		22.6					
12			57.5										
5 00	63.3	64.3	32.6			63.5		36.1		49.4			
12	63.4	64.4	28.1										
6 00			44.3			63.4							
12	63.5	64.5	1.4					36.2					
7 00			43.5			63.3	19.3						
12	63.6	64.6	14.6			63.2		36.3					
8 00			9.2										
12	22.1	47.1	5.3			63.1							
9 00			26.5	D	D			36.4					
12	22.2	47.2	11.6			37.6	19.4						
10 00			58.2					36.5					
12	22.3	47.3	38.3			37.5							
11 00			54.5					36.6	32.1				
12	22.4	47.4	60.1				19.5						
12 00			41.2			37.4							
12	22.5	47.5	19.4					25.1					
13 00	22.6	47.6	13.6			37.3				49.5			
12			30.2	R	R		19.6	25.2					
14 00	36.1	6.1	55.3								42.6		
12			37.5			37.2							
15 00	36.2	6.2	22.1					25.3					
12			36.2				13.1						62.2
16 00	36.3	6.3	25.4					25.4					
12			17.5										
17 00	36.4	6.4	21.6	13.6	7.6	37.1	13.2	25.5					
12			42.2										
18 00	36.5	6.5	3.3										
12			27.4				13.3	25.6					
19 00	36.6	6.6	24.5										
12			2.6			D		17.1					
20 00	25.1	46.1	23.6				13.4		57.6				
12	25.2	46.2	20.1										
21 00			16.2					17.2					
12	25.3	46.3	35.2				13.5						
22 00			45.3					17.3		49.6			
12	25.4	46.4	12.3			37.2							
23 00			15.3				13.6						
12	25.5	46.5	52.4	D	D			17.4					
24 00			39.4				49.1				40.5		
12	25.6	46.6	53.4					17.5					
25 00			62.5			37.3							
12	17.1	18.1	56.5				49.2	17.6					
26 00			31.5										
12	17.2	18.2	33.6			37.4	49.3						
27 00			7.6					21.1					
12	17.3	18.3	29.1	R	R								
28 00			59.1			37.5	49.4	21.2	57.5				
12	17.4	18.4	40.2										
29 00			64.2				49.5						
12	17.5	18.5	47.3			37.6		21.3					
30 00	17.6	18.6	6.4				49.6						
12			46.5			63.1		21.4					
31 00	21.1	48.1	18.6							30.1			
12			57.1			63.2	30.1				3.1		

April 1934

Date/Time	☉	⊕	☾	☊	☋	☿	♀	♂	♃	♄	⚸	♆	⚶
1 00	21.2	48.2	32.2	13.6	7.6	63.2	30.1	21.5	57.5	30.1	3.1	40.5	62.1
12			50.3	R	R	63.3	30.2	D	R	D	D	R	R
2 00	21.3	48.3	28.5	13.5	7.5			21.6					
12			44.6			63.4	30.3						
3 00	21.4	48.4	43.1					51.1					
12			14.3			63.5	30.4						
4 00	21.5	48.5	34.4										
12			9.6			63.6	30.5	51.2	57.4				
5 00	21.6	48.6	26.1										
12			11.3			22.1	30.6	51.3					
6 00	51.1	57.1	10.4				22.2						D
12			58.6										
7 00	51.2	57.2	54.1				22.3	55.1	51.4				
12			61.3	D	D								
8 00	51.3	57.3	60.5				22.4	55.2	51.5				
12	51.4	57.4	41.6				22.5						
9 00			13.2					55.3					
12	51.5	57.5	49.3	R	R		22.6		51.6				
10 00			30.5				36.1	55.4					
12	51.6	57.6	55.6					42.1		30.2			
11 00			63.1				36.2	55.5					
12	42.1	32.1	22.3				36.3						
12 00			36.4				36.4	55.6	42.2	57.3			
12	42.2	32.2	25.6										
13 00			21.1				36.5	37.1	42.3				
12	42.3	32.3	51.2				36.6						
14 00			42.3				25.1	37.2					
12	42.4	32.4	3.4	13.4	7.4			42.4					
15 00			27.5				25.2	37.3					
12	42.5	32.5	24.6				25.3		42.5				
16 00			23.1				25.4	37.4					
12	42.6	32.6	8.2					37.5					
17 00			20.3				25.5		42.6		3.2		
12	3.1	50.1	16.3				25.6	37.6					
18 00			35.4				17.1		3.1				
12	3.2	50.2	45.4				17.2	63.1					
19 00	3.3	50.3	12.5				17.3						
12			15.5					63.2	3.2	57.2			
20 00	3.4	50.4	52.6				17.4						
12			39.6				17.5	63.3	3.3				
21 00	3.5	50.5	53.6				17.6						
12			56.1				21.1	63.4					
22 00	3.6	50.6	31.1	D	D		21.2		3.4	30.3			
12			33.1				21.3	63.5					
23 00	27.1	28.1	7.2						3.5				
12			4.2	R	R		21.4	63.6					
24 00	27.2	28.2	29.2				21.5	22.1					
12			59.3				21.6		3.6				
25 00	27.3	28.3	40.3				51.1	22.2					
12			64.4				51.2		27.1				
26 00	27.4	28.4	47.5	13.3	7.3		51.3	22.3					
12			6.6				51.4						
27 00	27.5	28.5	18.1				51.5	22.4	27.2				
12			48.2				51.6			57.1			
28 00	27.6	28.6	57.3				42.1	22.5	27.3				62.3
12			32.4				42.2						
29 00	24.1	44.1	50.6				42.3	22.6					
12			44.1				42.4	36.1	27.4				
30 00	24.2	44.2	1.2				42.5						
12			43.4				42.6	36.2	27.5				

May 1934

Date	Time	☉	⊕	☾	☋	☊	☿	♀	♂	♃	♄	⚷	♆	♇
1	00	24.3	44.3	14.6	13.3	7.3	3.1	36.2	27.5	57.1	30.3	3.2	40.5	62.3
	12			9.1	13.2	7.2	3.2	36.3	D	R	D	D	R	D
2	00	24.4	44.4	5.3			3.3		27.6					
	12	24.5	44.5	26.5			3.4	36.4						
3	00			10.1			3.5	36.5	24.1					
	12	24.6	44.6	58.2			3.6					3.3		
4	00			38.4			27.1	36.6						
	12	2.1	1.1	54.6			27.2		24.2					
5	00			60.1			27.3	25.1						
	12	2.2	1.2	41.3			27.4		24.3					
6	00			19.4			27.5	25.2		48.6				
	12	2.3	1.3	13.6			27.6	25.3						
7	00			30.1			24.1		24.4		30.4			
	12	2.4	1.4	55.3			24.3	25.4						
8	00			37.4			24.4		24.5					
	12	2.5	1.5	63.5			24.5	25.5						
9	00			22.6			24.6							
	12	2.6	1.6	25.2			2.1	25.6	24.6					
10	00			17.3			2.2	17.1						
	12	23.1	43.1	21.4			2.3							
11	00			51.5			2.4	17.2	2.1					
	12	23.2	43.2	42.6			2.6							
12	00			27.1			23.1	17.3	2.2					
	12	23.3	43.3	24.2			23.2							
13	00			2.3	13.1	7.1	23.3	17.4						
	12	23.4	43.4	23.4			23.4	17.5	2.3					
14	00			8.4			23.5							
	12	23.5	43.5	20.5			8.1	17.6	2.4					
15	00			16.6			8.2							
	12	23.6	43.6	35.6			8.3	21.1						
16	00			12.1			8.4	21.2	2.5					
	12	8.1	14.1	15.1			8.5							
17	00			52.2			8.6	21.3	2.6	48.5				
	12	8.2	14.2	39.2			20.2							
18	00			53.2			20.3	21.4						
	12	8.3	14.3	62.3	19.6	33.6	20.4		23.1					
19	00	8.4	14.4	56.3			20.5	21.5						
	12			31.3			20.6	21.6						
20	00	8.5	14.5	33.3			16.1		23.2					
	12			7.4	D	D	16.2	51.1						
21	00	8.6	14.6	4.4			16.4		23.3			3.4		
	12			29.4			16.5	51.2					D	
22	00	20.1	34.1	59.5	R	R	16.6	51.3						
	12			40.5			35.1		23.4					
23	00	20.2	34.2	64.6			35.2	51.4						
	12			6.1			35.3		23.5					
24	00	20.3	34.3	46.1			35.4	51.5						
	12			18.2			35.5	51.6						
25	00	20.4	34.4	48.3			35.6		23.6					
	12			57.4			45.1	42.1						
26	00	20.5	34.5	32.6			45.2							
	12			28.1			45.3	42.2	8.1					
27	00	20.6	34.6	44.2			45.4	42.3						
	12			1.4			45.5		8.2					
28	00	16.1	9.1	43.6			45.6	42.4						
	12			34.1			12.1							
29	00	16.2	9.2	9.3			12.2	42.5	8.3					
	12			5.5			12.3	42.6						
30	00	16.3	9.3	11.1	19.5	33.5	12.4		8.4					
	12			10.3			12.5	3.1						
31	00	16.4	9.4	58.5			12.6							
	12			54.1			15.1	3.2	8.5					

June 1934

Date	Time	☉	⊕	☾	☋	☊	☿	♀	♂	♃	♄	⚷	♆	♇
1	00	16.5	9.5	61.3	19.5	33.5	15.2	3.3	8.5	48.5	30.4	3.4	40.5	62.3
	12			60.4	R	R	15.3	D	D	R	D	D	D	D
2	00	16.6	9.6	41.6			15.4	3.4	8.6					
	12			13.2	D	D	15.4							
3	00	35.1	5.1	49.4			15.5	3.5	20.1					
	12			30.5			15.6	3.6						
4	00	35.2	5.2	37.1			52.1							
	12			63.2			52.2	27.1	20.2					
5	00	35.3	5.3	22.3	R	R								
	12			36.4			52.3	27.2	20.3					
6	00	35.4	5.4	25.6			52.4	27.3						
	12			21.1			52.5							
7	00	35.5	5.5	51.2				27.4	20.4					
	12			42.3			52.6	27.5						
8	00	35.6	5.6	3.4			39.1							
	12			27.4			39.2	27.6	20.5					
9	00	45.1	26.1	24.5								R		
	12	45.2	26.2	2.6			39.3	24.1	20.6					
10	00			8.1				24.2				3.5		
	12	45.3	26.3	20.1			39.4							
11	00			16.2			39.5	24.3	16.1		D			
	12	45.4	26.4	35.2										
12	00			45.3	19.4	33.4	39.6	24.4						
	12	45.5	26.5	12.3			53.1	24.5	16.2					
13	00			15.4										
	12	45.6	26.6	52.4			53.2	24.6	16.3					
14	00			39.5			2.1							
	12	12.1	11.1	53.5			53.3							
15	00			62.5				2.2	16.4					
	12	12.2	11.2	56.5			53.4							
16	00			31.6			2.3							
	12	12.3	11.3	33.6	D	D	53.5	2.4	16.5					
17	00			7.6										
	12	12.4	11.4	29.1				2.5	16.6					
18	00			59.1			53.6							
	12	12.5	11.5	40.1				2.6						
19	00			64.2			62.1	23.1	35.1					
	12	12.6	11.6	47.2										62.4
20	00			6.3				23.2						
	12	15.1	10.1	46.3	R	R	62.2	23.3	35.2					
21	00			18.4										
	12	15.2	10.2	48.5				23.4	35.3					
22	00			57.6										
	12	15.3	10.3	50.1			62.3	23.5						
23	00			28.2				23.6	35.4					
	12	15.4	10.4	44.4										
24	00			1.5			8.1							
	12	15.5	10.5	14.1			8.2	35.5						
25	00			34.2			62.4							
	12	15.6	10.6	9.4			8.3							
26	00			5.6				35.6						
	12	52.1	58.1	11.2			8.4							
27	00			10.4			8.5	45.1						
	12	52.2	58.2	58.6										
28	00			54.2			8.6							
	12	52.3	58.3	61.4	R			45.2						
29	00			60.6			20.1							
	12	52.4	58.4	19.2			20.2							
30	00			13.4	D	D		45.3						
	12	52.5	58.5	49.6			20.3							

July 1934

Date/Time	☉	⊕	☾	☊	☋	☿	♀	♂	♃	♄	⚷	♆	♇
1 00	52.5	58.5	55.2	19.4	33.4	62.4	20.4	45.4	48.5	30.4	3.5	40.5	62.4
12	52.6	58.6	37.4	D	D	R	D	D	D	D	R	D	D	D
2 00			63.5			62.3	20.5						
12	39.1	38.1	36.1					45.5					
3 00			25.2				20.6						
12	39.2	38.2	17.3				16.1						
4 00			21.4	R	R			45.6					
12	39.3	38.3	51.5				62.2	16.2					
5 00			42.6					16.3					
12	39.4	38.4	27.1					12.1					
6 00			24.2					16.4	48.6				
12	39.5	38.5	2.3			62.1		16.5	12.2				
7 00	39.6	38.6	23.4								3.6		
12			8.4					16.6					
8 00	53.1	54.1	20.5			53.6		12.3					
12			16.5					35.1					
9 00	53.2	54.2	35.6	19.3	33.3			35.2					
12			45.6			53.5		12.4					
10 00	53.3	54.3	15.1					35.3					
12			52.1					35.4					
11 00	53.4	54.4	39.1			53.4		12.5					
12			53.2					35.5					
12 00	53.5	54.5	62.2					12.6					
12			56.2			53.3	35.6			30.3			
13 00	53.6	54.6	31.2					45.1					
12			33.3					15.1					
14 00	62.1	61.1	7.3	D	D	53.2	45.2						
12			4.3				45.3						
15 00	62.2	61.2	29.4					15.2					
12			59.4				45.4						
16 00	62.3	61.3	40.4			53.1	45.5						
12			64.5					15.3					
17 00	62.4	61.4	47.5				45.6		57.1				
12			6.6					15.4					
18 00	62.5	61.5	46.6			39.6	12.1			40.6			
12			48.1				12.2						
19 00	62.6	61.6	57.2					15.5					
12			32.3					12.3					
20 00	56.1	60.1	50.3	R	R		12.1						
12			28.5					15.6					
21 00	56.2	60.2	44.6				12.5						
12			43.1			39.5							
22 00	56.3	60.3	14.2				12.6	52.1					
12			34.4			D		15.1					
23 00	56.4	60.4	9.5										
12			26.1				15.2	52.2					
24 00	56.5	60.5	11.3			39.6	15.3						
12			10.5					52.3					
25 00	56.6	60.6	38.1				15.4						62.5
12			54.3				15.5		57.2				
26 00	31.1	41.1	61.5					52.4					
12			41.1				15.6						
27 00	31.2	41.2	19.3	D	D	53.1							
12			13.5				52.1	52.5					
28 00	31.3	41.3	30.1				52.2			30.2			
12			55.3										
29 00	31.4	41.4	37.5			53.2	52.3	52.6					
12			22.1				52.4						
30 00	31.5	41.5	36.3										
12			25.4			53.3	52.5	39.1					
31 00	31.6	41.6	17.6				52.6						
12			51.1			53.4		39.2					

August 1934

Date/Time	☉	⊕	☾	☊	☋	☿	♀	♂	♃	♄	⚷	♆	♇
1 00	33.1	19.1	42.2	19.3	33.3	53.4	39.1	39.2	57.2	30.2	3.6	40.6	62.5
12			3.4	D	D	53.5	39.2	D	D	R	D	D	D
2 00	33.2	19.2	27.5					39.3	57.3				
12			24.5	R	R	53.6	39.3						
3 00	33.3	19.3	2.6										
12	33.4	19.4	8.1	D	D	62.1	39.4	39.4					
4 00			20.2			62.2	39.5						
12	33.5	19.5	16.2										
5 00			35.3			62.3	39.6	39.5					
12	33.6	19.6	45.3			62.4	53.1						
6 00			12.3			62.5							
12	7.1	13.1	15.4			53.2	39.6						
7 00			52.4			62.6	53.3						
12	7.2	13.2	39.4			56.1					R		
8 00			53.5			56.2	53.4	53.1					
12	7.3	13.3	62.5				53.5		57.4				
9 00			56.5			56.3							
12	7.4	13.4	31.6			56.4	53.6	53.2					
10 00			33.6	R	R	56.5							
12	7.5	13.5	7.6			56.6	62.1	53.3		30.1			
11 00			29.1			31.1	62.2						
12	7.6	13.6	59.1			31.2							
12 00			40.1			31.3	62.3	53.4					
12	4.1	49.1	64.2			31.4	62.4						
13 00			47.2			31.5							
12	4.2	49.2	6.3			31.6	62.5	53.5					
14 00			46.3			33.1	62.6						
12	4.3	49.3	18.4			33.2			57.5				
15 00			48.4			33.3	56.1	53.6					
12	4.4	49.4	57.5			33.4	56.2						
16 00			32.6			33.5							64.1
12	4.5	49.5	28.1			33.6	56.3	62.1					
17 00			44.2			7.1	56.4						
12	4.6	49.6	1.3			7.2							
18 00			43.4			7.3	56.5	62.2					
12	29.1	30.1	14.5	D	D	7.4							
19 00			34.6			7.5	56.6						
12	29.2	30.2	5.2			7.6	31.1	62.3					
20 00			26.3			4.1							
12	29.3	30.3	11.5			4.3	31.2		57.6				
21 00			58.1			4.4	31.3	62.4					
12	29.4	30.4	38.2			4.5							
22 00			54.4			4.6	31.4						
12	29.5	30.5	61.6			29.1	31.5	62.5					
23 00			41.2			29.2			49.6				
12	29.6	30.6	19.4	R	R	29.3	31.6	62.6					
24 00	59.1	55.1	13.6			29.4	33.1						
12			30.2			29.5							
25 00	59.2	55.2	55.4			29.6	33.2	56.1					
12			37.6			59.1	33.3						
26 00	59.3	55.3	22.2			59.2			32.1				
12			36.4			59.3	33.4	56.2					
27 00	59.4	55.4	25.6			59.4	33.5						
12			21.1			59.5							
28 00	59.5	55.5	51.3			59.6	33.6	56.3					
12			42.4			40.1							
29 00	59.6	55.6	3.6			40.2	7.1						
12			24.1			40.4	7.2	56.4					
30 00	40.1	37.1	2.2			40.5							
12			23.3			40.6	7.3						
31 00	40.2	37.2	8.4			64.1	7.4	56.5	32.2				
12			20.4			64.2							

September 1934

Date	Time	☉	⊕	☾	☊	☋	☿	♀	♂	♃	♄	⇧	♆	♅
1	00	40.3	37.3	16.5	D	D	64.3	7.5	56.5	32.2	49.6	3.6	64.1	62.5
	12			35.6			64.4	7.6	56.6	D	R	R	D	62.6
2	00	40.4	37.4	45.6			64.5							
	12			12.6				4.1						
3	00	40.5	37.5	52.1			64.6	4.2	31.1					
	12			39.1			47.1							
4	00	40.6	37.6	53.1			47.2	4.3						
	12			62.2			47.3	4.4	31.2					
5	00	64.1	63.1	56.2			47.4			32.3	49.5			
	12			31.2			47.5	4.5						
6	00	64.2	63.2	33.3			47.6	4.6	31.3					
	12			7.3	R	R	6.1							
7	00	64.3	63.3	4.3			6.2	29.1						
	12			29.4			6.3	29.2	31.4					
8	00	64.4	63.4	59.4			6.4					3.5		
	12	64.5	63.5	40.4			6.5	29.3						
9	00			64.5			6.6	29.4	31.5					
	12	64.6	63.6	47.5			46.1							
10	00			6.6			46.2	29.5		32.4				
	12	47.1	22.1	18.1				29.6	31.6				64.2	
11	00			48.1			46.3							
	12	47.2	22.2	57.2			46.4	59.1						
12	00			32.3			46.5		33.1					
	12	47.3	22.3	50.4			46.6	59.2						
13	00			28.5			18.1	59.3						
	12	47.4	22.4	44.5	19.2	33.2	18.2		33.2					
14	00			1.6			18.3	59.4						
	12	47.5	22.5	14.2				59.5						
15	00			34.3			18.4		33.3	32.5				
	12	47.6	22.6	9.4			18.5	59.6						
16	00			5.5			18.6	40.1						
	12	6.1	36.1	11.1			48.1		33.4					
17	00			10.2	D	D	48.2	40.2						
	12	6.2	36.2	58.3				40.3						
18	00			38.5			48.3		33.5					
	12	6.3	36.3	61.1			48.4	40.4						
19	00			60.2			48.5	40.5						
	12	6.4	36.4	41.4			48.6		33.6	32.6	49.4			
20	00			19.6	R	R		40.6						
	12	6.5	36.5	49.2			57.1	64.1						
21	00	6.6	36.6	30.4			57.2		7.1					
	12			55.5			57.3	64.2						
22	00	46.1	25.1	63.1			57.4	64.3						
	12			22.3					7.2					
23	00	46.2	25.2	36.5			57.5	64.4						
	12			17.1			57.6	64.5						
24	00	46.3	25.3	21.2			32.1		7.3					
	12			51.4				64.6		50.1				
25	00	46.4	25.4	42.6			32.2	47.1						
	12			27.1			32.3		7.4					
26	00	46.5	25.5	24.2			32.4	47.2						
	12			2.3				47.3						
27	00	46.6	25.6	23.5			32.5		7.5					
	12			8.5			32.6	47.4						
28	00	18.1	17.1	20.6			50.1	47.5						
	12			35.1	19.1	33.1		7.6						
29	00	18.2	17.2	45.2			50.2	47.6	50.2					
	12			12.2			50.3	6.1						
30	00	18.3	17.3	15.3			50.4		4.1					
	12			52.3				6.2						

October 1934

Date	Time	☉	⊕	☾	☊	☋	☿	♀	♂	♃	♄	⇧	♆	♅
1	00	18.4	17.4	39.4	D	D	50.5	6.3	4.1	50.2	49.4	3.5	64.2	62.6
	12			53.4			50.6	D	4.2	D	R	R	D	D
2	00	18.5	17.5	62.4				6.4						
	12	18.6	17.6	56.5			28.1	6.5						
3	00			31.5			28.2		4.3					
	12	48.1	21.1	33.5	R	R		6.6		50.3				
4	00			7.5			28.3	46.1						
	12	48.2	21.2	4.6			28.4		4.4					
5	00			29.6				46.2						
	12	48.3	21.3	40.1			28.5	46.3						
6	00			64.1					4.5					
	12	48.4	21.4	47.2			28.6	46.4						
7	00			6.2			44.1	46.5				3.4	64.3	
	12	48.5	21.5	46.3				4.6	50.4					
8	00			18.3			44.2	46.6						
	12	48.6	21.6	48.4			18.1							
9	00			57.5			44.3							
	12	57.1	51.1	32.6			44.4	18.2	29.1					
10	00			28.1				18.3						
	12	57.2	51.2	44.2	41.6	31.6	44.5							
11	00			1.3				18.4	29.2					
	12	57.3	51.3	43.4			44.6	18.5						
12	00	57.4	51.4	14.5						50.5	49.3			
	12			9.1			1.1	18.6	29.3					
13	00	57.5	51.5	5.2			48.1							
	12			26.3			1.2							
14	00	57.6	51.6	11.5			48.2	29.4						
	12			10.6			1.3	48.3						
15	00	32.1	42.1	38.1										
	12			54.3				48.4	29.5					
16	00	32.2	42.2	61.4	D	D	1.4	48.5						
	12			60.6						50.6				
17	00	32.3	42.3	19.1	R	R		48.6	29.6					
	12			13.3			1.5	57.1						
18	00	32.4	42.4	49.5										
	12			30.6				57.2	59.1					
19	00	32.5	42.5	37.2			1.6	57.3						
	12			63.4										
20	00	32.6	42.6	22.5				57.4						
	12	50.1	3.1	25.1				57.5	59.2	28.1				
21	00			17.2										
	12	50.2	3.2	21.4				57.6						
22	00			51.5	41.5	31.5		32.1	59.3					
	12	50.3	3.3	3.1										
23	00			27.2			43.1	32.2						
	12	50.4	3.4	24.4			1.6	32.3	59.4					
24	00			2.5										
	12	50.5	3.5	23.6				32.4						
25	00			20.1				32.5	59.5	28.2				
	12	50.6	3.6	16.2				7.4						
26	00			35.3				32.6						
	12	28.1	27.1	45.3				50.1	59.6					
27	00			12.4			1.5						D	
	12	28.2	27.2	15.5	41.4	31.4		50.2						
28	00	28.3	27.3	52.5			1.4	50.3	40.1					
	12			39.6										R
29	00	28.4	27.4	53.6				50.4						
	12			62.6			1.3	50.5		28.3				
30	00	28.5	27.5	31.1				40.2						
	12			33.1			1.2	50.6					3.3	
31	00	28.6	27.6	7.1			1.1	28.1						
	12			4.2				40.3						

1934

November 1934

Date	Time	☉	⊕	☾	☊	☋	☿	♀	♂	♃	♄	⇧	♆	♅
1	00	44.1	24.1	29.2	41.4	31.4	44.6	28.2	40.3	28.3	49.3	3.3	64.3	62.6
	12			59.2	R	R	44.5	28.3	D	D	D	R	D	R
2	00	44.2	24.2	40.3					40.4					
	12			64.3			44.4	28.4		28.4				
3	00	44.3	24.3	47.4			44.3	28.5						
	12			6.4					40.5					
4	00	44.4	24.4	46.5			44.2	28.6						
	12	44.5	24.5	18.6			44.1	44.1						
5	00			48.6										
	12	44.6	24.6	32.1			28.6	44.2	40.6					
6	00			50.2			28.5	44.3						
	12	1.1	2.1	28.3										
7	00			44.5	41.3	31.3	28.4	44.4	64.1	28.5				
	12	1.2	2.2	1.6				44.5						
8	00			14.1			28.3							
	12	1.3	2.3	34.2				44.6	64.2					
9	00			9.4				1.1						
	12	1.4	2.4	5.5			28.2							
10	00			11.1				1.2					64.4	
	12	1.5	2.5	10.2				1.3	64.3					
11	00			58.4						28.6	49.4			
	12	1.6	2.6	38.5				1.4						
12	00	43.1	23.1	61.1				1.5	64.4					
	12			60.3			D							
13	00	43.2	23.2	41.4	D	D		1.6						
	12			19.6				43.1	64.5					
14	00	43.3	23.3	49.1										
	12			30.3	R	R		43.2						
15	00	43.4	23.4	55.4				43.3						
	12			37.6					64.6	44.1				
16	00	43.5	23.5	22.1			28.3	43.4						
	12			36.3				43.5						
17	00	43.6	23.6	25.4			28.4		47.1					
	12			17.5				43.6						
18	00	14.1	8.1	51.1	41.2	31.2		14.1						
	12	14.2	8.2	42.2			28.5							
19	00			3.3				14.2	47.2					
	12	14.3	8.3	27.5			28.6	14.3						
20	00			24.6					44.2					
	12	14.4	8.4	23.1			44.1	14.4	47.3					
21	00			8.2			44.2	14.5						
	12	14.5	8.5	20.3										
22	00			16.4			44.3	14.6	47.4					
	12	14.6	8.6	35.5				34.1						
23	00			45.5			44.4							
	12	34.1	20.1	12.6	41.1	31.1	44.5	34.2						
24	00			52.1				34.3	47.5					
	12	34.2	20.2	39.1			44.6			44.3		3.2		
25	00	34.3	20.3	53.2			1.1	34.4						
	12			62.2			1.2	34.5	47.6					
26	00	34.4	20.4	56.2										
	12			31.3	D	D	1.3	34.6						
27	00	34.5	20.5	33.3			1.4	9.1						
	12			7.3			1.5		6.1					
28	00	34.6	20.6	4.4				9.2						
	12			29.4			1.6	9.3						
29	00	9.1	16.1	59.4				43.1		6.2	44.4			
	12			40.4	R	R		43.2	9.4					
30	00	9.2	16.2	64.5				9.5						
	12			47.5				43.3						

December 1934

Date	Time	☉	⊕	☾	☊	☋	☿	♀	♂	♃	♄	⇧	♆	♅
1	00	9.3	16.3	6.6	41.1	31.1	43.4	9.6	6.3	44.4	49.4	3.2	64.4	62.6
	12	9.4	16.4	46.6	R	R	43.5	5.1		D	D	R	D	R
2	00			48.1										
	12	9.5	16.5	57.2			43.6	5.2	6.4		49.5			
3	00			32.3			14.1	5.3						
	12	9.6	16.6	50.4			14.2	5.4		44.5				
4	00			28.5			14.3							
	12	5.1	35.1	44.6				5.5	6.5					
5	00			43.1			14.4	5.6						
	12	5.2	35.2	14.3			14.5							
6	00			34.4			14.6	26.1						
	12	5.3	35.3	9.6			34.1	26.2	6.6					
7	00	5.4	35.4	26.1			34.2							
	12			11.3	60.6	56.6		26.3						
8	00	5.5	35.5	10.5			34.3	26.4	46.1	44.6				
	12			38.1			34.4							
9	00	5.6	35.6	54.2			34.5	26.5						
	12			61.4			34.6	26.6						
10	00	26.1	45.1	60.6					46.2					
	12			19.2	D	D	9.1	11.1						
11	00	26.2	45.2	13.3			9.2	11.2						
	12			49.5			9.3							
12	00	26.3	45.3	55.1			9.4	11.3	46.3					
	12			37.2			9.5	11.4		1.1				
13	00	26.4	45.4	63.4										
	12	26.5	45.5	22.5	R	R	9.6	11.5						
14	00			25.1			5.1	11.6	46.4					
	12	26.6	45.6	17.2			5.2							
15	00			21.3			5.3	10.1						
	12	11.1	12.1	51.4				10.2	46.5					
16	00			42.6			5.4				49.6			
	12	11.2	12.2	27.1			5.5	10.3						
17	00			24.2			5.6	10.4						
	12	11.3	12.3	2.3			26.1		46.6	1.2				R
18	00			23.4			26.2	10.5						
	12	11.4	12.4	8.5				10.6						
19	00	11.5	12.5	20.6			26.3							
	12			16.6			26.4	58.1	18.1					
20	00	11.6	12.6	45.1			26.5	58.2						
	12			12.2			26.6							
21	00	10.1	15.1	15.2			11.1	58.3						
	12			52.3				58.4	18.2					
22	00	10.2	15.2	39.3			11.2							
	12			53.4			11.3	58.5		1.3				
23	00	10.3	15.3	62.4			11.4	58.6						
	12			56.5			11.5		18.3					
24	00	10.4	15.4	31.5	D	D	11.6	38.1						
	12	10.5	15.5	33.5				38.2						
25	00			7.6			10.1							62.5
	12	10.6	15.6	4.6			10.2	38.3	18.4					
26	00			29.6			10.3	38.4						
	12	58.1	52.1	59.6			10.4							
27	00			64.1			10.5	38.5		30.1				
	12	58.2	52.2	47.1			10.6	38.6	18.5	1.4				
28	00			6.1										
	12	58.3	52.3	46.2			58.1	54.1						
29	00			18.2			58.2	54.2						
	12	58.4	52.4	48.3	R	R	58.3		18.6					
30	00			57.4			58.4	54.3						
	12	58.5	52.5	32.4			58.5	54.4						
31	00	58.6	52.6	50.5										
	12			28.6			58.6	54.5						

1934

January 1935

Date/Time	☉	⊕	☾	☊	☋	☿	♀	♂	♃	♄	⚷	♆	♇
1 00	38.1	39.1	1.1	60.6	56.6	38.1	54.6	48.1	1.4	30.1	3.2	64.4	62.5
12			43.2	R	R	38.2			D	D	D	R	R
2 00	38.2	39.2	14.4			38.3	61.1		1.5				
12			34.5			38.4	61.2						
3 00	38.3	39.3	5.1			38.5		48.2					
12			26.2			38.6	61.3						
4 00	38.4	39.4	11.4				61.4						
12			10.6			54.1							
5 00	38.5	39.5	38.2			54.2	61.5	48.3					
12	38.6	39.6	54.4			54.3	61.6			30.2			
6 00			61.6			54.4							
12	54.1	53.1	41.2	D	D	54.5	60.1					D	
7 00			19.4			54.6	60.2						
12	54.2	53.2	13.6			61.1		48.4					
8 00			30.2				60.3		1.6				
12	54.3	53.3	55.3			61.2	60.4						
9 00			37.5			61.3							
12	54.4	53.4	22.1			61.4	60.5	48.5					
10 00			36.3			61.5	60.6						
12	54.5	53.5	25.4			61.6							
11 00	54.6	53.6	17.6			60.1	41.1						
12			51.1			60.2	41.2						
12 00	61.1	62.1	42.2	R	R			48.6					
12			3.4			60.3	41.3						
13 00	61.2	62.2	27.5			60.4	41.4						
12			24.6			60.5							
14 00	61.3	62.3	23.1			60.6	41.5		43.1				
12			8.1			41.1	41.6	57.1		30.3			
15 00	61.4	62.4	20.2			41.2							
12			16.3			41.3	19.1						
16 00	61.5	62.5	35.4			41.4	19.2						
12	61.6	62.6	45.4			41.5							
17 00			12.5				19.3	57.2					
12	60.1	56.1	15.5			41.6	19.4						
18 00			52.6			19.1							
12	60.2	56.2	39.6			19.2	19.5						
19 00			62.1			19.3	19.6						
12	60.3	56.3	56.1			19.4							
20 00			31.1	D	D	19.5	13.1	57.3					
12	60.4	56.4	33.2			19.6	13.2		43.2				
21 00			7.2			13.1							
12	60.5	56.5	4.2				13.3						
22 00			29.3			13.2	13.4						
12	60.6	56.6	59.3	R	R	13.3		57.4					
23 00	41.1	31.1	40.3			13.4	13.5			30.4			
12			64.3			13.5	13.6						
24 00	41.2	31.2	47.4			13.6							
12			6.4			49.1	49.1						
25 00	41.3	31.3	46.5			49.2	49.2					64.3	
12			18.5					57.5					
26 00	41.4	31.4	48.5			49.3	49.3						
12			57.6			49.4	49.4						
27 00	41.5	31.5	50.1			49.5							
12			28.1			49.6	49.5						
28 00	41.6	31.6	44.2	D	D		49.6		43.3				
12	19.1	33.1	1.3			30.1		57.6					
29 00			43.4			30.2	30.1						
12	19.2	33.2	14.5			30.3	30.2						
30 00			34.6				30.3						
12	19.3	33.3	5.2			30.4							
31 00			26.3			30.5	30.4			30.5			
12	19.4	33.4	11.5				30.5						

February 1935

Date/Time	☉	⊕	☾	☊	☋	☿	♀	♂	♃	♄	⚷	♆	♇
1 00	19.4	33.4	10.6	60.6	56.6	30.6	30.5	32.1	43.3	30.5	3.2	64.3	62.5
12	19.5	33.5	38.2	D	D	D	30.6	D	D	D	D	R	R
2 00			54.4				55.1						
12	19.6	33.6	61.6				55.1						
3 00			41.2	R	R	55.2	55.2						
12	13.1	7.1	19.4										
4 00	13.2	7.2	13.6			55.3	55.3						
12			30.2				55.4	32.2					
5 00	13.3	7.3	55.5										
12			63.1			55.4	55.5						
6 00	13.4	7.4	22.3				55.6			43.4			
12			36.5	60.5	56.5								
7 00	13.5	7.5	25.6				37.1						
12			21.2				37.2						62.4
8 00	13.6	7.6	51.4				37.3			30.6			
12			42.5			R	37.3						
9 00	49.1	4.1	27.1				37.4	32.3					
12	49.2	4.2	24.2										
10 00			2.3				37.5						
12	49.3	4.3	23.4	D	D		37.6						
11 00			8.5										
12	49.4	4.4	20.6				63.1						
12 00			16.6			55.3	63.2						
12	49.5	4.5	45.1										
13 00			12.2			55.2	63.3						
12	49.6	4.6	15.2				63.4						
14 00			52.3					32.4					
12	30.1	29.1	39.3			55.1	63.5						
15 00			53.3	60.6	56.6		63.6						
12	30.2	29.2	62.4			30.6							
16 00	30.3	29.3	56.4			30.5	22.1			55.1			
12			31.4	R	R		22.2						
17 00	30.4	29.4	33.5			30.4							
12			7.5	60.5	56.5		22.3		43.5				
18 00	30.5	29.5	4.5			30.3	22.4				3.3		
12			29.6			30.2							
19 00	30.6	29.6	59.6				22.5						
12			40.6			30.1	22.6						
20 00	55.1	59.1	47.1										
12			6.1			49.6	36.1						
21 00	55.2	59.2	46.1			49.5	36.2						
12			18.2										
22 00	55.3	59.3	48.2			49.4	36.3						
12	55.4	59.4	57.3				36.4						
23 00			32.3										
12	55.5	59.5	50.4			49.3	36.5	32.5		55.2			
24 00			28.4				36.6						
12	55.6	59.6	44.5			49.2							
25 00			16				25.1						
12	37.1	40.1	14.1				25.2						
26 00			34.2			49.1							
12	37.2	40.2	9.3	D	D		25.3						
27 00			5.4				25.4						
12	37.3	40.3	26.5										
28 00			11.6				25.5	R					
12	37.4	40.4	58.2				25.6						

March 1935

Date/Time	☉	⊕	☾	☊	☋	☿	♀	♂	♃	♄	⚷	♆	♇
1 00	37.4	40.4	38.3	60.5	56.5	13.6	25.6	32.5	43.5	55.2	3.3	64.3	62.4
12	37.5	40.5	54.5	D	D	R	17.1	R	D	D	D	R	R
2 00	37.6	40.6	60.1				17.2						
12			41.3	R	R	D							
3 00	63.1	64.1	19.5				17.3						
12			49.1			49.1	17.4			55.3		64.2	
4 00	63.2	64.2	30.3					32.4					
12			55.5				17.5						
5 00	63.3	64.3	63.1				17.6						
12			22.3										
6 00	63.4	64.4	36.5				21.1						
12			17.1				21.2						
7 00	63.5	64.5	21.3			49.2							
12			51.5				21.3						
8 00	63.6	64.6	3.1	60.4	56.4		21.4						
12			27.2			49.3							
9 00	22.1	47.1	24.4				21.5						
12	22.2	47.2	2.5										
10 00			23.6			49.4	21.6						
12	22.3	47.3	20.1			51.1		R					
11 00			16.2							55.4			
12	22.4	47.4	35.3			49.5	51.2						
12 00			45.4				51.3						
12	22.5	47.5	12.5	D	D	49.6		32.3			3.4		
13 00			15.5				51.4						
12	22.6	47.6	52.6			30.1	51.5						
14 00			39.6										
12	36.1	6.1	53.6				51.6						
15 00			56.1			30.2	42.1						
12	36.2	6.2	31.1	R	R	30.3							
16 00			33.1				42.2						
12	36.3	6.3	7.2			30.4	42.3						
17 00	36.4	6.4	4.2										
12			29.2			30.5	42.4	32.2					
18 00	36.5	6.5	59.3				42.5						
12			40.3			30.6							
19 00	36.6	6.6	64.3				42.6			55.5			
12			47.4			55.1	3.1						
20 00	25.1	46.1	6.4			55.2							
12			46.4				3.2						
21 00	25.2	46.2	18.5			55.3		32.1					
12			48.5			55.4	3.3						
22 00	25.3	46.3	57.6	60.3	56.3	3.4							
12			50.1			55.5							
23 00	25.4	46.4	28.1			55.6	3.5						
12			44.2				3.6						
24 00	25.5	46.5	1.3			37.1							
12			43.4			37.2	27.1	57.6					
25 00	25.6	46.6	14.4				27.2						
12	17.1	18.1	34.5			37.3							
26 00			9.6			37.4	27.3						
12	17.2	18.2	26.1			37.5	27.4						
27 00			11.2										
12	17.3	18.3	10.4			37.6	27.5	57.5		55.6			
28 00			58.5	D	D	63.1	27.6						
12	17.4	18.4	38.6			63.2							
29 00			61.2				24.1						
12	17.5	18.5	60.3	R	R	63.3	24.2						
30 00			41.5			63.4		57.4					
12	17.6	18.6	13.1			63.5	24.3				3.5		
31 00			49.2										
12	21.1	48.1	30.4			63.6	24.4		43.4				

April 1935

Date/Time	☉	⊕	☾	☊	☋	☿	♀	♂	♃	♄	⚷	♆	♇
1 00	21.1	48.1	55.6	60.3	56.3	22.1	24.5	57.4	43.4	55.6	3.5	64.2	62.4
12	21.2	48.2	63.2	R	R	22.2	D	R	D	D	D	R	R
2 00			22.4			22.3	24.6	57.3					
12	21.3	48.3	36.6	60.2	56.2	2.1							
3 00	21.4	48.4	17.2			22.4							
12			21.4			22.5	2.2						
4 00	21.5	48.5	51.6			22.6	2.3						
12			3.2			36.1	57.2						
5 00	21.6	48.6	27.3			36.2	2.4						
12			24.5			36.3	2.5			37.1			
6 00	51.1	57.1	2.6										
12			8.2			36.4	2.6						
7 00	51.2	57.2	20.3			36.5		57.1					
12			16.4			36.6	23.1						D
8 00	51.3	57.3	35.5			25.1	23.2						
12			45.6	60.1	56.1	25.2							
9 00	51.4	57.4	15.1			25.3	23.3	48.6				64.1	
12			52.1			25.4	23.4						
10 00	51.5	57.5	39.2			25.5							
12			53.3			25.6	23.5						
11 00	51.6	57.6	62.3	D	D	23.6							
12			56.3	R	R	17.1		48.5					
12 00	42.1	32.1	31.4			17.2	8.1		43.3				
12			33.4			17.3	8.2						
13 00	42.2	32.2	7.4			17.4							
12	42.3	32.3	4.5			17.5	8.3						
14 00			29.5			17.6		48.4					
12	42.4	32.4	59.5			21.1	8.4			37.2			
15 00			40.6			21.2	8.5						
12	42.5	32.5	64.6			21.3							
16 00			47.6			21.4	8.6						
12	42.6	32.6	46.1			21.5	20.1	48.3			3.6		
17 00			18.1			21.6							
12	3.1	50.1	48.2			51.1	20.2						
18 00			57.2			51.2	20.3						
12	3.2	50.2	32.3			51.3							
19 00			50.4	61.6	62.6	51.4	20.4						
12	3.3	50.3	28.4			51.5		48.2					
20 00			44.5			42.1	20.5						
12	3.4	50.4	1.6			42.2	20.6						
21 00			14.1			42.3			43.2				
12	3.5	50.5	34.2			42.4	16.1						
22 00			9.3			42.5	16.2	48.1					
12	3.6	50.6	5.4			42.6							
23 00			26.5			3.1	16.3						
12	27.1	28.1	11.6			3.2							
24 00			58.2			3.3	16.4						
12	27.2	28.2	38.3			3.4	16.5						
25 00			54.4			3.5		18.6		37.3			
12	27.3	28.3	61.6	D	D	27.1	16.6						
26 00	27.4	28.4	41.1			27.2	35.1						
12			19.2	R	R	27.3							
27 00	27.5	28.5	13.4			27.4	35.2						
12			49.6			27.5							
28 00	27.6	28.6	55.1			27.6	35.3						
12			37.3			24.1	35.4	18.5					
29 00	24.1	44.1	63.5			24.3							
12			22.6	61.5	62.5	24.4	35.5		43.1				
30 00	24.2	44.2	25.2			24.5	35.6						
12			17.4			24.6							

1935

May 1935

Date	Time	☉	⊕	☾	☊	☋	☿	♀	♂	♃	♄	⇑	♆	♅
1	00	24.3	44.3	21.6	61.5	62.5	2.1	45.1	18.5	43.1	37.3	3.6	64.1	62.4
	12			42.1	R	R	2.2		D	R	R	D	R	D
2	00	24.4	44.4	3.3			2.3	45.2						
	12			27.5			2.5	45.3	18.4					
3	00	24.5	44.5	24.6			2.6					27.1		
	12			23.2			23.1	45.4						
4	00	24.6	44.6	8.3			23.2	45.5						
	12			20.4			23.3							
5	00	2.1	1.1	16.6			23.4	45.6						
	12			45.1	61.4	62.4	23.5							
6	00	2.2	1.2	12.2			23.6	12.1						
	12			15.2			8.2	12.2						
7	00	2.3	1.3	52.3			8.3		1.6	37.4				
	12			39.4			8.4	12.3						
8	00	2.4	1.4	53.5			8.5	12.4						
	12			62.5	D	D	8.6		18.3					
9	00	2.5	1.5	56.5			20.1	12.5						
	12			31.6			20.2							
10	00	2.6	1.6	33.6			20.3	12.6						
	12	23.1	43.1	4.1	R	R	20.4	15.1						
11	00			29.1			20.5							
	12	23.2	43.2	59.1			20.6	15.2						
12	00			40.2			16.1							
	12	23.3	43.3	64.2			16.2	15.3						
13	00			47.2			16.3	15.4						
	12	23.4	43.4	6.3			16.4							
14	00			46.3			16.5	15.5	1.5					
	12	23.5	43.5	18.4			16.6	15.6						
15	00			48.4			35.1							
	12	23.6	43.6	57.5			35.2	52.1						
16	00			32.5										
	12	8.1	14.1	50.6			35.3	52.2						
17	00			44.1			35.4	52.3						
	12	8.2	14.2	1.2			35.5							
18	00			43.3	61.3	62.3	35.6	52.4	D					
	12	8.3	14.3	14.4			45.1							
19	00			34.5				52.5						
	12	8.4	14.4	9.6			45.2	52.6				27.2		
20	00			26.1			45.3							
	12	8.5	14.5	11.3			45.4	39.1						
21	00			10.4										
	12	8.6	14.6	58.5			45.5	39.2	1.4					
22	00			54.1			45.6	39.3						
	12	20.1	34.1	61.2										
23	00			60.4	D	D	12.1	39.4			37.5			
	12	20.2	34.2	41.5			12.2							
24	00			13.1				39.5						
	12	20.3	34.3	49.2			12.3	39.6				D		
25	00			30.4			12.4							
	12	20.4	34.4	55.5	R	R		53.1						
26	00			63.1			12.5							
	12	20.5	34.5	22.2				53.2						
27	00			36.4			12.6	53.3						
	12	20.6	34.6	25.6										
28	00			21.1			15.1	53.4						
	12	16.1	9.1	51.3					18.4					
29	00	16.2	9.2	42.4			15.2	53.5						
	12			3.6				53.6	1.3					
30	00	16.3	9.3	24.1			15.3							
	12			2.2				62.1						
31	00	16.4	9.4	23.4										
	12			8.5			15.4	62.2						

June 1935

Date	Time	☉	⊕	☾	☊	☋	☿	♀	♂	♃	♄	⇑	♆	♅
1	00	16.5	9.5	20.6	61.3	62.3	15.4	62.2	18.4	1.3	37.5	27.2	64.1	62.1
	12			35.1	61.2	62.2	D	62.3	D	R	D	D	D	D
2	00	16.6	9.6	45.2			15.5	62.4						
	12			12.3										
3	00	35.1	5.1	15.4				62.5						
	12			52.5					18.5					
4	00	35.2	5.2	39.6			15.6	62.6						
	12			53.6				56.1						
5	00	35.3	5.3	56.1	D	D								62.5
	12			31.1				56.2						
6	00	35.4	5.4	33.2										
	12			7.2				56.3						
7	00	35.5	5.5	4.3			52.1							
	12			29.3				56.4	1.2		27.3			
8	00	35.6	5.6	59.3				56.5	18.6					
	12			40.4										
9	00	45.1	26.1	64.4				56.6						
	12			47.4	R	R	R							
10	00	45.2	26.2	6.5				31.1						
	12			46.5										
11	00	45.3	26.3	18.5				31.2						
	12			48.6				31.3	48.1					
12	00	45.4	26.4	32.1			15.6							
	12			50.1				31.4						
13	00	45.5	26.5	28.2										
	12			44.3				31.5						
14	00	45.6	26.6	1.4										
	12			43.5				31.6						
15	00	12.1	11.1	14.6			15.5	33.1	48.2					
	12			9.1										
16	00	12.2	11.2	5.2				33.2						
	12			26.4										
17	00	12.3	11.3	11.5				33.3						
	12			58.1			15.4							
18	00	12.4	11.4	38.2				33.4	48.3					
	12			54.4										
19	00	12.5	11.5	61.5	D	D	15.3	33.5						
	12			41.1					1.1					
20	00	12.6	11.6	19.3				33.6						
	12			13.4				7.1						
21	00	15.1	10.1	49.6			15.2	48.4						
	12			55.2				7.2						
22	00	15.2	10.2	37.3							R			
	12	15.3	10.3	63.5			15.1	7.3						
23	00			36.1										
	12	15.4	10.4	25.2				7.4	48.5					
24	00			17.4	R	R	12.6							
	12	15.5	10.5	21.5				7.5						
25	00			42.1										
	12	15.6	10.6	3.2				7.6						
26	00			27.3			12.5	48.6						
	12	52.1	58.1	24.5				4.1						
27	00			2.6										
	12	52.2	58.2	8.1				4.2						
28	00			20.2			12.4	4.3						
	12	52.3	58.3	16.3					57.1					
29	00			35.4				4.4						
	12	52.4	58.4	45.5										
30	00			12.6				4.5						
	12	52.5	58.5	52.1										

1935

July 1935

Date/Time	☉	⊕	☾	☊	⯝	☿	♀	♂	♃	♄	⯙	♆	♇
1 00	52.5	58.5	39.1	61.2	62.2	12.3	4.6	57.2	1.1	37.5	27.4	64.1	62.5
12	52.6	58.6	53.2	R	R	R	D		R	R	D	D	D
2 00			62.3	D	D		29.1						
12	39.1	38.1	56.3										
3 00			31.4				29.2	57.3					
12	39.2	38.2	33.4		D								
4 00			7.5				29.3						
12	39.3	38.3	4.5										
5 00			29.5				29.4						
12	39.4	38.4	59.6					57.4					
6 00			40.6			12.4	29.5						
12	39.5	38.5	64.6										
7 00			6.1				29.6						
12	39.6	38.6	46.1					57.5			64.2		
8 00			18.1				59.1						
12	53.1	54.1	48.2										
9 00			57.2	R	R	12.5							
12	53.2	54.2	32.3				59.2	57.6					
10 00			50.3										
12	53.3	54.3	28.4			12.6	59.3						
11 00			44.5										
12	53.4	54.4	1.5				59.4	32.1					
12 00			43.6			15.1			D				
12	53.5	54.5	34.1				59.5						62.6
13 00			9.2			15.2							
12	53.6	54.6	5.4				59.6	32.2					
14 00			26.5										
12	62.1	61.1	11.6			15.3							
15 00			58.2				40.1						
12	62.2	61.2	38.4	D	D	15.4		32.3					
16 00			54.5			15.5	40.2						
12	62.3	61.3	60.1	R	R								
17 00			41.3			15.6	40.3						
12	62.4	61.4	19.5					32.4					
18 00			49.1				52.1						
12	62.5	61.5	30.3				52.2	40.4					
19 00			55.5										
12	62.6	61.6	63.1				52.3	40.5	32.5				
20 00			22.2				52.4						
12	56.1	60.1	36.4										
21 00			25.6				52.5	40.6					
12	56.2	60.2	21.2				52.6		32.6				
22 00			51.3			39.1	64.1			37.4			
12	56.3	60.3	42.5			39.2							
23 00			3.6	D	D			50.1					
12	56.4	60.4	24.1			39.3	64.2						
24 00			2.3			39.4							
12	56.5	60.5	23.4			39.5	64.3						
25 00			8.5			39.6		50.2					
12	56.6	60.6	20.6			53.1							
26 00	31.1	41.1	35.1			53.2	64.4						
12			45.2			53.3		50.3					
27 00	31.2	41.2	12.2			53.4							
12			15.3			53.5	64.5						
28 00	31.3	41.3	52.4			53.6							
12			39.4			62.1		50.4					
29 00	31.4	41.4	53.5			62.2	64.6						
12			62.5	R	R	62.3							
30 00	31.5	41.5	56.6			62.4		50.5					
12			31.6			62.5	47.1						
31 00	31.6	41.6	7.1			62.6							
12			4.1			56.1							

August 1935

Date/Time	☉	⊕	☾	☊	⯝	☿	♀	♂	♃	♄	⯙	♆	♇
1 00	33.1	19.1	29.2	61.2	62.2	56.2	47.1	50.6	1.1	37.4	27.4	64.2	62.6
12			59.2	R	R	56.3	47.2	D	D	R	D	D	D
2 00	33.2	19.2	40.2			56.4							
12			64.3			56.5		28.1					
3 00	33.3	19.3	47.3			56.6							
12			6.3			31.1	47.3		1.2				
4 00	33.4	19.4	46.3			31.3							
12			18.4			31.4		28.2					
5 00	33.5	19.5	48.4			31.5							
12			57.5			31.6	47.4						
6 00	33.6	19.6	32.5			33.1		28.3					
12			50.5			33.2							
7 00	7.1	13.1	28.6			33.3							
12			1.1			33.4	47.5	28.4		37.3			
8 00	7.2	13.2	43.1	D	D	33.5							
12			14.2			7.1							
9 00	7.3	13.3	34.3			7.2		28.5					
12			9.4			7.3						64.3	
10 00	7.4	13.4	5.5			7.4							
12			26.6			7.5	47.6						
11 00	7.5	13.5	10.2			7.6		28.6					
12			58.3			4.1							
12 00	7.6	13.6	38.5			4.2					R		
12			54.6			4.3		44.1					
13 00	4.1	49.1	60.2	R	R	4.4							
12			41.4			4.5							
14 00	4.2	49.2	19.6			4.6		44.2					
12			49.2			29.1							
15 00			30.4			29.3			1.3				
12	4.4	49.4	55.6			29.4	6.1	44.3					
16 00			63.2			29.5							
12	4.5	49.5	22.4			29.6							
17 00			36.6	61.1	62.1	59.1		44.4					56.1
12	4.6	49.6	17.2			59.2							
18 00			21.4			59.3							
12	29.1	30.1	51.6			59.4	R						
19 00			3.2			59.5		44.5					
12	29.2	30.2	27.3			59.6							
20 00			24.5			40.1							
12	29.3	30.3	2.6			40.2		44.6					
21 00			8.1			40.3	47.6			37.2			
12	29.4	30.4	20.2	D	D	40.4							
22 00			16.3			40.5		1.1					
12	29.5	30.5	35.4										
23 00			45.5			40.6							
12	29.6	30.6	12.6			64.1		1.2					
24 00			52.1			64.2		1.4					
12	59.1	55.1	39.1			64.3							
25 00			53.2			64.4		1.3					
12	59.2	55.2	62.2	R	R	64.5							
26 00			56.3			64.6	47.5						
12	59.3	55.3	31.3			47.1		1.4					
27 00			33.4			47.2							
12	59.4	55.4	7.4			47.3							
28 00			4.4			47.4		1.5					
12	59.5	55.5	29.5			47.4							
29 00			59.5			47.5							
12	59.6	55.6	40.5			47.6		1.6					
30 00			64.6			6.1							
12	40.1	37.1	47.6			6.2	47.3						
31 00			6.6			6.3		43.1					
12	40.2	37.2	18.1			6.4		1.5					

1935

September 1935

Date/Time	☉	⊕	☾	☊	☋	☿	♀	♂	♃	♄	⇧	♆	⚘
1 00	40.3	37.3	48.1	61.1	62.1	6.4	47.3	43.1	1.5	37.2	27.4	64.3	56.1
12			57.1	R	R	6.5	47.2	43.2	D	R	R	D	D
2 00	40.4	37.4	32.2			6.6							
12			50.2	54.6	53.6	46.1				37.1			
3 00	40.5	37.5	28.2				46.2	43.3					
12			44.3				46.3	47.1					
4 00	40.6	37.6	1.4					43.4					
12			43.4				46.4					64.4	
5 00	64.1	63.1	14.5				46.5	64.6					
12			34.6				46.6	43.5					
6 00	64.2	63.2	9.6			18.1							
12			26.1	D	D		64.5						
7 00	64.3	63.3	11.2			18.2		43.6	1.6				
12			10.3			18.3							
8 00	64.4	63.4	58.5			18.4	64.4						
12			38.6				14.1						
9 00	64.5	63.5	61.2	R	R	18.5							
12			60.3			18.6	64.3						
10 00	64.6	63.6	41.5			48.1		14.2					
12			13.1										
11 00	47.1	22.1	49.3			48.2	64.2						
12			30.5			48.3		14.3					
12 00	47.2	22.2	37.1										
12			63.3			48.4	64.1						
13 00	47.3	22.3	22.5			48.5		14.4					
12			25.1			48.6		43.1					
14 00	47.4	22.4	17.4					14.5					
12			21.6			57.1	40.6						
15 00	47.5	22.5	42.2			57.2		55.6					
12	47.6	22.6	3.4					14.6					
16 00			27.5			57.3	40.5						
12	6.1	36.1	2.1	54.5	53.5	57.4							
17 00			23.3				34.1						
12	6.2	36.2	8.4			57.5							
18 00			20.5				40.4						
12	6.3	36.3	16.6			57.6	34.2						
19 00			45.2			32.1		43.2					
12	6.4	36.4	12.2				34.3						
20 00			15.3	D	D	32.2	40.3						
12	6.5	36.5	52.4										
21 00			39.5			32.3		34.4					
12	6.6	36.6	53.5			32.4							
22 00			62.6	R	R								
12	46.1	25.1	56.6			32.5		34.5					
23 00			31.6				40.2						
12	46.2	25.2	7.1			32.6					27.3		
24 00			4.1					34.6					
12	46.3	25.3	29.1			50.1		43.3					
25 00			59.2				9.1						
12	46.4	25.4	40.2			50.2							
26 00			64.2										
12	46.5	25.5	47.3			50.3		9.2					
27 00	46.6	25.6	6.3										
12			46.3										
28 00	18.1	17.1	18.4			50.4	40.1	9.3					
12			48.4	54.4	53.4								
29 00	18.2	17.2	57.5			50.5				55.5			
12			32.5				9.4	43.4					
30 00	18.3	17.3	50.5				D					64.5	
12			28.6			50.6		9.5					

October 1935

Date/Time	☉	⊕	☾	☊	☋	☿	♀	♂	♃	♄	⇧	♆	⚘
1 00	18.4	17.4	44.6	54.4	53.4	50.6	40.1	9.5	43.4	55.5	27.3	64.5	56.1
12			43.1	R	R	D	D	D	D	R	R	D	D
2 00	18.5	17.5	14.2				40.2	9.6					
12			34.2			28.1							
3 00	18.6	17.6	9.3										
12			5.4				5.1						
4 00	48.1	21.1	26.5										
12			11.5	54.3	53.3		5.2	43.5					
5 00	48.2	21.2	10.6										
12			38.2										
6 00	48.3	21.3	54.3	D	D		5.3						
12			61.4	R	R								
7 00	48.4	21.4	60.5										
12	48.5	21.5	19.1			40.3	5.4						
8 00			13.3										56.2
12	48.6	21.6	49.4				5.5						
9 00			30.6										
12	57.1	51.1	37.2					43.6					
10 00			63.4			50.6	5.6						
12	57.2	51.2	22.6			40.4							
11 00			25.2				26.1						
12	57.3	51.3	17.4			50.5							
12 00			21.6										
12	57.4	51.4	42.2			40.5	26.2						
13 00			3.4			50.4							
12	57.5	51.5	27.6										
14 00			2.2	54.2	53.2	50.3	26.3						
12	57.6	51.6	23.4			40.6	14.1						
15 00			8.6			50.2	26.4						
12	32.1	42.1	16.1			50.1							
16 00	32.2	42.2	35.2										
12			45.4			32.6	64.1	26.5					
17 00	32.3	42.3	12.5			32.5							
12			15.6				26.6						
18 00	32.4	42.4	52.6			32.4	64.2						
12			53.1							55.4			
19 00	32.5	42.5	62.2	D	D	32.3		11.1	14.2		27.2		
12			56.2	R	R	32.2							
20 00	32.6	42.6	31.3				64.3						
12			33.3			32.1		11.2					
21 00	50.1	3.1	7.4			57.6							
12			4.4				64.4	11.3					
22 00	50.2	3.2	29.4			57.5							
12			59.5				64.5						
23 00	50.3	3.3	40.5			57.4		11.4					
12			64.5						14.3				
24 00	50.4	3.4	47.6				64.6	11.5					
12	50.5	3.5	6.6			57.3							
25 00			46.6										
12	50.6	3.6	48.1	54.1	53.1		47.1	11.6					
26 00			57.1										
12	28.1	27.1	32.2				47.2	10.1					
27 00			50.2										
12	28.2	27.2	28.3		D								
28 00			44.3				47.3	10.2	14.4				
12	28.3	27.3	1.4										
29 00			43.4				47.4	10.3					
12	28.4	27.4	14.5										
30 00			34.6									64.6	R
12	28.5	27.5	5.1	38.6	39.6	57.4	47.5	10.4					
31 00			26.1										
12	28.6	27.6	11.2				47.6	10.5					

November 1935

Date/Time	☉	⊕	☾	☊	☋	☿	♀	♂	♃	♄	⇑	♆	☋
1 00	44.1	24.1	10.3	38.6	39.4	57.5	47.6	10.5	14.4	55.4	27.2	64.6	56.2
12			58.4	R	R	D	6.1	D	14.5	R	R	D	R
2 00	44.2	24.2	38.5			57.6		10.6					
12			54.6	D	D		6.2						
3 00	44.3	24.3	60.2			32.1		58.1					
12			41.3										
4 00	44.4	24.4	19.4	R	R	32.2	6.3						
12			13.6			32.3		58.2					
5 00	44.5	24.5	30.1				6.4						
12			55.3			32.4		58.3	14.6				
6 00	44.6	24.6	37.4				6.5						
12			63.6			32.5							
7 00	1.1	2.1	36.2			32.6	6.6	58.4					
12			25.4			50.1							
8 00	1.2	2.2	17.6				46.1	58.5		D			
12	1.3	2.3	51.2			50.2							
9 00			42.3			50.3	46.2						
12	1.4	2.4	3.5			50.4		58.6					
10 00			24.1				46.3		34.1				
12	1.5	2.5	2.3			50.5		38.1					
11 00			23.5			50.6	46.4				27.1		
12	1.6	2.6	8.6			28.1							
12 00			16.2	38.5	39.5		46.5	38.2					
12	43.1	23.1	35.3			28.2							
13 00			45.5			28.3	46.6	38.3					
12	43.2	23.2	12.6			28.4							
14 00			52.1			28.5	18.1		34.2				
12	43.3	23.3	39.2					38.4					
15 00	43.4	23.4	53.3	D	D	28.6	18.2						
12			62.4			44.1		38.5					
16 00	43.5	23.5	56.4			44.2	18.3						
12			31.5			44.3							
17 00	43.6	23.6	33.6			44.4	18.4	38.6					
12			7.6										
18 00	14.1	8.1	4.6			44.5	18.5	54.1					
12			59.1	R	R	44.6			34.3				
19 00	14.2	8.2	40.1			1.1	18.6						
12			64.1			1.2	48.1	54.2					
20 00	14.3	8.3	47.2			1.3							
12			6.2			1.4	48.2	54.3					56.1
21 00	14.4	8.4	46.2										
12			18.3			1.5	48.3						
22 00	14.5	8.5	48.3			1.6		54.4					
12	14.6	8.6	57.4			43.1	48.4		34.4				
23 00			32.4			43.2		54.5					
12	34.1	20.1	50.5			43.3	48.5						
24 00			28.5				48.6	54.6					
12	34.2	20.2	44.6			43.4							
25 00			1.6			43.5	57.1						
12	34.3	20.3	14.1			43.6		61.1					
26 00			34.2			14.1	57.2						
12	34.4	20.4	9.3	38.4	39.4	14.2		61.2					
27 00			5.4			14.3	57.3		34.5				
12	34.5	20.5	26.5										
28 00	34.6	20.6	11.6			14.4	57.4	61.3					
12			58.1			14.5	57.5			55.5			
29 00	9.1	16.1	38.2			14.6		61.4					
12			54.3	D	D	34.1	57.6						
30 00	9.2	16.2	61.4			34.2							
12			60.6				32.1	61.5					

December 1935

Date/Time	☉	⊕	☾	☊	☋	☿	♀	♂	♃	♄	⇑	♆	☋
1 00	9.3	16.3	19.1	38.4	39.4	34.3	32.1	61.5	34.6	55.5	27.1	64.6	56.1
12			13.2	D	D	34.4	32.2	61.6		D	D	R	R
2 00	9.4	16.4	49.4			34.5	32.3						
12			30.5			34.6							
3 00	9.5	16.5	37.1			9.1	32.4	60.1					
12			63.2	R	R								
4 00	9.6	16.6	22.4			9.2	32.5	60.2					
12	5.1	35.1	36.5			9.3	32.6						
5 00			17.1			9.4		60.3	9.1				
12	5.2	35.2	21.3			9.5	50.1						
6 00			51.4			9.6							
12	5.3	35.3	42.6				50.2	60.4					
7 00			27.2			5.1							
12	5.4	35.4	24.3			5.2	50.3	60.5					
8 00			2.5			5.3	50.4						
12	5.5	35.5	23.6			5.4							
9 00			20.2			5.5	50.5	60.6				3.6	
12	5.6	35.6	16.3						9.2				
10 00			35.5			5.6	50.6	41.1					
12	26.1	45.1	45.6			26.1	28.1						
11 00	26.2	45.2	15.1			26.2		41.2					
12			52.2			26.3	28.2						
12 00	26.3	45.3	39.3			26.4							
12			53.4	D	D	26.5	28.3	41.3					
13 00	26.4	45.4	62.5				28.4						
12			56.6			26.6		41.4	9.3				
14 00	26.5	45.5	33.1			11.1	28.5						
12			7.1			11.2							
15 00	26.6	45.6	4.2			11.3	28.6	41.5					
12			29.2			11.4	44.1						
16 00	11.1	12.1	59.3					41.6					
12	11.2	12.2	40.3			11.5	44.2						
17 00			64.3			11.6		19.1					
12	11.3	12.3	47.4			10.1	44.3			55.6			
18 00			6.4	R	R	10.2	44.4		9.4				
12	11.4	12.4	46.4			10.3		19.2					
19 00			18.5				44.5						
12	11.5	12.5	48.5			10.4	44.6	19.3					
20 00			57.6			10.5							R
12	11.6	12.6	32.6			10.6	1.1						
21 00			28.1			58.1		19.4					
12	10.1	15.1	44.1			58.2	1.2						
22 00	10.2	15.2	1.2			58.3	1.3	19.5	9.5				
12			43.2										
23 00	10.3	15.3	14.3			58.4	1.4	19.6					
12			34.4			58.5							
24 00	10.4	15.4	9.5			58.6	1.5						
12			5.6			38.1	1.6	13.1					
25 00	10.5	15.5	11.1			38.2							
12			10.2			38.3	43.1	13.2					
26 00	10.6	15.6	58.3				43.2						
12			38.5	D	D	38.4			9.6				
27 00	58.1	52.1	54.6			38.5	43.3	13.3					
12	58.2	52.2	60.1			38.6							
28 00			41.3			54.1	43.4	13.4					
12	58.3	52.3	19.4			54.2	43.5						
29 00			13.6			54.3		13.5					
12	58.4	52.4	30.2				43.6						
30 00			55.3			54.4	14.1				37.1		
12	58.5	52.5	37.5			54.5	13.6						
31 00			63.6			54.6	14.2		5.1				
12	58.6	52.6	36.2			61.1		49.1					

1935

January 1936

Date/Time	☉	⊕	☾	☊	☋	☿	♀	♂	♃	♄	⇧	♆	⚷
1 00	58.6	52.6	25.3	38.4	39.4	61.2	14.3	49.1	5.1	37.1	3.6	64.6	56.1
12	38.1	39.1	17.5	D	D	61.3	14.4	D	D	D	D	R	R
2 00			51.1	R	R			49.2					
12	38.2	39.2	42.2			61.4	14.5						
3 00	38.3	39.3	3.4			61.5	14.6	49.3					
12			27.5			61.6							
4 00	38.4	39.4	2.1			60.1	34.1	49.4					
12			23.2	D	D	60.2	34.2		5.2				
5 00	38.5	39.5	8.3										
12			20.5			60.3	34.3	49.5					
6 00	38.6	39.6	16.6			60.4							
12			45.1			60.5	34.4	49.6					
7 00	54.1	53.1	12.2			60.6	34.5						
12			15.3			41.1							
8 00	54.2	53.2	52.4				34.6	30.1					
12	54.3	53.3	39.5	R	R	41.2	9.1						
9 00			53.6			41.3		30.2	5.3				
12	54.4	53.4	56.1			41.4	9.2			37.2			
10 00			31.2			41.5		30.3					
12	54.5	53.5	33.2				9.3						
11 00			7.3			41.6	9.4				D		
12	54.6	53.6	4.4			19.1		30.4					
12 00			29.4			19.2	9.5						
12	61.1	62.1	59.5				9.6	30.5					
13 00			40.5			19.3							
12	61.2	62.2	64.5			19.4	5.1		5.4				
14 00	61.3	62.3	47.6				5.2	30.6					
12			6.6			19.5							62.6
15 00	61.4	62.4	46.6			19.6	5.3	55.1					
12			48.1				5.4						
16 00	61.5	62.5	57.1			13.1		55.2					
12			32.2				5.5						
17 00	61.6	62.6	50.2	D	D	13.2		55.3					
12			28.2				5.6						
18 00	60.1	56.1	44.3			13.3	26.1						
12			1.3					55.4	5.5				
19 00	60.2	56.2	43.4			13.4	26.2			37.3			
12	60.3	56.3	14.5				26.3						
20 00			34.5					55.5					
12	60.4	56.4	9.6			13.5	26.4						
21 00			26.1				26.5	55.6					
12	60.5	56.5	11.2										
22 00			10.3				26.6	37.1					
12	60.6	56.6	58.5				11.1						
23 00			38.6	R	R								
12	41.1	31.1	61.2			R	11.2	37.2	5.6				
24 00			60.3										
12	41.2	31.2	41.5				11.3	37.3					
25 00			19.6				11.4						
12	41.3	31.3	49.2										
26 00	41.4	31.4	30.4			13.4	11.5	37.4					
12			55.6				11.6						
27 00	41.5	31.5	63.2					37.5					
12			22.4			13.3	10.1						
28 00	41.6	31.6	36.5				10.2	37.6		37.4			
12			17.1			13.2			26.1				
29 00	19.1	33.1	21.3				10.3						
12			51.5			13.1	10.4	63.1					
30 00	19.2	33.2	42.6										
12			27.2			19.6	10.5	63.2					
31 00	19.3	33.3	24.3	D	D	19.5							
12	19.4	33.4	2.5				10.6						

February 1936

Date/Time	☉	⊕	☾	☊	☋	☿	♀	♂	♃	♄	⇧	♆	⚷
1 00	19.4	33.4	23.6	38.4	39.4	19.4	58.1	63.3	26.1	37.4	3.6	64.6	62.6
12	19.5	33.5	20.1	D	D	19.3	D	D	D	D	D	R	R
2 00			16.2				58.2	63.4					
12	19.6	33.6	35.3			19.2	58.3		26.2				
3 00			45.5			19.1		63.5					
12	13.1	7.1	12.5				58.4						
4 00			15.6				41.6	58.5					
12	13.2	7.2	39.1				41.5	63.6					
5 00			53.2	R	R		58.6			37.5			
12	13.3	7.3	62.3				41.4	38.1	22.1				
6 00			56.4										
12	13.4	7.4	31.4				41.3	38.2					
7 00	13.5	7.5	33.5					38.3	22.2				
12			7.5										
8 00	13.6	7.6	4.6				41.2	38.4	22.3				
12			29.6					38.5		26.3			
9 00	49.1	4.1	40.1	38.3	39.3				22.4				
12			64.1				41.1	38.6					
10 00	49.2	4.2	47.2										
12			6.2				54.1		22.5				
11 00	49.3	4.3	46.2				54.2						64.5
12			18.3						22.6				
12 00	49.4	4.4	48.3			60.6	54.3						
12			57.3				54.4				27.1		
13 00	49.5	4.5	32.4					36.1		37.6			
12	49.6	4.6	50.4		D		54.5						
14 00			28.5				54.6	36.2					
12	30.1	29.1	44.5						26.4				
15 00			1.5				41.1	61.1					
12	30.2	29.2	43.6				61.2	36.3					
16 00			14.6	D	D								
12	30.3	29.3	9.1				61.3	36.4					
17 00			5.2				61.4						
12	30.4	29.4	26.3				41.2	36.5					
18 00			11.3				61.5						
12	30.5	29.5	10.5				61.6						
19 00			58.6					36.6					
12	30.6	29.6	54.1	R	R	41.3	60.1						
20 00	55.1	59.1	61.2				60.2	25.1					
12			60.4										
21 00	55.2	59.2	41.6				41.4	60.3		26.5	63.1		
12			13.1					25.2					
22 00	55.3	59.3	49.3				41.5	60.4					
12			30.5					60.5	25.3				
23 00	55.4	59.4	37.1										
12			63.3				41.6	60.6					
24 00	55.5	59.5	22.5					41.1	25.4				
12			25.1	38.2	39.2	19.1							
25 00	55.6	59.6	17.3				41.2		25.5				
12			21.5			19.2	41.3						
26 00	37.1	40.1	42.1						25.6				
12	37.2	40.2	3.3			19.3	41.4						
27 00			27.5				41.5						
12	37.3	40.3	2.1			19.4		17.1					
28 00			23.2			19.5	41.6		26.6				
12	37.4	40.4	8.4				19.1	17.2		63.2			
29 00			20.5			19.6							
12	37.5	40.5	16.6	D	D		19.2						

March 1936

Date/Time	☉	⊕	☽	☊	☋	☿	♀	♂	♃	♄	⚷	♆	♇
1 00	37.5	40.5	45.1	38.2	39.2	13.1	19.3	17.3	26.6	63.2	27.1	64.5	62.6
12	37.6	40.6	12.2	D	D	13.2	D	D	D	D	D	R	R
2 00			15.3				19.4	17.4					62.5
12	63.1	64.1	52.4			13.3	19.5						
3 00			39.5	R	R	13.4							
12	63.2	64.2	53.6				19.6	17.5					
4 00	63.3	64.3	62.6			13.5	13.1						
12			31.1					17.6					
5 00	63.4	64.4	33.1			13.6	13.2						
12			7.2				49.1						
6 00	63.5	64.5	4.3			49.2	13.3	21.1					
12			29.3				13.4						
7 00	63.6	64.6	59.3			49.3		21.2					
12			40.4			49.4	13.5		11.1	63.3			
8 00	22.1	47.1	64.4				13.6						
12			47.5	38.1	39.1	49.5		21.3					
9 00	22.2	47.2	6.5			49.6	49.1				27.2		
12			46.5			30.1	49.2	21.4					
10 00	22.3	47.3	18.6										
12			48.6			30.2	49.3						
11 00	22.4	47.4	57.6			30.3	49.4	21.5					
12	22.5	47.5	50.1			30.4							
12 00			28.1				49.5	21.6					
12	22.6	47.6	44.1			30.5	49.6						
13 00			1.2	58.6	52.6	30.6							
12	36.1	6.1	43.2			55.1	30.1	51.1					
14 00			14.3			55.2	30.2						
12	36.2	6.2	34.3					51.2					
15 00			9.4			55.3	30.3				63.4		
12	36.3	6.3	5.4			55.4	30.4	51.3					
16 00			26.5			55.5							
12	36.4	6.4	11.6	D	D	55.6	30.5					64.4	
17 00			10.6				30.6	51.4					
12	36.5	6.5	38.1	R	R	37.1							
18 00			54.3			37.2	55.1	51.5	11.2				
12	36.6	6.6	61.4			37.3	55.2						
19 00			60.5			37.4							
12	25.1	46.1	19.1			37.5	55.3	51.6					
20 00	25.2	46.2	13.2										
12			49.4			37.6	55.4	42.1					
21 00	25.3	46.3	30.6			63.1	55.5						
12			37.2			63.2							
22 00	25.4	46.4	63.4			63.3	55.6	42.2					
12			22.6			63.4	37.1						
23 00	25.5	46.5	25.2			63.5		42.3	63.5				
12			17.4			63.6	37.2						
24 00	25.6	46.6	21.6			22.1	37.3						
12			42.3	58.5	52.5	22.2		42.4					
25 00	17.1	18.1	3.5				37.4						
12			24.1			22.3	37.5	42.5					
26 00	17.2	18.2	2.3			22.4							
12			23.4			22.5	37.6						
27 00	17.3	18.3	8.6			22.6	63.1	42.6					
12			16.2			36.1							
28 00	17.4	18.4	35.3			36.2	63.2						
12	17.5	18.5	45.4			36.3	63.3	3.1			27.3		
29 00			12.5			36.4							
12	17.6	18.6	52.1			36.5	63.4	3.2					
30 00			39.1			36.6	63.5						
12	21.1	48.1	53.2			25.1							
31 00			62.3			25.2	63.6	3.3		63.6			
12	21.2	48.2	56.4			25.3	22.1						

April 1936

Date/Time	☉	⊕	☽	☊	☋	☿	♀	♂	♃	♄	⚷	♆	♇
1 00	21.2	48.2	31.4	58.5	52.5	25.4	22.1	3.4	11.2	63.6	27.3	64.4	62.5
12	21.3	48.3	33.5	R	R	25.5	22.2	D	D	D	D	R	R
2 00			7.5			25.6	22.3						
12	21.4	48.4	4.6				17.1	3.5					
3 00			29.6			17.2	22.4						
12	21.5	48.5	40.1			17.3		3.6					
4 00			64.1			17.4	22.5						
12	21.6	48.6	47.1			17.5	22.6						
5 00			6.2	58.4	52.4	17.6		27.1					
12	51.1	57.1	46.2			21.1	36.1						
6 00			18.2			21.2	36.2	27.2					
12	51.2	57.2	48.3			21.3							
7 00	51.3	57.3	57.3			21.4	36.3						
12			32.3			21.6	36.4	27.3					
8 00	51.4	57.4	50.4			51.1			22.1				D
12			28.4			51.2	36.5	27.4					
9 00	51.5	57.5	44.5	58.3	52.3	51.3	36.6						
12			1.5			51.4							
10 00	51.6	57.6	43.5			51.5	25.1	27.5					
12			14.6			51.6	25.2						
11 00	42.1	32.1	34.6			42.1		27.6	R				
12			5.1			42.2	25.3						
12 00	42.2	32.2	26.1			42.3	25.4						
12			11.2			42.5		24.1					
13 00	42.3	32.3	10.3			42.6	25.5						
12			58.3	D	D	3.1	25.6						
14 00	42.4	32.4	38.4			3.2		24.2					
12			54.5			3.3	17.1				27.4		
15 00	42.5	32.5	61.6	R	R	3.4	17.2	24.3					
12			41.1			3.5							
16 00	42.6	32.6	19.3			3.6	17.3						
12			13.4			27.2	17.4	24.4			22.2		
17 00	3.1	50.1	49.6			27.3							
12			55.1			27.4	17.5	24.5					
18 00	3.2	50.2	37.3			27.5	17.6						
12	3.3	50.3	63.5			27.6							
19 00			36.1			24.1	21.1	24.6					
12	3.4	50.4	25.3			24.2							
20 00			17.5			24.3	21.2	2.1					
12	3.5	50.5	51.1			24.4	21.3						
21 00			42.3	58.2	52.2	24.5							
12	3.6	50.6	3.5			2.1	21.4	2.2					
22 00			24.1			2.2	21.5						
12	27.1	28.1	2.3			2.3							
23 00			23.5			2.4	21.6	2.3					
12	27.2	28.2	20.1			2.5	51.1						
24 00			16.3			2.6		2.4					
12	27.3	28.3	35.5			23.1	51.2						
25 00			45.6			23.2	51.3						
12	27.4	28.4	15.2			23.3		2.5					
26 00			52.3	D	D	23.4	51.4				22.3		
12	27.5	28.5	39.4			23.5	51.5	2.6					
27 00			53.5										
12	27.6	28.6	62.6			23.6	51.6						
28 00			31.1			8.1	42.1	23.1				64.3	
12	24.1	44.1	33.1	R	R	8.2							
29 00			7.2			8.3	42.2						
12	24.2	44.2	4.2			8.4	42.3	23.2					
30 00			29.3			8.5							
12	24.3	44.3	59.3				42.4	23.3			27.5		

1936

May 1936

Date/Time	☉	⊕	☾	☊	☋	☿	♀	♂	♃	♄	⯅	♆	⚷
1 00	24.4	44.4	40.4	58.2	52.2	8.6	42.5	23.3	11.2	22.3	27.5	64.3	62.5
12			64.4	R	R	20.1		D	D	R	D	D	R	D
2 00	24.5	44.5	47.4			20.2	42.6	23.4					
12			6.5			20.3	3.1						
3 00	24.6	44.6	46.5					23.5					
12			18.5			20.4	3.2						
4 00	2.1	1.1	48.6			20.5							
12			57.6	58.1	52.1		3.3	23.6					
5 00	2.2	1.2	50.1			20.6	3.4		11.1				
12			28.1			16.1							
6 00	2.3	1.3	44.1				3.5	8.1		22.4			
12			1.2			16.2	3.6						
7 00	2.4	1.4	43.2					8.2					
12			14.3			16.3	27.1						
8 00	2.5	1.5	34.3				27.2						
12			9.4			16.4		8.3					
9 00	2.6	1.6	5.4				27.3						
12			26.5			16.5	27.4						
10 00	23.1	43.1	11.6					8.4					
12			10.6			16.6	27.5						
11 00	23.2	43.2	38.1	D	D		27.6	8.5					
12			54.2										
12 00	23.3	43.3	61.3			35.1	24.1						
12			60.4				24.2	8.6					
13 00	23.4	43.4	41.5										
12			19.6			35.2	24.3						
14 00	23.5	43.5	49.1				24.4	20.1					
12			30.3	R	R								
15 00	23.6	43.6	55.4				24.5	20.2					62.6
12			37.6			35.3	24.6						
16 00	8.1	14.1	22.1						26.6				
12			36.3			2.1	20.3						
17 00	8.2	14.2	25.5								27.6		
12	8.3	14.3	21.1			2.2							
18 00			51.3			2.3	20.4		22.5				
12	8.4	14.4	42.5										
19 00			3.6			2.4	20.5						
12	8.5	14.5	24.2			2.5							
20 00			2.4			R							
12	8.6	14.6	23.6	10.6	15.6	2.6	20.6						
21 00			20.2			23.1							
12	20.1	34.1	16.4										
22 00			35.6			23.2	16.1						
12	20.2	34.2	12.1			23.3							
23 00			15.3				16.2						
12	20.3	34.3	52.4	D	D	23.4							
24 00			39.5				23.5						
12	20.4	34.4	62.1			35.2		16.3	26.5				
25 00			56.2				23.6						
12	20.5	34.5	31.3			8.1					D		
26 00			33.3				16.4						
12	20.6	34.6	7.4			8.2							
27 00			4.5			35.1	8.3	16.5					
12	16.1	9.1	29.5										
28 00			59.6				8.4						
12	16.2	9.2	40.6	R	R		8.5	16.6					
29 00			47.1			16.6							
12	16.3	9.3	6.1				8.6						
30 00			46.2					35.1					
12	16.4	9.4	18.2			16.5	20.1						
31 00			48.2				20.2	35.2					
12	16.5	9.5	57.3										

June 1936

Date/Time	☉	⊕	☾	☊	☋	☿	♀	♂	♃	♄	⯅	♆	⚷
1 00	16.5	9.5	32.3	10.6	15.6	16.5	20.3	35.2	26.5	22.5	27.6	64.3	62.6
12	16.6	9.6	50.3	R	R	16.4	20.4	35.3	26.4	D	D	D	D
2 00			28.4							22.6			
12	35.1	5.1	44.4				20.5						
3 00			1.4			16.3	20.6	35.4					
12	35.2	5.2	43.5										
4 00			14.5				16.1				24.1		
12	35.3	5.3	34.6				16.2	35.5					
5 00			5.1			16.2							
12	35.4	5.4	26.1				16.3	35.6					
6 00			11.2				16.4						
12	35.5	5.5	10.3										
7 00			58.4	D	D	16.1	16.5	45.1					
12	35.6	5.6	38.5				16.6						
8 00	45.1	26.1	54.6										
12			60.1				35.1	45.2					
9 00	45.2	26.2	41.2				35.2		26.3				
12			19.3										
10 00	45.3	26.3	13.4				35.3	45.3					
12			49.5			20.6	35.4						
11 00	45.4	26.4	55.1					45.4					
12			37.2				35.5						
12 00	45.5	26.5	63.4				35.6						
12			22.5					45.5					
13 00	45.6	26.6	25.1	R	R	D		45.1					
12			17.2										
14 00	12.1	11.1	21.4				45.2	45.6					
12			51.6				45.3						
15 00	12.2	11.2	3.1										
12			27.3			16.1	45.4	12.1					
16 00	12.3	11.3	24.5				45.5						
12			2.6					12.2	26.2				
17 00	12.4	11.4	8.2				45.6						
12			20.4					12.1					
18 00	12.5	11.5	16.6					12.3					
12			45.1			16.2		12.2					
19 00	12.6	11.6	12.3					12.3					
12			15.4					12.4					
20 00	15.1	10.1	52.6	D	D			12.4					
12			53.1			16.3		12.5					
21 00	15.2	10.2	62.2					12.5					
12			56.3					12.6					
22 00	15.3	10.3	31.4			16.4	15.1	12.6				64.4	
12			33.5										
23 00	15.4	10.4	7.6			16.5	15.2						
12			29.1				15.3	15.1					
24 00	15.5	10.5	59.1						26.1				
12			40.2			16.6	15.4						
25 00	15.6	10.6	64.2				15.5	15.2					
12			47.3	R	R	35.1					24.2		
26 00	52.1	58.1	6.3				15.6						
12			46.4			35.2	52.1	15.3					
27 00	52.2	58.2	18.4	D	D								
12			48.4			35.3	52.2	15.4					
28 00	52.3	58.3	57.5			35.4							
12			32.5				52.3						56.1
29 00	52.4	58.4	50.5			35.5	52.4	15.5					
12			28.6										
30 00	52.5	58.5	44.6			35.6	52.5						
12			43.1			45.1	52.6	15.6					

July 1936

Date/Time	☉	⊕	☾	☊	☋	☿	♀	♂	♃	♄	⚷	♆	♇
1 00	52.6	58.6	14.1	10.6	15.6	45.1	52.6	15.6	26.1	22.6	24.2	64.4	56.1
12			34.2	D	R	45.2	39.1	D	R	D	D	D	D
2 00	39.1	38.1	9.2			45.3	39.2	52.1	5.6				
12			5.3			45.4							
3 00	39.2	38.2	26.4				39.3						
12			11.5			45.5	39.4	52.2					
4 00	39.3	38.3	10.5			45.6				R			
12			58.6	R	R	12.1	39.5	52.3					
5 00	39.4	38.4	54.2			12.2	39.6						
12	39.5	38.5	61.3										
6 00			60.4			12.3	53.1	52.4					
12	39.6	38.6	41.5			12.4	53.2						
7 00			19.6			12.5							
12	53.1	54.1	49.2			12.6	53.3	52.5					
8 00			30.3			15.1	53.4						
12	53.2	54.2	55.5			15.2							
9 00			37.6			15.3	53.5	52.6					
12	53.3	54.3	22.2			15.4	53.6						
10 00			36.3			15.5							
12	53.4	54.4	25.5			15.6	62.1	39.1					
11 00			17.6			52.1	62.2						
12	53.5	54.5	51.2			52.2			5.5				
12 00			42.4	D	D	52.3	62.3	39.2					
12	53.6	54.6	3.5			52.4							
13 00			24.1			52.5	62.4	39.3					
12	62.1	61.1	2.2			52.6	62.5						
14 00			23.4			39.1							
12	62.2	61.2	8.5			39.2	62.6	39.4					
15 00			16.1			39.3	56.1						
12	62.3	61.3	35.2			39.4							
16 00			45.4			39.5	56.2	39.5					
12	62.4	61.4	12.5			39.6	56.3						
17 00			15.6	R	R	53.1							
12	62.5	61.5	39.2			53.2	56.4	39.6					
18 00			53.3			53.4	56.5						
12	62.6	61.6	62.4			53.5							
19 00			56.5			53.6	56.6	53.1					
12	56.1	60.1	31.6			62.1	31.1						
20 00			7.1			62.2							
12	56.2	60.2	4.2			62.3	31.2	53.2					
21 00			29.3			62.4	31.3						
12	56.3	60.3	59.3			62.5		53.3					
22 00			40.4			56.1	31.4						
12	56.4	60.4	64.4			56.2	31.5						
23 00			47.5			56.3		53.4					
12	56.5	60.5	6.5			56.4	31.6						
24 00			46.6			56.5	33.1		5.4				
12	56.6	60.6	18.6			56.6		53.5					
25 00			57.1			31.1	33.2						
12	31.1	41.1	32.1			31.3	33.3						
26 00			50.1			31.4		53.6					
12	31.2	41.2	28.2			31.5	33.4						
27 00			44.2	D	D	31.6	33.5						
12	31.3	41.3	1.2			33.1		62.1					
28 00			43.3			33.2	33.6						
12	31.4	41.4	14.3			33.3							
29 00			34.4			33.4	7.1	62.2					
12	31.5	41.5	9.4			33.5	7.2						
30 00			5.5			33.6							
12	31.6	41.6	26.6			7.1	7.3	62.3					
31 00			11.6			7.2	7.4						
12	33.1	19.1	58.1	R	R	7.4		62.4		24.3			

August 1936

Date/Time	☉	⊕	☾	☊	☋	☿	♀	♂	♃	♄	⚷	♆	♇
1 00	33.1	19.1	38.2	10.6	15.6	7.5	7.5	62.4	5.4	22.6	24.3	64.5	56.1
12	33.2	19.2	54.3	R	R	7.6	7.6	D	R	R	D	D	D
2 00	33.3	19.3	61.5			4.1		62.5					56.2
12			60.6			4.2	4.1						
3 00	33.4	19.4	19.1			4.3	4.2						
12			13.3			4.4		62.6					
4 00	33.5	19.5	49.4			4.5	4.3						
12			30.6			4.6	4.4						
5 00	33.6	19.6	37.2	10.5	15.5	29.1		56.1					
12			63.3			29.2	4.5			22.5			
6 00	7.1	13.1	22.5			29.3	4.6						
12			25.1			29.4		56.2					
7 00	7.2	13.2	17.3			29.5	29.1						
12			21.4			29.6	29.2						
8 00	7.3	13.3	51.6					56.3					
12			3.2			59.1	29.3						
9 00	7.4	13.4	27.3			59.2	29.4						
12			24.5			59.3		56.4					
10 00	7.5	13.5	2.6	D	D	59.4	29.5						
12			8.2			59.5	29.6						
11 00	7.6	13.6	20.3			59.6		56.5					
12			16.5			40.1	59.1						
12 00	4.1	49.1	35.6			40.2	59.2		D				
12			12.1			40.3		56.6					
13 00	4.2	49.2	15.2			40.4	59.3						
12			52.4	R	R		59.4						
14 00	4.3	49.3	39.5			40.5		31.1					
12			53.6			40.6	59.5						
15 00	4.4	49.4	56.1			64.1	59.6	31.2					
12			31.2			64.2					R		
16 00	4.5	49.5	33.3			64.3	40.1						
12			7.3					31.3					
17 00	4.6	49.6	4.4			64.4	40.2						
12			29.5			64.5	40.3						
18 00	29.1	30.1	59.6			64.6		31.4					
12			40.6			47.1	40.4						
19 00	29.2	30.2	47.1			47.2	40.5						
12			6.1					31.5					
20 00	29.3	30.3	46.2	10.4	15.4	47.3	40.6						
12			18.2			47.4	64.1						
21 00	29.4	30.4	48.3			47.5		31.6		22.4			
12			57.3				64.2						
22 00	29.5	30.5	32.3			47.6	64.3						
12	29.6	30.6	50.4			6.1		33.1					
23 00			28.4			6.2	64.4						
12	59.1	55.1	44.4				64.5						
24 00			1.4			6.3		33.2					
12	59.2	55.2	43.5			6.4	64.6						
25 00			14.5			6.5	47.1						
12	59.3	55.3	34.6	D	D			33.3					
26 00			9.6			6.6	47.2						
12	59.4	55.4	26.1			46.1	47.3						
27 00			11.1					33.4					
12	59.5	55.5	10.2			46.2	47.4						
28 00			58.3	R	R	46.3	47.5						
12	59.6	55.6	38.4					33.5					64.6
29 00			54.5			46.4	47.6						
12	40.1	37.1	61.6			46.5	6.1						
30 00			41.1					33.6					
12	40.2	37.2	19.3			46.6	6.2		5.5		24.2		
31 00			13.4			18.1	6.3						
12	40.3	37.3	49.6				7.1						

September 1936

Date/Time	☉	⊕	☾	☊	☋	☿	♀	♂	♃	♄	⯝	♆	♅
1 00	40.3	37.3	55.2	10.4	15.4	18.2	6.4	7.1	5.5	22.4	24.2	64.6	56.2
12	40.4	37.4	37.3	R	R		D	6.5	D	D	R	R	D	D
2 00			63.5	10.3	15.3	18.3		7.2					
12	40.5	37.5	36.1			18.4	6.6						
3 00			25.3					46.1					
12	40.6	37.6	17.5			18.5		7.3		22.3			
4 00			51.1					46.2					
12	64.1	63.1	42.3			18.6		7.4					
5 00			3.5					46.3					
12	64.2	63.2	24.1			48.1	46.4						
6 00			2.3					7.5					
12	64.3	63.3	23.4			48.2	46.5						
7 00			8.6					46.6					
12	64.4	63.4	16.1			48.3		7.6					
8 00	64.5	63.5	35.3					18.1					
12			45.4	D	D			18.2					
9 00	64.6	63.6	12.5			48.4		4.1					
12			15.6	R	R			18.3					
10 00	47.1	22.1	39.1			48.5	18.4						
12			53.2					4.2					56.3
11 00	47.2	22.2	62.3					18.5					
12			56.4			48.6	18.6						
12 00	47.3	22.3	31.5					4.3	5.6				
12			33.6				48.1						
13 00	47.4	22.4	4.1			57.1	48.2						
12			29.1					4.4					
14 00	47.5	22.5	59.3	10.2	15.2		48.3						
12			40.2				48.4						
15 00	47.6	22.6	64.3					4.5					
12			47.3			57.2	48.5			22.2			
16 00	6.1	36.1	6.4				48.6						
12			46.4					4.6					
17 00	6.2	36.2	18.5				57.1						
12			48.5				57.2						
18 00	6.3	36.3	57.6	10.1	15.1		29.1						
12			32.6		R		57.3						
19 00	6.4	36.4	50.6				57.4						
12			28.6					29.2					
20 00	6.5	36.5	1.1				57.5						
12	6.6	36.6	43.1				57.6						
21 00			14.1			57.1		29.3	26.1				
12	46.1	25.1	34.2				32.1						
22 00			9.2										
12	46.2	25.2	5.3				32.2	29.4					
23 00			26.3				32.3					47.1	
12	46.3	25.3	11.3			48.6							
24 00			10.4				32.4	29.5					
12	46.4	25.4	58.5				32.5						
25 00			38.6			48.5							
12	46.5	25.5	54.6				32.6	29.6					
26 00			60.1			48.4	50.1						
12	46.6	25.6	41.3										
27 00			19.4			48.3	50.2	59.1					
12	18.1	17.1	13.5				50.3						
28 00			30.1			48.2					22.1		
12	18.2	17.2	55.3				50.4	59.2					
29 00			37.4			48.1	50.5		26.2				
12	18.3	17.3	63.6	11.6	12.6	18.6							
30 00			36.2				50.6	59.3					
12	18.4	17.4	25.4			18.5	28.1						

October 1936

Date/Time	☉	⊕	☾	☊	☋	☿	♀	♂	♃	♄	⯝	♆	♅
1 00	18.5	17.5	17.6	11.6	12.6	18.5	28.1	59.3	26.2	22.1	24.2	47.1	56.3
12			51.3	R	R	18.4	28.2	59.4	D	R	R	D	D
2 00	18.6	17.6	42.5			18.3	28.3						
12			27.1										
3 00	48.1	21.1	24.3			18.2	28.4	59.5					
12			2.5				28.5						
4 00	48.2	21.2	8.1			18.1							
12			20.3				28.6	59.6					
5 00	48.3	21.3	16.4				46.6	44.1					
12			35.6						26.3				
6 00	48.4	21.4	12.1				46.5	44.2	40.1				
12			15.3	D	D							24.1	
7 00	48.5	21.5	52.4				44.3						
12			39.5				46.4	44.4	40.2				
8 00	48.6	21.6	53.6	R	R								
12			56.1					44.5					
9 00	57.1	51.1	31.2					44.6	40.3				
12			33.3										
10 00	57.2	51.2	7.3					1.1					
12			4.4			D		1.2	40.4				
11 00	57.3	51.3	29.5	11.5	12.5								
12	57.4	51.4	59.5					1.3		26.4			
12 00			40.6					1.4	40.5		63.6		
12	57.5	51.5	64.6										
13 00			6.1			46.5		1.5					
12	57.6	51.6	46.1					1.6	40.6				
14 00			18.2										
12	32.1	42.1	48.2			46.6		43.1					
15 00			57.2					43.2	64.1				
12	32.2	42.2	32.3				18.1						
16 00			50.3	11.4	12.4			43.3					
12	32.3	42.3	28.3				18.2	43.4	64.2				
17 00			44.4										
12	32.4	42.4	1.4				18.3	43.5		26.5			
18 00			43.4					43.6					
12	32.5	42.5	14.4				18.4		64.3				
19 00			34.5				18.5	14.1					
12	32.6	42.6	9.5					14.2					
20 00	50.1	3.1	5.6				18.6		64.4				
12			26.6				48.1	14.3					47.2
21 00	50.2	3.2	11.6	D	D			14.4	64.5				
12			58.1				48.2						
22 00	50.3	3.3	38.2				48.3	14.5					
12			54.2				48.4						
23 00	50.4	3.4	61.3					14.6	64.6	26.6			
12			60.4				48.5	34.1					
24 00	50.5	3.5	41.5	R	R		48.6						
12			19.6				57.1	34.2	47.1				
25 00	50.6	3.6	49.1				57.2	34.3					
12			30.2				57.3						
26 00	28.1	27.1	55.4					34.4	47.2				
12			37.5				57.4	34.5					
27 00	28.2	27.2	22.1				57.5						
12	28.3	27.3	36.3				57.6	34.6	47.3				
28 00			25.5				32.1	9.1		11.1			
12	28.4	27.4	21.1				32.2						
29 00			51.3				32.3	9.2	47.4				
12	28.5	27.5	42.5	11.3	12.3		9.3						
30 00			27.1				32.4						
12	28.6	27.6	24.4				32.5	9.4	47.5			27.6	R
31 00			2.6				32.6	9.5					
12	44.1	24.1	8.2				50.1						

1936

November 1936

Date/Time	☉	⊕	☾	☊	☋	☿	♀	♂	♃	♄	⚷	♆	♇
1 00	44.1	24.1	20.4	11.3	12.3	50.2	9.6	47.6	11.1	63.6	27.6	47.2	56.3
12	44.2	24.2	16.6	R	R	50.3	D	D	D	63.5	R	D	R
2 00			45.2			50.4	5.1		11.2				
12	44.3	24.3	12.3	D	D		5.2	6.1					
3 00			15.5			50.5							
12	44.4	24.4	52.6			50.6	5.3						
4 00	44.5	24.5	53.2			28.1	5.4	6.2					
12			62.3			28.2							
5 00	44.6	24.6	56.4			28.3	5.5						
12			31.5			28.4	5.6	6.3					
6 00	1.1	2.1	33.6			28.5							
12			4.1	R	R		26.1		11.3				
7 00	1.2	2.2	29.1			28.6	26.2						
12			59.2			44.1		6.4					
8 00	1.3	2.3	40.3			44.2	26.3						
12			64.3			44.3	26.4						
9 00	1.4	2.4	47.4			44.4		6.5					
12			6.4			44.5	26.5						
10 00	1.5	2.5	46.4			44.6	26.6						
12			18.5					6.6					
11 00	1.6	2.6	48.5			1.1	11.1						
12	43.1	23.1	57.5			1.2	11.2		11.4				
12 00			32.6			1.3		46.1					
12	43.2	23.2	50.6			1.4	11.3						
13 00			28.6			1.5							
12	43.3	23.3	1.1			1.6	11.4	46.2					
14 00			43.1				11.5						
12	43.4	23.4	14.1			43.1							
15 00			34.2	11.2	12.2	43.2	11.6	46.3					
12	43.5	23.5	9.2			43.3	10.1						
16 00			5.2			43.4			11.5				
12	43.6	23.6	26.3			43.5	10.2	46.4					
17 00			11.3	D	D	43.6	10.3						
12	14.1	8.1	10.4										
18 00	14.2	8.2	58.4			14.1	10.4	46.5					
12			38.5			14.2	10.5						
19 00	14.3	8.3	54.6			14.3							
12			61.6			14.4	10.6			D			
20 00	14.4	8.4	41.1			14.5	58.1	46.6					
12			19.2	11.3	12.3				11.6				
21 00	14.5	8.5	13.3			14.6	58.2						
12			49.4			34.1		18.1					
22 00	14.6	8.6	30.5			34.2	58.3						
12			55.6	R	R	34.3	58.4						
23 00	34.1	20.1	63.2			34.4		18.2			27.5		
12			22.3			34.5	58.5						
24 00	34.2	20.2	36.5	11.2	12.2			58.6					
12	34.3	20.3	25.6			34.6			18.3	10.1			
25 00			21.2			9.1	38.1						
12	34.4	20.4	51.4			9.2	38.2						
26 00			42.6			9.3		18.4					
12	34.5	20.5	27.2			9.4	38.3						
27 00			24.4				38.4						
12	34.6	20.6	2.6			9.5		18.5					
28 00			8.2			9.6	38.5						
12	9.1	16.1	20.4			5.1	38.6						
29 00			16.6			5.2		10.2					
12	9.2	16.2	45.2			5.3	54.1	18.6					
30 00			12.4	D	D								
12	9.3	16.3	15.6			5.4	54.2						

December 1936

Date/Time	☉	⊕	☾	☊	☋	☿	♀	♂	♃	♄	⚷	♆	♇
1 00	9.4	16.4	39.1	11.2	12.2	5.5	54.3	48.1	10.2	63.5	27.5	47.2	56.3
12			53.3	D	D	5.6	D	D	D	D		D	R
2 00	9.5	16.5	62.4			26.1	54.4						
12			56.6				54.5	48.2					
3 00	9.6	16.6	33.1			26.2			10.3				
12			7.2			26.3	54.6					47.3	
4 00	5.1	35.1	4.3			26.4	61.1	48.3					
12			29.4			26.5							
5 00	5.2	35.2	59.5			26.6	61.2						
12			40.5				61.3	48.4					
6 00	5.3	35.3	64.6	R	R	11.1							
12	5.4	35.4	47.6			11.2	61.4						
7 00			46.1			11.3							
12	5.5	35.5	18.1			11.4	61.5	48.5	10.4	63.6			
8 00			48.2			11.5	61.6						
12	5.6	35.6	57.2										
9 00			32.2			11.6	60.1	48.6					
12	26.1	45.1	50.3				10.1	60.2					
10 00			28.3				10.2						
12	26.2	45.2	44.3				10.3	60.3	57.1				
11 00			1.3				10.4	60.4					
12	26.3	45.3	43.4						10.5				
12 00			14.4				10.5	60.5	57.2				
12	26.4	45.4	34.5				10.6						
13 00	26.5	45.5	9.5				58.1	60.6					
12			5.5				58.2	41.1					
14 00	26.6	45.6	26.6					57.3					
12			11.6	D	D		58.3	41.2					
15 00	11.1	12.1	58.1				58.4	41.3					
12			38.2				58.5		57.4	10.6			
16 00	11.2	12.2	54.2				58.6	41.4					
12			61.3	R	R		38.1	41.5					
17 00	11.3	12.3	60.4					57.5					
12			41.5				38.2	41.6					
18 00	11.4	12.4	19.6				38.3						
12	11.5	12.5	49.1				38.4	19.1					
19 00			30.2				38.5	19.2	57.6				
12	11.6	12.6	55.3						58.1				
20 00			37.4				38.6	19.3					56.2
12	10.1	15.1	63.5				54.1	19.4	32.1				
21 00			36.1				54.2						
12	10.2	15.2	25.2	D	D			19.5				R	
22 00			17.4				54.3	19.6	32.2				
12	10.3	15.3	21.5				54.4						
23 00			42.1				54.5	13.1					
12	10.4	15.4	3.2										
24 00	10.5	15.5	27.4				54.6	13.2	32.3	58.2			
12			24.6				61.1	13.3					
25 00	10.6	15.6	23.2				61.2						
12			8.3					13.4	32.4				
26 00	58.1	52.1	20.5				61.3	13.5					
12			35.1				61.4						
27 00	58.2	52.2	45.3					13.6	32.5		22.1		
12			12.5	R	R		61.5						
28 00	58.3	52.3	15.6				61.6	49.1		58.3	27.4		
12			39.2					49.2					
29 00	58.4	52.4	53.4				60.1		32.6				
12			62.5					49.3					
30 00	58.5	52.5	31.1				60.2	49.4					
12	58.6	52.6	33.2					50.1					
31 00			7.3				60.3	49.5					
12	38.1	39.1	4.4										

1936

January 1937

Date/Time	☉	⊕	☾	☊	☋	☿	♀	♂	♃	♄	⯠	♆	♇
1 00	38.1	39.1	29.5	11.2	12.2	60.4	49.6	50.2	58.4	22.1	27.4	47.3	56.2
12	38.2	39.2	59.6	R	R	D	30.1	D	D	D	D	R	R
2 00			64.1			60.5							
12	38.3	39.3	47.2				30.2						
3 00			6.2				30.3	50.3					
12	38.4	39.4	46.3										
4 00			18.3			60.6	30.4						
12	38.5	39.5	48.4					50.4					
5 00	38.6	39.6	57.4	D	D		30.5		58.5				
12			32.5				30.6						
6 00	54.1	53.1	50.5		R								
12			28.5				55.1	50.5					
7 00	54.2	53.2	44.6										
12			1.6				55.2						
8 00	54.3	53.3	43.6				55.3	50.6					
12			34.1			60.5						47.2	
9 00	54.4	53.4	9.1				55.4		58.6	22.2			
12			5.1										
10 00	54.5	53.5	26.2			60.4	55.5	28.1					
12	54.6	53.6	11.2	R	R		55.6						
11 00			10.3			60.3							
12	61.1	62.1	58.4				37.1	28.2					
12 00			38.4			60.2							
12	61.2	62.2	54.5				37.2						
13 00			61.6			60.1	37.3		38.1				
12	61.3	62.3	41.1			61.6		28.3					
14 00			19.2				37.4				D		
12	61.4	62.4	13.3			61.5	37.5						
15 00			49.4			61.4		28.4					
12	61.5	62.5	30.5				37.6						
16 00	61.6	62.6	37.1			61.3							
12			63.2			61.2	63.1						
17 00	60.1	56.1	22.3					28.5					
12			36.5			61.1	63.2		38.2				
18 00	60.2	56.2	25.6			54.6	63.3						
12			21.2					28.6					
19 00	60.3	56.3	51.3			54.5	63.4						
12			42.5			54.4				22.3			
20 00	60.4	56.4	3.6	D	D		63.5						
12			24.2			54.3	63.6	44.1					
21 00	60.5	56.5	2.3										
12			23.5				22.1		38.3				
22 00	60.6	56.6	8.6			54.2							
12	41.1	31.1	16.2				22.2	44.2					
23 00			35.4				22.3						
12	41.2	31.2	45.5			54.1							
24 00			15.1	R	R		22.4	44.3					
12	41.3	31.3	52.2										
25 00			39.4				22.5						
12	41.4	31.4	53.5						38.4				
26 00			56.1				22.6	44.4					
12	41.5	31.5	31.2		D	36.1							
27 00			33.3										
12	41.6	31.6	7.4				36.2						
28 00	19.1	33.1	4.6	11.1	12.1			44.5					
12			59.1				36.3						
29 00	19.2	33.2	40.2							22.4			
12			64.3				36.4						
30 00	19.3	33.3	47.3			54.2	36.5	44.6	38.5				
12			6.4										
31 00	19.4	33.4	46.5				36.6						
12			18.5					1.1			27.5		

February 1937

Date/Time	☉	⊕	☾	☊	☋	☿	♀	♂	♃	♄	⯠	♆	♇
1 00	19.5	33.5	48.6	11.1	12.1	54.3	25.1	1.1	38.5	22.4	27.5	47.2	56.2
12			57.6	R	R	D	D	D	D	D	D	R	R
2 00	19.6	33.6	50.1				25.2						
12			28.1			54.4		1.2					56.1
3 00	13.1	7.1	44.1				25.3		38.6				
12	13.2	7.2	1.2			54.5	25.4						
4 00			43.2	D	D								
12	13.3	7.3	14.2			54.6	25.5	1.3					
5 00			34.2										
12	13.4	7.4	9.3				25.6						
6 00			5.3			61.1							
12	13.5	7.5	26.4				17.1	1.4					
7 00			11.4	R	R	61.2				22.5			
12	13.6	7.6	10.5			61.3	17.2		54.1				
8 00			58.5										
12	49.1	4.1	38.6			61.4	17.3	1.5					
9 00	49.2	4.2	61.1										
12			60.2			61.5	17.4						
10 00	49.3	4.3	41.3										
12			19.4			61.6	17.5	1.6					
11 00	49.4	4.4	13.5	26.6	45.6	60.1	17.6						
12			30.1										
12 00	49.5	4.5	55.2			60.2	21.1		54.2				
12			37.4				43.1						
13 00	49.6	4.6	63.5			60.3	21.2						
12			36.1			60.4							
14 00	30.1	29.1	25.2				21.3						
12			17.4			60.5							
15 00	30.2	29.2	21.5			60.6	21.4	43.2		22.6			
12	30.3	29.3	42.1										
16 00			3.3			41.1	21.5						
12	30.4	29.4	27.4			41.2			54.3				
17 00			24.6				21.6	43.3					
12	30.5	29.5	23.1			41.3							
18 00			8.3			41.4							
12	30.6	29.6	20.5	D	D	41.5	51.1						
19 00			16.6				43.4						
12	55.1	59.1	45.1			41.6	51.2						
20 00			12.3	R	R	19.1							
12	55.2	59.2	15.4				51.3						
21 00			52.5			19.2							
12	55.3	59.3	53.1			19.3	51.4	43.5	54.4				
22 00	55.4	59.4	62.2			19.4							
12			56.3				51.5						
23 00	55.5	59.5	31.4	26.5	45.5	19.5				36.1			
12			33.6			19.6	51.6	43.6					
24 00	55.6	59.6	4.1			13.1							
12			29.2			13.2						47.1	
25 00	37.1	40.1	59.3				42.1						
12			40.4			13.3							
26 00	37.2	40.2	64.4			13.4	42.2	14.1	54.5				
12			47.5			13.5							
27 00	37.3	40.3	6.6			13.6	42.3						
12			18.1	26.4	45.4								
28 00	37.4	40.4	48.1			49.1							
12			57.2			49.2	42.4	14.2					

March 1937

Date	Time	☉	⊕	☾	☊	☋	☿	♀	♂	♃	♄	⯔	♆	♇
1	00	37.5	40.5	32.2	26.4	45.4	49.3	42.4	14.2	54.5	36.1	27.5	47.1	56.1
	12	37.6	40.6	50.3	R	R	49.4	42.5	D	D	D	D	R	R
2	00			28.3										
	12	63.1	64.1	44.3			49.5							
3	00			1.4			49.6	42.6	14.3	54.6	36.2			
	12	63.2	64.2	43.4			30.1							
4	00			14.4			30.2	3.1						
	12	63.3	64.3	34.4			30.3							
5	00			9.5			30.4							
	12	63.4	64.4	5.5	D	D		3.2	14.4			27.6		
6	00			26.6	R	R	30.5							
	12	63.5	64.5	11.6			30.6							
7	00			58.1			55.1	3.3						
	12	63.6	64.6	38.1			55.2							
8	00	22.1	47.1	54.2			55.3		14.5					
	12			61.3			55.4	3.4		61.1				
9	00	22.2	47.2	60.3			55.5							
	12			41.4			55.6							
10	00	22.3	47.3	19.6				3.5						
	12			49.1			37.1				36.3			
11	00	22.4	47.4	30.2	26.3	45.3	37.2		14.6					
	12			55.4			37.3	3.6						
12	00	22.5	47.5	37.5			37.4							
	12			22.1			37.5							
13	00	22.6	47.6	36.3			37.6							
	12			25.4			63.1	27.1						
14	00	36.1	6.1	17.6			63.2		34.1	61.2				
	12			51.2			63.3							
15	00	36.2	6.2	42.4			63.4							
	12			3.6			63.5	27.2						
16	00	36.3	6.3	24.2			63.6							
	12	36.4	6.4	2.3			22.1							
17	00			23.5	26.2	45.2	22.2		34.2					
	12	36.5	6.5	20.1			22.3							
18	00			16.2			22.4	27.3			36.4			
	12	36.6	6.6	35.4			22.5							
19	00			45.5	D	D	22.6							
	12	25.1	46.1	15.1	R	R	36.1							
20	00			52.2			36.2			61.3				
	12	25.2	46.2	39.4			36.3		34.3					
21	00			53.5			36.4	27.4						
	12	25.3	46.3	62.6			36.5							
22	00			31.1			36.6							
	12	25.4	46.4	33.2			25.1							
23	00			7.3			25.2							
	12	25.5	46.5	4.4			25.3							
24	00	25.6	46.6	29.5			25.4							
	12			59.6			25.5		34.4					
25	00	17.1	18.1	40.6			25.6							
	12			47.1			17.1				36.5			
26	00	17.2	18.2	6.2			17.2	27.5				24.1		
	12			46.2			17.4			61.4				
27	00	17.3	18.3	18.3	26.1	45.1	17.5							
	12			48.4			17.6							
28	00	17.4	18.4	57.4			21.1	R						
	12			32.5			21.2							
29	00	17.5	18.5	50.5			21.3		34.5					
	12			28.5			21.4							
30	00	17.6	18.6	44.6			21.5	27.4						
	12			1.6			21.6							
31	00	21.1	48.1	43.6			51.1						64.6	
	12			34.1			51.2							

April 1937

Date	Time	☉	⊕	☾	☊	☋	☿	♀	♂	♃	♄	⯔	♆	♇
1	00	21.2	48.2	9.1	26.1	45.1	51.3	27.4	34.5	61.4	36.5	24.1	64.6	56.1
	12			5.1	R	R	51.5	R	D	D	D	D	R	R
2	00	21.3	48.3	26.2	D	D	51.6							
	12	21.4	48.4	11.2			42.1			61.5	36.6			
3	00			10.2			42.2							
	12	21.5	48.5	58.3			42.3							
4	00			38.3			42.4	27.3	34.6					
	12	21.6	48.6	54.4	R	R	42.5							
5	00			61.4			42.6							
	12	51.1	57.1	60.5			3.1							
6	00			41.6			3.2							
	12	51.2	57.2	13.1			3.3							
7	00			49.2			3.4	27.2						
	12	51.3	57.3	30.3			3.5							
8	00			55.5			3.6							
	12	51.4	57.4	37.6	5.6	35.6	27.1							
9	00			22.2			27.2	27.1						
	12	51.5	57.5	36.4			27.3							
10	00			25.5			27.4					25.1		D
	12	51.6	57.6	21.1			27.5			61.6				
11	00			51.3			27.6	3.6						
	12	42.1	32.1	42.5			24.1							
12	00			27.1			24.2							
	12	42.2	32.2	24.3			24.3	3.5						
13	00	42.3	32.3	2.5								24.2		
	12			8.1			24.4							
14	00	42.4	32.4	20.3			24.5	3.4						
	12			16.5			24.6							
15	00	42.5	32.5	45.1	D	D	2.1		R					
	12			12.3										
16	00	42.6	32.6	15.4			2.2	3.3						
	12			52.6			2.3							
17	00	3.1	50.1	53.1										
	12			62.2			2.4	3.2						
18	00	3.2	50.2	56.4	R	R	2.5							
	12			31.5				3.1				25.2		
19	00	3.3	50.3	33.6			2.6							
	12			4.1										
20	00	3.4	50.4	29.2			23.1	42.6						
	12			59.2			23.2							
21	00	3.5	50.5	40.3					60.1					
	12			64.4										
22	00	3.6	50.6	47.5			23.3	42.5						
	12			6.5	5.5	35.5								
23	00	27.1	28.1	46.6			23.4							
	12			18.6				42.4						
24	00	27.2	28.2	57.1										
	12	27.3	28.3	32.1			23.5							
25	00			50.2				42.3						
	12	27.4	28.4	28.2					34.5					
26	00			44.2										
	12	27.5	28.5	1.3			23.6					25.3		
27	00			43.3				42.2						
	12	27.6	28.6	14.3										
28	00			34.3										
	12	24.1	44.1	9.4										
29	00			5.4				42.1				24.3		
	12	24.2	44.2	26.4	D	D								
30	00			11.5										
	12	24.3	44.3	10.5			R							

1937

May 1937

Date	Time	☉	⊕	☾	☊	☋	☿	♀	♂	♃	♄	⯠	♆	♅
1	00	24.3	44.3	58.5	5.5	35.5	23.6	42.1	34.4	60.1	25.3	24.3	64.6	56.1
	12	24.4	44.4	38.6	D	D	R		51.6	R	D	D	R	D
2	00			54.6										
	12	24.5	44.5	60.1										
3	00			41.2										
	12	24.6	44.6	19.2										
4	00			13.3	R	R								
	12	2.1	1.1	49.4										
5	00			30.5				51.5						
	12	2.2	1.2	55.6			23.5		34.3		25.4			
6	00			63.2										
	12	2.3	1.3	22.3										
7	00			36.5										
	12	2.4	1.4	25.6			23.4							
8	00			21.2										
	12	2.5	1.5	51.4										
9	00	2.6	1.6	42.6			23.3		34.2					
	12			27.2				D						
10	00	23.1	43.1	24.4										
	12			2.6										
11	00	23.2	43.2	8.2			23.2							
	12			20.4										
12	00	23.3	43.3	35.1					34.1					
	12			45.3	D	D	23.1							
13	00	23.4	43.4	12.4										
	12			15.6										
14	00	23.5	43.5	39.2			2.6	51.6		60.2				
	12			53.4										
15	00	23.6	43.6	62.5				14.6						
	12			31.1			2.5				25.5	24.4		
16	00	8.1	14.1	33.2					R					
	12			7.3										
17	00	8.2	14.2	4.4										
	12			29.5	R	R	2.4		14.5	60.1				
18	00	8.3	14.3	59.6			42.1							
	12			64.1										
19	00	8.4	14.4	47.1										
	12			6.2										
20	00	8.5	14.5	46.3			2.3							
	12			18.3				42.2	14.4					
21	00	8.6	14.6	48.4										
	12			57.4										
22	00	20.1	34.1	32.4										
	12			50.5										
23	00	20.2	34.2	28.5	5.4	35.4		42.3	14.3					
	12			44.5										
24	00	20.3	34.3	1.6										
	12			43.6		D								
25	00	20.4	34.4	14.6				42.4						
	12			9.1					14.2					
26	00	20.5	34.5	5.1							25.6			
	12			26.1	D	D								
27	00	20.6	34.6	11.2				42.5						
	12	16.1	9.1	10.2										
28	00			58.2									D	
	12	16.2	9.2	38.3				42.6	14.1					
29	00			54.3			2.4							
	12	16.3	9.3	61.4										
30	00			60.4				3.1						
	12	16.4	9.4	41.5										
31	00			19.6					43.6					
	12	16.5	9.5	13.6			2.5	3.2						

June 1937

Date	Time	☉	⊕	☾	☊	☋	☿	♀	♂	♃	♄	⯠	♆	♅
1	00	16.5	9.5	30.1	5.4	35.4	2.5	3.2	43.6	60.1	25.6	24.4	64.6	56.1
	12	16.6	9.6	55.2	D	D	D	R	R	D	D	D	D	D
2	00			37.3	5.5	35.5	2.6	3.3				24.5		
	12	35.1	5.1	63.4	R	R								
3	00			22.6					43.5					
	12	35.2	5.2	25.1	5.4	35.4	23.1	3.4						
4	00			17.2										
	12	35.3	5.3	21.4			23.2	3.5						
5	00			51.6										
	12	35.4	5.4	3.1										
6	00			27.3			23.3	3.6						
	12	35.5	5.5	24.5	D	D			43.4					
7	00			23.1			23.4							
	12	35.6	5.6	8.3			27.1							
8	00			20.5			23.5							
	12	45.1	26.1	35.1			23.6	27.2				17.1		
9	00			45.3	R	R								
	12	45.2	26.2	12.5			8.1	27.3		61.6				
10	00			52.1					43.3					
	12	45.3	26.3	39.3			8.2							
11	00			53.5				27.4						
	12	45.4	26.4	56.1			8.3							
12	00			31.2			8.4	27.5						
	12	45.5	26.5	33.4										
13	00			7.5			8.5	27.6						
	12	45.6	26.6	4.6			8.6							56.2
14	00			59.2										
	12	12.1	11.1	40.3			20.1	24.1	43.2					
15	00			64.3			20.2							
	12	12.2	11.2	47.4			20.3	24.2						
16	00			6.5	D	D								
	12	12.3	11.3	46.6			20.4	24.3						
17	00			18.6			20.5							
	12	12.4	11.4	57.1			20.6	24.4						
18	00			32.1			16.1							
	12	12.5	11.5	50.1				24.5						
19	00			28.2			16.2							
	12	12.6	11.6	44.2			16.3	24.6						
20	00			1.2	5.5	35.5	16.4			61.5				
	12	15.1	10.1	43.3			16.5							
21	00	15.2	10.2	14.3			16.6	2.1						
	12			34.3			35.1		43.1			24.6		
22	00	15.3	10.3	9.4			35.2	2.2						
	12			5.4			35.3							
23	00	15.4	10.4	26.4	R	R		2.3						
	12			11.5			35.4							
24	00	15.5	10.5	10.5			35.5	2.4						
	12			58.6			35.6							
25	00	15.6	10.6	38.6	5.4	35.4	45.1	2.5						
	12			61.1			45.2							
26	00	52.1	58.1	60.1			45.3	2.6						
	12			41.2			45.4							
27	00	52.2	58.2	19.2			45.5	23.1						
	12			13.3			12.1		D					
28	00	52.3	58.3	49.4			12.2	23.2				17.2		
	12			30.5			12.3							
29	00	52.4	58.4	55.6			12.4	23.3		61.4				
	12			63.1			12.5							
30	00	52.5	58.5	22.2			12.6	23.4						
	12			36.3			15.1	23.5						

July 1937

Date	Time	☉	⊕	☾	☊	☋	☿	♀	♂	♃	♄	⚴	♆	♇
1	00	52.6	58.6	25.4	5.4	35.4	15.2	23.5	43.1	61.4	17.2	24.6	64.6	56.2
	12			17.6	R	R	15.3	23.6	D	R	D	D	D	D
2	00	39.1	38.1	51.1	D	D	15.4							
	12			42.2			15.6	8.1						
3	00	39.2	38.2	3.4			52.1							
	12			27.6			52.2	8.2						
4	00	39.3	38.3	2.1			52.3		43.2					
	12			23.3			52.4	8.3						
5	00	39.4	38.4	8.5			52.5							
	12			16.1			52.6	8.4						
6	00	39.5	38.5	35.3			39.2							
	12			45.5	R	R	39.3	8.5		61.3				
7	00	39.6	38.6	12.6			39.4							
	12			52.2			39.5	8.6						
8	00	53.1	54.1	39.4			39.6							
	12			53.6			53.1	20.1						
9	00	53.2	54.2	56.2			53.3	20.2						
	12			31.3			53.4							
10	00	53.3	54.3	33.5			53.5	20.3						
	12			4.1			53.6							
11	00	53.4	54.4	29.2			62.1	20.4						
	12			59.3			62.2		43.3					
12	00	53.5	54.5	40.4			62.3	20.5						
	12			64.5			62.4							
13	00	53.6	54.6	47.6			62.6	20.6						
	12			46.1			56.1	16.1						
14	00	62.1	61.1	18.2			56.2		61.2					
	12			48.3			56.3	16.2						
15	00	62.2	61.2	57.3			56.4							
	12			32.4	D	D	56.5	16.3						
16	00	62.3	61.3	50.4			56.6		43.4					
	12			28.4			31.1	16.4						
17	00	62.4	61.4	44.5			31.2							
	12			1.5			31.3	16.5			R			
18	00	62.5	61.5	43.5			31.4	16.6			2.1			
	12			14.6			31.5							
19	00	62.6	61.6	34.6			31.6	35.1						
	12	56.1	60.1	9.6			33.1		43.5					56.3
20	00			26.1	R	R	33.3	35.2						
	12	56.2	60.2	11.1			33.4							
21	00			10.1			33.5	35.3	61.1					
	12	56.3	60.3	58.2			33.6	35.4						
22	00			38.2										
	12	56.4	60.4	54.3			7.1	35.5						
23	00			61.4			7.2		43.6					
	12	56.5	60.5	60.4			7.3	35.6						
24	00			41.5			7.4					47.1		
	12	56.6	60.6	19.6			7.5	45.1						
25	00			49.1	5.3	35.3	7.6	45.2						
	12	31.1	41.1	30.2			4.1							
26	00			55.2			4.2	45.3	14.1					
	12	31.2	41.2	37.4			4.3							
27	00			63.5			4.4	45.4						
	12	31.3	41.3	22.6			4.5	45.5						
28	00			25.1			4.6							
	12	31.4	41.4	17.2			29.1	45.6	14.2	54.6				
29	00			21.4										
	12	31.5	41.5	51.5			29.2	12.1						
30	00			42.6			29.3							
	12	31.6	41.6	27.2			29.4	12.2						
31	00			24.3	D	D	29.5	12.3						
	12	33.1	19.1	2.5			29.6		14.3					

August 1937

Date	Time	☉	⊕	☾	☊	☋	☿	♀	♂	♃	♄	⚴	♆	♇
1	00	33.1	19.1	23.6	5.3	35.3	59.1	12.4	14.3	54.6	17.2	2.1	47.1	56.3
	12	33.2	19.2	20.2	D	D	D	D	D	R	R	D	D	D
2	00			16.4			59.2	12.5						
	12	33.3	19.3	35.5	R	R	59.3	12.6	14.4					
3	00			12.1			59.4							
	12	33.4	19.4	15.3			59.5	15.1						
4	00			52.4										
	12	33.5	19.5	39.6			59.6	15.2						
5	00			62.2			40.1	15.3	14.5					
	12	33.6	19.6	56.3			40.2							
6	00			31.5				15.4		54.5	17.1			
	12	7.1	13.1	33.6			40.3							
7	00			4.2			40.4	15.5						
	12	7.2	13.2	29.3	5.2	35.2	40.5	15.6	14.6					
8	00			59.5										
	12	7.3	13.3	40.6			40.6	52.1						
9	00			47.1			64.1							
	12	7.4	13.4	6.2			52.2	34.1						
10	00			46.3			64.2	52.3						
	12	7.5	13.5	18.4			64.3							
11	00			48.5			64.4	52.4						
	12	7.6	13.6	57.5				34.2						
12	00			32.6			64.5	52.5						
	12	4.1	49.1	50.6				52.6						
13	00	4.2	49.2	44.1			64.6							
	12			1.1			47.1	39.1	34.3					
14	00	4.3	49.3	43.1										
	12			14.2	D	D	47.2	39.2						
15	00	4.4	49.4	34.2			47.3	39.3						
	12			9.2				34.4	54.4					
16	00	4.5	49.5	5.3	R	R	47.4	39.4						
	12			26.3										
17	00	4.6	49.6	11.3			47.5	39.5						
	12			10.4				39.6	34.5					
18	00	29.1	30.1	58.4			47.6							
	12			38.5				53.1						
19	00	29.2	30.2	54.5			6.1							
	12			61.6				53.2	34.6					
20	00	29.3	30.3	41.1			6.2	53.3			R			
	12			19.1	5.1	35.1								
21	00	29.4	30.4	13.2			6.3	53.4	9.1					
	12			49.3				53.5						
22	00	29.5	30.5	30.4			6.4							
	12			55.5				53.6					47.2	
23	00	29.6	30.6	63.1				9.2						
	12			22.2			6.5	62.1						
24	00	59.1	55.1	36.3				62.2						56.4
	12			25.5										
25	00	59.2	55.2	17.6			6.6	62.3	9.3					
	12			51.1	9.6	16.6		62.4						
26	00	59.3	55.3	42.3								25.6		
	12			3.4			46.1	62.5	9.4					
27	00	59.4	55.4	27.6										
	12			2.1				62.6						
28	00	59.5	55.5	23.3				56.1	9.5					
	12			8.4					54.3					
29	00	59.6	55.6	20.6	D	D	46.2	56.2						
	12			35.2	R	R								
30	00	40.1	37.1	45.3				56.3	9.6					
	12			12.5				56.4						
31	00	40.2	37.2	15.6										
	12	40.3	37.3	39.2				56.5	5.1					

1937

September 1937

Date/Time	☉	⊕	☽	☊	⚷	☿	♀	♂	♃	♄	⚵	♆	♇
1 00	40.3	37.3	53.3	9.6	16.6	46.2	56.6	5.1	54.3	25.6	2.1	47.2	56.4
12	40.4	37.4	62.5	R	R	R	D	D	R	R	R	D	D
2 00			56.6				31.1						
12	40.5	37.5	33.1					5.2					
3 00			7.3				31.2						
12	40.6	37.6	4.4				31.3						
4 00			29.5					5.3					
12	64.1	63.1	40.1			46.1	31.4						
5 00			64.2				31.5						
12	64.2	63.2	47.3	9.5	16.5			5.4					
6 00			6.4				31.6						
12	64.3	63.3	46.5			6.6	33.1						
7 00			18.6					5.5					
12	64.4	63.4	48.6				33.2						
8 00			32.1			6.5							
12	64.5	63.5	50.2				33.3	5.6					
9 00			28.2				33.4			25.5			
12	64.6	63.6	44.3			6.4							
10 00			1.3				33.5	26.1					
12	47.1	22.1	43.3			6.3	33.6						
11 00			14.4										
12	47.2	22.2	34.4			6.2	7.1						
12 00			9.4					26.2					
12	47.3	22.3	5.5	D	D	6.1	7.2						
13 00			26.5	R	R		7.3						
12	47.4	22.4	11.5			47.6		26.3					
14 00	47.5	22.5	10.6			47.5	7.4		D				
12			58.6				7.5						
15 00	47.6	22.6	54.1			47.4		26.4					
12			61.1				7.6						
16 00	6.1	36.1	60.2			47.3	4.1						
12			41.2					26.5					
17 00	6.2	36.2	19.3	9.4	16.4	47.2	4.2					47.3	
12			13.4				4.3						
18 00	6.3	36.3	49.5			47.1		26.6					
12			30.6				4.4						
19 00	6.4	36.4	37.1										
12			63.3			64.6	4.5	11.1					
20 00	6.5	36.5	22.4				4.6						
12			36.6										
21 00	6.6	36.6	17.1			64.5	29.1	11.2					
12			21.3				29.2			25.4			
22 00	46.1	25.1	51.4					11.3			24.6		
12			42.6	9.3	16.3		29.3						
23 00	46.2	25.2	27.2				29.4						
12			24.3					11.4					
24 00	46.3	25.3	2.5			D	29.5						
12			8.1				29.6						
25 00	46.4	25.4	20.2					11.5					
12			16.4	D	D		59.1						
26 00	46.5	25.5	35.6										
12	46.6	25.6	12.1				59.2	11.6					
27 00			15.3			64.6	59.3						
12	18.1	17.1	52.4	R	R								
28 00			39.6				59.4	10.1					
12	18.2	17.2	62.1			47.1	59.5						
29 00			56.2										
12	18.3	17.3	31.4			47.2	59.6	10.2					
30 00			33.5				40.1						
12	18.4	17.4	7.6			47.3							

October 1937

Date/Time	☉	⊕	☽	☊	⚷	☿	♀	♂	♃	♄	⚵	♆	♇
1 00	18.4	17.4	29.1	9.3	16.3	47.3	40.2	10.3	54.4	25.4	24.6	47.3	56.4
12	18.5	17.5	59.2	R	R	47.4	40.3	D	D	R	R	D	D
2 00			40.4					10.4					
12	18.6	17.6	64.5			47.5	40.4						
3 00			47.5				47.6	40.5					
12	48.1	21.1	6.6			6.1		10.5		25.3			
4 00			18.1				40.6						
12	48.2	21.2	48.2	9.2	16.2	6.2							
5 00			57.3			6.3	64.1	10.6					
12	48.3	21.3	32.3			6.4	64.2						
6 00	48.4	21.4	50.4										
12			28.4			6.5	64.3	58.1					
7 00	48.5	21.5	44.5			6.6	64.4						
12			1.5			46.1							
8 00	48.6	21.6	43.6			46.2	64.5	58.2					
12			14.6				64.6						
9 00	57.1	51.1	34.6			46.3		58.3					
12			5.1	D	D	46.4	47.1						
10 00	57.2	51.2	26.1			46.5	47.2						
12			11.1			46.6		58.4					
11 00	57.3	51.3	10.1			18.1	47.3						
12			58.2			18.2	47.4						
12 00	57.4	51.4	38.2			18.3		58.5					
12			54.2			18.4	47.5						
13 00	57.5	51.5	61.3	R	R	18.5	47.6	58.6				47.4	
12			60.3										
14 00	57.6	51.6	41.4			18.6	6.1		54.5				
12			19.5			48.1	6.2	38.1					
15 00	32.1	42.1	13.6			48.2							
12	32.2	42.2	49.6			48.3	6.3						
16 00			55.2			48.4	6.4	38.2					
12	32.3	42.3	37.3			48.5				25.2			
17 00			63.4			48.6	6.5	38.3					
12	32.4	42.4	22.5			57.1							
18 00			25.1			57.2	6.6						
12	32.5	42.5	17.2			57.3	46.1	38.4					
19 00			21.4			57.4							
12	32.6	42.6	51.6	9.1	16.1	57.5	46.2						
20 00			3.2				46.3	38.5			24.5		
12	50.1	3.1	27.4			57.6							
21 00			24.5			32.1	46.4	38.6					
12	50.2	3.2	23.1			32.2	46.5						
22 00			8.3			32.3							
12	50.3	3.3	20.5			32.4	46.6	54.1					
23 00			35.2	D	D	32.5	18.1		54.6				
12	50.4	3.4	45.3			32.6							
24 00	50.5	3.5	12.5			50.1	18.2	54.2					
12			15.6			50.2	18.3						
25 00	50.6	3.6	39.2					54.3					
12			53.4			50.3	18.4						
26 00	28.1	27.1	62.5			50.4	18.5						
12			56.6			50.5		54.4					
27 00	28.2	27.2	33.2	R	R	50.6	18.6						
12			7.3			28.1	48.1						
28 00	28.3	27.3	4.4			28.2		54.5					
12			29.5			28.3	48.2						56.5
29 00	28.4	27.4	59.6			28.4	48.3	54.6					
12			64.1										
30 00	28.5	27.5	47.2			28.5	48.4						
12			6.3			28.6	48.5	61.1	61.1				
31 00	28.6	27.6	46.4			44.1							
12	44.1	24.1	18.4			44.2	48.6	61.2					

1937

November 1937

Date/Time	☉	⊕	☾	☊	☋	☿	♀	♂	♃	♄	⚷	♆	♇
1 00	44.1	24.1	48.5	9.1	16.1	44.3	57.1	61.2	61.1	25.1	24.5	47.4	R
12	44.2	24.2	57.6	R	R	44.4		D		D	R	R	D
2 00			32.6			44.5	57.2	61.3					
12	44.3	24.3	28.1				57.3						
3 00			44.1			44.6		61.4					
12	44.4	24.4	1.2			1.1	57.4						
4 00			43.2			1.2	57.5						
12	44.5	24.5	14.2			1.3		61.5					56.4
5 00			34.3			1.4	57.6						
12	44.6	24.6	9.3	D	D	1.5	32.1						
6 00			5.3			1.6		61.6	61.2				
12	1.1	2.1	26.3				32.2						
7 00			11.4			43.1	32.3	60.1					
12	1.2	2.2	10.4			43.2							
8 00	1.3	2.3	58.4			43.3	32.4						
12			38.5			43.4	32.5	60.2					
9 00	1.4	2.4	54.5										
12			61.5			43.5	32.6	60.3					
10 00	1.5	2.5	60.6			43.6	50.1						
12			41.6			14.1							
11 00	1.6	2.6	13.1			14.2	50.2	60.4					
12			49.2	R	R	14.3	50.3						
12 00	43.1	23.1	30.2					60.5	61.3		24.4		
12			55.3			14.4	50.4						
13 00	43.2	23.2	37.4			14.5	50.5						
12			63.5			14.6		60.6					
14 00	43.3	23.3	22.6			34.1	50.6						
12	43.4	23.4	25.2			34.2	28.1	41.1					
15 00			17.3										
12	43.5	23.5	21.5			34.3	28.2						
16 00			51.6			34.4	28.3	41.2				47.5	
12	43.6	23.6	3.2			34.5							
17 00			27.4			34.6	28.4						
12	14.1	8.1	24.6				28.5	41.3					
18 00			23.2			9.1		61.4					
12	14.2	8.2	8.4			9.2	28.6	41.4					
19 00			20.6			9.3	44.1						
12	14.3	8.3	35.2	D	D	9.4							
20 00			15.1				44.2	41.5					
12	14.4	8.4	15.1			9.5	44.3						
21 00	14.5	8.5	52.2			9.6		41.6					
12			39.4			5.1	44.4						
22 00	14.6	8.6	53.6			5.2	44.5						
12			56.2					19.1					
23 00	34.1	20.1	31.3			5.3	44.6	61.5					
12			33.5			5.4	1.1	19.2					
24 00	34.2	20.2	7.6			5.5							
12			29.2			5.6	1.2						
25 00	34.3	20.3	59.3				1.3	19.3					
12			40.4	R	R	26.1							
26 00	34.4	20.4	64.5			26.2	1.4	19.4					
12			47.6			26.3	1.5						
27 00	34.5	20.5	6.6			26.4							
12	34.6	20.6	18.1				1.6	19.5					
28 00			48.2			26.5	43.1		61.6				
12	9.1	16.1	57.2			26.6		19.6					
29 00			32.3	D	D	11.1	43.2						
12	9.2	16.2	50.3			11.2	43.3						
30 00			28.4					13.1					
12	9.3	16.3	44.4			11.3	43.4						

December 1937

Date/Time	☉	⊕	☾	☊	☋	☿	♀	♂	♃	♄	⚷	♆	♇
1 00	9.3	16.3	1.5	9.1	16.1	11.4	43.5	13.2	61.6	25.1	24.4	47.5	56.4
12	9.4	16.4	43.5	D	D	11.5		D	D	R	R	D	R
2 00			14.5				43.6			D			
12	9.5	16.5	34.6			11.6	14.1	13.3					
3 00			9.6	R	R	10.1			60.1				
12	9.6	16.6	5.6			10.2	14.2	13.4					
4 00	5.1	35.1	26.6				14.3						
12			10.1			10.3							
5 00	5.2	35.2	58.1			10.4	14.4	13.5					
12			38.1			10.5	14.5						
6 00	5.3	35.3	54.2					13.6					
12			61.2			10.6	14.6						
7 00	5.4	35.4	60.2			58.1	34.1						
12			41.3					49.1	60.2		24.3		
8 00	5.5	35.5	19.3			58.2	34.2						
12			13.4			58.3	34.3	49.2					
9 00	5.6	35.6	49.4										
12	26.1	45.1	30.5			58.4	34.4						
10 00			55.6			58.5	34.5	49.3					
12	26.2	45.2	63.1										
11 00			22.1			58.6	34.6	49.4					
12	26.3	45.3	36.3	D	D	38.1	9.1						
12 00			25.4					49.5	60.3				
12	26.4	45.4	17.5			38.2	9.2						
13 00			21.6				9.3						
12	26.5	45.5	42.2			38.3		49.6					
14 00			3.3				9.4						
12	26.6	45.6	27.5			38.4	9.5	30.1					
15 00			2.1										
12	11.1	12.1	23.3			38.5	9.6						
16 00	11.2	12.2	8.5				5.1	30.2					
12			16.1					60.4					
17 00	11.3	12.3	35.3	R	R	38.6	5.2	30.3					
12			45.5				5.3						
18 00	11.4	12.4	15.1										
12			52.3			54.1	5.4	30.4					
19 00	11.5	12.5	39.5				5.5						
12			62.1					30.5					
20 00	11.6	12.6	56.3				5.6						
12			31.5				26.1						
21 00	10.1	15.1	7.1			R		30.6	60.5				
12	10.2	15.2	4.2				26.2						
22 00			29.4				26.3	55.1					
12	10.3	15.3	59.5										
23 00			64.1				26.4						
12	10.4	15.4	47.2			38.6	26.5	55.2					
24 00			6.3										R
12	10.5	15.5	46.4				26.6	55.3					
25 00			18.4	D	D	38.5	11.1						
12	10.6	15.6	48.5				11.2		60.6				
26 00			57.6			38.4		55.4					
12	58.1	52.1	32.6				11.3						
27 00	58.2	52.2	28.1			38.3	11.4	55.5					
12			44.1										
28 00	58.3	52.3	1.1			38.2	11.5						
12			43.2			38.1	11.6	55.6					
29 00	58.4	52.4	14.2										
12			34.2			58.6	10.1	37.1	41.1				
30 00	58.5	52.5	9.3	R	R	58.5	10.2						
12			5.3			58.4							
31 00	58.6	52.6	26.3				10.3	37.2					
12			11.3			58.3	10.4						

1937

January 1938

Date/Time	☉	⊕	☾	☊	☋	☿	♀	♂	♃	♄	⚷	♆	♅
1 00	38.1	39.1	10.4	9.1	16.1	58.2	10.4	37.3	41.1	25.1	24.3	47.5	56.4
12			58.4	R	R	R	10.5	D	D	D	D	R	R
2 00	38.2	39.2	38.4			58.1	10.6		25.2				
12	38.3	39.3	54.5	34.6	20.6	10.6		37.4	41.2				
3 00			61.5				58.1						
12	38.4	39.4	60.6			10.5	58.2	37.5					
4 00			41.6										
12	38.5	39.5	13.1			10.4	58.3						
5 00			49.1				58.4	37.6					
12	38.6	39.6	30.2			10.3							
6 00			55.3				58.5	63.1					
12	54.1	53.1	37.3				58.6		41.3				
7 00			63.4			10.2							
12	54.2	53.2	22.5				38.1	63.2					
8 00	54.3	53.3	36.6				38.2						
12			17.1					63.3					
9 00	54.4	53.4	21.2				38.3						
12			51.3				38.4	63.4					
10 00	54.5	53.5	42.4	D	D	D							
12			3.6				38.5		41.4				
11 00	54.6	53.6	24.1				38.6	63.5					
12			2.2										56.3
12 00	61.1	62.1	23.4				54.1	63.6					
12			8.6				54.2						
13 00	61.2	62.2	16.2	R	R								
12	61.3	62.3	35.4			10.3	54.3	22.1					
14 00			45.5				54.4						
12	61.4	62.4	15.1					22.2	41.5				
15 00			52.3				54.5						
12	61.5	62.5	39.6			10.4	54.6						
16 00			62.2					22.3					
12	61.6	62.6	56.4			10.5	61.1			25.3			
17 00			31.6				61.2	22.4					
12	60.1	56.1	7.1	34.5	20.5								
18 00			4.3			10.6	61.3						
12	60.2	56.2	29.5				61.4	22.5	41.6		D		
19 00	60.3	56.3	40.1			58.1							
12			64.2				61.5	22.6					
20 00	60.4	56.4	47.3			58.2	61.6						
12			6.5										
21 00	60.5	56.5	46.6			58.3	60.1	36.1					
12			48.1				60.2						
22 00	60.6	56.6	57.1			58.4		36.2					
12			32.2				60.3		19.1				
23 00	41.1	31.1	50.3			58.5	60.4						
12			28.3	D	D	58.6		36.3					
24 00	41.2	31.2	44.4				60.5						
12			1.4			38.1	60.6	36.4					
25 00	41.3	31.3	43.5					41.1					
12	41.4	31.4	14.5			38.2							
26 00			34.5	R	R	38.3	41.2	36.5					
12	41.5	31.5	9.5						19.2				
27 00			5.6			38.4	41.3	36.6					
12	41.6	31.6	26.6			38.5	41.4			25.4			
28 00			11.6										
12	19.1	33.1	58.1			38.6	41.5	25.1					
29 00			38.1			54.1	41.6						
12	19.2	33.2	54.1					25.2					
30 00			61.2			54.2	19.1						
12	19.3	33.3	60.2			54.3	19.2		19.3				
31 00	19.4	33.4	41.3	34.4	20.4	54.4		25.3					
12			19.3				19.3				47.4		

February 1938

Date/Time	☉	⊕	☾	☊	☋	☿	♀	♂	♃	♄	⚷	♆	♅
1 00	19.5	33.5	13.4	34.4	20.4	54.5	19.4	25.4	19.3	25.4	24.3	47.4	56.1
12			49.5	R	R	54.6	D	D	D	D	D	R	R
2 00	19.6	33.6	30.5			19.5							
12			55.6			61.1	19.6	25.5					
3 00	13.1	7.1	63.1			61.2							
12			22.2			61.3	13.1	25.6	19.4				
4 00	13.2	7.2	36.3				13.2						
12			25.4	34.3	20.3	61.4							
5 00	13.3	7.3	17.5			61.5	13.3	17.1					
12			21.6			61.6	13.4						
6 00	13.4	7.4	42.1					17.2					
12	13.5	7.5	3.2			60.1	13.5			25.5			
7 00			27.3			60.2	13.6						
12	13.6	7.6	24.5			60.3	49.1	17.3	19.5				
8 00			2.6										
12	49.1	4.1	8.1	D	D	60.4	49.2						
9 00			20.3			60.5	49.3	17.4					
12	49.2	4.2	16.4	R	R	60.6							
10 00			35.6			41.1	49.4	17.5					
12	49.3	4.3	12.2				49.5						
11 00			15.3			41.2							
12	49.4	4.4	52.5			41.3	49.6	17.6	19.6				
12 00	49.5	4.5	53.1			41.4	30.1						
12			62.3			41.5		21.1					
13 00	49.6	4.6	56.5			41.6	30.2						
12			31.6				30.3						
14 00	30.1	29.1	7.2			19.1		21.2					
12			4.4			19.2	30.4						
15 00	30.2	29.2	29.6			19.3	30.5	21.3					
12			40.1	34.2	20.2	19.4			13.1	25.6			
16 00	30.3	29.3	64.3			19.5	30.6						
12			47.4				55.1	21.4					
17 00	30.4	29.4	6.6			19.6							
12			18.1			13.1	55.2	21.5					
18 00	30.5	29.5	48.2			13.2	55.3						
12	30.6	29.6	57.3			13.3							
19 00			32.4			13.4	55.4	21.6					
12	55.1	59.1	50.5			13.5	55.5		13.2				
20 00			28.5				51.1						
12	55.2	59.2	44.6			13.6	55.6						
21 00			1.6			49.1	37.1						
12	55.3	59.3	14.1			49.2	51.2						
22 00			34.1			49.3	37.2						
12	55.4	59.4	9.1			49.4	37.3	51.3					
23 00			5.2			49.5							
12	55.5	59.5	26.2			49.6	37.4		13.3				
24 00			11.2			30.1	37.5	51.4		17.1			
12	55.6	59.6	10.3										
25 00			58.3			30.2	37.6						
12	37.1	40.1	38.3			30.3	63.1	51.5					56.2
26 00	37.2	40.2	54.4			30.4							
12			61.4			30.5	63.2	51.6					
27 00	37.3	40.3	60.5	34.1	20.1	30.6	63.3						
12			41.5			55.1			13.4				
28 00	37.4	40.4	19.6			55.2	63.4	42.1					
12			13.6			55.3	63.5				24.4		

1938

March 1938

Date	Time	☉	⊕	☾	☊	☋	☿	♀	♂	♃	♄	⚴	♆	♇
1	00	37.5	40.5	30.1	34.1	20.1	55.4	63.5	42.2	13.4	17.1	24.4	47.4	56.2
	12			55.2	R	R	55.5	63.6	D	D	D	D	R	R
2	00	37.6	40.6	37.3			55.6	22.1						
	12			63.4			37.1		42.3					
3	00	63.1	64.1	22.5			37.2	22.2						
	12			36.6	14.6	8.6	37.3	22.3	42.4	13.5				
4	00	63.2	64.2	17.1			37.4				17.2			
	12	63.3	64.3	21.2			37.5	22.4						
5	00			51.3			37.6	22.5	42.5					
	12	63.4	64.4	42.5			63.1							
6	00			3.6			63.2	22.6						
	12	63.5	64.5	24.1			63.3	36.1	42.6					
7	00			2.3			63.4							
	12	63.6	64.6	23.4			63.5	36.2	3.1					
8	00			8.5			63.6	36.3		13.6				
	12	22.1	47.1	16.1	D	D	22.1							
9	00			35.2			22.2	36.4	3.2					
	12	22.2	47.2	45.4	R	R	22.3	36.5						
10	00			12.5			22.4		3.3			47.3		
	12	22.3	47.3	52.1			22.5	36.6						
11	00			39.2			22.6	25.1						
	12	22.4	47.4	53.4			36.1		3.4		17.3			
12	00	22.5	47.5	62.6			36.2	25.2	49.1					
	12			31.1			36.3	25.3	3.5					
13	00	22.6	47.6	33.3			36.4							
	12			7.4			36.5	25.4						
14	00	36.1	6.1	4.6			36.6	25.5	3.6					
	12			59.2			25.1							
15	00	36.2	6.2	40.3	14.5	8.5	25.2	25.6						
	12			64.4			25.3		27.1					
16	00	36.3	6.3	47.6			25.4	17.1						
	12			46.1			25.6	17.2	27.2	49.2				
17	00	36.4	6.4	18.2			17.1							
	12			48.3			17.2	17.3						
18	00	36.5	6.5	57.4			17.3	17.4	27.3					
	12			32.5			17.4							
19	00	36.6	6.6	50.6			17.5	17.5						
	12			44.1			17.6	17.6	27.4		17.4			
20	00	25.1	46.1	1.2			21.1							
	12	25.2	46.2	43.2			21.2	21.1	27.5	49.3				
21	00			14.3			21.3	21.2						
	12	25.3	46.3	34.3	D	D	21.4							
22	00			9.3			21.5	21.3	27.6					
	12	25.4	46.4	5.4			21.6	21.4						
23	00			26.4			51.1		24.1					
	12	25.5	46.5	11.4			51.2	21.5				24.5		
24	00			10.5			51.3	21.6						
	12	25.6	46.6	58.5	R	R	51.4		24.2					
25	00			38.5			51.5	51.1		49.4				
	12	17.1	18.1	54.6			51.6	51.2						
26	00			61.6			42.1		24.3					
	12	17.2	18.2	41.1				51.3						
27	00			19.1			42.2	51.4	24.4		17.5			
	12	17.3	18.3	13.2			42.3							
28	00			49.2			42.4	51.5						
	12	17.4	18.4	30.3	14.4	8.4	42.5	51.6	24.5					
29	00	17.5	18.5	55.4			42.6							
	12			37.5				42.1						
30	00	17.6	18.6	63.6			3.1	42.2	24.6	49.5				
	12			36.1			3.2							
31	00	21.1	48.1	25.2				42.3	2.1					
	12			17.3			3.3	42.4						

April 1938

Date	Time	☉	⊕	☾	☊	☋	☿	♀	♂	♃	♄	⚴	♆	♇
1	00	21.2	48.2	21.5	14.4	8.4	3.4	42.4	2.1	49.5	17.5	24.5	47.3	56.2
	12			51.6	R	R	D	42.5	2.2	D	D	D	R	R
2	00	21.3	48.3	3.1			3.5	42.6						
	12			27.3					2.3					
3	00	21.4	48.4	24.4			3.6	3.1						
	12			2.6				3.2		49.6	17.6			
4	00	21.5	48.5	8.2			27.1		2.4					
	12			20.3	D	D		3.3						
5	00	21.6	48.6	16.5			27.2	3.4						
	12			35.6					2.5					
6	00	51.1	57.1	12.2				3.5						
	12			15.4			27.3	3.6	2.6					
7	00	51.2	57.2	52.5										
	12	51.3	57.3	53.1				27.1						
8	00			62.2	R	R	27.4	27.2	23.1					
	12	51.4	57.4	56.4							30.1			
9	00			31.5				27.3						
	12	51.5	57.5	7.1				27.4	23.2					
10	00			4.2										
	12	51.6	57.6	29.3				27.5	23.3					
11	00			59.5				27.6				21.1	24.6	
	12	42.1	32.1	40.6										D
12	00			47.1			R	24.1	23.4					
	12	42.2	32.2	6.2										
13	00			46.4	14.3	8.3		24.2						
	12	42.3	32.3	18.5				24.3	23.5	30.2				
14	00			48.6										
	12	42.4	32.4	57.6				24.4						
15	00			50.1				24.5	23.6					
	12	42.5	32.5	28.2									47.2	
16	00			44.3			27.3	24.6	8.1					
	12	42.6	32.6	1.3					2.1					
17	00			43.4										
	12	3.1	50.1	14.5	D	D		2.2	8.2					
18	00			34.5			27.2	2.3						
	12	3.2	50.2	9.5								21.2		
19	00	3.3	50.3	5.6				2.4	8.3	30.3				
	12			26.6			27.1	2.5						
20	00	3.4	50.4	10.1					8.4					
	12			58.1				2.6						
21	00	3.5	50.5	38.1			3.6	23.1						
	12			54.1					8.5					
22	00	3.6	50.6	61.2				23.2						
	12			60.2				3.5	23.3					
23	00	27.1	28.1	41.3	R	R			8.6					
	12			19.3				3.4	23.4					
24	00	27.2	28.2	13.4					23.5	20.1				
	12			49.4										
25	00	27.3	28.3	30.5			3.3	23.6		30.4				
	12			55.5				8.1	20.2					
26	00	27.4	28.4	37.6										
	12			22.1			3.2	8.2				21.3		
27	00	27.5	28.5	36.2				20.3						
	12			25.3				8.3					2.1	
28	00	27.6	28.6	17.5			3.1	8.4						
	12			21.6					20.4					
29	00	24.1	44.1	42.2				8.5						
	12			3.3				8.6	20.5					
30	00	24.2	44.2	27.5			42.6							
	12			24.6				20.1						

May 1938

Date/Time	☉	⊕	☾	☊	☋	☿	♀	♂	♃	♄	⯝	♆	♇
1 00	24.3	44.3	23.2	14.3	8.3	42.6	20.2	20.6	30.5	21.3	2.1	47.2	56.2
12	24.4	44.4	8.4	D	D	R	D	D	D	D	D	R	D
2 00			20.6				20.3						
12	24.5	44.5	35.2				20.4	16.1					
3 00			45.3			42.5							
12	24.6	44.6	12.5				20.5	16.2					
4 00			52.1				20.6						
12	2.1	1.1	39.3							21.4			
5 00			53.4				16.1	16.3					
12	2.2	1.2	62.6			D	16.2						
6 00			31.2										
12	2.3	1.3	33.3				16.3	16.4					
7 00			7.5	R	R		16.4						
12	2.4	1.4	4.6										
8 00			59.1			42.6	16.5	16.5	30.6				
12	2.5	1.5	40.3										
9 00			64.4				16.6	16.6					
12	2.6	1.6	47.5				35.1						
10 00			6.6										
12	23.1	43.1	18.1				35.2	35.1					
11 00			48.2			3.1	35.3						
12	23.2	43.2	57.3										
12 00			32.3				35.4	35.2					
12	23.3	43.3	50.4				35.5						
13 00			28.5			3.2				21.5			
12	23.4	43.4	44.6				35.6	35.3		2.2			
14 00			1.6				45.1						
12	23.5	43.5	14.1			3.3		35.4					
15 00			34.1	D	D		45.2						
12	23.6	43.6	9.2				45.3		55.1				
16 00			5.2			3.4		35.5					
12	8.1	14.1	26.2				45.4						
17 00			11.3			3.5							
12	8.2	14.2	10.3				45.5	35.6					
18 00	8.3	14.3	58.3				45.6						
12			38.4			3.6							
19 00	8.4	14.4	54.4	R	R		12.1	45.1					
12			61.4			27.1	12.2						
20 00	8.5	14.5	60.5										
12			41.5			27.2	12.3	45.2					
21 00	8.6	14.6	19.5			27.3	12.4						
12			13.6					45.3					
22 00	20.1	34.1	49.6			27.4	12.5			21.6			
12			55.1				12.6						
23 00	20.2	34.2	37.1	D	D	27.5		45.4					
12			63.2				15.1						
24 00	20.3	34.3	22.3			27.6	15.2						
12			36.4			24.1		45.5					
25 00	20.4	34.4	25.5				15.3						
12			17.6			24.2			55.2				56.3
26 00	20.5	34.5	51.1			24.3	15.4	45.6					
12			42.3				15.5						
27 00	20.6	34.6	3.4			24.4							
12			27.6			24.5	15.6	12.1					
28 00	16.1	9.1	2.1			24.6	52.1						
12			23.3				12.2						
29 00	16.2	9.2	8.5	R	R	2.1	52.2						
12			16.1			2.2	52.3						
30 00	16.3	9.3	35.3			2.3		12.3					
12			45.5				52.4					2.3	D
31 00	16.4	9.4	15.1			2.4	52.5						
12			52.3			2.5		12.4			51.1		

June 1938

Date/Time	☉	⊕	☾	☊	☋	☿	♀	♂	♃	♄	⯝	♆	♇
1 00	16.5	9.5	39.5	14.3	8.3	2.6	52.6	12.4	55.2	51.1	2.3	47.2	56.3
12			62.1	R	R	23.1	D	D	D	D	D	D	D
2 00	16.6	9.6	56.3			39.1	12.5						
12			31.5			23.2	39.2						
3 00	35.1	5.1	7.1			23.3							
12			4.2			23.4	39.3	12.6					
4 00	35.2	5.2	29.4			23.5	39.4						
12			59.5			23.6		15.1					
5 00	35.3	5.3	40.6			8.1	39.5						
12			47.2	D	D	8.2	39.6						
6 00	35.4	5.4	6.3			8.3		15.2					
12			46.4			53.1							
7 00	35.5	5.5	18.5			8.4							
12	35.6	5.6	48.6			8.5	53.2	15.3					
8 00			57.6			8.6	53.3						
12	45.1	26.1	50.1			20.1							
9 00			28.2			20.2	53.4	15.4					
12	45.2	26.2	44.2			20.3	53.5		55.3				
10 00			1.3			20.4							
12	45.3	26.3	43.3			20.5	53.6	15.5					
11 00			14.4	R	R	20.6	62.1						
12	45.4	26.4	34.4			16.1		15.6					
12 00			9.5			16.2	62.2			51.2			
12	45.5	26.5	5.5			16.4	62.3						
13 00			26.5			16.5		52.1					
12	45.6	26.6	11.6			16.6	62.4						
14 00			10.6			35.1							
12	12.1	11.1	58.6			35.2	62.5	52.2					
15 00			38.6			35.3	62.6						
12	12.2	11.2	61.1			35.4							
16 00			60.1			35.5	56.1	52.3					
12	12.3	11.3	41.1			35.6	56.2						
17 00			19.2			45.1							
12	12.4	11.4	13.2			45.3	56.3	52.4					2.4
18 00			49.3			45.4							
12	12.5	11.5	30.3			45.5	56.4						
19 00			55.4			45.6	56.5	52.5					
12	12.6	11.6	37.4			12.1							
20 00			63.5			12.2	56.6						
12	15.1	10.1	22.5			12.4	31.1	52.6					
21 00			36.6			12.5							
12	15.2	10.2	17.1	D	D	12.6	31.2	39.1					
22 00			21.2			15.1	31.3	R					
12	15.3	10.3	51.3			15.2							
23 00			42.4			15.3	31.4	39.2					
12	15.4	10.4	3.6			15.5							
24 00			24.1			15.6	31.5						
12	15.5	10.5	2.3			52.1	31.6	39.3					
25 00			23.4			52.2							
12	15.6	10.6	8.6	R	R	52.3	33.1						
26 00			16.2			52.4	33.2	39.4		51.3			
12	52.1	58.1	35.4			52.6							
27 00			45.6			39.1	33.3						
12	52.2	58.2	15.2			39.2		39.5					
28 00			52.4	14.2	8.2	39.3	33.4						
12	52.3	58.3	39.6			39.4	33.5						
29 00			62.2			39.5		39.6					
12	52.4	58.4	56.5			39.6	33.6						
30 00			33.1			53.1	7.1						
12	52.5	58.5	7.3			53.3		53.1					

July 1938

Date/Time	☉	⊕	☾	☊	☋	☿	♀	♂	♃	♄	⯝	♆	♇
1 00	52.5	58.5	4.4	14.2	8.2	53.4	7.2	53.1	55.3	51.3	2.4	47.2	56.3
12	52.6	58.6	29.6	R	R	53.5	7.3	53.2	R	D	D	D	D
2 00			40.2			53.6							
12	39.1	38.1	64.3			62.1	7.4						
3 00			47.5			62.2		53.3					
12	39.2	38.2	6.6			62.3	7.5						
4 00			18.1			62.4	7.6						
12	39.3	38.3	48.2			62.5		53.4	55.2				
5 00	39.4	38.4	57.3	D	D	62.6	4.1						
12			32.4			56.1	4.2						56.4
6 00	39.5	38.5	50.4			56.2		53.5					
12			28.5			56.3	4.3						
7 00	39.6	38.6	44.6			56.4							
12			1.6			56.5	4.4	53.6					
8 00	53.1	54.1	14.1			56.6	4.5						
12			34.1	R	R	31.1							
9 00	53.2	54.2	9.1			31.2	4.6	62.1					
12			5.2			31.3							
10 00	53.3	54.3	26.2			31.4	29.1						
12			11.2			31.5	29.2	62.2			2.5		
11 00	53.4	54.4	10.3			31.6							
12			58.3			33.1	29.3						
12 00	53.5	54.5	38.3			33.2	29.4	62.3					
12			54.4										
13 00	53.6	54.6	61.4			33.3	29.5	62.4					
12			60.4			33.4							
14 00	62.1	61.1	41.5	14.1	8.1	33.5	29.6					47.3	
12			19.5			33.6	59.1	62.5					
15 00	62.2	61.2	13.5			7.1							
12			49.6			7.2	59.2						
16 00	62.3	61.3	30.6				59.3	62.6					
12			37.1			7.3							
17 00	62.4	61.4	63.1			7.4	59.4						
12			22.2			7.5		56.1					
18 00	62.5	61.5	36.3			7.6	59.5						
12			25.3				59.6						
19 00	62.6	61.6	17.4			4.1		56.2					
12			21.5			4.2	40.1	55.1					
20 00	56.1	60.1	51.6			4.3				51.4			
12			3.1			4.4	40.2	56.3					
21 00	56.2	60.2	27.2	D	D	4.5	40.3						
12			24.3			4.5							
22 00	56.3	60.3	2.5			4.6	40.4	56.4					
12			23.6				40.5						
23 00	56.4	60.4	20.2	R	R	29.1							
12			16.3			29.2	40.6	56.5					
24 00	56.5	60.5	35.5			29.3							
12			12.1				64.1						
25 00	56.6	60.6	15.3			29.4	64.2	56.6					
12			52.5			29.5							
26 00	31.1	41.1	53.1				64.3						
12			62.3	43.6	23.6	29.6		31.1					
27 00	31.2	41.2	56.5				64.4						
12			33.2			59.1	64.5	31.2					
28 00	31.3	41.3	7.4			59.2							
12			4.6				64.6						
29 00	31.4	41.4	59.1			59.3		31.3	30.6				
12			40.3				47.1						
30 00	31.5	41.5	64.5			59.4	47.2						
12			6.1					31.4					
31 00	31.6	41.6	46.2			59.5	47.3				R		
12			18.3			59.6							

August 1938

Date/Time	☉	⊕	☾	☊	☋	☿	♀	♂	♃	♄	⯝	♆	♇
1 00	33.1	19.1	48.4	43.6	23.6	59.6	47.4	31.5	30.6	51.4	2.5	47.3	56.4
12	33.2	19.2	57.6	R	R	40.1	47.5		D	R	R	D	D
2 00			32.6										
12	33.3	19.3	28.1				47.6	31.6					
3 00			44.2			40.2							
12	33.4	19.4	1.3	D	D		6.1						
4 00			43.3			40.3	6.2	33.1					
12	33.5	19.5	14.4	R	R								
5 00			34.4			40.4	6.3						
12	33.6	19.6	9.4					33.2					
6 00			5.5				6.4						
12	7.1	13.1	26.5			40.5	6.5			30.5			
7 00			11.5					33.3					
12	7.2	13.2	10.6	43.5	23.5		6.6						
8 00			58.6			40.6							
12	7.3	13.3	38.6				46.1	33.4					56.5
9 00			61.1				46.2						
12	7.4	13.4	60.1										
10 00			41.1			64.1	46.3	33.5					
12	7.5	13.5	19.2										
11 00			13.2				46.4						
12	7.6	13.6	49.3				46.5	33.6		51.3			
12 00			30.3										
12	4.1	49.1	55.4	43.4	23.4		46.6						
13 00			37.4				7.1						
12	4.2	49.2	63.5				18.1						
14 00			22.6					30.4					
12	4.3	49.3	36.6			64.2	18.2	7.2					
15 00			17.1			64.1	18.3						
12	4.4	49.4	21.2				7.3						
16 00			51.3				18.4					47.4	
12	4.5	49.5	42.4										
17 00			3.5				18.5	7.4					
12	4.6	49.6	27.6										
18 00			2.1				18.6						
12	29.1	30.1	23.2				48.1	7.5					
19 00			8.3										
12	29.2	30.2	20.5			40.6	48.2						
20 00			16.6				7.6						
12	29.3	30.3	45.2				48.3						
21 00			12.3			40.5	48.4			30.3			
12	29.4	30.4	15.5				4.1						
22 00			39.1				48.5						
12	29.5	30.5	53.3			40.4							
23 00	29.6	30.6	62.5				48.6	4.2					
12			31.1	43.3	23.3								
24 00	59.1	55.1	33.3			40.3	57.1						
12			7.5				4.3				R		
25 00	59.2	55.2	29.1			40.2	57.2						
12			59.3				57.3						
26 00	59.3	55.3	40.4			40.1		4.4					
12			64.6				57.4						
27 00	59.4	55.4	6.2			59.6							
12			46.3				57.5	4.5					
28 00	59.5	55.5	18.5			59.5							
12			48.6				57.6			30.2			
29 00	59.6	55.6	32.1			59.4	32.1	4.6					
12			50.2										
30 00	40.1	37.1	28.3				32.2						
12			44.4			59.3		29.1					
31 00	40.2	37.2	1.5	43.2	23.2		32.3						
12			43.6	D	D	59.2							

September 1938

Date/Time	☉	⊕	☽	☊	☋	☿	♀	♂	♃	♄	⇧	♆	⚷
1 00	40.3	37.3	14.6	43.2	23.2	59.2	32.4	29.2	30.2	51.3	2.5	47.4	56.5
12			9.1	D	D	59.1	D	D	R	R	R	D	D
2 00	40.4	37.4	5.1	R	R		32.5						
12			26.1					29.3					
3 00	40.5	37.5	11.2			29.6	32.6						
12			10.2				50.1						
4 00	40.6	37.6	58.2					29.4					
12			38.3				50.2						
5 00	64.1	63.1	54.3						30.1	51.2			
12			61.3			29.5	50.3	29.5					
6 00	64.2	63.2	60.4										
12			41.4				50.4						
7 00	64.3	63.3	19.5		D			29.6					
12	64.4	63.4	13.5				50.5						
8 00			49.6										
12	64.5	63.5	30.6				50.6	59.1					
9 00			37.1			29.6							
12	64.6	63.6	63.1			28.1							
10 00			22.2	43.1	23.1			59.2					
12	47.1	22.1	36.3			28.2							
11 00			25.4			59.1							47.5
12	47.2	22.2	17.5			28.3	59.3						
12 00			21.5			28.4							
12	47.3	22.3	51.6			59.2		59.4					
13 00			3.1			28.5		49.6					
12	47.4	22.4	27.3			59.3							
14 00			24.4			28.6	59.5						
12	47.5	22.5	2.5			59.4							
15 00			23.6	D	D		44.1						
12	47.6	22.6	20.1			59.5		59.6					
16 00			16.3			59.6	44.2						
12	6.1	36.1	35.4										
17 00			45.6			40.1	44.3	40.1					
12	6.2	36.2	15.1	R	R	40.2							56.6
18 00			52.3				44.4						
12	6.3	36.3	39.4			40.3		40.2					
19 00			53.6			40.4							
12	6.4	36.4	56.2			40.5	44.5			51.1			
20 00			31.3			40.6		40.3					
12	6.5	36.5	33.5				44.6						
21 00	6.6	36.6	4.1			64.1							
12			29.2			64.2	1.1	40.4					
22 00	46.1	25.1	59.4			64.3							
12			40.6			64.4	1.2		49.5				
23 00	46.2	25.2	47.2	1.6	2.6	64.5		40.5					
12			6.3			64.6	1.3						
24 00	46.3	25.3	46.5			47.1							
12			18.6			47.2	1.4	40.6					
25 00	46.4	25.4	57.1										
12			32.3			47.3	1.5						
26 00	46.5	25.5	50.4			47.4		64.1					
12			28.5			47.5							
27 00	46.6	25.6	44.6			47.6	1.6						
12			43.1	D	D	6.1		64.2					
28 00	18.1	17.1	14.1			6.2	43.1						
12			34.2			6.3							
29 00	18.2	17.2	9.3			6.4	43.2	64.3					
12			5.3			6.5							
30 00	18.3	17.3	26.4			6.6							
12			11.4			46.1	43.3	64.4					

October 1938

Date/Time	☉	⊕	☽	☊	☋	☿	♀	♂	♃	♄	⇧	♆	⚷
1 00	18.4	17.4	10.4	1.6	2.6	46.2	43.3	64.4	49.5	51.1	2.5	47.5	56.6
12	18.5	17.5	58.5	R	R	46.3	43.4	D	R	R	R	D	D
2 00			38.5			46.4		64.5		21.6			
12	18.6	17.6	54.5			46.5	43.5						
3 00			61.6			46.6							
12	48.1	21.1	60.6			18.1		64.6					
4 00			41.6			18.2	43.6						
12	48.2	21.2	13.1			18.3							
5 00			49.1			18.4		47.1					
12	48.3	21.3	30.2			18.5	14.1						
6 00			55.2			18.6							
12	48.4	21.4	37.3			48.1	14.2	47.2					47.6
7 00			63.4										
12	48.5	21.5	22.4			48.2			49.4				
8 00			36.5			48.3	14.3	47.3					
12	48.6	21.6	25.6			48.4							
9 00			21.1			48.5					2.4		
12	57.1	51.1	51.2			48.6	14.4	47.4					
10 00			42.3			57.1							
12	57.2	51.2	3.5			57.2							
11 00	57.3	51.3	27.6			57.3	14.5	47.5					
12			2.1			57.4							
12 00	57.4	51.4	23.2	D	D	57.5							
12			8.4			57.6	14.6	47.6					
13 00	57.5	51.5	20.5			32.1							
12			35.1										
14 00	57.6	51.6	45.2			32.2		6.1		21.5			
12			12.4			32.3	34.1						
15 00	32.1	42.1	15.5			32.4							
12			39.1			32.5		6.2					
16 00	32.2	42.2	53.2			32.6	34.2						
12			62.4	R	R	50.1							
17 00	32.3	42.3	56.5			50.2		6.3					
12			33.1			50.3							
18 00	32.4	42.4	7.3				34.3						
12			4.4			50.4		6.4					
19 00	32.5	42.5	29.6			50.5							
12	32.6	42.6	40.1			50.6			D				
20 00			64.3	1.5	2.5	28.1		6.5					
12	50.1	3.1	47.4			28.2	34.4						
21 00			6.5			28.3							
12	50.2	3.2	18.1					6.6					
22 00			48.2			28.4							
12	50.3	3.3	57.3			28.5		46.1					
23 00			32.4			28.6							
12	50.4	3.4	50.6			44.1	34.5						
24 00			44.1			44.2		46.2					
12	50.5	3.5	1.1			44.3							
25 00			43.2	D	D								
12	50.6	3.6	14.3			44.4		46.3					
26 00			34.4			44.5							
12	28.1	27.1	9.4			44.6				21.4			
27 00			5.5			1.1		46.4					
12	28.2	27.2	26.5			1.2							
28 00	28.3	27.3	11.6										
12			10.6			1.3	34.6	46.5					
29 00	28.4	27.4	38.1			1.4							
12			54.1			1.5							
30 00	28.5	27.5	61.1			1.6		46.6					
12			60.2										
31 00	28.6	27.6	41.2			43.1	R		49.5				
12			19.2	R	R	43.2		18.1					

1938

November 1938

Date/Time	☉	⊕	☾	☊	☋	☿	♀	♂	♃	♄	⚴	♆	♇
1 00	44.1	24.1	13.3	1.5	2.5	43.3	34.6	18.1	49.5	21.4	2.4	47.6	56.6
12			49.3	R	R	43.4	R		D	D	R	D	D
2 00	44.2	24.2	30.4					18.2					
12			55.4			43.5	34.5						
3 00	44.3	24.3	37.5			43.6					2.3		R
12			63.5			14.1		18.3					
4 00	44.4	24.4	22.6			14.2							
12	44.5	24.5	25.1										
5 00			17.2			14.3		18.4					
12	44.6	24.6	21.3			14.4						6.1	
6 00			51.4			14.5							
12	1.1	2.1	42.5			14.6		18.5					
7 00			3.6				34.4						
12	1.2	2.2	24.2			34.1							
8 00			2.3			34.2		18.6					
12	1.3	2.3	23.5	D	D	34.3							
9 00			8.6										
12	1.4	2.4	16.2			34.4		48.1		21.3			
10 00			35.4			34.5	34.3						
12	1.5	2.5	45.5			34.6							
11 00	1.6	2.6	15.1	R	R	9.1		48.2					
12			52.3										
12 00	43.1	23.1	39.5			9.2	34.2						
12			53.6			9.3		48.3					
13 00	43.2	23.2	56.2			9.4							
12			31.4										
14 00	43.3	23.3	33.5			9.5	34.1	48.4					
12			4.1			9.6							
15 00	43.4	23.4	29.2	D	D	5.1			49.6				
12			59.4				14.6	48.5					
16 00	43.5	23.5	40.5			5.2							
12			64.6			5.3							
17 00	43.6	23.6	6.2					48.6					
12			46.3			5.4	14.5						
18 00	14.1	8.1	18.4			5.5							
12	14.2	8.2	48.5				57.1						
19 00			57.6			5.6	14.4						
12	14.3	8.3	50.1			26.1							
20 00			28.2			26.2		57.2					
12	14.4	8.4	44.3				14.3						
21 00			1.4			26.3							
12	14.5	8.5	43.5	R	R			57.3					
22 00			14.5			26.4	14.2						
12	14.6	8.6	34.6			26.5							
23 00			5.1					57.4					
12	34.1	20.1	26.1			26.6	14.1						
24 00			11.2			11.1							
12	34.2	20.2	10.2					57.5	30.1				
25 00	34.3	20.3	58.2			11.2	43.6						
12			38.3										
26 00	34.4	20.4	54.3			11.3		57.6			2.2		
12			61.4										
27 00	34.5	20.5	60.4			11.4	43.5						
12			41.4					32.1					
28 00	34.6	20.6	19.4			11.5							
12			13.5										
29 00	9.1	16.1	49.5			11.6	43.4	32.2					
12			30.6										
30 00	9.2	16.2	55.6										
12	9.3	16.3	37.6	D	D	10.1		32.3					

December 1938

Date/Time	☉	⊕	☾	☊	☋	☿	♀	♂	♃	♄	⚴	♆	♇
1 00	9.3	16.3	22.1	1.5	2.5	10.1	43.3	32.3	30.1	21.3	2.2	6.1	56.6
12	9.4	16.4	36.2	D	D		D	R	D	D	R	R	R
2 00			25.2			10.2		32.4	30.2				
12	9.5	16.5	17.3							21.2			
3 00			21.4										
12	9.6	16.6	51.5				43.2	32.5					
4 00			42.6										
12	5.1	35.1	27.1										
5 00			24.3			R		32.6					
12	5.2	35.2	2.4										
6 00			23.6	R	R								
12	5.3	35.3	20.1					50.1					
7 00	5.4	35.4	16.3										
12			35.5			10.1	43.1						
8 00	5.5	35.5	12.1					50.2					
12			15.3										
9 00	5.6	35.6	52.5			11.6		30.3					
12			53.1					50.3					
10 00	26.1	45.1	62.3			11.5							
12			56.5										
11 00	26.2	45.2	33.1			11.4	D	50.4					
12			7.3										
12 00	26.3	45.3	4.4			11.3							
12			29.6			11.2		50.5					
13 00	26.4	45.4	40.2										
12	26.5	45.5	64.3			11.1							
14 00			47.4			26.6		50.6					
12	26.6	45.6	6.6	D	D	26.5	43.2						
15 00			18.1						30.4	D			
12	11.1	12.1	48.2			26.4		28.1					
16 00			57.3			26.3							
12	11.2	12.2	32.4										
17 00			50.5			26.2		28.2					
12	11.3	12.3	28.6			26.1							
18 00			44.6										
12	11.4	12.4	43.1	R	R	5.6		28.3					
19 00	11.5	12.5	14.2				43.3						
12			34.2			5.5							
20 00	11.6	12.6	9.3					28.4					56.5
12			5.3			5.4		30.5					
21 00	10.1	15.1	26.4										
12			11.4				43.4	28.5					
22 00	10.2	15.2	10.5			5.3							
12			58.5										
23 00	10.3	15.3	38.5					28.6					
12			54.6	1.4	2.4								
24 00	10.4	15.4	61.6				43.5						
12	10.5	15.5	60.6			D		44.1					
25 00			19.1								2.1		
12	10.6	15.6	13.1					30.6					
26 00			49.1				43.6	44.2					
12	58.1	52.1	30.2									R	
27 00			55.2										
12	58.2	52.2	37.2				14.1	44.3					
28 00			63.3			5.4			21.3				
12	58.3	52.3	22.3										
29 00			36.4					44.4					
12	58.4	52.4	25.4			5.5	14.2						
30 00	58.5	52.5	17.5	D	D								
12			21.6					44.5	55.1				
31 00	58.6	52.6	42.1			5.6	14.3						
12			3.2										

January 1939

Date	Time	☉	⊕	☾	☊	☋	☿	♀	♂	♃	♄	⚷	♆	♇
1	00	38.1	39.1	27.3	1.4	2.4	26.1	14.3	44.6	55.1	21.3	2.1	6.1	56.5
	12			24.4	D	D	D	14.4	D	D	D	R	R	R
2	00	38.2	39.2	2.5	R	R	26.2							
	12			8.1				14.5	1.1					
3	00	38.3	39.3	20.2			26.3							
	12			16.4										
4	00	38.4	39.4	35.6			26.4	14.6	1.2					
	12			12.1						55.2				
5	00	38.5	39.5	15.3			26.5							
	12	38.6	39.6	52.6				34.1	1.3					
6	00			53.2	1.3	2.3	26.6							
	12	54.1	53.1	62.4			11.1	34.2						
7	00			56.6					1.4					
	12	54.2	53.2	33.2			11.2							
8	00			7.4			11.3	34.3						
	12	54.3	53.3	4.6					1.5					
9	00			59.2			11.4	34.4		55.3				
	12	54.4	53.4	40.4										
10	00			64.6			11.5	34.5	1.6					
	12	54.5	53.5	6.1			11.6							
11	00			46.3			10.1							
	12			18.4				34.6	43.1					
12	00	61.1	62.1	48.5			10.2							
	12			32.1			10.3	9.1						
13	00	61.2	62.2	50.2	D	D			43.2					
	12			28.2			10.4	9.2		55.4				
14	00	61.3	62.3	44.3			10.5							
	12			1.4	R	R		9.3	43.3					
15	00	61.4	62.4	43.5			10.6							
	12			14.5			58.1	9.4						
16	00	61.5	62.5	34.6			58.2		43.4					
	12	61.6	62.6	9.6										
17	00			26.1			58.3	9.5						
	12	60.1	56.1	11.1			58.4		43.5					
18	00			10.1			58.5	9.6		55.5				
	12	60.2	56.2	58.2	1.2	2.2								
19	00			38.2			58.6	5.1	43.6		21.4			
	12	60.3	56.3	54.3			38.1							
20	00			61.3			38.2	5.2						
	12	60.4	56.4	60.3					14.1					
21	00			41.4			38.3	5.3						
	12	60.5	56.5	19.4			38.4							
22	00	60.6	56.6	13.4			38.5	5.4	14.2					
	12			49.5	1.1	2.1	38.6			55.6				
23	00	41.1	31.1	30.5				5.5				D		
	12			55.5			54.1		14.3					
24	00	41.2	31.2	37.6			54.2	5.6						
	12			63.6			54.3							
25	00	41.3	31.3	22.6			54.4	26.1						
	12			25.1					14.4					
26	00	41.4	31.4	17.1			54.5	26.2						
	12			21.2			54.6	26.3		37.1				
27	00	41.5	31.5	51.3			61.1		14.5					
	12			42.3			61.2	26.4						
28	00	41.6	31.6	3.4										
	12	19.1	33.1	27.5			61.3	26.5	14.6					
29	00			24.6	D	D	61.4							
	12	19.2	33.2	23.1	R	R	61.5	26.6						
30	00			8.2			61.6	34.1						
	12	19.3	33.3	20.4			60.1	11.1		37.2				
31	00			16.5										
	12	19.4	33.4	45.1			60.2	11.2	34.2					

February 1939

Date	Time	☉	⊕	☾	☊	☋	☿	♀	♂	♃	♄	⚷	♆	♇
1	00	19.4	33.4	12.2	1.1	2.1	60.3	11.2	34.2	37.2	21.5	2.1	6.1	56.5
	12	19.5	33.5	15.4	R	R	60.4	11.3	D	D	D	D	R	R
2	00			52.6			60.5		34.3					56.4
	12	19.6	33.6	53.2	44.6	24.6	60.6	11.4						
3	00	13.1	7.1	62.4				41.1	11.5					
	12			56.6					34.4	37.3				
4	00	13.2	7.2	33.3				41.2	11.6					
	12			7.5				41.3						
5	00	13.3	7.3	29.1				41.4	10.1	34.5				
	12			59.3				41.5						
6	00	13.4	7.4	40.5				41.6	10.2					
	12			47.1				19.1		34.6				
7	00	13.5	7.5	6.3					10.3					
	12			46.5				19.2	10.4		37.4			
8	00	13.6	7.6	18.6				19.3		9.1				
	12			57.2				19.4	10.5					
9	00	49.1	4.1	32.3	44.5	24.5	19.5							
	12	49.2	4.2	50.4			19.6	10.6	9.2					
10	00			28.5			13.1							
	12	49.3	4.3	44.6	D	D	13.2	58.1						
11	00			43.1			13.3	58.2	9.3					
	12	49.4	4.4	14.2	R	R	13.4			37.5				
12	00			34.2				58.3			21.6			
	12	49.5	4.5	9.3			13.5							
13	00			5.3			13.6	58.4	9.4					
	12	49.6	4.6	26.4			49.1							
14	00			11.4			49.2	58.5						
	12	30.1	29.1	10.5			49.3	58.6	9.5					
15	00			58.5			49.4							
	12	30.2	29.2	38.5			49.5	38.1		37.6				
16	00	30.3	29.3	54.6			49.6		9.6					
	12			61.6			30.1	38.2						
17	00	30.4	29.4	60.6			30.2	38.3						47.6
	12			19.1			30.3		5.1					
18	00	30.5	29.5	13.1			30.4	38.4						
	12			49.1	44.4	24.4	30.5							
19	00	30.6	29.6	30.2			30.6	38.5	5.2					
	12			55.2				55.1		63.1				
20	00	55.1	59.1	37.2				55.2	38.6					
	12			63.3				55.3	54.1	5.3		2.2		
21	00	55.2	59.2	22.3				55.4						
	12			36.4				55.5	54.2		51.1			
22	00	55.3	59.3	25.4				55.6		5.4				
	12	55.4	59.4	17.5				37.1	54.3					
23	00			21.5				37.2	54.4					
	12	55.5	59.5	51.6				37.3		63.2				
24	00			3.1				37.4	54.5	5.5				
	12	55.6	59.6	27.2				37.5						
25	00			24.2				37.6	54.6					
	12	37.1	40.1	2.3	D	D	63.1	61.1	5.6					
26	00			23.4			63.2							
	12	37.2	40.2	8.5			63.3	61.2						
27	00			20.6			63.4		26.1					
	12	37.3	40.3	35.2	R	R	63.5	61.3		63.3				
28	00			45.3			63.6	61.4						
	12	37.4	40.4	12.5			22.1		26.2					

1939

March 1939

Date/Time	☉	⊕	☾	☊	☋	☿	♀	♂	♃	♄	⇧	♆	♇
1 00	37.5	40.5	15.6	44.4	24.4	22.2	61.5	26.2	63.3	51.1	2.2	47.6	56.4
12			39.2	44.3	24.3	22.3	D	D	D	D	D	R	R
2 00	37.6	40.6	53.4			22.4	61.6	26.3		51.2			
12			62.5			22.5	60.1						
3 00	63.1	64.1	31.1			22.6							
12			33.3			36.1	60.2		63.4				
4 00	63.2	64.2	7.5			36.2		26.4					
12			29.1			36.3	60.3						
5 00	63.3	64.3	59.4			36.4	60.4						
12			40.6			36.5		26.5					
6 00	63.4	64.4	47.2			36.6	60.5						
12			6.4			25.1	60.6						
7 00	63.5	64.5	46.5			25.2		26.6	63.5				
12			48.1			25.3	41.1						
8 00	63.6	64.6	57.3			25.4							
12	22.1	47.1	32.4				41.2	11.1					
9 00			50.6			25.5	41.3						
12	22.2	47.2	44.1			25.6							
10 00			1.2	D	D	17.1	41.4	11.2					
12	22.3	47.3	43.3			17.2				51.3			
11 00			14.4			17.3	41.5		63.6				
12	22.4	47.4	34.5			17.4	41.6						
12 00			9.5					11.3					
12	22.5	47.5	5.6			17.5	19.1						
13 00			11.1	R	R	17.6							
12	22.6	47.6	10.1			21.1	19.2	11.4					
14 00			58.1				19.3						
12	36.1	6.1	38.2			21.2							
15 00			54.2			21.3	19.4	11.5	22.1				
12	36.2	6.2	61.2				19.5						
16 00	36.3	6.3	60.3			21.4							
12			41.3	44.2	24.2	21.5	19.6						
17 00	36.4	6.4	19.3					11.6					
12			13.4			21.6	13.1						
18 00	36.5	6.5	49.4				13.2						
12			30.4			51.1		10.1		51.4			
19 00	36.6	6.6	55.5				13.3		22.2				
12			37.5				13.4				2.3		
20 00	25.1	46.1	63.6			51.2		10.2					
12			22.6				13.5						
21 00	25.2	46.2	25.1										
12			17.2				13.6						
22 00	25.3	46.3	21.2			51.3	49.1	10.3					
12			51.3						22.3				
23 00	25.4	46.4	42.4				49.2						
12			3.4				49.3	10.4					47.5
24 00	25.5	46.5	27.5										
12	25.6	46.6	24.6	D	D		49.4						
25 00			23.1		R		10.5						
12	17.1	18.1	8.2				49.5						
26 00			20.3				49.6			51.5			
12	17.2	18.2	16.4					22.4					
27 00			35.6				30.1	10.6					
12	17.3	18.3	12.1				30.2						
28 00			15.2			51.2							
12	17.4	18.4	52.4				30.3	58.1					
29 00			39.5	R	R								
12	17.5	18.5	62.1				30.4						
30 00			56.2			51.1	30.5						
12	17.6	18.6	31.4						58.2	22.5			
31 00			33.6				30.6						
12	21.1	48.1	4.2			21.6	55.1						

April 1939

Date/Time	☉	⊕	☾	☊	☋	☿	♀	♂	♃	♄	⇧	♆	♇
1 00	21.1	48.1	29.3	44.2	24.2	21.6	55.1	58.3	22.5	51.5	2.3	47.5	56.4
12	21.2	48.2	59.5	R	R	21.5	55.2	D	D	D	D	R	R
2 00			64.1										
12	21.3	48.3	47.3				55.3			51.6			
3 00	21.4	48.4	6.5	44.1	24.1	21.4	55.4	58.4					
12			46.6					22.6					
4 00	21.5	48.5	48.2			21.3	55.5						
12			57.4				55.6	58.5					
5 00	21.6	48.6	32.5			21.2							
12			28.1				37.1						
6 00	51.1	57.1	44.2	D	D								
12			1.3			21.1	37.2	58.6					
7 00	51.2	57.2	43.4				37.3						
12			14.5			17.6		36.1					
8 00	51.3	57.3	34.6				37.4	38.1			2.4		
12			5.1				37.5						
9 00	51.4	57.4	26.2			17.5							
12			11.2				37.6						
10 00	51.5	57.5	10.3				63.1	38.2		42.1			
12			58.4			17.4							
11 00	51.6	57.6	38.4				63.2						
12			54.4	44.2	24.2			38.3	36.2				
12 00	42.1	32.1	61.5	R	R		63.3						
12			60.5	44.1	24.1	17.3	63.4						
13 00	42.2	32.2	41.5										D
12	42.3	32.3	19.6				63.5	38.4					
14 00			13.6				63.6						
12	42.4	32.4	49.6										
15 00			55.1				22.1						
12	42.5	32.5	37.1			17.2	22.2	38.5					
16 00			63.2					36.3					
12	42.6	32.6	22.2				22.3						
17 00			36.3			D		38.6					
12	3.1	50.1	25.3				22.4			42.2			
18 00			17.4				22.5						
12	3.2	50.2	21.5										
19 00			51.6			17.3	22.6	54.1					
12	3.3	50.3	42.6				36.1						
20 00			27.1					36.4					
12	3.4	50.4	24.2	D	D		36.2						
21 00			2.3				36.3	54.2					
12	3.5	50.5	23.4										
22 00			8.6				36.4						
12	3.6	50.6	16.1			17.4							
23 00			35.2				36.5	54.3					
12	27.1	28.1	45.3				36.6						
24 00			12.5										
12	27.2	28.2	15.6			17.5	25.1		36.5				
25 00	27.3	28.3	39.2				25.2	54.4		42.3	2.5		
12			53.3										
26 00	27.4	28.4	62.5			17.6	25.3						
12			56.6				25.4						
27 00	27.5	28.5	33.2	R	R	21.1		54.5					
12			7.3				25.5						
28 00	27.6	28.6	4.5										
12			59.1			21.2	25.6	36.6					
29 00	24.1	44.1	40.2			17.1	54.6						
12			64.4			21.3							
30 00	24.2	44.2	47.6	D	D		17.2						
12			46.1			21.4	17.3						

May 1939

Date	Time	☉	⊕	☾	☊	☋	☿	♀	♂	♃	♄	⚷	♆	♇
1	00	24.3	44.3	18.3	44.1	24.1	21.4	17.3	61.1	36.6	42.3	2.5	47.5	56.4
	12			48.4	D	D	21.5	17.4	D	D	D	D	R	D
2	00	24.4	44.4	57.6				17.5						
	12			50.1			21.6				42.4			
3	00	24.5	44.5	28.2				17.6	61.2	25.1				
	12			44.4	R	R	51.1							
4	00	24.6	44.6	1.5				21.1						
	12			43.6			51.2	21.2						
5	00	2.1	1.1	34.1			51.3						47.4	
	12			9.2				21.3	61.3					
6	00	2.2	1.2	5.3			51.4	21.4						
	12			26.3			51.5							
7	00	2.3	1.3	11.4				21.5						
	12			10.5			51.6	21.6	61.4	25.2				
8	00	2.4	1.4	58.5			42.1							
	12	2.5	1.5	38.6			51.1							
9	00			54.6			42.2							
	12	2.6	1.6	60.1			42.3	51.2						
10	00			41.1				51.3	61.5		42.5			
	12	23.1	43.1	19.2			42.4							
11	00			13.2			42.5	51.4						
	12	23.2	43.2	49.2	D	D	42.6	51.5				2.6		
12	00			30.3					61.6					
	12	23.3	43.3	55.3			3.1	51.6		25.3				
13	00			37.3			3.2	42.1						
	12	23.4	43.4	63.4			3.3							
14	00			22.4				42.2						
	12	23.5	43.5	36.5			3.4	42.3	60.1					
15	00			25.5			3.5							
	12	23.6	43.6	17.6			3.6	42.4						
16	00			51.1			27.1							
	12	8.1	14.1	42.1			27.2	42.5						
17	00			3.2				42.6	60.2					
	12	8.2	14.2	27.3			27.3			25.4				
18	00			24.4	R	R	27.4	3.1		42.6				
	12	8.3	14.3	2.6			27.5	3.2						
19	00			8.1			27.6							
	12	8.4	14.4	20.2			24.1	3.3						
20	00			16.4			24.2	3.4	60.3					
	12	8.5	14.5	35.5			24.3							
21	00			12.1			24.4	3.5						
	12	8.6	14.6	15.2			24.5	3.6						
22	00			52.4										
	12	20.1	34.1	39.5			24.6	27.1	60.4	25.5				
23	00			62.1			2.1							
	12	20.2	34.2	56.3			2.2	27.2						
24	00			31.4			2.3	27.3						
	12	20.3	34.3	33.6			2.4							
25	00			4.2			2.5	27.4						
	12	20.4	34.4	29.3			2.6	27.5	60.5					
26	00			59.5	D	D	23.1							
	12	20.5	34.5	40.6			23.2	27.6				3.1		
27	00	20.6	34.6	47.2			23.3	24.1						
	12			6.3			23.5							
28	00	16.1	9.1	46.5			23.6	24.2			25.6		23.1	
	12			18.6			8.1	24.3						
29	00	16.2	9.2	57.1			8.2		60.6					
	12			32.3			8.3	24.4						
30	00	16.3	9.3	50.4			8.4							
	12			28.5			8.5	24.5						
31	00	16.4	9.4	44.6	R	R	8.6	24.6						
	12			43.1				20.1						

June 1939

Date	Time	☉	⊕	☾	☊	☋	☿	♀	♂	♃	♄	⚷	♆	♇
1	00	16.5	9.5	14.2	44.1	24.1	20.2	2.1	60.6	25.6	3.1	23.1	47.4	56.4
	12			34.3	R	R	20.3	2.2	41.1	D	D	D	R	D
2	00	16.6	9.6	9.4			20.5						D	
	12			5.5			20.6	2.3		17.1				
3	00	35.1	5.1	26.6			16.1	2.4						
	12			11.6			16.2							
4	00	35.2	5.2	58.1			16.3	2.5						
	12			38.1			16.4	2.6			3.2			
5	00	35.3	5.3	54.2			16.6							
	12			61.2			35.1	23.1						
6	00	35.4	5.4	60.3			35.2		41.2					
	12			41.3			35.3	23.2						
7	00	35.5	5.5	19.4			35.4	23.3						
	12			13.4			35.5							
8	00	35.6	5.6	49.4			45.1	23.4						
	12			30.5			45.2	23.5						
9	00	45.1	26.1	55.5	28.6	27.6	45.3			17.2				
	12			37.5			45.4	23.6						
10	00	45.2	26.2	63.6			45.5	8.1						
	12			22.6	D	D	45.6							
11	00	45.3	26.3	25.1			12.2	8.2						
	12			17.1			12.3	8.3	41.3					
12	00	45.4	26.4	21.2	44.1	24.1	12.4							
	12			51.2			12.5	8.4						
13	00	45.5	26.5	42.3			12.6	8.5						
	12			3.4			15.1							
14	00	45.6	26.6	27.5			15.2	8.6			3.3			
	12			24.6	R	R	15.4					23.2		
15	00	12.1	11.1	23.1			15.5	20.1						
	12			8.2			15.6	20.2		17.3				
16	00	12.2	11.2	20.4	28.6	27.6	52.1							
	12			16.5			52.2	20.3						
17	00	12.3	11.3	45.1			52.3	20.4						
	12			12.2			52.4							
18	00	12.4	11.4	15.4			52.5	20.5						
	12			52.6			52.6	20.6						
19	00	12.5	11.5	53.2			39.1							
	12			62.4			39.2	16.1						
20	00	12.6	11.6	56.6			39.3	16.2						56.5
	12	15.1	10.1	33.2			39.4							
21	00			7.3			39.5	16.3						
	12	15.2	10.2	4.5			39.6	16.4						
22	00			59.1			53.1							
	12	15.3	10.3	40.3			53.2	16.5						
23	00			64.4			53.3		R					
	12	15.4	10.4	47.6			53.4	16.6		17.4				
24	00			46.1			53.5	35.1						
	12	15.5	10.5	18.3	D	D	53.6							
25	00			48.4			62.1	35.2			3.4			
	12	15.6	10.6	57.5			62.2	35.3						
26	00			50.1			62.3							
	12	52.1	58.1	28.2			62.4	35.4						
27	00			44.3	R	R	62.5	35.5						
	12	52.2	58.2	1.4			62.6							
28	00			43.5			56.1	35.6						
	12	52.3	58.3	14.5			45.1							
29	00			34.6			56.2							
	12	52.4	58.4	5.1			56.3	45.2						
30	00			26.2			56.4	45.3					47.5	
	12	52.5	58.5	11.2			56.5							

1939

July 1939

Date/Time	☉	⊕	☽	☊	☋	☿	♀	♂	♃	♄	⛢	♆	♇
1 00	52.5	58.5	10.3	28.5	27.5	56.6	45.4	41.3	17.4	3.4	23.2	47.5	56.5
12	52.6	58.6	58.4	R	R	D	D	R	D	D	D	D	D
2 00			38.4				31.1	45.5					
12	39.1	38.1	54.5				31.2	45.6					
3 00			61.5				31.3		17.5				
12	39.2	38.2	60.5					12.1					
4 00			41.6				31.4	12.2					
12	39.3	38.3	19.6				31.5	41.2		23.3			
5 00			49.1				31.6	12.3					
12	39.4	38.4	30.1					12.4					
6 00			55.1				33.1						
12	39.5	38.5	37.2	28.4	27.4	33.2	12.5						
7 00			63.2					12.6					
12	39.6	38.6	22.2				33.3						
8 00			36.3				33.4	15.1					
12	53.1	54.1	25.3					15.2		3.5			
9 00			17.3				33.5						
12	53.2	54.2	21.4				33.6	15.3					
10 00			51.4	D	D			15.4	41.1				
12	53.3	54.3	42.5			7.1							
11 00			3.6					15.5					
12	53.4	54.4	24.1	R	R	7.2							
12 00			2.2			7.3		15.6					
12	53.5	54.5	23.3					52.1					
13 00			8.4			7.4							
12	53.6	54.6	20.5					52.2					
14 00			16.6			7.5		52.3					
12	62.1	61.1	45.2					60.6					
15 00			12.4			7.6		52.4					
12	62.2	61.2	15.5					52.5					
16 00			39.1			4.1							
12	62.3	61.3	53.3					52.6					
17 00			62.5					39.1					
12	62.4	61.4	31.1			4.2							
18 00			33.3					39.2	60.5	17.6			
12	62.5	61.5	7.6	28.3	27.3	4.3		39.3					
19 00	62.6	61.6	29.2										
12			59.4					39.4					
20 00	56.1	60.1	40.6			4.4		39.5					
12			47.1										
21 00	56.2	60.2	6.3					39.6					
12			46.5			4.5	53.1	60.4					
22 00	56.3	60.3	18.6										
12			57.2					53.2					
23 00	56.4	60.4	32.3										
12			50.4	D	D			53.3					
24 00	56.5	60.5	28.5	R	R	4.6		53.4					
12			44.6										
25 00	56.6	60.6	43.1					53.5	60.3				56.6
12			14.2					53.6					
26 00	31.1	41.1	34.3										
12			9.4					62.1					
27 00	31.2	41.2	5.5										
12			26.5					62.2					
28 00	31.3	41.3	11.6			R		62.3					
12			10.6					62.4	60.2				
29 00	31.4	41.4	38.1										
12			54.1					62.5					
30 00	31.5	41.5	61.2	28.2	27.2			62.6		R	3.6		
12			60.2										
31 00	31.6	41.6	41.2					56.1					
12			19.3					56.2					

August 1939

Date/Time	☉	⊕	☽	☊	☋	☿	♀	♂	♃	♄	⛢	♆	♇
1 00	33.1	19.1	13.3	28.2	27.2	4.5	56.2	60.1	17.6	3.6	23.3	47.5	56.6
12			49.4	R	R	R	56.3	R	R	D	D	D	D
2 00	33.2	19.2	30.4				56.4						
12			55.4										
3 00	33.3	19.3	37.5			4.4	56.5				23.4		
12			63.5	28.1	27.1		56.6						
4 00	33.4	19.4	22.5										
12			36.6				31.1						
5 00	33.5	19.5	25.6			4.3	31.2	61.6					
12			17.6										
6 00	33.6	19.6	51.1			4.2	31.3						
12			42.1										
7 00	7.1	13.1	3.2				31.4						
12			27.2	D	D	4.1	31.5						
8 00	7.2	13.2	24.3										
12			2.4	R	R	7.6	31.6						
9 00	7.3	13.3	23.5				33.1	61.5				47.6	
12			8.6										
10 00	7.4	13.4	16.1			7.5	33.2						
12			35.2				33.3						
11 00	7.5	13.5	45.3			7.4			17.5				
12			12.5				33.4						
12 00	7.6	13.6	52.1				33.5						
12	4.1	49.1	39.2			7.3							
13 00			53.4				33.6						
12	4.2	49.2	62.6			7.2	7.1						
14 00			31.2										
12	4.3	49.3	33.3				7.2		R				
15 00			4.1			7.1	7.3	61.4					
12	4.4	49.4	29.3	50.6	3.6								
16 00			59.5				7.4						
12	4.5	49.5	64.1			33.6	7.5						
17 00			47.3										
12	4.6	49.6	6.5				7.6						
18 00			18.1				4.1						
12	29.1	30.1	48.3										
19 00			57.4				4.2						
12	29.2	30.2	32.6			33.5	4.3						
20 00			28.1	D	D								
12	29.3	30.3	44.3				4.4						
21 00			1.4			D	4.5						
12	29.4	30.4	43.5										
22 00			14.6	R	R		4.6						
12	29.5	30.5	9.1			33.6	29.1						
23 00			5.1										
12	29.6	30.6	26.2				29.2						
24 00			11.3				29.3	D					
12	59.1	55.1	10.3										
25 00			58.4			7.1	29.4						
12	59.2	55.2	38.4				29.5						
26 00			54.5						17.4				
12	59.3	55.3	61.5			7.2	29.6						
27 00			60.5				59.1						
12	59.4	55.4	41.6										
28 00			19.6	50.5	3.5	7.3	59.2						
12	59.5	55.5	13.6										
29 00			30.1			7.4	59.3				R		31.1
12	59.6	55.6	55.1			7.5	59.4						
30 00			37.1						3.5				
12	40.1	37.1	63.2			7.6	59.5						
31 00	40.2	37.2	22.2				59.6						
12			36.2			4.1							

September 1939

Date/Time	☉	⊕	☾	☋	☊	☿	♀	♂	♃	♄	⯝	♆	♇
1 00	40.3	37.3	25.3	50.5	3.5	4.2	40.1	61.4	17.4	3.5	23.4	47.6	31.1
12			17.3	R	R	4.3	40.2		D	R	R	D	D
2 00	40.4	37.4	21.4										
12			51.4			4.4	40.3	61.5					
3 00	40.5	37.5	42.4			4.5	40.4						
12			3.5	D	D	4.6							
4 00	40.6	37.6	27.6			29.1	40.5						
12			24.6				40.6		17.3				
5 00	64.1	63.1	23.1			29.2						6.1	
12			8.2			29.3	64.1						
6 00	64.2	63.2	20.3			29.4	64.2						
12			16.4			29.5							
7 00	64.3	63.3	35.5	R	R	29.6	64.3						
12			45.6			59.1	64.4						
8 00	64.4	63.4	15.1			59.2							
12			52.3			59.3	64.5	61.6					
9 00	64.5	63.5	39.4			59.4	64.6						
12			53.6			59.5							
10 00	64.6	63.6	56.2			59.6	47.1						
12			31.3			40.1	47.2						
11 00	47.1	22.1	33.5	50.4	3.4	40.2							
12			4.1			40.3	47.3						
12 00	47.2	22.2	29.4			40.4	47.4						
12			59.6			40.5		60.1					
13 00	47.3	22.3	64.2			40.6	47.5		17.2				
12			47.4			64.1	47.6						
14 00	47.4	22.4	6.6			64.2							
12	47.5	22.5	18.2			64.3	6.1						
15 00			48.4			64.4	6.2						
12	47.6	22.6	57.6			64.5							
16 00			50.1			64.6	6.3	60.2					
12	6.1	36.1	28.3	D	D	47.1	6.4						
17 00			44.4			47.2							
12	6.2	36.2	1.6			47.3	6.5						
18 00			14.1			47.4	6.6						
12	6.3	36.3	34.2			47.5							
19 00			9.3			47.6	46.1	60.3					
12	6.4	36.4	5.4			6.1	46.2						
20 00			26.5			6.2			17.1				
12	6.5	36.5	11.5	R	R	6.3	46.3			3.4			
21 00			10.6			6.4	46.4						
12	6.6	36.6	38.1			6.5							
22 00			54.1			6.6	46.5	60.4					
12	46.1	25.1	61.2			46.1	46.6						
23 00			60.2			46.2							
12	46.2	25.2	41.2			46.3	18.1						
24 00			19.3			46.4	18.2				23.3		
12	46.3	25.3	13.3			46.5		60.5					
25 00			49.3			46.6	18.3						
12	46.4	25.4	30.4			18.1	18.4						
26 00	46.5	25.5	55.4										
12			37.4			18.2	18.5						
27 00	46.6	25.6	63.5			18.3	18.6	60.6	25.6				
12			22.5			18.4							
28 00	18.1	17.1	36.6			18.5	48.1						
12			25.6			18.6	48.2						
29 00	18.2	17.2	17.6			48.1							
12			51.1			48.2	48.3	41.1					
30 00	18.3	17.3	42.1			48.3	48.4						
12			3.2			48.4						6.2	

October 1939

Date/Time	☉	⊕	☾	☋	☊	☿	♀	♂	♃	♄	⯝	♆	♇
1 00	18.4	17.4	27.3	D	D	48.5	48.5	41.1	25.6	3.4	23.3	6.2	31.1
12			24.3			48.6	48.6	41.2	R	R	R	D	D
2 00	18.5	17.5	2.4										
12			23.5			57.1	57.1						
3 00	18.6	17.6	8.5			57.2	57.2						
12			20.6			57.3							
4 00	48.1	21.1	35.1			57.4	57.3	41.3					
12			45.2			57.5	57.4		25.5	3.3			
5 00	48.2	21.2	12.3			57.6							
12			15.5			32.1	57.5						
6 00	48.3	21.3	52.6			32.2	57.6	41.4					
12	48.4	21.4	53.1	R	R								
7 00			62.3			32.3	32.1						
12	48.5	21.5	56.4			32.4	32.2						
8 00			31.6			32.5		41.5					
12	48.6	21.6	7.2			32.6	32.3						
9 00			4.3			50.1	32.4						
12	57.1	51.1	29.5										
10 00			40.1			50.2	32.5	41.6					
12	57.2	51.2	64.3			50.3	32.6						
11 00			47.5			50.4							
12	57.3	51.3	46.1			50.5	50.1		25.4				
12 00			18.3			50.6	50.2	19.1					
12	57.4	51.4	48.5										
13 00			57.6			28.1	50.3						
12	57.5	51.5	50.2			28.2	50.4						
14 00			28.4	D	D	28.3		19.2					
12	57.6	51.6	44.6			28.4	50.5						
15 00			43.1			28.5	50.6						
12	32.1	42.1	14.2					19.3					
16 00	32.2	42.2	34.4			28.6	28.1						
12			9.5			44.1	28.2						
17 00	32.3	42.3	5.6			44.2					3.2		
12			11.1			44.3	28.3	19.4					
18 00	32.4	42.4	10.2				28.4						
12			58.2			44.4							
19 00	32.5	42.5	38.3			44.5	28.5						
12			54.4			44.6	28.6	19.5	25.3				
20 00	32.6	42.6	61.4										
12			60.5	R	R	1.1	44.1						
21 00	50.1	3.1	41.5			1.2	44.2	19.6					
12			19.5			1.3							
22 00	50.2	3.2	13.6			1.4	44.3						
12			49.6				44.4	13.1					
23 00	50.3	3.3	30.6			1.5							
12			37.1			1.6	44.5						
24 00	50.4	3.4	63.1	D	D	43.1	44.6						
12	50.5	3.5	22.1					13.2					
25 00			36.2			43.2	1.1					23.2	
12	50.6	3.6	25.2			43.3	1.2						
26 00			17.3			43.4		13.3					
12	28.1	27.1	21.3				1.3						
27 00			51.4			43.5	1.4						
12	28.2	27.2	42.4			43.6							
28 00			3.5	R	R		1.5	13.4				6.3	
12	28.3	27.3	27.6			14.1	1.6		3.1				
29 00			24.6			14.2			25.2				
12	28.4	27.4	23.1			14.3	43.1	13.5					
30 00			8.2				43.2						
12	28.5	27.5	20.3			14.4							
31 00			16.4			14.5	43.3	13.6					
12	28.6	27.6	35.5				43.4						

1939

November 1939

Date	Time	☉	⊕	☾	☊	☋	☿	♀	♂	♃	♄	⯙	♆	♇
1	00	44.1	24.1	45.6	50.4	3.4	14.6	43.4	13.6	25.2	3.1	23.2	6.3	31.1
	12			15.1	R	R	34.1	43.5	49.1	R	R	R	D	D
2	00	44.2	24.2	52.3				43.6						
	12			39.4			34.2							
3	00	44.3	24.3	53.5			34.3	14.1						
	12			56.1				14.2	49.2					
4	00	44.4	24.4	31.2			34.4							
	12			33.4			34.5	14.3						R
5	00	44.5	24.5	7.5	D	D		14.4	49.3					
	12			29.1			34.6							
6	00	44.6	24.6	59.2				14.5						
	12			40.4			9.1		49.4					
7	00	1.1	2.1	64.6				14.6						
	12			6.1			9.2	34.1						
8	00	1.2	2.2	46.3			9.3		49.5					
	12	1.3	2.3	18.5				34.2						
9	00			48.6			9.4	34.3						
	12	1.4	2.4	32.2					49.6					
10	00			50.4			9.5	34.4			42.6			
	12	1.5	2.5	28.5	R	R		34.5						
11	00			1.1			9.6		30.1					
	12	1.6	2.6	43.2				34.6		25.1				
12	00			14.4				9.1						
	12	43.1	23.1	34.5			5.1		30.2					
13	00			9.6				9.2						
	12	43.2	23.2	26.1				9.3						
14	00			11.2	50.3	3.3	5.2		30.3					
	12	43.3	23.3	10.3				9.4						
15	00	43.4	23.4	58.4				9.5						
	12			38.5			5.3		30.4					
16	00	43.5	23.5	54.5				9.6						
	12			61.6				5.1						
17	00	43.6	23.6	41.1					30.5		23.1			
	12			19.1				5.2						
18	00	14.1	8.1	13.1				5.3						
	12			49.2		R			30.6					
19	00	14.2	8.2	30.2	D	D		5.4						
	12			55.2				5.5						
20	00	14.3	8.3	37.3					55.1					
	12			63.3				5.6						
21	00	14.4	8.4	22.3				26.1						
	12	14.5	8.5	36.4			5.2		55.2					
22	00			25.4				26.2						
	12	14.6	8.6	17.5				26.3						
23	00			21.5			5.1		55.3					
	12	34.1	20.1	51.6				26.4						
24	00			42.6			9.6	26.5			42.5			
	12	34.2	20.2	27.1	R	R			55.4					
25	00			24.2			9.5	26.6		D				
	12	34.3	20.3	2.3				11.1						
26	00			23.3			9.4		55.5					
	12	34.4	20.4	8.5			9.3	11.2						
27	00			20.6				11.3						
	12	34.5	20.5	35.1			9.2		55.6					
28	00	34.6	20.6	45.2			9.1	11.4						
	12			12.3				11.5						
29	00	9.1	16.1	15.5			34.6	37.1						
	12			52.6			34.5	11.6						
30	00	9.2	16.2	53.2			34.4	10.1						
	12			62.3				37.2						

December 1939

Date	Time	☉	⊕	☾	☊	☋	☿	♀	♂	♃	♄	⯙	♆	♇
1	00	9.3	16.3	56.5	50.3	3.3	34.3	10.2	37.2	25.1	42.5	23.1	6.3	31.1
	12			31.6	R	R	34.2	10.3	D	D	R	R	D	R
2	00	9.4	16.4	7.2				37.3						
	12			4.3			34.1	10.4						
3	00	9.5	16.5	29.5				10.5	37.4					
	12			59.6			14.6							
4	00	9.6	16.6	64.2	D	D		10.6						
	12	5.1	35.1	47.3			14.5	58.1	37.5					
5	00			6.5										
	12	5.2	35.2	18.1				58.2						
6	00			48.2			14.4	58.3	37.6					
	12	5.3	35.3	57.3										
7	00			32.5				58.4						
	12	5.4	35.4	50.6	R	R		58.5	63.1					
8	00			44.2										
	12	5.5	35.5	1.3		D		58.6		25.2				
9	00			43.4				38.1	63.2					
	12	5.6	35.6	14.5										
10	00	26.1	45.1	9.1				38.2						
	12			5.2				38.3	63.3					
11	00	26.2	45.2	26.3			14.5					2.6		
	12			11.4	50.2	3.2		38.4	63.4					
12	00	26.3	45.3	10.5				38.5					6.4	
	12			58.6										
13	00	26.4	45.4	38.6			14.6	38.6	63.5					
	12			61.1				54.1						
14	00	26.5	45.5	60.2			34.1							
	12			41.2				54.2	63.6					
15	00	26.6	45.6	19.3				54.3						
	12			13.3			34.2							
16	00	11.1	12.1	49.4				54.4	22.1					
	12	11.2	12.2	30.4			34.3	54.5						
17	00			55.4										
	12	11.3	12.3	37.5			34.4	54.6	22.2					
18	00			63.5			34.5	61.1						
	12	11.4	12.4	22.5							42.4			
19	00			36.6	D	D	34.6	61.2	22.3					
	12	11.5	12.5	25.6				61.3						
20	00			17.6			9.1		22.4					
	12	11.6	12.6	51.1			9.2	61.4						
21	00			42.1				61.5						
	12	10.1	15.1	3.2	R	R	9.3		22.5					
22	00	10.2	15.2	27.3				61.6						
	12			24.3			9.4	60.1		25.3				
23	00	10.3	15.3	2.4			9.5		22.6					
	12			23.5			9.6	60.2						
24	00	10.4	15.4	8.6				60.3						
	12			16.1	50.1	3.1	5.1		36.1					
25	00	10.5	15.5	35.2			5.2	60.4						
	12			45.4				60.5	36.2					
26	00	10.6	15.6	12.5			5.3							
	12			52.1			5.4	60.6						
27	00	58.1	52.1	39.2				41.1	36.3					
	12	58.2	52.2	53.4			5.5							
28	00			62.6			5.6	41.2						
	12	58.3	52.3	31.2			26.1	41.3	36.4		D			
29	00			33.3										R
	12	58.4	52.4	7.5			26.2	41.4						
30	00			29.1	32.6	42.6	26.3	41.5	36.5					
	12	58.5	52.5	59.3			26.4							
31	00			40.4				41.6						
	12	58.6	52.6	64.6			26.5	19.1	36.6	25.4				

1939

January 1940

Date/Time	☉	⊕	☾	☊	☋	☿	♀	♂	♃	♄	⇧	♆	♅
1 00	58.6	52.6	6.2	32.6	42.6	26.6	19.1	36.6	25.4	42.4	2.6	6.4	31.1
12	38.1	39.1	46.3	R	R	11.1	19.2	25.1	D	D	D	R	R
2 00	38.2	39.2	18.5			11.2	19.3						
12			48.6	D	D								
3 00	38.3	39.3	32.1			11.3	19.4	25.2					
12			50.3	R	R	11.4	19.5						
4 00	38.4	39.4	28.4			11.5							
12			44.5				19.6	25.3					
5 00	38.5	39.5	1.6			11.6							
12			14.2			10.1	13.1						
6 00	38.6	39.6	34.3			10.2	13.2	25.4					
12			9.4			10.3							
7 00	54.1	53.1	5.5			13.3	25.5		42.5				
12			26.6			10.4	13.4						
8 00	54.2	53.2	11.6			10.5		25.5					
12	54.3	53.3	58.1			10.6	13.5	25.6					
9 00			38.2			58.1	13.6						
12	54.4	53.4	54.3										
10 00			61.3	32.5	42.5	58.2	49.1	17.1					
12	54.5	53.5	60.4			58.3	49.2						
11 00			41.5			58.4							
12	54.6	53.6	19.5			58.5	49.3	17.2					
12 00			13.6			58.6	49.4						
12	61.1	62.1	49.6					17.3					
13 00			30.6			38.1	49.5						
12	61.2	62.2	37.1			38.2	49.6						56.6
14 00	61.3	62.3	63.1			38.3		17.4					
12			22.1	32.4	42.4	38.4	30.1		25.6		6.3		
15 00	61.4	62.4	36.2				30.2						
12			25.2			38.5		17.5					
16 00	61.5	62.5	17.2			38.6	30.3						
12			21.2			54.1	30.4						
17 00	61.6	62.6	51.3			54.2		17.6					
12			42.3			54.3	30.5						
18 00	60.1	56.1	3.4			54.4	30.6	21.1					
12			27.4										
19 00	60.2	56.2	24.5			54.5	55.1						
12	60.3	56.3	2.6			54.6	55.2	21.2					
20 00			23.6			61.1							
12	60.4	56.4	20.1			61.2	55.3		17.1				
21 00			16.2			61.3	55.4	21.3					
12	60.5	56.5	35.3			61.4							
22 00			45.5				55.5						
12	60.6	56.6	12.6			61.5		21.4					
23 00			52.2			61.6	55.6						
12	41.1	31.1	39.3			60.1	37.1	21.5					
24 00			53.5			60.2							
12	41.2	31.2	56.1			60.3	37.2						
25 00			31.3			60.4	37.3	21.6					
12	41.3	31.3	33.5	32.3	42.3								
26 00	41.4	31.4	4.1			60.5	37.4		17.2				
12			29.3			60.6	37.5	51.1					
27 00	41.5	31.5	59.5			41.1					D		
12			64.1			41.2	37.6						
28 00	41.6	31.6	47.3			41.3	63.1	51.2					
12			6.5			41.4							
29 00	19.1	33.1	46.6			41.5	63.2	51.3					
12			48.2			41.6	63.3						
30 00	19.2	33.2	57.4			19.1							
12			32.5	D	D		63.4	51.4					
31 00	19.3	33.3	28.1			19.2	63.5		17.3	42.6			
12	19.4	33.4	44.2			19.3							

February 1940

Date/Time	☉	⊕	☾	☊	☋	☿	♀	♂	♃	♄	⇧	♆	♅
1 00	19.4	33.4	1.3	R	R	19.4	63.6	51.5	17.3	42.6	2.6	6.3	56.6
12	19.5	33.5	43.4			19.5	22.1		D	D	D	R	R
2 00			14.5			19.6							
12	19.6	33.6	34.6			13.1	22.2	51.6					
3 00			5.1			13.2							
12	13.1	7.1	26.2			13.3	22.3	42.1					
4 00			11.3			13.4	22.4						
12	13.2	7.2	10.4			13.5							
5 00			58.5			13.6	22.5	42.2	17.4				
12	13.3	7.3	38.5			49.1	22.6						
6 00			54.6	32.2	42.2	49.2							
12	13.4	7.4	61.6			49.3	36.1	42.3					
7 00	13.5	7.5	41.1			49.4	36.2						
12			19.1										
8 00	13.6	7.6	13.2			49.5	36.3	42.4					
12			49.2			49.6	36.4							
9 00	49.1	4.1	30.3			30.1		42.5					
12			55.3			30.2	36.5						
10 00	49.2	4.2	37.3			30.3			17.5				
12			63.4			30.4	36.6	42.6					
11 00	49.3	4.3	22.4	32.1	42.1	30.5	25.1						
12			36.4			30.6							
12 00	49.4	4.4	25.5			55.1	25.2	3.1					
12	49.5	4.5	17.5			55.2	25.3						
13 00			21.5			55.3							
12	49.6	4.6	51.5			55.4	25.4	3.2			3.1		
14 00			42.6	D	D	55.5	25.5						
12	30.1	29.1	3.6			55.6		17.6					
15 00			24.1			37.1	25.6	3.3					
12	30.2	29.2	2.1			37.2	17.1						
16 00			23.2			37.3		3.4					
12	30.3	29.3	8.2			37.4	17.2						
17 00			20.3	R	R	37.5							
12	30.4	29.4	16.4			37.6	17.3	3.5					
18 00			35.5			63.1	17.4						
12	30.5	29.5	45.6			63.2							
19 00	30.6	29.6	15.1			63.3	17.5	3.6	21.1				
12			52.3				17.6						
20 00	55.1	59.1	39.4			63.4							
12			53.6			63.5	21.1	27.1					
21 00	55.2	59.2	56.2			63.6	21.2						
12			31.3				22.1	27.2					
22 00	55.3	59.3	33.5			22.2	21.3						
12			4.1			22.3							
23 00	55.4	59.4	29.4			22.4	21.4	27.3					
12			59.6				21.5		21.2				
24 00	55.5	59.5	64.2			22.5					3.2		
12			47.4			22.6	21.6	27.4					
25 00	55.6	59.6	6.6			36.1	51.1						
12			18.2										
26 00	37.1	40.1	48.4			36.2	51.2	27.5					
12	37.2	40.2	57.6			36.3							56.5
27 00			50.2	D	D		51.3	27.6					
12	37.3	40.3	28.3			36.4	51.4		21.3				
28 00			44.5										
12	37.4	40.4	1.6			36.5	51.5	24.1					
29 00			14.2			36.6	51.6						
12	37.5	40.5	34.3										

1940

March 1940

Date/Time	☉	⊕	☾	☊	☋	☿	♀	♂	♃	♄	⇧	♆	⚷
1 00	37.5	40.5	9.4	32.1	42.1	36.6	42.1	24.2	21.3	3.2	2.6	6.3	56.5
12	37.6	40.6	5.5	R	R	25.1	D	D	D	D	D	R	R
2 00			26.6				42.2						
12	63.1	64.1	10.1				42.3	24.3			6.2		
3 00			58.1			25.2			21.4				
12	63.2	64.2	38.2				42.4						
4 00	63.3	64.3	54.3	57.6	51.6		42.5	24.4					
12			61.3										
5 00	63.4	64.4	60.4			25.3	42.6	24.5		3.3			
12			41.4										
6 00	63.5	64.5	19.5				3.1						
12			13.5		R	3.2	24.6						
7 00	63.6	64.6	49.5					21.5					
12			30.6			3.3							
8 00	22.1	47.1	55.6			25.2	3.4	2.1					
12			37.6										
9 00	22.2	47.2	22.1				3.5						
12			36.1					2.2					
10 00	22.3	47.3	25.1				3.6						
12			17.2			25.1	27.1	2.3					
11 00	22.4	47.4	21.2						21.6				
12	22.5	47.5	51.2				27.2						
12 00			42.3	D	D	36.6		2.4					
12	22.6	47.6	3.3				27.3						
13 00			27.3			36.5	27.4					23.1	
12	36.1	6.1	24.4					2.5		3.4			
14 00			2.4			36.4	27.5						
12	36.2	6.2	23.5										
15 00			8.5			36.3	27.6	2.6	51.1				
12	36.3	6.3	20.6				24.1						
16 00			35.1			36.2							
12	36.4	6.4	45.2				24.2	23.1					
17 00			12.3			36.1							
12	36.5	6.5	15.4	R	R		24.3	23.2					
18 00			52.5			22.6	24.4						
12	36.6	6.6	39.6										
19 00			62.1			22.5	24.5	23.3	51.2				
12	25.1	46.1	56.3										
20 00	25.2	46.2	31.5				24.6						
12			33.6			22.4	2.1	23.4					
21 00	25.3	46.3	4.2										
12			29.4			22.3	2.2			3.5			
22 00	25.4	46.4	59.6					23.5					
12			64.2				2.3						
23 00	25.5	46.5	47.4			22.2	2.4		51.3				
12			6.6					23.6					
24 00	25.6	46.6	18.3				2.5						
12			48.5				22.1						
25 00	17.1	18.1	32.1	D	D		2.6	8.1					
12			50.3				23.1						
26 00	17.2	18.2	28.5					8.2					
12			44.6				23.2						
27 00	17.3	18.3	43.2						51.4				
12			14.4			63.6	23.3	8.3					
28 00	17.4	18.4	34.5				23.4						
12	17.5	18.5	9.6										
29 00			26.1				23.5	8.4					
12	17.6	18.6	11.3			D				3.6			
30 00			10.4				23.6						
12	21.1	48.1	58.4					8.5					
31 00			38.5	R	R	22.1	8.1		51.5				
12	21.2	48.2	54.6				8.2						

April 1940

Date/Time	☉	⊕	☾	☊	☋	☿	♀	♂	♃	♄	⇧	♆	⚷
1 00	21.2	48.2	61.6	57.6	51.6	22.1	8.2	8.6	51.5	3.6	23.1	6.2	56.5
12	21.3	48.3	41.1	R	R	D	8.3	D	D	D	D	R	R
2 00			19.1				20.1						
12	21.4	48.4	13.2				8.4						
3 00			49.2										
12	21.5	48.5	30.3			22.2	8.5	20.2			23.2		
4 00			55.3				8.6		51.6				
12	21.6	48.6	37.3										
5 00			63.4			22.3	20.1	20.3					
12	51.1	57.1	22.4										
6 00			36.4				20.2				27.1	6.1	
12	51.2	57.2	25.4					20.4					
7 00	51.3	57.3	17.5			22.4	20.3						
12			21.5						42.1				
8 00	51.4	57.4	51.5			22.5	20.4	20.5					
12			42.6	D	D			20.5					
9 00	51.5	57.5	3.6										
12			24.1			22.6	20.6	20.6					
10 00	51.6	57.6	2.1										
12			23.2	R	R	36.1	16.1	16.1					
11 00	42.1	32.1	8.2										
12			20.3			36.2	16.2		42.2				
12 00	42.2	32.2	16.4					16.2					
12			35.4			36.3	16.3						
13 00	42.3	32.3	45.5										
12			12.6			36.4	16.4	16.3			27.2		D
14 00	42.4	32.4	52.1			36.5							
12			39.2				16.5						
15 00	42.5	32.5	53.3			36.6	16.6	16.4					
12			62.4						42.3				
16 00	42.6	32.6	56.6	D	D	25.1	35.1						
12			33.1				16.5						
17 00	3.1	50.1	7.3			25.2	35.2						
12	3.2	50.2	4.4			25.3							
18 00			29.6				35.3	16.6					
12	3.3	50.3	40.2			25.4							
19 00			64.4			25.5	35.4						
12	3.4	50.4	47.6					35.1	42.4				
20 00			46.1			25.6	35.5						
12	3.5	50.5	18.3			17.1		35.2					
21 00			48.5				35.6				27.3		
12	3.6	50.6	32.1	R	R	17.2						23.3	
22 00			50.3			17.3	45.1	35.3					
12	27.1	28.1	28.5			17.4							
23 00			1.1				45.2		42.5				
12	27.2	28.2	43.3			17.5		35.4					
24 00			14.5			17.6	45.3						
12	27.3	28.3	34.6			21.1							
25 00			5.2				45.4	35.5					
12	27.4	28.4	26.3			21.2							
26 00			11.4			21.3	45.5						
12	27.5	28.5	10.5			21.4		35.6					
27 00			58.6			21.5	45.6		42.6				
12	27.6	28.6	54.1										
28 00			61.2			21.6	12.1	45.1					
12	24.1	44.1	60.3			51.1					27.4		
29 00			41.4			51.2	12.2						
12	24.2	44.2	19.4	D	D	51.3		45.2					
30 00			13.5			51.4							
12	24.3	44.3	49.5			51.5	12.3	45.3					

May 1940

Date/Time	☉	⊕	☾	☊	☋	☿	♀	♂	♃	♄	⚵	♆	♇
1 00	24.4	44.4	30.5	57.6	51.6	51.5	12.3	45.3	3.1	27.4	23.3	6.1	56.5
12			55.6	D	D	51.6	12.4	D	D	D	D	R	D
2 00	24.5	44.5	37.6			42.1		45.4					
12			63.6			42.2	12.5						
3 00	24.6	44.6	36.1			42.3							
12			25.1			42.4	12.6	45.5					
4 00	2.1	1.1	17.1			42.5							
12			21.1			42.6							
5 00	2.2	1.2	51.2			3.1	15.1	45.6	3.2				
12			42.2	R	R	3.2							
6 00	2.3	1.3	3.3			3.3	15.2			27.5			
12			27.3			3.4		12.1					
7 00	2.4	1.4	24.4			3.5	15.3						
12			2.4			3.6							
8 00	2.5	1.5	23.5			27.1		12.2			23.4		
12			8.5			27.2	15.4						
9 00	2.6	1.6	20.6			27.3			3.3				
12			35.1	57.5	51.5	27.4	15.5	12.3					
10 00	23.1	43.1	45.2			27.5							
12			12.3			27.6							
11 00	23.2	43.2	15.4			24.1	15.6	12.4					
12			52.5			24.2							
12 00	23.3	43.3	39.6			24.3							
12			62.1			24.4	52.1	12.5					
13 00	23.4	43.4	56.2			24.5			3.4	27.6			
12			31.4			24.6	52.2	12.6					
14 00	23.5	43.5	33.5			2.1							
12			7.6			2.2							
15 00	23.6	43.6	29.2	D	D	2.3	52.3	15.1					
12			59.3			2.4							
16 00	8.1	14.1	40.5			2.6							
12	8.2	14.2	47.1			23.1	52.4	15.2					
17 00			6.2			23.2		3.5					
12	8.3	14.3	46.4			23.3							
18 00			18.6			23.4		15.3					
12	8.4	14.4	57.1			23.5	52.5						
19 00			32.3	R	R	23.6							
12	8.5	14.5	50.5			8.2		15.4					
20 00			44.1			8.3	52.6						
12	8.6	14.6	1.2			8.4							
21 00			43.4			8.5		15.5			24.1		
12	20.1	34.1	14.6			8.6		3.6					
22 00			9.1			20.1	39.1						
12	20.2	34.2	5.3			20.3		15.6					
23 00			26.4			20.4							
12	20.3	34.3	11.6			20.5							
24 00			58.1			20.6	39.2	52.1			23.5		
12	20.4	34.4	38.2			16.1							
25 00			54.3			16.2							
12	20.5	34.5	61.4			16.4		52.2	27.1				
26 00			60.5			16.5							
12	20.6	34.6	41.5			16.6	39.3						
27 00			19.6			35.1		52.3					
12	16.1	9.1	49.1			35.2							
28 00			30.1	57.4	51.4	35.3		52.4					
12	16.2	9.2	55.2			35.4				24.2			
29 00			37.2			35.6							
12	16.3	9.3	63.2	D	D	45.1	39.4	52.5	27.2				
30 00			22.3			45.2							56.6
12	16.4	9.4	36.3			45.3							
31 00			25.3	57.5	51.5	45.4		52.6					
12	16.5	9.5	17.4			45.5							

June 1940

Date/Time	☉	⊕	☾	☊	☋	☿	♀	♂	♃	♄	⚵	♆	♇
1 00	16.5	9.5	21.4	57.5	51.5	45.6	39.4	52.6	27.2	24.2	23.5	6.1	56.6
12	16.6	9.6	51.4	D	D	12.1	D	39.1	D	D	D	R	D
2 00			42.5	R	R	12.2							
12	35.1	5.1	3.5			12.3							
3 00			27.6	57.4	51.4	12.4		39.2	27.3				
12	35.2	5.2	24.6			12.5						D	
4 00			23.1			12.6	39.5						
12	35.3	5.3	8.1			15.1		39.3					
5 00			20.2			15.2							
12	35.4	5.4	16.3			15.3	R						
6 00	35.5	5.5	35.4			15.4		39.4		24.3			
12			45.5			15.5							
7 00	35.6	5.6	12.6			15.6							
12			52.1			52.1	39.4	39.5	27.4				
8 00	45.1	26.1	39.2			52.2							
12			53.4			52.3							
9 00	45.2	26.2	62.5			52.4		39.6					
12			56.6			52.5							
10 00	45.3	26.3	33.2			52.6					23.6		
12			7.3	57.3	51.3	39.1		53.1					
11 00	45.4	26.4	4.4			39.2							
12			29.6										
12 00	45.5	26.5	40.1			39.3		53.2	27.5				
12			64.3			39.4	39.3						
13 00	45.6	26.6	47.4			39.5							
12			6.6	D	D	39.6		53.3					
14 00	12.1	11.1	18.2			53.1							
12			48.3								24.4		
15 00	12.2	11.2	57.5	R	R	53.2		53.4					
12			32.6			53.3	39.2						
16 00	12.3	11.3	28.2			53.4		53.5					
12			44.3										
17 00	12.4	11.4	1.5			53.5			27.6				
12			43.6			53.6	39.1	53.6					
18 00	12.5	11.5	34.2										
12			9.3			62.1							
19 00	12.6	11.6	5.5			62.2		62.1					
12			26.6			62.3	52.6						
20 00	15.1	10.1	10.1										
12			58.3			62.4		62.2					
21 00	15.2	10.2	38.4								24.1		
12			54.5			62.5	52.5						
22 00	15.3	10.3	61.6	57.2	51.2	62.6		62.3					
12			41.1										
23 00	15.4	10.4	19.1			56.1	52.4						
12			13.2					62.4		24.5			
24 00	15.5	10.5	49.3			56.2							
12			30.3				52.3						
25 00	15.6	10.6	55.4			56.3		62.5					
12			37.4										
26 00	52.1	58.1	63.4			56.4	52.2						
12			22.5					62.6	24.2				
27 00	52.2	58.2	36.5			56.5							
12			25.5				52.1						
28 00	52.3	58.3	17.6	D	D	56.6		56.1					
12			21.6								8.1		
29 00	52.4	58.4	51.6	R	R	15.6							
12			3.1			31.1		56.2					
30 00	52.5	58.5	27.1										
12			24.2			15.5							

July 1940

Date/Time	☉	⊕	☾	☊	☋	☿	♀	♂	♃	♄	⇡	♆	⚶
1 00	52.6	58.6	2.2	57.2	51.2	31.2	15.5	56.3	24.2	24.5	8.1	6.1	56.6
12			23.3	R	R	D	R	D	D	D	D	D	D
2 00	39.1	38.1	8.3			15.4		24.3					
12			20.4					56.4					
3 00	39.2	38.2	16.5			31.3							
12	39.3	38.3	35.6										
4 00			12.1				15.3	56.5		24.6			
12	39.4	38.4	15.2	57.1	51.1								
5 00			52.4										
12	39.5	38.5	39.5			31.4	15.2	56.6					
6 00			53.6										
12	39.6	38.6	56.2										
7 00			31.3					31.1					
12	53.1	54.1	33.5				15.1		24.4				
8 00			7.6										
12	53.2	54.2	29.2					31.2					31.1
9 00			59.4		R								
12	53.3	54.3	40.5										
10 00			47.1				12.6	31.3					
12	53.4	54.4	6.3										
11 00			46.4	48.6	21.6								
12	53.5	54.5	18.6					31.4					
12 00			57.1	D	D								
12	53.6	54.6	32.3	R	R	31.3		31.5					
13 00			50.4										
12	62.1	61.1	28.6				12.5		24.5				
14 00			1.1					31.6					
12	62.2	61.2	43.3										
15 00			14.4			31.2							
12	62.3	61.3	34.5					33.1					
16 00			9.6							2.1			
12	62.4	61.4	26.2										
17 00			11.3			31.1		33.2					
12	62.5	61.5	10.4										
18 00			58.5										
12	62.6	61.6	38.6			56.6		33.3					
19 00			61.1		D								
12	56.1	60.1	60.2										
20 00			41.3				56.5	33.4	24.6				
12	56.2	60.2	19.3	48.5	21.5								
21 00			13.4				56.4						
12	56.3	60.3	49.5					33.5			8.2		
22 00			30.5										
12	56.4	60.4	55.6				56.3						
23 00			37.6					33.6					
12	56.5	60.5	22.1										
24 00			36.1				56.2	12.6					
12	56.6	60.6	25.1					7.1					
25 00			17.2										
12	31.1	41.1	21.2				56.1						
26 00			51.2	D	D			7.2					
12	31.2	41.2	42.2										
27 00			3.3				62.6						
12	31.3	41.3	27.3	R	R			7.3	2.1				
28 00			24.4				15.1						
12	31.4	41.4	2.4										
29 00			23.5			62.5		7.4					
12	31.5	41.5	8.5										
30 00			20.6										
12	31.6	41.6	35.1				15.2	7.5					
31 00			45.2									6.2	
12	33.1	19.1	12.3										

August 1940

Date/Time	☉	⊕	☾	☊	☋	☿	♀	♂	♃	♄	⇡	♆	⚶
1 00	33.2	19.2	15.4	48.5	21.5	62.5	15.2	7.6	2.1	2.1	8.2	6.2	31.1
12			52.5	R	R	R	15.3	D		D	2.2	D	D	D
2 00	33.3	19.3	39.6	48.4	21.4	D							
12			62.2					4.1					
3 00	33.4	19.4	56.4										
12			31.5				15.4						
4 00	33.5	19.5	7.1					4.2					
12			4.3										
5 00	33.6	19.6	29.5										
12			59.6				15.5	4.3	2.2				
6 00	7.1	13.1	64.2			62.6							
12			47.4										
7 00	7.2	13.2	6.6				15.6	4.4					
12			18.2			56.1							
8 00	7.3	13.3	48.3										
12			57.5	D	D		52.1	4.5					
9 00	7.4	13.4	50.1				56.2						
12			28.2										
10 00	7.5	13.5	44.4				56.3	52.2	4.6				
12			1.5	R	R								
11 00	7.6	13.6	14.1				56.4						
12			34.2				52.3	29.1					31.2
12 00	4.1	49.1	9.3				56.5						
12			5.4					29.2					
13 00	4.2	49.2	26.5				56.6	52.4					
12			11.6				31.1						
14 00	4.3	49.3	58.1					29.3					
12			38.2				31.2	52.5					
15 00	4.4	49.4	54.3	48.3	21.3	31.3							
12			61.4					52.6	29.4				
16 00	4.5	49.5	60.5				31.4						
12			41.6				31.5						
17 00	4.6	49.6	19.6				31.6	39.1	29.5				
12			49.1				33.1			2.3			
18 00	29.1	30.1	30.1				33.2	39.2					
12			55.2					29.6					
19 00	29.2	30.2	37.2				33.3						
12			63.3				33.4	39.3					
20 00	29.3	30.3	22.3				33.5	59.1					
12			36.4				33.6	39.4					
21 00	29.4	30.4	25.4				7.1						
12	29.5	30.5	17.4				7.2	39.5	59.2				
22 00			21.4	D	D		7.3						
12	29.6	30.6	51.5				7.4	39.6					
23 00			42.5				7.5		59.3				
12	59.1	55.1	3.5				7.6						
24 00			27.6				4.1	53.1					
12	59.2	55.2	24.6				4.2		59.4				
25 00			2.6				4.3	53.2					
12	59.3	55.3	8.1				4.4						
26 00			20.1				4.5	53.3	59.5				
12	59.4	55.4	16.2	R	R		4.6						
27 00			35.3				29.1	53.4					
12	59.5	55.5	45.3				29.2		59.6	R			
28 00			12.4				29.3	53.5					
12	59.6	55.6	15.5				29.4						
29 00			39.1				29.5	53.6	40.1			6.3	
12	40.1	37.1	53.2				29.6						
30 00			62.3				59.1	62.1					
12	40.2	37.2	56.5				59.3		40.2				
31 00			31.6				59.4						
12	40.3	37.3	7.2				59.5	62.2					

September 1940

Date/Time	☉	⊕	☾	☊	☋	☿	♀	♂	♃	♄	⯰	♆	♅
1 00	40.3	37.3	4.4	48.2	21.2	59.6	62.2	40.3	2.3	2.2	8.2	6.3	31.2
12	40.4	37.4	29.6	R	R	40.1	62.3		D	R		D	D
2 00			40.2			40.2							
12	40.5	37.5	64.4			40.3	62.4	40.4					
3 00			47.6			40.4							
12	40.6	37.6	46.2			40.5	62.5						
4 00			18.4			40.6		40.5					
12	64.1	63.1	48.6	D	D	64.1	62.6						
5 00			32.2			64.2	56.1		R				
12	64.2	63.2	50.4			64.3		40.6					
6 00			28.5			64.4	56.2						
12	64.3	63.3	1.1			64.5							
7 00	64.4	63.4	43.3			64.6	56.3	64.1					
12			14.4			47.1							
8 00	64.5	63.5	34.6			47.2	56.4	64.2					
12			5.1			47.3							
9 00	64.6	63.6	26.2	R	R	47.4	56.5						
12			11.3			47.5		64.3					
10 00	47.1	22.1	10.4			47.6	56.6						
12			58.5			6.1							
11 00	47.2	22.2	38.6			6.2	31.1	64.4					
12			61.1			6.3							
12 00	47.3	22.3	60.2			6.4	31.2						
12			41.2			6.5		64.5					
13 00	47.4	22.4	19.3			6.6	31.3						
12			13.4			46.1							
14 00	47.5	22.5	49.4				31.4	64.6					
12			30.5			46.2	31.5						
15 00	47.6	22.6	55.5			46.3							
12			37.5			46.4	31.6	47.1					
16 00	6.1	36.1	63.6			46.5							
12			22.6			46.6	33.1							
17 00	6.2	36.2	36.6			18.1		47.2					
12			17.1			18.2	33.2						
18 00	6.3	36.3	21.1			18.3							
12			51.1	D	D	18.4	33.3	47.3					
19 00	6.4	36.4	42.2			18.5	33.4						
12	6.5	36.5	3.2										31.3
20 00			27.2			18.6	33.5	47.4					
12	6.6	36.6	24.2			48.1							
21 00			2.3			48.2	33.6						
12	46.1	25.1	23.3			48.3		47.5					
22 00			8.4			48.4	7.1						
12	46.2	25.2	20.4			48.5	7.2		2.1				
23 00			16.5					47.6	2.2				
12	46.3	25.3	35.5			48.6	7.3				6.4		
24 00			45.6			57.1							
12	46.4	25.4	15.1			57.2	7.4	6.1					
25 00			52.2	R	R	57.3							
12	46.5	25.5	39.3			57.4	7.5						
26 00			53.4				7.6	6.2					
12	46.6	25.6	62.5			57.5							
27 00			56.6			57.6	4.1						
12	18.1	17.1	33.2			32.1		6.3					
28 00			7.3			32.2	4.2						
12	18.2	17.2	4.5			32.3							
29 00			59.1				4.3	6.4					
12	18.3	17.3	40.2			32.4	4.4						
30 00			64.4			32.5		6.5					
12	18.4	17.4	47.6			32.6	4.5						

October 1940

Date/Time	☉	⊕	☾	☊	☋	☿	♀	♂	♃	♄	⯰	♆	♅
1 00	18.5	17.5	46.3	48.2	21.2	32.6	4.5	6.5	2.2	2.1	8.2	6.4	31.2
12			18.5	R	R	50.1	4.6	6.6	R	R	R	D	D
2 00	18.6	17.6	57.1	D	D	50.2	29.1						
12			32.3			50.3							
3 00	48.1	21.1	50.5			50.4	29.2	46.1					
12			44.1										
4 00	48.2	21.2	1.3			50.5	29.3						
12			43.5	R	R	50.6	29.4	46.2					
5 00	48.3	21.3	14.6			28.1			2.1				
12			9.2				29.5						
6 00	48.4	21.4	5.4			28.2		46.3					
12			26.5			28.3	29.6						
7 00	48.5	21.5	11.6			28.4	59.1						
12			58.1					46.4					
8 00	48.6	21.6	38.3			28.5	59.2						
12			54.3	D	D	28.6							
9 00	57.1	51.1	61.4				59.3	46.5					
12			60.5			44.1	59.4				24.6		
10 00	57.2	51.2	41.6			44.2							
12	57.3	51.3	19.6			44.3	59.5	46.6					
11 00			49.1										
12	57.4	51.4	30.1			44.4	59.6						
12 00			55.2			44.5	40.1	18.1					
12	57.5	51.5	37.2										
13 00			63.3			44.6	40.2						
12	57.6	51.6	22.3			1.1		18.2			8.1		
14 00			36.3				40.3		24.6				
12	32.1	42.1	25.4			1.2	40.4						
15 00			17.4			1.3		18.3					
12	32.2	42.2	21.4	R	R		40.5						
16 00			51.4			1.4		18.4					
12	32.3	42.3	42.5				40.6						
17 00			3.5			1.5	64.1						
12	32.4	42.4	27.5			1.6		18.5					
18 00			24.6				64.2						
12	32.5	42.5	2.6			43.1	64.3						
19 00	32.6	42.6	23.6					18.6					
12			20.1			43.2	64.4						
20 00	50.1	3.1	16.1			43.3						6.5	
12			35.2				64.5	48.1					
21 00	50.2	3.2	45.3			43.4	64.6						
12			12.3								24.5		
22 00	50.3	3.3	15.4			43.5	47.1	48.2					
12			52.5								24.5		
23 00	50.4	3.4	39.6			43.6	47.2						
12			53.6				47.3	48.3					
24 00	50.5	3.5	56.2										
12			31.3	D	D	14.1	47.4						
25 00	50.6	3.6	33.4				47.5	48.4					
12			7.5			14.2							
26 00	28.1	27.1	29.1				47.6						
12			59.2					48.5					
27 00	28.2	27.2	40.4			14.3	6.1						
12	28.3	27.3	64.6				6.2						
28 00			6.1					48.6					
12	28.4	27.4	46.3				6.3						
29 00			18.5			14.4	6.4		57.1	24.4			
12	28.5	27.5	57.1	R	R								
30 00			32.3				6.5						
12	28.6	27.6	50.5				6.6		57.2				
31 00			44.2										
12	44.1	24.1	1.4				46.1						

1940

November 1940

Date/Time	☉	⊕	☽	☊	☋	☿	♀	♂	♃	♄	⚷	♆	♅
1 00	44.1	24.1	43.6	48.2	21.2	14.4	46.1	57.3	24.4	24.5	8.1	6.5	31.3
12	44.2	24.2	34.1	R	R	R	46.2		D	R	R	R	D	D
2 00			9.3				46.3						
12	44.3	24.3	5.5					57.4					
3 00			11.1				46.4			24.4			
12	44.4	24.4	10.2				46.5						
4 00	44.5	24.5	58.4					57.5					
12			38.5			14.3	46.6		24.3				
5 00	44.6	24.6	54.6				18.1						
12			60.1					57.6					R
6 00	1.1	2.1	41.2			14.2	18.2						
12			19.3										
7 00	1.2	2.2	13.3	D	D	14.1	18.3	32.1					
12			49.4				18.4						
8 00	1.3	2.3	30.4			43.6					23.6		
12			55.5				18.5	32.2					
9 00	1.4	2.4	37.5			43.5	18.6						
12			63.6					32.3					
10 00	1.5	2.5	22.6			43.4	48.1						
12	1.6	2.6	36.6			43.3	48.2						
11 00			25.6					32.4					
12	43.1	23.1	21.1			43.2	48.3		24.2				
12 00			51.1	R	R	43.1	48.4						
12	43.2	23.2	42.1			1.6		32.5					
13 00			3.2				48.5						
12	43.3	23.3	27.2			1.5							
14 00			24.2			1.4	48.6	32.6					
12	43.4	23.4	2.3				57.1						
15 00			23.3			1.3				24.3			
12	43.5	23.5	8.4	48.1	21.1	1.2	57.2	50.1					
16 00			20.4				57.3						
12	43.6	23.6	16.5			1.1							
17 00			35.5				57.4	50.2					
12	14.1	8.1	45.6				57.5						
18 00	14.2	8.2	15.1			44.6							
12			52.2				57.6	50.3					
19 00	14.3	8.3	39.2				32.1		24.1				
12			53.3			44.5		50.4					
20 00	14.4	8.4	62.4				32.2						
12			56.5				32.3						
21 00	14.5	8.5	31.6					50.5					
12			7.1		D		32.4						
22 00	14.6	8.6	4.3										
12			29.4				32.5	50.6					
23 00	34.1	20.1	59.5	D	D	44.6	32.6						
12			64.1									6.6	
24 00	34.2	20.2	47.2				50.1	28.1					
12	34.3	20.3	6.4				50.2						
25 00			46.5			1.1							
12	34.4	20.4	48.1	R	R		50.3	28.2					
26 00			57.3				50.4						
12	34.5	20.5	32.5			1.2							
27 00			28.1				50.5	28.3	27.5				
12	34.6	20.6	44.2			1.3	50.6			24.2			
28 00			1.4										
12	9.1	16.1	43.6			1.4	28.1	28.4					
29 00			34.2	18.6	17.6		28.2						
12	9.2	16.2	9.4			1.5		28.5					
30 00	9.3	16.3	5.6				28.3						
12			11.1			1.6	28.4					23.5	

December 1940

Date/Time	☉	⊕	☽	☊	☋	☿	♀	♂	♃	♄	⚷	♆	♅
1 00	9.4	16.4	10.3	18.6	17.6	1.6	28.4	28.6	27.6	24.2	23.5	6.6	31.3
12			58.5	R	R		43.1	28.5	D	R	R	R	D	R
2 00	9.5	16.5	38.6				43.2	28.6					
12			61.1					44.1					
3 00	9.6	16.6	60.2				43.3	44.1					
12			41.4				43.4	44.2					
4 00	5.1	35.1	19.4					44.2					
12			13.5				43.5	44.3					
5 00	5.2	35.2	49.6				43.6						
12			55.1					44.4	44.3				
6 00	5.3	35.3	37.1				14.1	44.5					
12	5.4	35.4	63.2				14.2						
7 00			22.2	D	D	14.3	44.6	44.4	27.5				
12	5.5	35.5	36.2				1.1						
8 00			25.3				14.4	44.5					
12	5.6	35.6	17.3				14.5	1.2					
9 00			21.3	R	R		14.6	1.3					
12	26.1	45.1	51.4					44.6					
10 00			42.4				34.1	1.4					
12	26.2	45.2	3.4				34.2	1.5					
11 00			27.4				34.3	1.1					
12	26.3	45.3	24.5	18.5	17.5		1.6						
12 00	26.4	45.4	2.5				34.4	43.1					
12			23.6				34.5	1.2					
13 00	26.5	45.5	8.6				34.6	43.2					
12			16.1			9.1	43.3		24.1				
14 00	26.6	45.6	35.2				1.3						
12			45.2			9.2	43.4						
15 00	11.1	12.1	12.3			9.3	43.5	1.4					
12			15.4			9.4							
16 00	11.2	12.2	52.5				43.6						
12			39.6	18.4	17.4	9.5	14.1	1.5					
17 00	11.3	12.3	62.1			9.6							
12			56.2			5.1	14.2						
18 00	11.4	12.4	31.3			5.2	14.3	1.6					
12	11.5	12.5	33.4			5.3							
19 00			7.5				14.4						
12	11.6	12.6	29.1			5.4	14.5	43.1					
20 00			59.2			5.5							
12	10.1	15.1	40.3			5.6	14.6						
21 00			64.5			26.1	34.1	43.2					
12	10.2	15.2	47.6										
22 00			46.1			26.2	34.2						
12	10.3	15.3	18.3	D	D	26.3	34.3	43.3					
23 00			48.4	R	R	26.4							31.2
12	10.4	15.4	57.6			26.5	34.4	43.4					
24 00	10.5	15.5	50.2				34.5						
12			28.3			26.6							
25 00	10.6	15.6	44.5			11.1	34.6	43.5	27.4				
12			1.6			11.2	9.1						
26 00	58.1	52.1	14.2			11.3							
12			34.4			11.4	9.2	43.6					
27 00	58.2	52.2	9.5			9.3							
12			26.1	18.3	17.3	11.5							
28 00	58.3	52.3	11.3			11.6	9.4	14.1		23.4			
12			10.4			10.1	9.5						
29 00	58.4	52.4	58.6			10.2							
12	58.5	52.5	54.1			10.3	9.6	14.2					
30 00			61.2				5.1						
12	58.6	52.6	60.4			10.4		14.3				R	
31 00			41.5			10.5	5.2						
12	38.1	39.1	19.6			10.6	5.3		D				

1940

January 1941

Date/Time	☉	⊕	☾	☊	☋	☿	♀	♂	♃	♄	⇧	♆	⚷
1 00	38.1	39.1	49.1	18.3	17.3	58.1	5.3		14.4	27.4	24.1	23.4	6.6	31.2
12	38.2	39.2	30.2	18.2	17.2	58.2	5.4		D	D	R	R	R	R
2 00			55.2				5.5							
12	38.3	39.3	37.3			58.3			14.5					
3 00			63.3			58.4	5.6							
12	38.4	39.4	22.4			58.5	26.1							
4 00	38.5	39.5	36.4			58.6			14.6					
12			25.5			38.1	26.2							
5 00	38.6	39.6	17.5	D	D		26.3							
12			21.5			38.2			34.1					
6 00	54.1	53.1	51.6	R	R	38.3	26.4							
12			42.6			38.4	26.5		34.2					
7 00	54.2	53.2	3.6			38.5				27.5				
12			24.1			38.6	26.6							
8 00	54.3	53.3	2.1			54.1	11.1	34.3						
12			23.1											
9 00	54.4	53.4	8.2			54.2	11.2							
12			20.2			54.3	11.3	34.4						
10 00	54.5	53.5	16.3			54.4					D			
12	54.6	53.6	35.4			54.5	11.4							
11 00			45.4			54.6	11.5	34.5						
12	61.1	62.1	12.5			61.1								
12 00			15.6			61.2	11.6	34.6						
12	61.2	62.2	39.1	18.1	17.1		10.1							
13 00			53.2			61.3								
12	61.3	62.3	62.3			61.4	10.2	9.1						
14 00			56.5			61.5	10.3							
12	61.4	62.4	31.6			61.6								
15 00			7.1			60.1	10.4	9.2						
12	61.5	62.5	4.3			60.2	10.5							
16 00	61.6	62.6	29.4			60.3								
12			59.5			60.4	10.6	9.3						
17 00	60.1	56.1	64.1				58.1							
12			47.2			60.5								
18 00	60.2	56.2	6.4			60.6	58.2	9.4						
12			46.6			41.1								
19 00	60.3	56.3	48.1	D	D	41.2	58.3	9.5						
12			57.3			41.3	58.4							
20 00	60.4	56.4	32.4			41.4								
12			50.6	R	R	41.5	58.5	9.6						
21 00	60.5	56.5	44.1			41.6	58.6							
12	60.6	56.6	1.3			19.1								
22 00			43.4			19.2	38.1	5.1						
12	41.1	31.1	14.6				38.2							
23 00			9.1			19.3								
12	41.2	31.2	5.2			19.4	38.3	5.2						
24 00			26.4	46.6	25.6	19.5	38.4							
12	41.3	31.3	11.5			19.6			5.3	27.6				
25 00			58.1			13.1	38.5							
12	41.4	31.4	38.2			13.2	38.6							
26 00			54.3			13.3		5.4						
12	41.5	31.5	61.4			13.4	54.1							
27 00			60.5			13.5	54.2							
12	41.6	31.6	19.1			13.6		5.5						
28 00	19.1	33.1	13.2			49.1	54.3							
12			49.2			49.2	54.4							
29 00	19.2	33.2	30.3					5.6						
12			55.4			49.3	54.5							
30 00	19.3	33.3	37.5			49.4	54.6	26.1						
12			63.5	46.5	25.5	49.5							D	
31 00	19.4	33.4	22.6			49.6	61.1							
12			36.6			30.1	61.2	26.2						

February 1941

Date/Time	☉	⊕	☾	☊	☋	☿	♀	♂	♃	♄	⇧	♆	⚷
1 00	19.5	33.5	17.1	D	D	30.2	61.2	26.2	27.6	24.1	23.4	6.6	31.2
12			21.1			30.3	61.3		D	D	D	D	R	R
2 00	19.6	33.6	51.1			30.4	61.4	26.3						
12	13.1	7.1	42.2			30.5								
3 00			3.2	46.6	25.6		61.5							
12	13.2	7.2	27.2			30.6	61.6	26.4	24.1					
4 00			24.3			55.1								
12	13.3	7.3	2.3	R	R	55.2	60.1	26.5					31.1	
5 00			23.3			55.3	60.2							
12	13.4	7.4	8.4			55.4			24.2					
6 00			20.4	46.5	25.5		60.3	26.6				6.5		
12	13.5	7.5	16.5			55.5	60.4							
7 00			35.5			55.6								
12	13.6	7.6	45.6			37.1	60.5	11.1						
8 00			15.1				60.6							
12	49.1	4.1	52.2			37.2								
9 00	49.2	4.2	39.3			37.3	41.1	11.2						
12			53.4				41.2							
10 00	49.3	4.3	62.5			37.4		11.3						
12			56.6			37.5	41.3							
11 00	49.4	4.4	33.2				41.4							
12			7.3			37.6		11.4	24.2					
12 00	49.5	4.5	4.5				41.5							
12			29.6			63.1	41.6							
13 00	49.6	4.6	40.2					11.5						
12			64.4			19.1								
14 00	30.1	29.1	47.5			63.2	19.2							
12			46.1					11.6						
15 00	30.2	29.2	18.3	D	D		19.3							
12	30.3	29.3	48.4				19.4	10.1						
16 00			57.6			63.3								
12	30.4	29.4	50.2				19.5							
17 00			28.4				19.6	10.2						
12	30.5	29.5	44.5		R									
18 00			43.1				13.1		24.3					
12	30.6	29.6	14.2				13.2	10.3						
19 00			34.4	R	R	63.2								
12	55.1	59.1	9.5				13.3							
20 00			5.6				13.4	10.4						
12	55.2	59.2	11.2											
21 00			10.3				13.5	10.5	24.3					
12	55.3	59.3	58.4			63.1	13.6							
22 00	55.4	59.4	38.5											
12			54.6			37.6	49.1	10.6						
23 00	55.5	59.5	60.1				49.2							
12			41.2											
24 00	55.6	59.6	19.3	46.4	25.4	37.5	49.3	58.1						
12			13.4				49.4		24.4					
25 00	37.1	40.1	49.5			37.4		58.2						
12			30.6				49.5							
26 00	37.2	40.2	55.6			37.3	49.6							
12			63.1			37.2		58.3						
27 00	37.3	40.3	22.1				30.1							
12			36.2			37.1	30.2							
28 00	37.4	40.4	25.2					58.4						
12	37.5	40.5	17.3	D	D	55.6	30.3							

1941

March 1941

Date/Time	☉	⊕	☾	☊	☋	☿	♀	♂	♃	♄	⚴	♆	♇
1 00	37.5	40.5	21.3	46.4	25.4	55.6	30.4	58.4	24.4	24.3	23.4	6.5	31.1
12	37.6	40.6	51.4	D	D	55.5	D	58.5	D	D	D	R	R
2 00			42.4				30.5	24.5					
12	63.1	64.1	3.4			55.4	30.6	58.6					
3 00			27.4			55.3							
12	63.2	64.2	24.5				55.1						
4 00			2.5				55.2	38.1					
12	63.3	64.3	23.5			55.2			24.4	23.5			
5 00			8.6				55.3						
12	63.4	64.4	20.6			55.1	55.4	38.2					
6 00			35.1										
12	63.5	64.5	45.1	R	R		55.5						
7 00			12.2			30.6	55.6	38.3					
12	63.6	64.6	15.2					24.6					
8 00	22.1	47.1	52.3				37.1	38.4					
12			39.4				37.2						
9 00	22.2	47.2	53.5										
12			62.6			30.5	37.3	38.5					
10 00	22.3	47.3	31.1				37.4						
12			33.3										
11 00	22.4	47.4	7.4				37.5	38.6					
12			4.5				37.6						
12 00	22.5	47.5	59.1		D		54.1						
12			40.3				63.1		2.1				
13 00	22.6	47.6	64.5				63.2						
12			6.1					54.2					
14 00	36.1	6.1	46.2				63.3						
12			18.4	D	D	30.6	63.4		24.5				
15 00	36.2	6.2	48.6					54.3					
12	36.3	6.3	32.2				63.5						
16 00			50.4				63.6					6.4	
12	36.4	6.4	28.6					54.4					
17 00			1.2			55.1	22.1						
12	36.5	6.5	43.4				22.2	54.5	2.2				
18 00			14.6				22.3						
12	36.6	6.6	9.1				22.3						
19 00			5.3			55.2	22.4	54.6					
12	25.1	46.1	26.4										
20 00			11.6				22.5						
12	25.2	46.2	58.1	R	R	55.3	22.6	61.1					
21 00			38.2				21.6						
12	25.3	46.3	54.3			55.4	36.1	61.2					
22 00			61.4				36.2		2.3				
12	25.4	46.4	60.5			55.5							
23 00			41.6	D	D		36.3	61.3					
12	25.5	46.5	13.1				36.4			24.6			
24 00	25.6	46.6	49.2			55.6							
12			30.2				36.5	61.4					
25 00	17.1	18.1	55.3			37.1	36.6						
12			37.3										
26 00	17.2	18.2	63.4			37.2	25.1	61.5					
12			22.4			37.3	25.2		2.4				
27 00	17.3	18.3	36.5					61.6					
12			25.5	R	R	37.4	25.3						
28 00	17.4	18.4	17.6				25.4						
12			21.6			37.5		60.1					
29 00	17.5	18.5	51.6				25.5						
12			3.1			37.6	25.6						
30 00	17.6	18.6	27.1			63.1		60.2			23.6		
12			24.1				17.1						
31 00	21.1	48.1	2.1			63.2	17.2	60.3	2.5				
12			23.2			63.3							

April 1941

Date/Time	☉	⊕	☾	☊	☋	☿	♀	♂	♃	♄	⚴	♆	♇
1 00	21.2	48.2	8.2	46.4	25.4	63.3	17.3	60.3	2.5	2.1	23.6	6.4	31.1
12			20.2	R	R	63.4	17.4	60.4	D	D	D	R	R
2 00	21.3	48.3	16.3			63.5							
12	21.4	48.4	35.3				17.5						
3 00			45.4			63.6	17.6	60.5					
12	21.5	48.5	12.4			22.1							
4 00			15.5				21.1						
12	21.6	48.6	52.5			22.2	21.2	60.6	2.6				
5 00			39.6	D	D	22.3							
12	51.1	57.1	62.1			22.4	21.3	41.1					
6 00			56.2				21.4						
12	51.2	57.2	31.3			22.5							
7 00			33.4			22.6	21.5	41.2					
12	51.3	57.3	7.5			36.1	21.6						
8 00			29.1										
12	51.4	57.4	59.2			36.2	51.1	41.3					
9 00			40.4			36.3	51.2				23.1	2.2	
12	51.5	57.5	64.5			36.4		41.4					
10 00			6.1			36.5	51.3						
12	51.6	57.6	46.3				51.4						
11 00			18.5	R	R	36.6		41.5					
12	42.1	32.1	57.1			25.1	51.5						
12 00	42.2	32.2	32.3			25.2							
12			50.5			25.3	51.6	41.6					
13 00	42.3	32.3	44.1			25.4	42.1		23.2				
12			1.4										
14 00	42.4	32.4	43.6			25.5	42.2	19.1					
12			34.2			25.6	42.3						
15 00	42.5	32.5	9.4			17.1		19.2					D
12			5.5			17.2	42.4						
16 00	42.6	32.6	11.1			17.3	42.5						
12			10.3			17.4		19.3		2.3			
17 00	3.1	50.1	58.4			17.5	42.6		23.3				
12			38.5				3.1						
18 00	3.2	50.2	61.1			17.6		19.4				8.1	
12			60.2			21.1	3.2						
19 00	3.3	50.3	41.3	D	D	21.2	3.3	19.5					
12			19.4			21.3							
20 00	3.4	50.4	13.4			21.4	3.4						
12			49.5			21.5	3.5	19.6					
21 00	3.5	50.5	30.6			21.6							
12			55.6			51.1	3.6		23.4			6.3	
22 00	3.6	50.6	63.1			51.2	27.1	13.1					
12			22.1			51.3							
23 00	27.1	28.1	36.2			51.4	27.2						
12			25.2			51.5	27.3	13.2					
24 00	27.2	28.2	17.2	R	R	51.6				2.4			
12	27.3	28.3	21.3			42.1	27.4	13.3					
25 00			51.3			42.2	27.5						
12	27.4	28.4	42.3			42.3					23.5		
26 00			3.4			42.4	27.6	13.4					
12	27.5	28.5	27.4			42.5	24.1						
27 00			24.4			42.6							
12	27.6	28.6	2.5			3.1	24.2	13.5					
28 00			23.5			3.2	24.3						
12	24.1	44.1	8.5			3.3		13.6					
29 00			20.6			3.4	24.4						
12	24.2	44.2	16.6			3.6	24.5		23.6				
30 00			35.6			27.1		49.1					
12	24.3	44.3	12.1			27.2	24.6						

May 1941

Date/Time	☉	⊕	☾	☊	☋	☿	♀	♂	♃	♄	⚷	♆	♇
1 00	24.3	44.3	15.1	46.4	25.4	27.3	2.1	49.1	23.6	2.4	8.1	6.3	31.1
12	24.4	44.4	52.2	46.3	25.3	27.4	D	49.2	D	2.5	D	R	D
2 00			39.2			27.5	2.2						
12	24.5	44.5	53.3			27.6	2.3						
3 00			62.4				24.1	49.3					
12	24.6	44.6	56.5			24.2	2.4			8.1			
4 00			31.5				24.4	49.4					
12	2.1	1.1	33.6				24.5	2.5					
5 00			4.2	D	D		24.6	2.6			8.2		
12	2.2	1.2	29.3				2.1		49.5				
6 00			59.4				2.2	23.1					
12	2.3	1.3	40.5				2.3	23.2					
7 00			47.1				2.4		49.6				
12	2.4	1.4	6.2				2.6	23.3		8.2			
8 00	2.5	1.5	46.4	R	R	23.1	23.4						
12			18.6			23.2			30.1	2.6			
9 00	2.6	1.6	57.2			23.3	23.5						
12			32.4			23.4	23.6	30.2					
10 00	23.1	43.1	50.6			23.5							
12			44.2			8.1	8.1						
11 00	23.2	43.2	1.4			8.2	8.2	30.3					
12			43.6			8.3			8.3				
12 00	23.3	43.3	34.3			8.4	8.3						
12			9.5			8.5	8.4	30.4					
13 00	23.4	43.4	26.1			8.6							
12			11.2			20.1	8.5						
14 00	23.5	43.5	10.4			20.3	8.6	30.5					
12			58.6			20.4							
15 00	23.6	43.6	54.2			20.5	20.1						
12			61.3			20.6	20.2	30.6	8.4				
16 00	8.1	14.1	60.4			16.1				23.1			
12			41.5			16.2	20.3	55.1					
17 00	8.2	14.2	19.6			16.3	20.4						
12			49.1			16.4							
18 00	8.3	14.3	30.2			16.5	20.5	55.2					
12			55.3	D	D	16.6	20.6						
19 00	8.4	14.4	37.3			35.1							
12			63.4			35.2	16.1	55.3	8.5				
20 00	8.5	14.5	22.4			35.3							
12			36.5			35.4	16.2						
21 00	8.6	14.6	25.5	R	R	35.5	16.3	55.4			8.3		
12			17.6			35.6							
22 00	20.1	34.1	21.6			45.1	16.4	55.5					
12			51.6			45.2	16.5						
23 00	20.2	34.2	42.6			45.3							
12			27.1	46.2	25.2	45.4	16.6	55.6	8.6	23.2			
24 00	20.3	34.3	24.1			45.5	35.1						
12			2.1			45.6							
25 00	20.4	34.4	23.2			12.1	35.2	37.1					
12			8.2			12.2	35.3						
26 00	20.5	34.5	20.2										
12	20.6	34.6	16.3			12.3	35.4	37.2					
27 00			35.3			12.4	35.5						
12	16.1	9.1	45.4			12.5		20.1					
28 00			12.4			12.6	35.6	37.3					
12	16.2	9.2	15.5				45.1						
29 00			52.5	46.1	25.1	15.1							
12	16.3	9.3	39.6			15.2	45.2	37.4					
30 00			62.1			15.3	45.3						
12	16.4	9.4	56.1					37.5		23.3			
31 00			31.2			15.4	45.4						
12	16.5	9.5	33.3			15.5	45.5		20.2				

June 1941

Date/Time	☉	⊕	☾	☊	☋	☿	♀	♂	♃	♄	⚷	♆	♇
1 00	16.5	9.5	7.4	46.1	25.1	15.6	45.5	37.6	20.2	23.3	8.3	6.3	31.1
12	16.6	9.6	4.5	R	R	D	45.6	D	D	D	D	R	D
2 00			29.6				52.1	12.1					
12	35.1	5.1	40.1				52.2	63.1					
3 00			64.2	D	D			12.2					
12	35.2	5.2	47.4				52.3						
4 00			6.5					12.3	63.2				
12	35.3	5.3	18.1	R	R		52.4	12.4		20.3			
5 00			48.2										
12	35.4	5.4	57.4				52.5	12.5	63.3				
6 00			32.6				52.6	12.6				D	
12	35.5	5.5	28.2								8.4		
7 00			44.3				39.1	15.1	63.4				
12	35.6	5.6	1.5					15.2		23.4			
8 00			14.1				39.2						
12	45.1	26.1	34.3					15.3	63.5	20.4			
9 00			9.5					15.4					
12	45.2	26.2	26.1				39.3						
10 00			11.3	6.6	36.6			15.5	63.6				
12	45.3	26.3	10.5				39.4	15.6					
11 00			38.1										
12	45.4	26.4	54.3					52.1	22.1				
12 00			61.4				39.5	52.2					
12	45.5	26.5	60.6					22.2	20.5				
13 00			19.1					52.3					
12	45.6	26.6	13.2					52.4					
14 00			49.3				39.6		22.3				
12	12.1	11.1	30.4					52.5					
15 00			55.5					52.6			23.5		
12	12.2	11.2	37.6					22.4					
16 00			22.1				39.1						
12	12.3	11.3	36.1			53.1		20.6					
17 00			25.2				39.2	22.5					
12	12.4	11.4	17.2				39.3						
18 00			21.2										
12	12.5	11.5	51.3				39.4	22.6					
19 00	12.6	11.6	42.3				39.5						
12			3.3										
20 00	15.1	10.1	27.4		R		39.6	36.1					
12			24.4				53.1		16.1				
21 00	15.2	10.2	2.4										
12			23.5	6.5	36.5		53.2	36.2					31.2
22 00	15.3	10.3	8.5				53.3						
12			20.5										
23 00	15.4	10.4	16.6				53.4	36.3					
12			35.6				53.5			23.6			
24 00	15.5	10.5	12.1			39.6				8.5			
12			15.1				53.6						
25 00	15.6	10.6	52.2				62.1	36.4	16.2				
12			39.3										
26 00	52.1	58.1	53.3	6.4	36.4		62.2						
12			62.4				39.5	62.3	36.5				
27 00	52.2	58.2	56.5										
12			31.6				62.4						
28 00	52.3	58.3	7.1					36.6					
12			4.2				39.4	62.5					
29 00	52.4	58.4	29.3				62.6		16.3				
12			59.4					25.1					
30 00	52.5	58.5	40.5			39.3	56.1						
12			64.6				56.2						

July 1941

Date/Time	☉	⊕	☾	☊	⚷	☿	♀	♂	♃	♄	⚴	♆	♅
1 00	52.6	58.6	6.1	6.4	36.4	39.3	56.2	25.2	16.3	23.6	8.5	6.3	31.2
12			46.3	D	D	R	56.3	D	D	D	D	D	D
2 00	39.1	38.1	18.4			39.2	56.4			8.1			
12			48.6	R	R		25.3						
3 00	39.2	38.2	32.1				56.5						
12			50.3			39.1	56.6		16.4				
4 00	39.3	38.3	28.4										
12			44.6				31.1	25.4					
5 00	39.4	38.4	43.2				52.6	31.2					
12			14.4										
6 00	39.5	38.5	34.5				31.3	25.5					
12			5.1				52.5	31.4					
7 00	39.6	38.6	26.3										
12			11.5				31.5	25.6					
8 00	53.1	54.1	58.1	6.3	36.3			16.5					
12			38.2				52.4	31.6					
9 00	53.2	54.2	54.4				33.1						
12			61.6					17.1					
10 00	53.3	54.3	41.1				33.2						
12			19.2				33.3						
11 00	53.4	54.4	13.4			52.3		17.2					
12			49.5				33.4			8.2			
12 00	53.5	54.5	30.6				33.5	16.6					
12			37.1					17.3					
13 00	53.6	54.6	63.2				33.6						
12			22.2				7.1						
14 00	62.1	61.1	36.3	D	D					8.6			
12			25.4		D	7.2	17.4						
15 00	62.2	61.2	17.4			7.3							
12			21.5										
16 00	62.3	61.3	51.5			7.4							
12			42.5	R	R	7.5	17.5						
17 00	62.4	61.4	3.6				35.1						
12			27.6			52.4	7.6						
18 00	62.5	61.5	24.6				17.6						
12	62.6	61.6	23.1			4.1							
19 00			8.1			4.2							
12	56.1	60.1	20.1			52.5							
20 00			16.2				4.3	21.1					
12	56.2	60.2	35.2				4.4						
21 00			45.3	6.2	36.2							6.4	
12	56.3	60.3	12.3			52.6	4.5		35.2				
22 00			15.4				4.6	21.2					
12	56.4	60.4	52.5			39.1				8.3			
23 00			39.5				29.1						
12	56.5	60.5	53.6				29.2						
24 00			56.1			39.2		21.3					
12	56.6	60.6	31.2				29.3						
25 00			33.3			39.3	29.4						
12	31.1	41.1	7.4					21.4					
26 00			4.5			39.4	29.5						
12	31.2	41.2	29.6			39.5			35.3				31.1
27 00			40.2				29.6						
12	31.3	41.3	64.3			39.6	59.1						
28 00			47.4			53.1		21.5					
12	31.4	41.4	6.5	D	D		59.2						
29 00			18.1			53.2	59.3						
12	31.5	41.5	48.2			53.3							
30 00			57.4				59.4	21.6					
12	31.6	41.6	32.5			53.4	59.5						
31 00			28.1			53.5							
12	33.1	19.1	44.2	R	R	53.6	59.6		35.4				

August 1941

Date/Time	☉	⊕	☾	☊	⚷	☿	♀	♂	♃	♄	⚴	♆	♅
1 00	33.1	19.1	1.4	6.2	36.2	62.1	40.1	51.1	35.4	8.5	8.6	6.4	31.3
12	33.2	19.2	43.6	R	R	D	D	D	D	D	D	D	D
2 00			34.1			62.2	40.2						
12	33.3	19.3	9.3			62.3	40.3						
3 00			5.4			62.4							
12	33.4	19.4	26.6			62.5	40.4	51.2					
4 00			10.2	6.1	36.1	62.6							
12	33.5	19.5	58.3			56.1	40.5			8.4			
5 00			38.5			56.2	40.6						
12	33.6	19.6	54.6			56.3							
6 00			60.2			56.4	64.1	51.3	35.5				
12	7.1	13.1	41.3			56.5	64.2						
7 00			19.4			56.6							
12	7.2	13.2	13.5			31.1	64.3						
8 00			30.1			31.2	64.4						
12	7.3	13.3	55.2			31.3		51.4					
9 00			37.3			31.4	64.5						
12	7.4	13.4	63.3			31.5	64.6						
10 00			22.4			31.6							
12	7.5	13.5	36.5	D	D	33.1	47.1						
11 00			25.6			33.2		51.5					
12	7.6	13.6	17.6			33.3	47.2		35.6				
12 00	4.1	49.1	51.1			33.4	47.3						
12			42.1			33.6							
13 00	4.2	49.2	3.1			7.1	47.4						
12			27.2			7.2	47.5				20.1		
14 00	4.3	49.3	24.2			7.3		51.6					
12			2.2			7.4	47.6						
15 00	4.4	49.4	23.3			7.5	6.1						
12			8.3	R	R	7.6							
16 00	4.5	49.5	20.3			4.1	6.2						
12			16.4			4.2	6.3						
17 00	4.6	49.6	35.4			4.3		42.1					
12			45.5			4.4	6.4		45.1				
18 00	29.1	30.1	12.5			4.6							
12			15.6			29.1	6.5						
19 00	29.2	30.2	39.1			29.2	6.6						
12			53.1			29.3							
20 00	29.3	30.3	62.2			29.4	46.1						
12			56.3			29.5	46.2						
21 00	29.4	30.4	31.4			29.6		42.2					
12			33.5			59.1	46.3						
22 00	29.5	30.5	7.6			59.2	46.4						
12			29.2			59.3						6.5	
23 00	29.6	30.6	59.3			59.4	46.5						
12			40.4			59.5	46.6			8.5			
24 00	59.1	55.1	64.6			59.6		45.2					
12			6.1	D	D	40.1	18.1						
25 00	59.2	55.2	46.3			40.2							
12			18.4			40.3	18.2	42.3					
26 00	59.3	55.3	48.6			40.4	18.3						
12			32.2			40.5							
27 00	59.4	55.4	50.3			40.6	18.4						
12			28.5			64.1	18.5						
28 00	59.5	55.5	44.6			64.2							
12			43.2			64.3	18.6						
29 00	59.6	55.6	14.4			64.4	48.1						
12			34.5			64.5							31.4
30 00	40.1	37.1	5.1	R	R	64.6	48.2						
12	40.2	37.2	26.2			47.1							
31 00			11.4			47.2	48.3		45.3				
12	40.3	37.3	10.5			47.3	48.4						

1941

September 1941

Date/Time	☉	⊕	☾	☊	☋	☿	♀	♂	♃	♄	⯝	♆	⚷
1 00	40.3	37.3	38.1	6.1	36.1	47.4	48.4	42.3	45.3	8.5	20.1	6.5	31.4
12	40.4	37.4	54.2	R	R	47.5	48.5	D	D	D	D	D	D
2 00			61.3				48.6						
12	40.5	37.5	60.5			47.6		42.4					
3 00			41.6			6.1	57.1						
12	40.6	37.6	13.1			6.2	57.2						
4 00			49.2			6.3							
12	64.1	63.1	30.3			6.4	57.3						
5 00			55.4			6.5							
12	64.2	63.2	37.5			6.6	57.4						
6 00			63.6			46.1	57.5				R		
12	64.3	63.3	22.6			46.2							
7 00			25.1	D	D		57.6	R					
12	64.4	63.4	17.2			46.3	32.1						
8 00			21.2			46.4							
12	64.5	63.5	51.3			46.5	32.2		45.4				
9 00			42.3			46.6	32.3						
12	64.6	63.6	3.4			18.1							
10 00			27.4				32.4						
12	47.1	22.1	24.4			18.2							
11 00			2.5			18.3	32.5			R			
12	47.2	22.2	23.5			18.4	32.6	42.3					
12 00			8.5			18.5							
12	47.3	22.3	20.6			18.6	50.1						
13 00			16.6				50.2						
12	47.4	22.4	35.6			48.1							
14 00	47.5	22.5	12.1	R	R	48.2	50.3						
12			15.1			48.3	50.4						
15 00	47.6	22.6	52.2										
12			39.2			48.4	50.5						
16 00	6.1	36.1	53.3	D	D	48.5							
12			62.4			48.6	50.6						
17 00	6.2	36.2	56.5			57.1	28.1						
12			31.6										
18 00	6.3	36.3	7.1			57.2	28.2				6.6		
12			4.2			57.3	28.3						
19 00	6.4	36.4	29.3			57.4							
12			59.4				28.4	42.2					
20 00	6.5	36.5	40.6			57.5		45.5					
12			47.1			57.6	28.5						
21 00	6.6	36.6	6.3	R	R		28.6						
12			46.5			32.1							
22 00	46.1	25.1	48.1			32.2	44.1						
12			57.2			32.3	44.2						
23 00	46.2	25.2	32.4										
12			50.6			32.4	44.3						
24 00	46.3	25.3	44.2			32.5		42.1					
12			1.4				44.4						
25 00	46.4	25.4	43.6			32.6	44.5						
12	46.5	25.5	34.1			50.1							
26 00			9.3				44.6						
12	46.6	25.6	5.5			50.2	1.1						
27 00			26.6			50.3							
12	18.1	17.1	10.2				1.2	51.6					
28 00			58.3	D	D	50.4							
12	18.2	17.2	38.5			50.5	1.3						
29 00			54.6				1.4						
12	18.3	17.3	60.1			50.6				8.4	8.6		
30 00			41.2				1.5						
12	18.4	17.4	19.3			28.1	1.6						

October 1941

Date/Time	☉	⊕	☾	☊	☋	☿	♀	♂	♃	♄	⯝	♆	⚷
1 00	18.4	17.4	13.4	6.1	36.1	28.1	1.6	51.5	45.5	8.4	8.6	6.6	31.4
12	18.5	17.5	49.5	D	D	28.2	43.1	R	D	R	R	D	D
2 00			30.6			28.3							
12	18.6	17.6	37.1				43.2						
3 00			63.2			28.4	43.3						
12	48.1	21.1	22.2										
4 00			36.3	R	R	28.5	43.4	51.4					
12	48.2	21.2	25.4				43.5						
5 00			17.4			28.6							
12	48.3	21.3	21.5				43.6						
6 00	48.4	21.4	51.5				44.1						
12			42.6				14.1						
7 00	48.5	21.5	3.6				14.2	51.3					
12			27.6			44.2							
8 00	48.6	21.6	2.1				14.3						
12			23.1	47.6	22.6	44.3	14.4						
9 00	57.1	51.1	8.1										
12			20.2				14.5						
10 00	57.2	51.2	16.2			44.4		51.2					
12			35.2				14.6		R				
11 00	57.3	51.3	45.3			34.1							
12			12.3										
12 00	57.4	51.4	15.4			44.5	34.2						
12			52.4										
13 00	57.5	51.5	39.4				34.3	51.1					
12			53.5				34.4					46.1	
14 00	57.6	51.6	62.6	D	D								
12			56.6				34.5						
15 00	32.1	42.1	33.1				34.6						
12	32.2	42.2	7.2		R								
16 00			4.3			9.1							
12	32.3	42.3	29.4				21.6						
17 00			59.5			9.2							
12	32.4	42.4	64.1			9.3							
18 00			47.2										
12	32.5	42.5	6.4	R	R	9.4							
19 00			46.6			44.4			8.3				
12	32.6	42.6	48.1			9.5	21.5						
20 00			57.3			9.6							
12	50.1	3.1	32.5										
21 00			28.1			44.3	5.1						
12	50.2	3.2	44.4										
22 00			1.6			44.2	5.2						
12	50.3	3.3	14.2				5.3						
23 00	50.4	3.4	34.4			44.1							
12			9.6				5.4	21.4					
24 00	50.5	3.5	26.2			28.6							
12			11.3			28.5	5.5						
25 00	50.6	3.6	10.5				5.6						31.5
12			38.1			28.4							
26 00	28.1	27.1	54.2			28.3	26.1						
12			61.4										
27 00	28.2	27.2	60.5			28.2	26.2						
12			41.6	D	D	28.1	26.3						
28 00	28.3	27.3	13.1				21.3						
12			49.2			50.6	26.4						
29 00	28.4	27.4	30.3			50.5							
12			55.4				26.5						
30 00	28.5	27.5	37.5			50.4	26.6						
12			63.5										
31 00	28.6	27.6	22.6			50.3	11.1		45.4				
12	44.1	24.1	36.6	R	R						8.5		

November 1941

Date/Time	☉	⊕	☾	☊	☋	☿	♀	♂	♃	♄	⯝	♆	♇
1 00	44.1	24.1	17.1	47.6	22.6	50.2	11.2	21.3	45.4	8.3	8.5	46.1	31.5
12	44.2	24.2	21.1	R	R	R	11.3	R	R	8.2	R	D	D
2 00			51.2			50.1							
12	44.3	24.3	42.2				11.4						
3 00			3.3										
12	44.4	24.4	27.3				11.5						
4 00			24.3				11.6	21.2					
12	44.5	24.5	2.4										
5 00			23.4	47.5	22.5	32.6	10.1						
12	44.6	24.6	8.4			D							
6 00			20.5			50.1	10.2						
12	1.1	2.1	16.5										
7 00	1.2	2.2	35.5				10.3						R
12			45.6				10.4						
8 00	1.3	2.3	12.6										
12			15.6			50.2	10.5						
9 00	1.4	2.4	39.1										
12			53.1				10.6						
10 00	1.5	2.5	62.2			50.3							
12			56.2				58.1	D					
11 00	1.6	2.6	31.3			50.4	58.2		45.3				
12			33.4										
12 00	43.1	23.1	7.4			50.5	58.3						
12			4.5	D	D							46.2	
13 00	43.2	23.2	29.6			50.6	58.4						
12			40.1							8.1			
14 00	43.3	23.3	64.2			28.1	58.5						
12	43.4	23.4	47.4				58.6						
15 00			6.5	R	R	28.2							
12	43.5	23.5	18.1			28.3	38.1						
16 00			48.2			28.4							
12	43.6	23.6	57.4			28.4	38.2						
17 00			32.6	47.4	22.4	28.5							
12	14.1	8.1	28.2			28.6	38.3	21.3					
18 00			44.4				38.4						
12	14.2	8.2	1.6			44.1							
19 00			14.2			44.2	38.5						
12	14.3	8.3	34.5			44.3							
20 00			5.1			38.6			45.2				31.4
12	14.4	8.4	26.3			44.4							
21 00	14.5	8.5	11.5			44.5	54.1						
12			58.1			44.6							
22 00	14.6	8.6	38.3				54.2						
12			54.5			1.1							
23 00	34.1	20.1	61.6			1.2	54.3						
12			41.2			1.3	54.4				8.4		
24 00	34.2	20.2	19.3	47.3	22.3	1.4							
12			13.4				54.5	21.4					
25 00	34.3	20.3	49.5			1.5			23.6				
12			30.6			1.6	54.6						
26 00	34.4	20.4	37.1	D	D	43.1							
12			63.2			43.2	61.1						
27 00	34.5	20.5	22.3										
12	34.6	20.6	36.3	R	R	43.3	61.2		45.1				
28 00			25.4			43.4							
12	9.1	16.1	17.4			43.5	61.3						
29 00			21.5			43.6							
12	9.2	16.2	51.5			14.1	61.4	21.5					
30 00			42.5										
12	9.3	16.3	3.6			14.2	61.5						

December 1941

Date/Time	☉	⊕	☾	☊	☋	☿	♀	♂	♃	♄	⯝	♆	♇
1 00	9.3	16.3	27.6	47.3	22.3	14.3	61.5	21.5	45.1	23.6	8.4	46.2	31.4
12	9.4	16.4	24.6	R	R	14.4	61.6	D	R	R	R	D	R
2 00			23.1			14.5							
12	9.5	16.5	8.1			14.6	60.1						
3 00			20.1						21.6				
12	9.6	16.6	16.2			34.1	60.2						
4 00	5.1	35.1	35.2	47.2	22.2	34.2							
12			45.2			34.3	60.3			35.6			
5 00	5.2	35.2	12.3			34.4							
12			15.3			34.5	60.4						
6 00	5.3	35.3	52.4			34.6							
12			39.4			34.6	60.5	51.1					
7 00	5.4	35.4	53.5			9.1				23.5			
12			62.5			9.2	60.6						
8 00	5.5	35.5	56.6			9.3							
12			31.6				41.1						
9 00	5.6	35.6	7.1	47.1	22.1	9.4							
12	26.1	45.1	4.2			9.5	41.2	51.2					
10 00			29.2			9.6							
12	26.2	45.2	59.3			5.1	41.3						
11 00			40.4			5.2							
12	26.3	45.3	64.5				41.4		35.5				
12 00			47.6			5.3							
12	26.4	45.4	46.1			5.4			51.3				
13 00			18.3			5.5	41.5						
12	26.5	45.5	48.4			5.6							
14 00			57.6			26.1	41.6						
12	26.6	45.6	50.1										
15 00	11.1	12.1	28.3			26.2	19.1						
12			44.5			26.3		51.4					
16 00	11.2	12.2	43.1			26.4							
12			14.3			26.5	19.2						
17 00	11.3	12.3	34.5			26.6					8.3		
12			5.1			11.1	19.3						
18 00	11.4	12.4	26.3				51.5						
12			11.5			11.2			35.4				
19 00	11.5	12.5	58.1			11.3	19.4						
12			38.3	64.6	63.6	11.4							
20 00	11.6	12.6	54.5			11.5	19.5						
12			60.1			11.6		51.6					
21 00	10.1	15.1	41.3										
12	10.2	15.2	19.4			10.1	19.6			23.4			
22 00			13.6			10.2							
12	10.3	15.3	30.1			10.3			42.1				
23 00			55.2			10.4	13.1						
12	10.4	15.4	37.3			10.5							
24 00			63.4										
12	10.5	15.5	22.5	D	D	10.6	13.2						
25 00			36.6			58.1			42.2				
12	10.6	15.6	17.1	R	R	58.2			35.3				
26 00			21.1			58.3	13.3						
12	58.1	52.1	51.2			58.4							
27 00	58.2	52.2	42.2			58.5			42.3				
12			3.2				13.4						
28 00	58.3	52.3	27.3			58.6							
12			24.3			38.1							
29 00	58.4	52.4	2.3			38.2	13.5						
12			23.4			38.3			42.4				
30 00	58.5	52.5	8.4			38.4							
12			20.4			38.5							
31 00	58.6	52.6	16.5	64.5	63.5		13.6						
12			35.5			38.6			42.5				

January 1942

Date	Time	☉	⊕	☽	☊	☍	☿	♀	♂	♃	♄	⊕	♆	♇
1	00	38.1	39.1	45.5	64.5	63.5	54.1	13.6	42.5	35.3	23.4	8.3	46.2	31.4
	12	38.2	39.2	12.6	R	R	54.2	D	D	R	R	R	R	R
2	00			15.6			54.3	49.1						
	12	38.3	39.3	39.1			54.4		42.6					
3	00			53.1			54.5			35.2				
	12	38.4	39.4	62.2			54.6							
4	00			56.2										
	12	38.5	39.5	31.3			61.1		3.1					
5	00			33.4	64.4	63.4	61.2	49.2						
	12	38.6	39.6	7.4			61.3							
6	00			4.5			61.4							
	12	54.1	53.1	29.6			61.5		3.2					
7	00			40.1			61.6							
	12	54.2	53.2	64.2			60.1							
8	00	54.3	53.3	47.3	D	D								
	12			6.4			60.2	49.3	3.3					
9	00	54.4	53.4	46.5			60.3							
	12			18.6			60.4							
10	00	54.5	53.5	57.1			60.5							
	12			32.3	R	R	60.6		3.4					
11	00	54.6	53.6	50.4			41.1							
	12			28.6			41.2							
12	00	61.1	62.1	1.1			41.3							
	12			43.3					3.5					
13	00	61.2	62.2	14.5			41.4			35.1				
	12	61.3	62.3	9.1			41.5	R						
14	00			5.2			41.6							
	12	61.4	62.4	26.4			19.1		3.6					
15	00			11.6			19.2							
	12	61.5	62.5	58.2			19.3							
16	00			38.4					27.1		23.3			
	12	61.6	62.6	54.6			19.4							
17	00			60.2			19.5							
	12	60.1	56.1	41.4			19.6							
18	00			19.5			13.1	49.2	27.2					31.3
	12	60.2	56.2	49.1			13.2							
19	00	60.3	56.3	30.2										
	12			55.4	64.3	63.3	13.3							
20	00	60.4	56.4	37.5			13.4		27.3					
	12			63.6	D	D	13.5							
21	00	60.5	56.5	36.1										
	12			25.2	64.4	63.4	13.6	49.1	27.4					
22	00	60.6	56.6	17.2			49.1							
	12			21.3			49.2							
23	00	41.1	31.1	51.4										
	12			42.4			49.3		27.5		D			
24	00	41.2	31.2	3.5			49.4	13.6						
	12	41.3	31.3	27.5	R	R								
25	00			24.6			49.5		27.6					
	12	41.4	31.4	2.6										
26	00			23.6			49.6	13.5						
	12	41.5	31.5	20.1	64.3	63.3								
27	00			16.1			30.1		24.1			8.2		
	12	41.6	31.6	35.1				13.4						
28	00			45.2			30.2							
	12	19.1	33.1	12.2										
29	00			15.2					24.2					
	12	19.2	33.2	52.3			30.3	13.3						
30	00			39.3										
	12	19.3	33.3	53.3					24.3					
31	00	19.4	33.4	62.4				13.2			23.4			
	12			56.5										

February 1942

Date	Time	☉	⊕	☽	☊	☍	☿	♀	♂	♃	♄	⊕	♆	♇
1	00	19.5	33.5	31.6	64.3	63.3	30.3	13.2	24.4	35.1	23.4	8.2	46.2	31.3
	12			7.1	R	R	R	13.1	D	R	D	R	R	R
2	00	19.6	33.6	4.1										
	12			29.2										
3	00	13.1	7.1	59.3				19.6	24.5					
	12			40.4										
4	00	13.2	7.2	64.5	D	D	30.2						D	
	12			47.6				19.5	24.6					
5	00	13.3	7.3	46.2										
	12	13.4	7.4	18.3			30.1		D					
6	00			48.4				19.4						
	12	13.5	7.5	57.5				49.6	2.1					
7	00			50.1										
	12	13.6	7.6	28.2				49.5	19.3					
8	00			44.4					2.2					
	12	49.1	4.1	1.5				49.4						
9	00			14.1	R	R								
	12	49.2	4.2	34.2				49.3	19.2	2.3				
10	00			9.4				49.2						
	12	49.3	4.3	5.5										
11	00			11.1				49.1	19.1					
	12	49.4	4.4	10.3				13.6		2.4		8.3		
12	00	49.5	4.5	58.4										
	12			38.6				13.5						
13	00	49.6	4.6	61.2					2.5					
	12			60.3				13.4	41.6					
14	00	30.1	29.1	41.5				13.3						
	12			13.1					2.6					
15	00	30.2	29.2	49.2				13.2						
	12			30.3										
16	00	30.3	29.3	55.5				41.5						
	12			37.6				13.1	23.1					
17	00	30.4	29.4	22.1	D	D								
	12			36.2				19.6						
18	00	30.5	29.5	25.3					23.2					
	12	30.6	29.6	17.4										
19	00			21.5										
	12	55.1	59.1	51.5				19.5	23.3					
20	00			42.6				41.4						
	12	55.2	59.2	27.1										
21	00			24.1										
	12	55.3	59.3	2.1					23.4					
22	00			23.2										
	12	55.4	59.4	8.2									46.1	
23	00			20.3			D		23.5					
	12	55.5	59.5	16.3	R	R	D							
24	00			35.3										
	12	55.6	59.6	45.4					23.6					
25	00	37.1	40.1	12.4										
	12			15.4					23.5					
26	00	37.2	40.2	52.5					8.1					
	12			39.5				19.6						
27	00	37.3	40.3	53.6				41.5						
	12			62.6										
28	00	37.4	40.4	31.1					8.2					
	12			33.2			13.1							

March 1942

Date/Time	☉	⊕	☾	☊	☋	☿	♀	♂	♃	♄	⇑	♆	♅
1 00	37.5	40.5	7.3	64.3	63.3	13.1	41.5	8.2	35.1	23.5	8.3	46.1	31.3
12			4.4	R	R	D	D	8.3	35.2	D	D	R	R
2 00	37.6	40.6	29.5			13.2							
12			59.6										
3 00	63.1	64.1	64.1					8.4					31.2
12			47.2	D	D	13.3	41.6						
4 00	63.2	64.2	6.3										
12	63.3	64.3	46.5			13.4		8.5					
5 00			18.6	R	R								
12	63.4	64.4	57.1			13.5							
6 00			32.3					19.1	8.6				
12	63.5	64.5	50.4			13.6							
7 00			28.6										
12	63.6	64.6	1.2			49.1							
8 00			43.3					20.1					
12	22.1	47.1	14.5			49.2	19.2						
9 00			34.6										
12	22.2	47.2	5.2			49.3		20.2					
10 00			26.4	D	D								
12	22.3	47.3	11.5			49.4	19.3						
11 00			58.1			49.5		20.3		23.6			
12	22.4	47.4	38.2						35.3				
12 00	22.5	47.5	54.4			49.6	19.4						
12			61.5					20.4					
13 00	22.6	47.6	41.1			30.1							
12			19.2			30.2							
14 00	36.1	6.1	13.3					19.5	20.5				
12			49.4			30.3							
15 00	36.2	6.2	30.6			30.4							
12			37.1					19.6	20.6				
16 00	36.3	6.3	63.2			30.5							
12			22.3	R	R	30.6							
17 00	36.4	6.4	36.4				13.1						
12			25.5			55.1	16.1						
18 00	36.5	6.5	17.6			55.2							
12			21.6				13.2						
19 00	36.6	6.6	42.1			55.3		16.2					
12	25.1	46.1	3.2			55.4	13.3						
20 00			27.2			55.5			35.4				
12	25.2	46.2	24.3					16.3					
21 00			2.3			55.6	13.4						
12	25.3	46.3	23.4			37.1							
22 00			8.4			37.2		16.4		8.1			
12	25.4	46.4	20.5			37.3	13.5						
23 00			16.5	64.2	63.2								
12	25.5	46.5	35.5			37.4	13.6	16.5			8.4		
24 00			45.6			37.5							
12	25.6	46.6	12.6			37.6							
25 00			15.6	D	D		49.1	16.6					
12	17.1	18.1	39.1			63.1							
26 00			53.1			63.2	49.2						
12	17.2	18.2	62.2			63.3		35.1					
27 00			56.2			63.4	49.3		35.5				
12	17.3	18.3	31.3	64.3	63.3	63.5							
28 00			33.3										
12	17.4	18.4	7.4			63.6	49.4	35.2					
29 00	17.5	18.5	4.5			22.1							
12			29.6			22.2	49.5					6.6	
30 00	17.6	18.6	40.1			22.3		35.3					
12			64.2			22.4	49.6						
31 00	21.1	48.1	47.4	R	R	22.5							
12			6.5			22.6	30.1	35.4		8.2			

April 1942

Date/Time	☉	⊕	☾	☊	☋	☿	♀	♂	♃	♄	⇑	♆	♅
1 00	21.2	48.2	46.6	64.3	63.3	22.6	30.1	35.4	35.5	8.2	8.4	6.6	31.2
12			48.2	R	R	36.1	30.2	D	D	D	D	R	R
2 00	21.3	48.3	57.4	64.2	63.2	36.2		35.5	35.6				
12			32.5			36.3							
3 00	21.4	48.4	28.1			36.4	30.3						
12			44.3			36.5		35.6					
4 00	21.5	48.5	1.5			36.6	30.4						
12			43.6			25.1							
5 00	21.6	48.6	34.2			25.2	30.5	45.1					
12			9.4			25.3							
6 00	51.1	57.1	5.6			25.4	30.6						
12			11.2			25.5		45.2					
7 00	51.2	57.2	10.3			25.6	55.1						
12	51.3	57.3	58.5			17.1							
8 00			38.6			17.2	55.2	45.3	45.1				
12	51.4	57.4	61.2	D	D	17.3							
9 00			60.3			17.4	55.3			8.3			
12	51.5	57.5	41.4			17.5		45.4					
10 00			19.6			17.6	55.4						
12	51.6	57.6	49.1			21.1							
11 00			30.2			21.2	55.5						
12	42.1	32.1	55.3			21.3		45.5					
12 00			37.4			21.4	55.6						
12	42.2	32.2	63.5	R	R	21.5							
13 00			22.6			21.6	37.1	45.6					
12	42.3	32.3	25.1			51.1		45.2		8.5			
14 00			17.2			51.2	37.2						
12	42.4	32.4	21.2			51.3		12.1					
15 00			51.3			51.4	37.3						
12	42.5	32.5	42.4			51.5	37.4						
16 00			3.4			51.6		12.2					
12	42.6	32.6	27.5			42.1	37.5						D
17 00			24.5			42.2				8.4			
12	3.1	50.1	2.6			42.4	37.6	12.3					
18 00	3.2	50.2	23.6			42.5							
12			20.1			42.6	63.1		45.3				
19 00	3.3	50.3	16.1			3.1		12.4					
12			35.1	64.1	63.1	3.2	63.2						
20 00	3.4	50.4	45.2			3.3							
12			12.2			3.4	63.3	12.5					
21 00	3.5	50.5	15.2			3.5							
12			52.3			3.6	63.4						
22 00	3.6	50.6	39.3			27.2		12.6					
12			53.3			27.3	63.5						
23 00	27.1	28.1	62.4			27.4	63.6						
12			56.4			27.5		15.1	45.4				
24 00	27.2	28.2	31.5	D	D	27.6	22.1						
12			33.5			24.1							
25 00	27.3	28.3	7.6			24.2	22.2	15.2		8.5			
12			29.1			24.4							
26 00	27.4	28.4	59.1			24.5	22.3						
12			40.2			24.6		15.3					
27 00	27.5	28.5	64.4	R	R	2.1	22.4						
12			47.5			2.2	22.5						
28 00	27.6	28.6	6.6			2.3							
12			18.1			2.4	22.6	15.4	45.5				
29 00	24.1	44.1	48.3			2.5							
12			57.5			23.1	36.1						
30 00	24.2	44.2	32.6			23.2		15.5					
12	24.3	44.3	28.2			23.3	36.2						

1942

May 1942

Date	Time	☉	⊕	☾	☋	☊	☿	♀	♂	♃	♄	⊕̇	♆	⟲
1	00	24.3	44.3	44.4	64.1	63.1	23.4	36.3	15.6	45.5	8.5	8.6	6.6	31.2
	12	24.4	44.4	1.6	R	R	23.5	D	15.6	D	D	D	R	D
2	00			14.2			23.6	36.4						
	12	24.5	44.5	34.4			8.1				8.6			
3	00			9.6			8.2	36.5	52.1					
	12	24.6	44.6	26.2			8.3		45.6					
4	00			11.4	40.6	37.6	8.4	36.6						
	12	2.1	1.1	10.6			8.5	25.1	52.2					
5	00			38.2			8.6							
	12	2.2	1.2	54.4			20.1	25.2						
6	00			61.5			20.2		52.3					
	12	2.3	1.3	41.1			20.3	25.3						
7	00			19.2			20.4							
	12	2.4	1.4	13.3			20.5	25.4	52.4					
8	00			49.5	D	D	20.6	25.5		12.1				
	12	2.5	1.5	30.6										
9	00			37.1			16.1	25.6	52.5					
	12	2.6	1.6	63.2	R	R	16.2							
10	00			22.3			16.3	17.1		20.1				
	12	23.1	43.1	36.4			16.4		52.6			6.5		
11	00			25.4			16.5	17.2						
	12	23.2	43.2	17.5				17.3						
12	00			21.6			16.6	39.1						
	12	23.3	43.3	51.6			35.1	17.4		12.2				
13	00			3.1			35.2							
	12	23.4	43.4	27.1				17.5	39.2					
14	00			24.2			35.3	17.6						
	12	23.5	43.5	2.2			35.4							
15	00			23.3				21.1	39.3					
	12	23.6	43.6	8.3			35.5							
16	00			20.3	40.5	37.5	35.6	21.2						
	12	8.1	14.1	16.4				21.3	39.4					
17	00	8.2	14.2	35.4			45.1			12.3				
	12			45.4			45.2	21.4				20.2	20.1	
18	00	8.3	14.3	12.5					39.5					
	12			15.5			45.3	21.5						
19	00	8.4	14.4	52.5										
	12			39.6			45.4	21.6	39.6					
20	00	8.5	14.5	53.6				51.1						
	12			62.6			45.5							
21	00	8.6	14.6	31.1				51.2	53.1	12.4				
	12			33.1										
22	00	20.1	34.1	7.2	40.4	37.4	45.6	51.3						
	12			4.2				51.4						
23	00	20.2	34.2	29.3			12.1	53.2						
	12			59.4	D	D		51.5						
24	00	20.3	34.3	40.4										
	12			64.5	R	R	12.2	51.6	53.3			20.3		
25	00	20.4	34.4	47.6				42.1						
	12			46.2						12.5				
26	00	20.5	34.5	18.3				42.2	53.4					
	12			48.4			12.3							
27	00	20.6	34.6	57.6				42.3						
	12			50.1				42.4	53.5					
28	00	16.1	9.1	28.3										
	12			44.5				42.5						
29	00	16.2	9.2	43.1					53.6					
	12			14.3			12.4	42.6		12.6				
30	00	16.3	9.3	34.5			3.1							
	12			5.2					62.1					
31	00	16.4	9.4	26.4			3.2							31.3
	12			11.6			3.3							

June 1942

Date	Time	☉	⊕	☾	☋	☊	☿	♀	♂	♃	♄	⊕̇	♆	⟲
1	00	16.5	9.5	58.2	40.4	37.4	R	3.3	62.2	12.6	20.4	20.1	6.5	31.3
	12			38.4	40.3	37.3		3.4	D	D	D	D	R	D
2	00	16.6	9.6	54.6										
	12			60.2				3.5	62.3		20.2			
3	00	35.1	5.1	41.4				3.6		15.1				
	12			19.5			12.3							
4	00	35.2	5.2	49.1				27.1	62.4					
	12			30.2										
5	00	35.3	5.3	55.3				27.2						
	12			37.4	D	D		27.3	62.5					
6	00	35.4	5.4	63.5	R	R								
	12	35.5	5.5	22.6			12.2	27.4						
7	00			25.1					62.6	15.2				
	12	35.6	5.6	17.2				27.5						
8	00			21.3				27.6			20.5			
	12	45.1	26.1	51.3					56.1				D	
9	00			42.4			12.1	24.1						
	12	45.2	26.2	3.4				24.2						
10	00			27.5					56.2					
	12	45.3	26.3	24.5			45.6	24.3						
11	00			2.6						15.3				
	12	45.4	26.4	23.6				24.4	56.3					
12	00			8.6				24.5						
	12	45.5	26.5	16.1	40.2	37.2	45.5							
13	00			35.1				24.6	56.4					
	12	45.6	26.6	45.1										
14	00			12.2			45.4	2.1						
	12	12.1	11.1	15.2				2.2	56.5					
15	00			52.2										
	12	12.2	11.2	39.3			45.3	2.3		15.4	20.6			
16	00			53.3				2.4	56.6					
	12	12.3	11.3	62.3										
17	00			56.4				2.5						
	12	12.4	11.4	31.4			45.2		31.1					
18	00			33.4	40.1	37.1		2.6						
	12	12.5	11.5	7.5				23.1						
19	00			4.5					31.2					
	12	12.6	11.6	29.6				23.2		15.5		20.3		
20	00			40.1			45.1							
	12	15.1	10.1	64.1	D	D		23.3	31.3					
21	00			47.2				23.4						
	12	15.2	10.2	6.3										
22	00			46.4	R	R		23.5	31.4					
	12	15.3	10.3	18.5				23.6						
23	00			48.6						16.1				
	12	15.4	10.4	32.2			8.1		31.5	15.6				
24	00			50.3				8.2						
	12	15.5	10.5	28.5				8.2						
25	00			1.1			D	8.3	31.6					
	12	15.6	10.6	43.2				8.4						
26	00			14.4				8.4						
	12	52.1	58.1	34.6				8.5	33.1					
27	00			5.2										
	12	52.2	58.2	26.5				8.6	52.1					
28	00			10.1										
	12	52.3	58.3	58.3				20.1	33.2					
29	00			38.5				20.2						
	12	52.4	58.4	61.1			45.2							
30	00			60.3				20.3	33.3					
	12	52.5	58.5	41.5				20.4						

July 1942

Date/Time	☉	⊕	☾	☊	☋	☿	♀	♂	♃	♄	⚷	♆	♇
1 00	52.5	58.5	13.1	40.1	37.1	45.2	20.4	33.3	52.1	16.2	20.3	6.5	31.3
12	52.6	58.6	49.2	59.6	55.6	45.3	20.5	33.4	D	D	D	D	D
2 00			30.4						52.2				
12	39.1	38.1	55.5				20.6						
3 00			63.1	D	D			16.1	33.5				
12	39.2	38.2	22.2			45.4							
4 00	39.3	38.3	36.3					16.2					
12			25.4	40.1	37.1	45.5	16.3	33.6					
5 00	39.4	38.4	17.5										
12			21.6	R	R	45.6	16.4						
6 00	39.5	38.5	51.6					7.1	52.3				
12			3.1	59.6	55.6		16.5						
7 00	39.6	38.6	27.1			12.1	16.6						
12			24.2				7.2					6.6	
8 00	53.1	54.1	2.2			12.2	35.1				20.4		
12			23.3			12.3	35.2						
9 00	53.2	54.2	8.3					7.3		16.3			
12			20.3			12.4	35.3						
10 00	53.3	54.3	16.4				35.4		52.4				31.4
12			35.4			12.5		7.4					
11 00	53.4	54.4	45.4			12.6	35.5						
12			12.5										
12 00	53.5	54.5	15.5			15.1	35.6	7.5					
12			52.5			15.2	45.1						
13 00	53.6	54.6	39.6			15.3							
12			53.6				45.2	7.6					
14 00	62.1	61.1	56.1			15.4	45.3		52.5				
12			31.1			15.5							
15 00	62.2	61.2	33.1			15.6	45.4	4.1					
12			7.2	59.5	55.5	52.1	45.5						
16 00	62.3	61.3	4.2										
12			29.3			52.2	45.6	4.2					
17 00	62.4	61.4	59.4			52.3							
12			40.4	D	D	52.4	12.1						
18 00	62.5	61.5	64.5			52.5	12.2	4.3		16.4			
12			47.6			52.6			52.6				
19 00	62.6	61.6	46.1			39.1	12.3						
12			18.2			39.2	12.4	4.4					
20 00	56.1	60.1	48.3			39.3							
12			57.4			39.4	12.5						
21 00	56.2	60.2	32.5			39.5		4.5					
12			50.6	R	R	39.6	12.6						
22 00	56.3	60.3	44.2			53.1	15.1						
12			1.3			53.2		4.6	39.1				
23 00	56.4	60.4	43.5			53.3	15.2						
12			14.6			53.4	15.3						
24 00	56.5	60.5	9.2			53.5		29.1					
12			5.4			53.6	15.4						
25 00	56.6	60.6	26.6			62.1	15.5						
12			10.2			62.2		29.2					
26 00	31.1	41.1	58.4			62.3	15.6						
12			38.6			62.4	52.1						
27 00	31.2	41.2	61.2			62.5		29.3	39.2				
12			60.4			56.1	52.2			16.5			
28 00	31.3	41.3	41.6			56.2							
12			13.2			56.3	52.3	29.4					
29 00	31.4	41.4	49.4			56.4	52.4						
12			30.5			56.5							
30 00	31.5	41.5	37.1	D	D	56.6	52.5	29.5					
12			63.2			31.1	52.6						
31 00	31.6	41.6	22.4			31.2			39.3		20.5		
12	33.1	19.1	36.5			31.4	39.1	29.6					

August 1942

Date/Time	☉	⊕	☾	☊	☋	☿	♀	♂	♃	♄	⚷	♆	♇
1 00	33.1	19.1	25.6	59.5	55.5	31.5	39.2	29.6	39.3	16.5	20.5	6.6	31.4
12	33.2	19.2	21.1	D	D	31.6			D	D	D	D	D
2 00			51.2			33.1	39.3	59.1					
12	33.3	19.3	42.3			33.2							
3 00			3.3			33.3	39.4						
12	33.4	19.4	27.4			33.4	39.5	59.2					
4 00			24.5	R	R	33.5							
12	33.5	19.5	2.5			33.6	39.6		39.4				
5 00			23.5			7.2	53.1	59.3					
12	33.6	19.6	8.6			7.3							
6 00			20.6			7.4	53.2						
12	7.1	13.1	35.1			7.5	53.3	59.4					
7 00			45.1			7.6							
12	7.2	13.2	12.1			4.1	53.4				16.6		
8 00			15.2			4.2	53.5	59.5					
12	7.3	13.3	52.2			4.3							
9 00			39.2			4.4	53.6	59.6	39.5				
12	7.4	13.4	53.3			4.5							
10 00			62.3			4.6	62.1						
12	7.5	13.5	56.3			29.1	62.2	40.1					
11 00			31.4			29.2							
12	7.6	13.6	33.4			29.3	62.3						
12 00			7.5			29.4	62.4	40.2					31.5
12	4.1	49.1	4.6			29.5							
13 00			29.6			29.6	62.5						
12	4.2	49.2	40.1	D	D	59.1	62.6	40.3	39.6				
14 00			64.2			59.2							
12	4.3	49.3	47.3			59.3	56.1						
15 00			6.3			59.4	56.2	40.4					
12	4.4	49.4	46.4			59.5					46.1		
16 00			18.5			59.6	56.3						
12	4.5	49.5	48.6			40.1	56.4	40.5					
17 00			32.2			40.2							
12	4.6	49.6	50.3			40.3	56.5						
18 00			28.4			40.4		40.6					
12	29.1	30.1	44.5			40.5	56.6		53.1				
19 00			43.1			40.6	31.1						
12	29.2	30.2	14.2	R	R	64.1		64.1					
20 00			34.4				31.2						
12	29.3	30.3	9.5			64.2	31.3		35.1				
21 00			26.1			64.3		64.2					
12	29.4	30.4	11.3			64.4	31.4						
22 00	29.5	30.5	10.4			64.5	31.5						
12			58.6			64.6		64.3					
23 00	29.6	30.6	54.2			47.1	31.6		53.2				
12			61.4			47.2	33.1						
24 00	59.1	55.1	60.6					64.4					
12			19.1			47.3	33.2						
25 00	59.2	55.2	13.3			47.4	33.3						
12			49.5			47.5		64.5					
26 00	59.3	55.3	30.6			47.6	33.4						
12			37.2	D	D	6.1	33.5						
27 00	59.4	55.4	63.3					64.6					
12			22.5			6.2	33.6						
28 00	59.5	55.5	36.6			6.3	7.1		53.3				
12			17.1	R	R	6.4	47.1						
29 00	59.6	55.6	21.2			6.5	7.2						
12			51.3										
30 00	40.1	37.1	42.4			6.6	7.3	47.2					
12			3.5			46.1	7.4						
31 00	40.2	37.2	27.6			46.2							
12			2.1			46.3	7.5	47.3					

September 1942

Date/Time	☉	⊕	☾	☊	☋	☿	♀	♂	♃	♄	⯛	♆	♇
1 00	40.3	37.3	23.1	59.5	55.5	46.3	7.6	47.3	53.3	35.1	20.5	46.1	31.5
12			8.2	R	R	46.4		D	D	D	D	D	D
2 00	40.4	37.4	20.2			46.5	4.1	47.4	53.4				
12			16.3			46.6	4.2						
3 00	40.5	37.5	35.3	D	D								
12			45.3			18.1	4.3	47.5					
4 00	40.6	37.6	12.4			18.2	4.4						
12			15.4										
5 00	64.1	63.1	52.4			18.3	4.5	47.6					
12			39.5			18.4	4.6						
6 00	64.2	63.2	53.5			18.5	6.1						
12	64.3	63.3	62.5				29.1						
7 00			56.6			18.6	29.2						
12	64.4	63.4	31.6			48.1		6.2	53.5				
8 00			7.1				29.3						
12	64.5	63.5	4.1			48.2	29.4						
9 00			29.2			48.3		6.3					
12	64.6	63.6	59.3				29.5						
10 00			40.4	R	R	48.4	29.6			35.2			
12	47.1	22.1	64.5				6.4			R			
11 00			47.6			48.5	59.1						
12	47.2	22.2	46.1			48.6	59.2						
12 00			18.2					6.5			46.2		
12	47.3	22.3	48.3			57.1	59.3						
13 00			57.4				59.4		53.6				
12	47.4	22.4	32.5			57.2		6.6					
14 00			28.1			57.3	59.5						
12	47.5	22.5	44.2										
15 00			1.3			57.4	59.6	46.1					
12	47.6	22.6	43.5				40.1						
16 00			14.6			57.5							
12	6.1	36.1	9.2				40.2	46.2					
17 00			5.3			57.6	40.3						
12	6.2	36.2	26.5										
18 00			10.1	D	D	32.1	40.4	46.3					31.6
12	6.3	36.3	58.2				40.5						
19 00			38.4					62.1					
12	6.4	36.4	54.5			32.2	40.6	46.4					
20 00	6.5	36.5	60.1				64.1						
12			41.2			32.3							
21 00	6.6	36.6	19.4				64.2	46.5					
12			13.6				64.3						
22 00	46.1	25.1	30.1			32.4	46.6						
12			55.2				64.4						
23 00	46.2	25.2	37.4	R	R		64.5						
12			63.5			32.5		18.1					
24 00	46.3	25.3	36.1				64.6						
12			25.2				47.1						
25 00	46.4	25.4	17.3					18.2					
12			21.4			32.6	47.2		62.2	R			
26 00	46.5	25.5	51.5				47.3						
12			42.6					18.3					
27 00	46.6	25.6	27.1				47.4						
12			24.2				47.5						
28 00	18.1	17.1	2.2					18.4					
12			23.3	59.4	55.4		47.6						
29 00	18.2	17.2	8.4		R	6.1							
12			20.4					18.5					
30 00	18.3	17.3	16.5			6.2							
12	18.4	17.4	35.5			6.3							

October 1942

Date/Time	☉	⊕	☾	☊	☋	☿	♀	♂	♃	♄	⯛	♆	♇
1 00	18.4	17.4	45.5	59.4	55.4	32.5	6.3	18.6	62.2	35.2	20.5	46.2	31.6
12	18.5	17.5	12.6	R	R	R	6.4	D	D	R	R	D	D
2 00			15.6				32.5	6.5					
12	18.6	17.6	52.6	D	D			48.1					
3 00			53.1					6.6	62.3				
12	48.1	21.1	62.1				46.1	48.2					
4 00			56.1				32.4						
12	48.2	21.2	31.2				46.2						
5 00			33.2				32.3	46.3	48.3				
12	48.3	21.3	7.3										
6 00			4.3					46.4					
12	48.4	21.4	29.4				32.2	46.5	48.4				
7 00			59.5	R	R								
12	48.5	21.5	40.6				32.1	46.6				46.3	
8 00			47.1				57.6	18.1	48.5				
12	48.6	21.6	6.2										
9 00			46.3				57.5	18.2					
12	57.1	51.1	18.4					18.3	48.6				
10 00			48.5				57.4						
12	57.2	51.2	32.1				57.3	18.4		35.1			
11 00	57.3	51.3	50.2					18.5	57.1				
12			28.4				57.2			62.4			
12 00	57.4	51.4	44.5				57.1	18.6					
12			43.1					48.1	57.2				
13 00	57.5	51.5	14.2				48.6						
12			34.4					48.2	57.3				
14 00	57.6	51.6	9.6				48.5	48.3					
12			26.1										
15 00	32.1	42.1	11.3				48.4	48.4	57.4				
12			10.5					48.5					
16 00	32.2	42.2	58.6				48.3						
12			54.2					48.6	57.5				
17 00	32.3	42.3	61.3	D	D			57.1					
12			60.5				48.2						
18 00	32.4	42.4	41.6					57.2	57.6				
12			13.2					57.3					
19 00	32.5	42.5	49.3										
12	32.6	42.6	30.4					57.4	32.1				
20 00			55.6	R	R			57.5					
12	50.1	3.1	63.1		D								
21 00			22.2					57.6	32.2				
12	50.2	3.2	36.3						32.1				
22 00			25.4						32.3				
12	50.3	3.3	17.5						32.2	62.5			
23 00			21.6	59.3	55.3	48.3		32.3				20.4	
12	50.4	3.4	42.1						32.4				
24 00			3.2					32.4					
12	50.5	3.5	27.3				48.4	32.5					
25 00			24.4					32.5					
12	50.6	3.6	2.4					32.6					
26 00			23.5				48.5	50.1					
12	28.1	27.1	8.6					32.6					
27 00	28.2	27.2	20.6				48.6	50.2					
12			35.1				57.1	50.3					
28 00	28.3	27.3	45.1					50.1					
12			12.1	59.2	55.2	57.2	50.4						
29 00	28.4	27.4	15.2				50.5	50.2					
12			52.2				57.3						
30 00	28.5	27.5	39.2				57.4	50.6					
12			53.3				28.1	50.3					
31 00	28.6	27.6	62.3				57.5						
12			56.3				57.6	28.2			16.6		

1942

November 1942

Date/Time	☉	⊕	☾	☊	☋	☿	♀	♂	♃	♄	⚷	♆	♇
1 00	44.1	24.1	31.4	59.2	55.2	32.1	28.3	50.4	62.5	16.6	20.4	46.3	31.6
12			33.4	D	D	D	D	D	D	R	R	D	D
2 00	44.2	24.2	7.5			32.2	28.4						
12			4.5			32.3	28.5	50.5					
3 00	44.3	24.3	29.6			32.4							
12			59.6	R	R		28.6						
4 00	44.4	24.4	64.1			32.5	44.1	50.6				46.4	
12	44.5	24.5	47.2			32.6							
5 00			6.3				50.1	44.2	28.1				
12	44.6	24.6	46.4				50.2	44.3					
6 00			18.5				50.3						
12	1.1	2.1	48.6					44.4	28.2				
7 00			32.2				50.4	44.5					
12	1.2	2.2	50.3				50.5						
8 00			28.5				50.6	44.6	28.3				
12	1.3	2.3	1.1				28.1	1.1					
9 00			43.3				28.2						R
12	1.4	2.4	14.5	59.1	55.1		1.2	28.4					
10 00			34.6				28.3	1.3					
12	1.5	2.5	5.2				28.4		28.5				
11 00	1.6	2.6	26.4				28.5	1.4					
12			11.6				28.6	1.5					
12 00	43.1	23.1	58.2				44.1		28.6				
12			38.4				44.2	1.6					
13 00	43.2	23.2	54.6				43.1		R				
12			60.1				44.3	44.1					
14 00	43.3	23.3	41.3				44.4	43.2					
12			19.4				44.5	43.3		16.5			
15 00	43.4	23.4	13.6				44.6		44.2				
12			30.1	D	D	1.1	43.4						
16 00	43.5	23.5	55.3	R	R	1.2	43.5	44.3					
12			37.4										
17 00	43.6	23.6	63.5			1.3	43.6				20.3		
12	14.1	8.1	22.6			1.4	14.1	44.4					
18 00			25.1			1.5							
12	14.2	8.2	17.2			1.6	14.2						
19 00			21.3				43.1	14.3	44.5				
12	14.3	8.3	51.4				43.2						
20 00			42.4					14.4					
12	14.4	8.4	3.5				43.3	14.5	44.6				
21 00			27.6	29.6	30.6		43.4						
12	14.5	8.5	2.1				43.5	14.6	1.1				
22 00			23.1				43.6	34.1					
12	14.6	8.6	8.2				14.1						
23 00			20.2				14.2	34.2	1.2				
12	34.1	20.1	16.3					34.3					
24 00	34.2	20.2	35.3				14.3						
12			45.4				14.4	34.4	1.3				
25 00	34.3	20.3	12.4	29.5	30.5		14.5	34.5					
12			15.4				14.6						
26 00	34.4	20.4	52.5				34.1	34.6	1.4				
12			39.5					9.1		16.4			
27 00	34.5	20.5	53.5				34.2	9.2	1.5				
12			62.6				34.3						
28 00	34.6	20.6	56.6				34.4	9.3					
12			31.6				34.5	9.4	1.6				
29 00	9.1	16.1	33.6				34.6						
12			4.1				9.1	9.5					
30 00	9.2	16.2	29.1					9.6	43.1				
12	9.3	16.3	59.2	D	D	9.2							

December 1942

Date/Time	☉	⊕	☾	☊	☋	☿	♀	♂	♃	♄	⚷	♆	♇
1 00	9.3	16.3	40.2	29.5	30.5	9.3	5.1	43.1	62.5	16.4	20.3	46.4	31.6
12	9.4	16.4	64.3	R	R	9.4	5.2	43.2	R	R	R	D	R
2 00			47.4			9.5							
12	9.5	16.5	6.4			9.6	5.3	43.3					
3 00			46.5				5.4						
12	9.6	16.6	18.6			5.1							
4 00			57.2			5.2	5.5	43.4	62.4				
12	5.1	35.1	32.3			5.3	5.6						
5 00			50.4			5.4							
12	5.2	35.2	28.6			5.5	26.1	43.5					
6 00			1.2				26.2						
12	5.3	35.3	43.3	29.4	30.4	5.6		43.6					
7 00	5.4	35.4	14.5				26.1	26.3					
12			9.1				26.2	26.4					
8 00	5.5	35.5	5.3				26.3		14.1		16.3		
12			26.5				26.4	26.5					
9 00	5.6	35.6	10.2				26.6						
12			58.4				26.5		14.2		20.2		
10 00	26.1	45.1	38.6				26.6	11.1					
12			61.2				11.1	11.2					
11 00	26.2	45.2	60.4				11.2		14.3				
12			41.6				11.3	11.3					
12 00	26.3	45.3	13.1					11.4	14.4				
12	26.4	45.4	49.3				11.4						
13 00			30.5	D	D		11.5	11.5					
12	26.5	45.5	55.6				11.6	11.6	14.5				
14 00			63.1				10.1						
12	26.6	45.6	22.3				10.2	10.1					
15 00			36.4	R	R		10.2	14.6	62.3				
12	11.1	12.1	25.5				10.3						
16 00			17.6				10.4	10.3	34.1				
12	11.2	12.2	21.6				10.5	10.4					
17 00			42.1				10.6						
12	11.3	12.3	3.2				58.1	10.5	34.2				
18 00			27.3	29.3	30.3		58.2	10.6					
12	11.4	12.4	24.3										
19 00	11.5	12.5	2.4				58.3	58.1	34.3				
12			23.4				58.4	58.2					
20 00	11.6	12.6	8.5				58.5		34.4		16.2		
12			20.5				58.6	58.3				46.5	
21 00	10.1	15.1	16.6				38.1	58.4					
12			35.6					34.5					
22 00	10.2	15.2	12.1				38.2	58.5					
12			15.1				38.3	58.6					
23 00	10.3	15.3	52.1				38.4		34.6				
12			39.2	29.2	30.2		38.5	38.1		62.2			
24 00	10.4	15.4	53.2				38.6	38.2	9.1				
12	10.5	15.5	62.2										
25 00			56.2				54.1	38.3					
12	10.6	15.6	31.3				54.2	38.4	9.2				
26 00			33.3				54.3						
12	58.1	52.1	7.3				54.4	38.5					
27 00			4.4				54.5	38.6	9.3				
12	58.2	52.2	29.4	D	D								
28 00			59.5				54.6	54.1	9.4				
12	58.3	52.3	40.5				61.1	54.2					
29 00			64.6				61.2						
12	58.4	52.4	47.6				61.3	54.3	9.5				
30 00	58.5	52.5	46.1				61.4	54.4					
12			18.2										
31 00	58.6	52.6	48.2	R	R		61.5	54.5	9.6				
12			57.3				61.6	54.6		62.1			31.5

1942

January 1943

Date/Time	☉	⊕	☽	☊	⯝	☿	♀	♂	♃	♄	⯝	♆	♇
1 00	38.1	39.1	32.5	29.2	30.2	60.1	54.6	5.1	62.1	16.2	20.2	46.5	31.5
12			50.6	R	R	60.2	61.1		D	R	R	R	R
2 00	38.2	39.2	44.1			61.2							
12			1.3			60.3		5.2		16.1			
3 00	38.3	39.3	43.4			60.4	61.3						
12			14.6			60.5	61.4	5.3					
4 00	38.4	39.4	9.2									R	
12	38.5	39.5	5.4			60.6	61.5						
5 00			26.6			41.1	61.6	5.4					
12	38.6	39.6	10.2								20.1		
6 00			58.4			41.2	60.1						
12	54.1	53.1	38.6			41.3	60.2	5.5					
7 00			61.2										
12	54.2	53.2	60.5			41.4	60.3	5.6	53.6				
8 00			19.1			41.5	60.4						
12	54.3	53.3	13.3										
9 00			49.5			41.6	60.5	26.1					
12	54.4	53.4	30.6	D	D		60.6						
10 00			37.2			19.1							
12	54.5	53.5	63.4				41.1	26.2					
11 00	54.6	53.6	22.5			19.2	41.2						
12			36.6					26.3					
12 00	61.1	62.1	17.2			19.3	41.3						
12			21.3				41.4						
13 00	61.2	62.2	51.4					26.4					
12			42.5	R	R		41.5						
14 00	61.3	62.3	3.5			19.4	41.6	26.5					
12			27.6			19.1		53.5					
15 00	61.4	62.4	2.1										
12			23.1				19.2	26.6					
16 00	61.5	62.5	8.2	29.1	30.1	R	19.3						
12	61.6	62.6	20.2										
17 00			16.3				19.4	11.1					
12	60.1	56.1	35.3				19.5						
18 00			45.3			19.3		11.2					
12	60.2	56.2	12.4				19.6						
19 00			15.4				13.1					46.4	
12	60.3	56.3	52.4					11.3					
20 00			39.5			19.2	13.2						
12	60.4	56.4	53.5				13.3	11.4					
21 00			62.5			19.1							
12	60.5	56.5	56.6				13.4	53.4					
22 00	60.6	56.6	31.6			41.6	13.5	11.5					
12			33.6										
23 00	41.1	31.1	4.1			41.5	13.6						
12			29.1	D	D	41.4	49.1	11.6					
24 00	41.2	31.2	59.1										
12			40.2			41.3	49.2	10.1			20.6		
25 00	41.3	31.3	64.2			41.2	49.3						
12			47.3										
26 00	41.4	31.4	6.4			41.1	49.4	10.2					
12			46.4			60.6	49.5						
27 00	41.5	31.5	18.5					10.3					
12			48.6			60.5	49.6						
28 00	41.6	31.6	32.1			60.4	30.1						
12	19.1	33.1	50.2					10.4					
29 00			28.3			60.3	30.2		53.3				
12	19.2	33.2	44.4	R	R		30.3						
30 00			1.5			60.2		10.5					
12	19.3	33.3	43.6				30.4						
31 00			34.2			60.1	30.5	10.6					
12	19.4	33.4	9.3										

February 1943

Date/Time	☉	⊕	☽	☊	⯝	☿	♀	♂	♃	♄	⯝	♆	♇
1 00	19.4	33.4	5.5	29.1	30.1	61.6	30.6	10.6	53.3	20.6	20.1	46.4	31.5
12	19.5	33.5	11.1	R	R	R	55.1	58.1	R	R	R	R	R
2 00			10.3										
12	19.6	33.6	58.5				55.2	58.2					
3 00	13.1	7.1	54.1			61.5	55.3						
12			61.3										
4 00	13.2	7.2	60.5				55.4	58.3					
12			19.1				55.5						
5 00	13.3	7.3	13.3					58.4					
12			49.5				55.6						
6 00	13.4	7.4	55.1	D	D	D	37.1						
12			37.3					58.5	53.2	D			
7 00	13.5	7.5	63.5				37.2						
12			22.6				37.3						
8 00	13.6	7.6	25.2					58.6					
12			17.3				37.4			D			
9 00	49.1	4.1	21.4			61.6	37.5	38.1					
12	49.2	4.2	51.6										
10 00			3.1				37.6						
12	49.3	4.3	27.2				63.1	38.2					
11 00			24.3			60.1							
12	49.4	4.4	2.3				63.2	38.3					
12 00			23.4										31.4
12	49.5	4.5	8.5	R	R	60.2	63.3						
13 00			20.5				63.4	38.4					
12	49.6	4.6	16.5										
14 00			35.6			60.3	63.5	38.5					
12	30.1	29.1	45.6				63.6						
15 00			15.1	D	D	60.4							
12	30.2	29.2	52.1				22.1	38.6					
16 00	30.3	29.3	39.1			60.5	22.2						
12			53.1				54.1						
17 00	30.4	29.4	62.2			60.6	22.3		53.1				
12			56.2				22.4						
18 00	30.5	29.5	31.2			41.1		54.2					
12			33.3				22.5						
19 00	30.6	29.6	7.3			41.2	22.6						
12			4.4				54.3		16.1				
20 00	55.1	59.1	29.4	R	R	41.3	36.1						
12			59.5				36.2	54.4					
21 00	55.2	59.2	40.5			41.4							
12			64.6			41.5	36.3						
22 00	55.3	59.3	47.6				36.4	54.5					
12	55.4	59.4	46.1			41.6							
23 00			18.2				36.5	54.6					
12	55.5	59.5	48.3			19.1	36.6						
24 00			57.3			19.2							
12	55.6	59.6	32.4				25.1	61.1					
25 00			50.5			19.3	25.2						
12	37.1	40.1	28.6			19.4		61.2					
26 00			1.1				25.3						
12	37.2	40.2	43.3			19.5	25.4						
27 00			14.4			19.6		61.3					
12	37.3	40.3	34.5				25.5						
28 00			5.1	D	D	13.1	25.6	61.4					
12	37.4	40.4	26.2			13.2							

March 1943

Date	Time	☉	⊕	☾	☋	☊	☿	♀	♂	♃	♄	⚴	♆	♇
1	00	37.5	40.5	11.4	29.1	30.1	13.2	17.1	61.4	53.1	16.1	20.1	46.4	31.4
	12			10.5	D	D	13.3	17.2	61.5	R	D	D	R	R
2	00	37.6	40.6	38.1			13.4							
	12			54.3			13.5	17.3	61.6					
3	00	63.1	64.1	61.5				17.4						
	12			60.6			13.6							
4	00	63.2	64.2	19.2			49.1	17.5	60.1					
	12			13.4			49.2	17.6						
5	00	63.3	64.3	49.6					60.2					
	12			55.2	R	R	49.3	21.1						
6	00	63.4	64.4	37.4			49.4	21.2						
	12			63.5			49.5		60.3					
7	00	63.5	64.5	36.1			49.6	21.3						
	12			25.3				21.4	60.4					
8	00	63.6	64.6	17.4			30.1							
	12	22.1	47.1	21.6			30.2	21.5						
9	00			42.1			30.3		60.5				46.3	
	12	22.2	47.2	3.2			30.4	21.6						
10	00			27.3				51.1	60.6					
	12	22.3	47.3	24.4			30.5							
11	00			2.5			30.6	51.2						
	12	22.4	47.4	23.6			55.1	51.3	41.1					
12	00			20.1			55.2							
	12	22.5	47.5	16.1			55.3	51.4	41.2	D				
13	00			35.2				51.5			16.2			
	12	22.6	47.6	45.2			55.4							
14	00			12.3	D	D	55.5	51.6	41.3			20.2		
	12	36.1	6.1	15.3			55.6	42.1						
15	00			52.3			37.1		41.4					
	12	36.2	6.2	39.4			37.2	42.2						
16	00	36.3	6.3	53.4			37.3	42.3						
	12			62.4					41.5					
17	00	36.4	6.4	56.5			37.4	42.4						
	12			31.5			37.5	42.5	41.6					
18	00	36.5	6.5	33.5			37.6							
	12			7.6			63.1	42.6						
19	00	36.6	6.6	4.6			63.2	3.1	19.1					
	12			59.1	R	R	63.3							
20	00	25.1	46.1	40.1			63.4	3.2	19.2					
	12			64.2			63.5	3.3						
21	00	25.2	46.2	47.2			63.6							
	12			6.3			22.1	3.4	19.3					
22	00	25.3	46.3	46.4			22.2							
	12			18.5			22.3	3.5	19.4					
23	00	25.4	46.4	48.6			22.4	3.6						
	12			32.1	4.6	49.6								
24	00	25.5	46.5	50.2			22.5	27.1	19.5					
	12	25.6	46.6	28.3			22.6	27.2						
25	00			44.4			36.1		19.6					
	12	17.1	18.1	1.5			36.2	27.3						
26	00			14.1			36.3	27.4						
	12	17.2	18.2	34.2			36.4		13.1		16.3			
27	00			9.3			36.5	27.5						
	12	17.3	18.3	5.5			36.6	27.6	13.2					
28	00			26.6			25.1							
	12	17.4	18.4	10.2			25.2	24.1						
29	00			58.3			25.3	24.2	13.3					
	12	17.5	18.5	38.5	D	D	25.4							
30	00			54.6			25.6	24.3	13.4					
	12	17.6	18.6	60.2			17.1							
31	00			41.3			17.2	24.4						
	12	21.1	48.1	19.5			17.3	24.5	13.5					

April 1943

Date	Time	☉	⊕	☾	☋	☊	☿	♀	♂	♃	♄	⚴	♆	♇
1	00	21.1	48.1	49.1	4.6	49.6	17.4	24.5	13.5	53.1	16.3	20.2	46.3	31.4
	12	21.2	48.2	30.2	R	R	17.5	24.6	13.6	D	D	D	R	R
2	00	21.3	48.3	55.4			17.6	2.1						
	12			37.5			21.1							
3	00	21.4	48.4	22.1			21.2	2.2	49.1					
	12			36.3			21.3	2.3						
4	00	21.5	48.5	25.4			21.4		49.2					
	12			17.5			21.5	2.4						
5	00	21.6	48.6	51.1			21.6	2.5		53.2				
	12			42.2			51.1		49.3					
6	00	51.1	57.1	3.3			51.3	2.6				16.4		
	12			27.5			51.4		49.4					
7	00	51.2	57.2	24.6			51.5	23.1						
	12			23.1	4.5	49.5	51.6	23.2						
8	00	51.3	57.3	8.1			42.1		49.5			20.3		
	12			20.2			42.2	23.3						
9	00	51.4	57.4	16.3			42.3	23.4	49.6					
	12			35.4			42.4							
10	00	51.5	57.5	45.4			42.5	23.5						
	12			12.5			3.1	23.6	30.1					
11	00	51.6	57.6	15.5			3.2							
	12			52.5			3.3	8.1	30.2					
12	00	42.1	32.1	39.6			3.4							
	12	42.2	32.2	53.6			3.5	8.2					46.2	
13	00			62.6	D	D	3.6	8.3	30.3					
	12	42.3	32.3	31.1			27.1							
14	00			33.1			27.2	8.4	30.4					
	12	42.4	32.4	7.1			27.3	8.5						
15	00			4.2			27.4							
	12	42.5	32.5	29.2	R	R	27.5	8.6	30.5			16.5		
16	00			59.3			24.1	20.1		53.3				
	12	42.6	32.6	40.3			24.2		30.6					
17	00			64.4			24.3	20.2						
	12	3.1	50.1	47.4			24.4							
18	00			6.5			24.5	20.3	55.1					
	12	3.2	50.2	46.6			24.6	20.4						D
19	00			48.1			2.1		55.2					
	12	3.3	50.3	57.2			2.2	20.5						
20	00			32.3				20.6						
	12	3.4	50.4	50.4			2.3		55.3					
21	00			28.6	4.4	49.4	2.4	16.1						
	12	3.5	50.5	1.1			2.5	16.2	55.4					
22	00			43.2			2.6							
	12	3.6	50.6	14.4			23.1	16.3						
23	00			34.5			23.2		55.5					
	12	27.1	28.1	5.1			23.3	16.4						
24	00	27.2	28.2	26.3				16.5	55.6	53.4	16.6			
	12			11.4			23.4							
25	00	27.3	28.3	10.6			23.5	16.6						
	12			38.1			23.6	35.1	37.1					
26	00	27.4	28.4	54.3			8.1							
	12			61.4				35.2	37.2					
27	00	27.5	28.5	60.6			8.2					20.4		
	12			19.2	D	D	8.3	35.3						
28	00	27.6	28.6	13.3				35.4	37.3					
	12			49.5	R	R	8.4							
29	00	24.1	44.1	30.6				35.5	37.4					
	12			37.1			8.5	35.6						
30	00	24.2	44.2	63.3			8.6							
	12			22.4				45.1	37.5					

1943

May 1943

Date/Time	☉	⊕	☾	☊	☋	☿	♀	♂	♃	♄	⚷	♆	♇
1 00	24.3	44.3	36.6	4.4	49.4	20.1	45.1	37.5	53.4	16.6	20.4	46.2	31.4
12			17.1	R	R	D	45.2	37.6	53.5	D	D	R	D
2 00	24.4	44.4	21.2			20.2	45.3			35.1			
12			51.3	4.3	49.3								
3 00	24.5	44.5	42.4			20.3	45.4	63.1					
12			3.6				45.5						
4 00	24.6	44.6	24.1					63.2					
12			2.2			20.4	45.6						
5 00	2.1	1.1	23.3										
12			8.3				12.1	63.3					
6 00	2.2	1.2	20.4			20.5	12.2						
12			16.5					63.4					
7 00	2.3	1.3	35.6				12.3						
12			45.6	4.2	49.2			63.5					
8 00	2.4	1.4	15.1			20.6	12.4		53.6				
12	2.5	1.5	52.1				12.5						
9 00			39.1					63.6					
12	2.6	1.6	53.2				12.6						
10 00			62.2				15.1	22.1		35.2			
12	23.1	43.1	56.2										
11 00			31.3				15.2						
12	23.2	43.2	33.3					22.2					
12 00			7.3				15.3						
12	23.3	43.3	4.4			R	15.4	22.3					
13 00			29.4										
12	23.4	43.4	59.4				15.5				20.5		
14 00			40.5						22.4	62.1			
12	23.5	43.5	64.5				15.6						
15 00			47.6				52.1	22.5					
12	23.6	43.6	46.1										
16 00			18.2				52.2						
12	8.1	14.1	48.3					22.6					
17 00			57.4				52.3						
12	8.2	14.2	32.5			20.5	52.4	36.1		35.3			
18 00			50.6				52.5						
12	8.3	14.3	44.1										
19 00			1.3	4.1	49.1			36.2					
12	8.4	14.4	43.4			20.4	52.6		62.2				
20 00			14.6				39.1						
12	8.5	14.5	9.2					36.3					
21 00			5.3				39.2						
12	8.6	14.6	26.5			20.3		36.4					
22 00			10.1				39.3						
12	20.1	34.1	58.3				39.4						
23 00			38.5			20.2		36.5					
12	20.2	34.2	54.6				39.5						
24 00			60.2					36.6					
12	20.3	34.3	41.4				39.6						
25 00			19.6			20.1	53.1		62.3	35.4			
12	20.4	34.4	49.1	D	D		25.1						
26 00	20.5	34.5	30.3				53.2						
12			55.4		8.6		25.2						
27 00	20.6	34.6	37.6	R	R		53.3						
12			22.1				53.4						
28 00	16.1	9.1	36.2			8.5	25.3						
12			25.3				53.5						
29 00	16.2	9.2	17.5				25.4						
12			21.6				53.6						
30 00	16.3	9.3	42.1				62.1		62.4		20.6		
12			3.2	7.6	13.6	8.4		25.5					
31 00	16.4	9.4	27.3				62.2						
12			24.4				25.6						

June 1943

Date/Time	☉	⊕	☾	☊	☋	☿	♀	♂	♃	♄	⚷	♆	♇
1 00	16.5	9.5	2.5	7.6	13.6	8.4	62.3	25.6	62.4	35.5	20.6	46.2	31.4
12			23.5	R	R	R	D	D	D	D	D	R	D
2 00	16.6	9.6	8.6				62.4	17.1					
12			16.1			8.3	62.5						
3 00	35.1	5.1	35.1					17.2					
12			45.2				62.6						
4 00	35.2	5.2	12.3						62.5				
12			15.3	7.5	13.5		56.1	17.3					
5 00	35.3	5.3	52.3										
12			39.4			D	56.2	17.4					
6 00	35.4	5.4	53.4				56.3						
12			62.5										
7 00	35.5	5.5	56.5				56.4	17.5					
12			31.5										
8 00	35.6	5.6	33.5			8.4	56.5	17.6					
12			7.6	D	D					35.6			
9 00	45.1	26.1	4.6				56.6		62.6				
12			29.6				31.1	21.1					
10 00	45.2	26.2	40.1										
12			64.1				31.2						
11 00	45.3	26.3	47.2			8.5		21.2				D	
12			6.2	R	R		31.3						
12 00	45.4	26.4	46.3					21.3					
12			18.3				31.4						
13 00	45.5	26.5	48.4			8.6	31.5						
12			57.5					21.4	56.1				
14 00	45.6	26.6	32.6				31.6						
12			28.1			20.1	21.5						
15 00	12.1	11.1	44.3				33.1			16.1			
12			1.4					45.1					
16 00	12.2	11.2	43.6			20.2	33.2	21.6					
12			34.1										
17 00	12.3	11.3	9.3			20.3	33.3						
12			5.5				33.4	51.1					
18 00	12.4	11.4	11.1			20.4							
12			10.3				33.5	51.2	56.2				
19 00	12.5	11.5	58.5	7.4	13.4	20.5							
12	12.6	11.6	54.1				33.6						
20 00			61.3			20.6		51.3					
12	15.1	10.1	60.5			7.1							
21 00			19.1			16.1		51.4					31.5
12	15.2	10.2	13.2			16.2	7.2						
22 00			49.4	D	D								
12	15.3	10.3	30.6			16.3	7.3	51.5					
23 00			37.2						56.3	45.2			
12	15.4	10.4	63.3			16.4	7.4						
24 00			22.5			16.5		51.6					
12	15.5	10.5	36.6				7.5						
25 00			17.1	R	R	16.6	7.6	42.1					
12	15.6	10.6	21.2				35.1						
26 00			51.4				35.2	4.1					
12	52.1	58.1	42.5					42.2					
27 00			3.6				35.3	4.2					
12	52.2	58.2	27.6				35.4	42.3	56.4				
28 00			2.1				35.5	4.3					
12	52.3	58.3	23.2				35.6						
29 00			8.3					4.4	42.4				
12	52.4	58.4	20.3				45.1						
30 00			16.4				45.2	4.5					
12	52.5	58.5	35.5				45.3		42.5		45.3		

1943

July 1943

Date/Time	☉	⊕	☽	☋	☊	☿	♀	♂	♃	♄	⛢	♆	♇
1 00	52.5	58.5	45.5	7.4	13.4	45.4	4.6	42.5	56.4	45.3	16.1	46.2	31.5
12	52.6	58.6	12.6	R	R	45.5	D	42.6	56.5	D	D	D	D
2 00			15.6			45.6	29.1				16.2		
12	39.1	38.1	52.6			12.1							
3 00			53.1			12.2	29.2	3.1					
12	39.2	38.2	62.1			12.3							
4 00			56.1			12.4	29.3						
12	39.3	38.3	31.2			12.5		3.2					
5 00			33.2			12.6	29.4						
12	39.4	38.4	7.2			15.1		3.3					
6 00			4.3	D	D	15.2		56.6					
12	39.5	38.5	29.3			15.3	29.5						
7 00			59.3			15.4		3.4					
12	39.6	38.6	40.3			15.5	29.6						
8 00			64.4			15.6				45.4			
12	53.1	54.1	47.4			52.1	59.1	3.5					
9 00			6.5			52.2							
12	53.2	54.2	46.5			52.3	59.2	3.6					
10 00			18.6			52.4							
12	53.3	54.3	57.1			52.5	59.3	31.1					
11 00			32.1	R	R	52.6		27.1					
12	53.4	54.4	50.2			39.1	59.4						
12 00			28.3			39.3							
12	53.5	54.5	44.4			39.4		27.2					
13 00			1.6			39.5	59.5						
12	53.6	54.6	14.1			39.6							
14 00			34.2			53.1	59.6	27.3					
12	62.1	61.1	9.4			53.2		31.2					
15 00			5.6			53.3	40.1	27.4					
12	62.2	61.2	11.2			53.5				45.5			
16 00			10.4	7.3	13.3	53.6							
12	62.3	61.3	58.6			62.1	40.2	27.5					
17 00			54.2			62.2							
12	62.4	61.4	61.4			62.3	40.3						
18 00	62.5	61.5	60.6			62.4		27.6					
12			19.2			62.5							
19 00	62.6	61.6	13.4	D	D	56.1	40.4	31.3					
12			49.6			56.2		24.1					
20 00	56.1	60.1	55.2			56.3	40.5						
12			37.4			56.4							
21 00	56.2	60.2	63.6			56.5		24.2					
12			36.1			56.6	40.6						
22 00	56.3	60.3	25.3			31.1		24.3			16.3		
12			17.4			31.2							
23 00	56.4	60.4	21.6			31.4	64.1	31.4					
12			42.1			31.5		24.4					
24 00	56.5	60.5	3.2			31.6				45.6			
12			27.3	R	R	33.1	64.2						
25 00	56.6	60.6	24.4			33.2		24.5					
12			2.5			33.3							
26 00	31.1	41.1	23.6			33.4	64.3						31.6
12			8.6			33.5		24.6					
27 00	31.2	41.2	16.1			33.6							
12			35.2			7.1	64.4	31.5					
28 00	31.3	41.3	45.2			7.2		2.1					
12			12.2			7.3							
29 00	31.4	41.4	15.3			7.4	64.5						
12			52.3			7.5		2.2					
30 00	31.5	41.5	39.4			7.6							
12			53.4			4.1	64.6						
31 00	31.6	41.6	62.4			4.2		2.3					
12			56.5			4.3				31.6			

August 1943

Date/Time	☉	⊕	☽	☋	☊	☿	♀	♂	♃	♄	⛢	♆	♇
1 00	33.1	19.1	31.5	7.3	13.3	4.4	64.6	2.4	31.6	45.6	16.3	46.2	31.6
12			33.5	R	R	4.5	47.1	D	D	12.1	D	D	D
2 00	33.2	19.2	7.5	D	D	4.6							
12			4.6			29.1		2.5					
3 00	33.3	19.3	29.6			29.2							
12			59.6			29.3							
4 00	33.4	19.4	64.1			29.4	47.2	2.6					
12			47.1			29.5							
5 00	33.5	19.5	6.1			29.6				33.1			
12			46.2				23.1						
6 00	33.6	19.6	18.2			59.1							
12			48.3			59.2	47.3						
7 00	7.1	13.1	57.4			59.3		23.2					
12			32.4			59.4						46.3	
8 00	7.2	13.2	50.5			59.5							
12			28.6			59.6	23.3						
9 00	7.3	13.3	1.1			40.1		33.2					
12			43.2				47.4						
10 00	7.4	13.4	14.3			40.2	23.4						
12			34.5			40.3							
11 00	7.5	13.5	9.6			40.4			12.2				
12	7.6	13.6	26.1			40.5	23.5						
12 00			11.3			40.6							
12	4.1	49.1	10.5										
13 00			38.1			64.1	23.6						
12	4.2	49.2	54.3			64.2		33.3					
14 00			61.5			64.3							
12	4.3	49.3	41.1			64.4							
15 00			19.3				8.1						
12	4.4	49.4	13.5	R	R	64.5							
16 00			30.1			64.6	R						
12	4.5	49.5	55.3			47.1	8.2						
17 00			37.5										
12	4.6	49.6	22.1			47.2		33.4					
18 00			36.3			47.3	8.3						
12	29.1	30.1	25.5										
19 00			17.6			47.4							
12	29.2	30.2	51.2			47.5	8.4						
20 00			42.3			47.6					16.4		
12	29.3	30.3	3.5										
21 00			27.6			6.1	8.5						
12	29.4	30.4	2.1			6.2			12.3				
22 00			23.2				47.3	33.5					
12	29.5	30.5	8.3			6.3							
23 00			20.3	D	D	6.4	8.6						
12	29.6	30.6	16.4										
24 00			35.5			6.5							
12	59.1	55.1	45.5				20.1						
25 00			12.6			6.6	47.2						
12	59.2	55.2	15.6			46.1							
26 00			52.6				20.2						
12	59.3	55.3	53.1			46.2		33.6					
27 00			62.1										
12	59.4	55.4	56.1			46.3	47.1						
28 00			31.2				20.3						33.1
12	59.5	55.5	33.2			46.4							
29 00			7.2										
12	59.6	55.6	4.2	R	R	46.5	64.6	20.4					
30 00	40.1	37.1	29.3										
12			59.3			46.6							
31 00	40.2	37.2	40.3							7.1			
12			64.4			18.1	64.5	20.5					

1943

September 1943

Date	Time	☉	⊕	☾	☊	☋	☿	♀	♂	♃	♄	⇑	♆	♇
1	00	40.3	37.3	47.4	7.3	13.3	18.1	64.5	20.5	7.1	12.3	16.4	46.3	33.1
	12			6.5	R	R	18.2	R		D	D	D	D	D
2	00	40.4	37.4	46.5				64.4	20.6					
	12			18.6			18.3							
3	00	40.5	37.5	57.1										
	12			32.1				64.3			12.4			
4	00	40.6	37.6	50.2			18.4		16.1					
	12			28.3					7.2					
5	00	64.1	63.1	44.4				64.2						
	12			1.4			18.5		16.2					
6	00	64.2	63.2	43.6									46.4	
	12			34.1				64.1						
7	00	64.3	63.3	9.2										
	12			5.3			18.6		16.3					
8	00	64.4	63.4	26.4	D	D		40.6						
	12			11.6										
9	00	64.5	63.5	58.1						7.3				
	12			38.3				40.5	16.4					
10	00	64.6	63.6	54.5										
	12			61.6										
11	00	47.1	22.1	41.2										
	12			19.4				40.4	16.5					
12	00	47.2	22.2	13.6	R	R	R							
	12			30.2										
13	00	47.3	22.3	55.4				40.3						
	12	47.4	22.4	37.6					16.6	7.4				
14	00			22.2										
	12	47.5	22.5	36.4										
15	00			25.6				40.2				R		
	12	47.6	22.6	21.1				35.1						
16	00			51.3			18.5							
	12	6.1	36.1	42.5										
17	00			3.6				40.1						
	12	6.2	36.2	24.1			18.4	35.2						
18	00			2.3					7.5					
	12	6.3	36.3	23.4										
19	00			8.5			18.3							
	12	6.4	36.4	20.6				59.6						
20	00			16.6	7.2	13.2	18.2	35.3						
	12	6.5	36.5	45.1										
21	00			12.2			18.1							
	12	6.6	36.6	15.2	D	D								
22	00			52.3			46.6	35.4						
	12	46.1	25.1	39.3										
23	00	46.2	25.2	53.3	7.3	13.3	46.5	59.5	7.6					
	12	46.2	25.2	62.4							12.5			
24	00			56.4			46.4							
	12	46.3	25.3	31.4			46.3	35.5						
25	00			33.5										
	12	46.4	25.4	7.5	R	R	46.2							
26	00	46.5	25.5	4.5										
	12			29.6			46.1							
27	00	46.6	25.6	59.6				35.6						
	12			40.6	7.2	13.2	6.6	D						
28	00	18.1	17.1	47.1					4.1					
	12			6.1			6.5							
29	00	18.2	17.2	46.2										
	12			18.2			6.4							
30	00	18.3	17.3	48.3				45.1						
	12			57.4										

October 1943

Date	Time	☉	⊕	☾	☊	☋	☿	♀	♂	♃	♄	⇑	♆	♇
1	00	18.4	17.4	32.5	7.2	13.2	6.3	59.5	45.1	4.1	12.5	16.4	46.4	33.1
	12			50.5	R	R	R	D	D	D	D	R	46.5	D
2	00	18.5	17.5	28.6										
	12			1.1				59.6	45.2					
3	00	18.6	17.6	43.2						4.2				
	12			14.3										
4	00	48.1	21.1	34.4			D							
	12			9.6	7.1	13.1								
5	00	48.2	21.2	26.1										
	12			11.2										
6	00	48.3	21.3	10.3				45.3						
	12	48.4	21.4	58.5				40.1						
7	00			38.6	D	D	6.4							
	12	48.5	21.5	61.2										
8	00			60.3										
	12	48.6	21.6	41.5			6.5		4.3					
9	00			13.1				40.2						
	12	57.1	51.1	49.2	R	R	6.6	45.4						
10	00			30.4								R		
	12	57.2	51.2	55.6				46.1						
11	00			63.1				40.3						
	12	57.3	51.3	22.3				46.2				16.3		
12	00			36.5										
	12	57.4	51.4	17.1				46.3						33.2
13	00			21.2				46.4	40.4					
	12	57.5	51.5	51.4										
14	00			42.6				46.5	45.5					
	12	57.6	51.6	27.1				46.6	4.4					
15	00	32.1	42.1	24.3				18.1	40.5					
	12			2.4										
16	00	32.2	42.2	23.5				18.2						
	12			8.6	33.6	19.6	18.3	40.6						
17	00	32.3	42.3	16.1				18.4						
	12			35.2				18.5						
18	00	32.4	42.4	45.3				64.1						
	12			12.4				18.6						
19	00	32.5	42.5	15.4				48.1						
	12			52.5				48.2	64.2	45.6				
20	00	32.6	42.6	39.5				48.3						
	12			53.6				48.4		4.5				
21	00	50.1	3.1	62.6				48.5	64.3					
	12			56.6	D	D								
22	00	50.2	3.2	33.1				48.6						
	12			7.1	R	R		57.1	64.4					
23	00	50.3	3.3	4.1				57.2						
	12	50.4	3.4	29.2				57.3	64.5					
24	00			59.2				57.4						
	12	50.5	3.5	40.2				57.5						
25	00			61.3				57.6	64.6					
	12	50.6	3.6	47.3				32.1						
26	00			6.4				47.1						
	12	28.1	27.1	46.4				32.2						
27	00			18.5				32.3		4.6	12.4			
	12	28.2	27.2	48.6				32.4	47.2					
28	00			57.6				32.5					46.6	
	12	28.3	27.3	50.1	33.5	19.5	32.6	47.3	R					
29	00			28.2				50.1						
	12	28.4	27.4	44.3				50.2	47.4					
30	00			1.4				50.3						
	12	28.5	27.5	43.6				50.4	47.5					
31	00	28.6	27.6	34.1										
	12			9.2				50.5						

November 1943

Date	Time	☉	⊕	☽	☊	☋	☿	♀	♂	♃	♄	⚵	♆	♇
1	00	44.1	24.1	5.3	33.5	19.5	50.6	47.6	45.6	4.6	12.4	16.3	46.6	33.2
	12			26.5	R	R	28.1	D		R	D	R	R	D
2	00	44.2	24.2	11.6			28.2	6.1						
	12			58.2	33.4	19.4	28.3							
3	00	44.3	24.3	38.3			28.4	6.2						
	12			54.4			28.5			29.1				
4	00	44.4	24.4	61.6				6.3						
	12			41.1			28.6							
5	00	44.5	24.5	19.3			44.1	6.4						
	12			13.4			44.2							
6	00	44.6	24.6	49.6			44.3	6.5	45.5					
	12			55.1			44.4							
7	00	1.1	2.1	37.3			44.5	6.6						
	12	1.2	2.2	63.5			44.6							
8	00			22.6				46.1						
	12	1.3	2.3	25.2			1.1							
9	00			17.3			1.2	46.2						
	12	1.4	2.4	21.5			1.3							
10	00			51.6			1.4	46.3						
	12	1.5	2.5	3.2			1.5				16.2			R
11	00			27.3			1.6	46.4						
	12	1.6	2.6	24.4					45.4					
12	00			2.6			43.1	46.5		29.2				
	12	43.1	23.1	8.1			43.2							
13	00			20.2	33.3	19.3	43.3	46.6						
	12	43.2	23.2	16.3			43.4							
14	00			35.4			43.5	18.1						
	12	43.3	23.3	45.5			43.6							
15	00	43.4	23.4	12.5				18.2						
	12			15.6			14.1		45.3					
16	00	43.5	23.5	39.1			14.2	18.3			12.3			
	12			53.1			14.3							
17	00	43.6	23.6	62.2			14.4	18.4						
	12			56.2			14.5							
18	00	14.1	8.1	31.2				18.5						
	12			33.3			14.6	18.6						
19	00	14.2	8.2	7.3	D	D	34.1		45.2					
	12			4.3			34.2	48.1						
20	00	14.3	8.3	29.4	R	R	34.3							
	12			59.4			34.4	48.2						
21	00	14.4	8.4	40.4										
	12	14.5	8.5	64.5			34.5	48.3						
22	00			47.5			34.6		45.1					
	12	14.6	8.6	6.5			9.1	48.4						
23	00			46.6			9.2	48.5						
	12	34.1	20.1	48.1			9.3			29.3				
24	00			57.1				48.6						
	12	34.2	20.2	32.2	33.2	19.2	9.4							
25	00			50.3			9.5	57.1	35.6					
	12	34.3	20.3	28.4			9.6							
26	00			44.5			5.1	57.2						
	12	34.4	20.4	1.6			5.2	57.3						
27	00			14.2										
	12	34.5	20.5	34.3			5.3	57.4	35.5					
28	00	34.6	20.6	9.5			5.4							
	12			5.6			5.5	57.5						
29	00	9.1	16.1	11.2			5.6							
	12			10.3				57.6		12.2				
30	00	9.2	16.2	58.5			26.1	32.1	35.4					
	12			38.6	33.1	19.1	26.2							

December 1943

Date	Time	☉	⊕	☽	☊	☋	☿	♀	♂	♃	♄	⚵	♆	♇
1	00	9.3	16.3	61.2	33.1	19.1	26.3	32.2	35.4	29.3	12.2	16.2	18.1	33.2
	12			60.4	R	R	26.4	D	R	D	R	R	D	R
2	00	9.4	16.4	41.5			26.5	32.3						
	12			13.1	D	D		35.3						
3	00	9.5	16.5	49.3			26.6	32.4						
	12	9.6	16.6	30.4			11.1	32.5				16.1		
4	00			55.6			11.2							
	12	5.1	35.1	63.1	R	R	11.3	32.6	35.2					
5	00			22.3										
	12	5.2	35.2	36.4			11.4	50.1						
6	00			25.5			11.5	50.2						
	12	5.3	35.3	21.1			11.6							
7	00			51.2			10.1	50.3	35.1					
	12	5.4	35.4	42.3										
8	00			3.5			10.2	50.4						
	12	5.5	35.5	27.6			10.3	50.5						
9	00			2.1			10.4							
	12	5.6	35.6	23.2			10.5	50.6	16.6					
10	00	26.1	45.1	8.3										33.1
	12			20.4			10.6	28.1						
11	00	26.2	45.2	16.5			58.1	28.2			12.1			
	12			35.6			58.2							
12	00	26.3	45.3	12.1			58.3	28.3						
	12			15.1				16.5						
13	00	26.4	45.4	52.2	31.6	41.6	58.4	28.4						
	12			39.3			58.5	28.5						
14	00	26.5	45.5	53.3			58.6		R					
	12			62.4				28.6						
15	00	26.6	45.6	56.4			38.1		16.4					
	12	11.1	12.1	31.4			38.2	44.1						
16	00			33.5	D	D	38.3	44.2						
	12	11.2	12.2	7.5										
17	00			4.5			38.4	44.3						
	12	11.3	12.3	29.6			38.5	44.4						
18	00			59.6			38.6		16.3					
	12	11.4	12.4	40.6				44.5						
19	00			47.1			54.1							
	12	11.5	12.5	6.1			54.2	44.6						
20	00			46.1	R	R	1.1							
	12	11.6	12.6	18.2			54.3							
21	00			48.2			54.4	1.2	16.2					
	12	10.1	15.1	57.3										
22	00	10.2	15.2	32.4			54.5	1.3						
	12			50.5				1.4		45.6				
23	00	10.3	15.3	28.5			54.6							
	12			44.6			61.1	1.5						
24	00	10.4	15.4	43.2				1.6						
	12			14.3			61.2							
25	00	10.5	15.5	34.4				43.1	16.1					
	12			9.6										
26	00	10.6	15.6	26.1			61.3	43.2						
	12			11.3				43.3						
27	00	58.1	52.1	10.5			61.4					20.6		
	12	58.2	52.2	58.6				43.4						
28	00			54.2				43.5						
	12	58.3	52.3	61.4										
29	00			60.6			61.5	43.6						
	12	58.4	52.4	19.2	D	D								
30	00			13.4			14.1	20.6						
	12	58.5	52.5	49.6			14.2							
31	00			55.1		R								
	12	58.6	52.6	37.3			14.3							

January 1944

Date/Time	☉	⊕	☾	☊	☋	☿	♀	♂	♃	♄	⚷	♆	♅
1 00	58.6	52.6	63.5	31.6	41.6	61.5	14.4	20.6	29.3	45.6	20.6	18.1	33.1
12	38.1	39.1	22.6	D	D		R		R	R		R	R
2 00	38.2	39.2	25.2			61.4	14.5						
12			17.3										
3 00	38.3	39.3	21.5	R	R		14.6						
12			51.6			61.3	34.1			45.5			
4 00	38.4	39.4	3.1						29.2				
12			27.3				34.2						
5 00	38.5	39.5	24.4			61.2	34.3						
12			2.5										
6 00	38.6	39.6	23.6			61.1	34.4						
12			20.1			54.6	34.5					R	
7 00	54.1	53.1	16.1										
12	54.2	53.2	35.2			54.5	34.6						
8 00			45.3			54.4							
12	54.3	53.3	12.4				9.1						
9 00			15.4			54.3	9.2						
12	54.4	53.4	52.5			54.2							
10 00			39.5			54.1	9.3						
12	54.5	53.5	53.6				9.4	D					
11 00			62.6			38.6							
12	54.6	53.6	31.1			38.5	9.5						
12 00			33.1	D	D		9.6						
12	61.1	62.1	7.1			38.4							
13 00			4.2				5.1						
12	61.2	62.2	29.2			38.3							
14 00	61.3	62.3	59.2			38.2	5.2						
12			40.2				5.3						
15 00	61.4	62.4	64.3										
12			47.3			38.1	5.4		29.1				
16 00	61.5	62.5	6.3				5.5						
12			46.4										
17 00	61.6	62.6	18.4			58.6	5.6						
12			48.5				26.1			45.4			
18 00	60.1	56.1	57.5										
12			32.6				26.2						
19 00	60.2	56.2	50.6	R	R		26.3						
12	60.3	56.3	44.1										
20 00			1.2			D	26.4						
12	60.4	56.4	43.3										
21 00			14.4				26.5						
12	60.5	56.5	34.5				26.6						
22 00			5.1										
12	60.6	56.6	26.2				11.1	16.1					
23 00			11.4				11.2						
12	41.1	31.1	10.5										
24 00			38.1			38.1	11.3	4.6					
12	41.2	31.2	54.3				11.4						
25 00	41.3	31.3	61.5										
12			41.1			38.2	11.5						
26 00	41.4	31.4	19.3	D	D		11.6						
12			13.5										
27 00	41.5	31.5	30.1			38.3	10.1						
12			55.3				10.2						31.6
28 00	41.6	31.6	37.5	R	R			16.2					
12			22.1			38.4	10.3						
29 00	19.1	33.1	36.3										
12			25.5			38.5	10.4						
30 00	19.2	33.2	17.6				10.5						
12			51.2			38.6							
31 00	19.3	33.3	42.4				10.6						
12	19.4	33.4	3.5			54.1	58.1						

February 1944

Date/Time	☉	⊕	☾	☊	☋	☿	♀	♂	♃	♄	⚷	♆	♅
1 00	19.4	33.4	27.6	31.6	41.6	54.1	58.1	16.2	4.5	45.4	20.6	18.1	31.6
12	19.5	33.5	2.1	D	D	54.2	58.2	16.3	R	R	R	R	R
2 00			23.2				58.3						
12	19.6	33.6	8.3			54.3							
3 00			20.4			54.4	58.4						
12	13.1	7.1	16.5				58.5						
4 00			35.6			54.5							
12	13.2	7.2	45.6				58.6						
5 00			15.1			54.6	38.1	16.4					
12	13.3	7.3	52.1			61.1							
6 00	13.4	7.4	39.2				38.2						
12			53.2			61.2	38.3						
7 00	13.5	7.5	62.3			61.3							
12			56.3				38.4						
8 00	13.6	7.6	31.3			61.4		4.4					
12			33.4	R	R	61.5	38.5	16.5					
9 00	49.1	4.1	7.4				38.6			45.3			
12			4.4			61.6							
10 00	49.2	4.2	29.5			60.1	54.1						
12			59.5				54.2						
11 00	49.3	4.3	40.5			60.2							
12			64.6			60.3	54.3	16.6					
12 00	49.4	4.4	47.6			60.4	54.4						
12	49.5	4.5	6.6										46.6
13 00			18.1			60.5	54.5				D		
12	49.6	4.6	48.1	31.5	41.5	60.6	54.6						
14 00			57.1										
12	30.1	29.1	32.2			41.1	61.1	35.1					
15 00			50.3			41.2	61.2		4.3				
12	30.2	29.2	28.3			41.3							
16 00			44.4				61.3						
12	30.3	29.3	1.4			41.4	61.4						
17 00			43.5			41.5		35.2					
12	30.4	29.4	14.6	D	D	41.6	61.5						
18 00			9.1			19.1	61.6						
12	30.5	29.5	5.2										
19 00	30.6	29.6	26.4			19.2	60.1						
12			11.5			19.3							
20 00	55.1	59.1	10.6			19.4	60.2	35.3					
12			38.2				60.3						
21 00	55.2	59.2	54.4			19.5					D		
12			61.5			19.6	60.4						
22 00	55.3	59.3	41.1			13.1	60.5						
12			19.3	R	R	13.2		35.4	4.2				
23 00	55.4	59.4	13.5			13.3	60.6						
12			30.2				41.1						
24 00	55.5	59.5	55.4			13.4							
12			37.6			13.5	41.2						
25 00	55.6	59.6	22.2			13.6	41.3	35.5					
12	37.1	40.1	36.4			49.1							
26 00			25.6			49.2	41.4						
12	37.2	40.2	21.2				41.5						
27 00			51.4			49.3		35.6					
12	37.3	40.3	42.6			49.4	41.6						
28 00			27.1			49.5	19.1						
12	37.4	40.4	24.3			49.6							
29 00			2.4			30.1	19.2						
12	37.5	40.5	23.5			30.2	19.3	45.1					

1944

March 1944

Date	Time	☉	⊕	☾	☊	☋	☿	♀	♂	♃	♄	⚷	♆	♇
1	00	37.5	40.5	8.6	31.5	41.5	30.3	19.3	45.1	4.1	45.3	20.6	46.6	31.6
	12	37.6	40.6	16.1	R	R	D	19.4	D	R	D	D	R	R
2	00			35.2	D	D	30.4	19.5						
	12	63.1	64.1	45.3			30.5		45.2					
3	00			12.4			30.6	19.6						
	12	63.2	64.2	15.4			55.1	13.1			45.4			
4	00	63.3	64.3	52.5			55.2							
	12			39.5			55.3	13.2						
5	00	63.4	64.4	53.6			55.4		45.3					
	12			62.6			55.5	13.3						
6	00	63.5	64.5	56.6			55.6	13.4						
	12			33.1	R	R	37.1							
7	00	63.6	64.6	7.1			37.2	13.5	45.4					
	12			4.1			37.3	13.6						
8	00	22.1	47.1	29.1										
	12			59.2			37.4	49.1						
9	00	22.2	47.2	40.2			37.5	49.2	45.5					
	12			64.2			37.6		7.6					
10	00	22.3	47.3	47.3			63.1	49.3						
	12			6.3			63.2	49.4						
11	00	22.4	47.4	46.3			63.3							
	12	22.5	47.5	18.4			63.4	49.5	45.6					
12	00			48.4			63.5	49.6						
	12	22.6	47.6	57.5			63.6							
13	00			32.5	31.4	41.4	22.1	30.1						
	12	36.1	6.1	50.6			22.2	30.2	12.1					31.5
14	00			44.1			22.3							
	12	36.2	6.2	1.1			22.4	30.3						
15	00			43.2			22.5	30.4						
	12	36.3	6.3	14.3			22.6		12.2					
16	00			34.4			36.1	30.5						
	12	36.4	6.4	9.4			36.2	30.6						
17	00			5.5			36.3							
	12	36.5	6.5	26.6			36.5	55.1	12.3					
18	00			10.2	D	D	36.6	55.2						
	12	36.6	6.6	58.3			25.1							
19	00	25.1	46.1	38.4			25.2	55.3						
	12			54.6			25.3		12.4					
20	00	25.2	46.2	60.1			25.4	55.4	7.5					
	12			41.3			25.5	55.5						
21	00	25.3	46.3	19.5	R	R	25.6							
	12			13.6			17.1	55.6	12.5					
22	00	25.4	46.4	30.2			17.2	37.1				46.5		
	12			55.4			17.3							
23	00	25.5	46.5	37.6			17.4	37.2	12.6					
	12			22.2			17.5	37.3						
24	00	25.6	46.6	36.5			17.6							
	12			17.1			21.1	37.4						
25	00	17.1	18.1	21.3			21.3	37.5	15.1					
	12			51.5			21.4							
26	00	17.2	18.2	42.6			21.5	37.6			45.5			
	12			27.2	31.3	41.3	21.6	63.1						
27	00	17.3	18.3	24.4			51.1		15.2					
	12	17.4	18.4	2.5			51.2	63.2						
28	00			8.1			51.3	63.3						
	12	17.5	18.5	20.2			51.4							
29	00			16.3			51.5	63.4	15.3					
	12	17.6	18.6	35.4			51.6	63.5						
30	00			45.5			42.1							
	12	21.1	48.1	12.6			42.2	63.6				16.1		
31	00			52.1			42.3	22.1	15.4					
	12	21.2	48.2	39.1			42.4							

April 1944

Date	Time	☉	⊕	☾	☊	☋	☿	♀	♂	♃	♄	⚷	♆	♇
1	00	21.2	48.2	53.2	D	D	42.5	22.2	15.4	7.5	45.5	16.1	46.5	31.5
	12	21.3	48.3	62.2			42.6	22.3	15.5	R	D	D	R	R
2	00			56.3			3.1							
	12	21.4	48.4	31.3	R	R	3.2	22.4						
3	00			33.4			3.3	22.5						
	12	21.5	48.5	7.4			3.4		15.6					
4	00			4.4			3.5	22.6						
	12	21.6	48.6	29.4			3.6							
5	00			59.5			27.1	36.1						
	12	51.1	57.1	40.5				36.2	52.1					
6	00	51.2	57.2	64.5			27.2							
	12			47.6			27.3	36.3						
7	00	51.3	57.3	6.6			27.4	36.4	52.2					
	12			46.6			27.5							
8	00	51.4	57.4	48.1	31.2	41.2		36.5			45.6			
	12			57.1			27.6	36.6						
9	00	51.5	57.5	32.2			24.1		52.3					
	12			50.3			25.1							
10	00	51.6	57.6	28.3			24.2	25.2						
	12			44.4			24.3		52.4					
11	00	42.1	32.1	1.5				25.3						
	12			43.5			24.4	25.4						
12	00	42.2	32.2	14.6										
	12			9.1			24.5	25.5	52.5					
13	00	42.3	32.3	5.2	31.1	41.1	24.6	25.6						
	12			26.3					D					
14	00	42.4	32.4	11.4			17.1	52.6						
	12			10.5			2.1	17.2						
15	00	42.5	32.5	38.1										
	12			54.2			2.2	17.3						
16	00	42.6	32.6	61.3			17.4	39.1						
	12			60.5	D	D								
17	00	3.1	50.1	41.6	R	R	2.3	17.5						
	12	3.2	50.2	13.2				17.6						
18	00			49.3				39.2						
	12	3.3	50.3	30.5			21.1							
19	00			37.1			21.2		12.1					D
	12	3.4	50.4	63.2			2.4	39.3						
20	00			22.4			21.3							
	12	3.5	50.5	36.6								16.2		
21	00			17.2			21.4	39.4						
	12	3.6	50.6	21.4			21.5							
22	00			51.6										
	12	27.1	28.1	3.1		R	21.6							
23	00			27.3			51.1	39.5						
	12	27.2	28.2	24.5										
24	00			23.1	56.6	60.6		51.2						
	12	27.3	28.3	8.2				51.3	39.6					
25	00			20.3			2.3							
	12	27.4	28.4	16.5				51.4						
26	00			35.6				51.5						
	12	27.5	28.5	12.1				53.1						
27	00			15.2				51.6						
	12	27.6	28.6	52.3			2.2	42.1						46.4
28	00			39.3				53.2						
	12	24.1	44.1	53.4				42.2			12.2			
29	00			62.5				42.3						
	12	24.2	44.2	56.5			2.1							
30	00	24.3	44.3	31.6	D	D		42.4	53.3					
	12			33.6	R	R		42.5						

May 1944

Date/Time	☉	⊕	☾	☋	☊	☿	♀	♂	♃	♄	⚷	♆	♇
1 00	24.4	44.4	7.6	56.6	60.6	24.6	42.5	53.3	7.5	12.2	16.2	46.4	31.5
12			29.1	R	R	R	42.6	53.4	D	D	D	R	D
2 00	24.5	44.5	59.1			3.1							
12			40.1			24.5							
3 00	24.6	44.6	64.1				3.2	53.5					
12			47.2				3.3						
4 00	2.1	1.1	6.2			24.4							
12			46.3				3.4						
5 00	2.2	1.2	18.3					53.6					
12			48.3	56.5	60.5	24.3	3.5						
6 00	2.3	1.3	57.4				3.6						
12			32.5					62.1					
7 00	2.4	1.4	50.5				27.1			12.3			
12			28.6			24.2	27.2						
8 00	2.5	1.5	1.1					62.2	7.6		16.3		
12			43.2				27.3						
9 00	2.6	1.6	14.3			24.1	27.4						
12			34.4										
10 00	23.1	43.1	9.5				27.5	62.3					
12			5.6	56.4	60.4		27.6						
11 00	23.2	43.2	11.1										
12			10.2			27.6	24.1	62.4					
12 00	23.3	43.3	58.3			24.2							
12			38.5										
13 00	23.4	43.4	54.6				24.3	62.5					
12			60.1				24.4						
14 00	23.5	43.5	41.3	D	D								
12			19.4				24.5						
15 00	23.6	43.6	13.5				24.6	62.6					
12	8.1	14.1	30.1	R	R					12.4			
16 00			55.3			D	2.1						
12	8.2	14.2	37.4			2.2	56.1						
17 00			63.6										
12	8.3	14.3	36.1			2.3							
18 00			25.3				56.2						
12	8.4	14.4	17.5			2.4		4.1					
19 00			21.6			2.5							
12	8.5	14.5	42.2										
20 00			3.4			2.6	56.3						
12	8.6	14.6	27.5			23.1							
21 00			2.1			24.1							
12	20.1	34.1	23.2			23.2	56.4						
22 00			8.4			23.3							
12	20.2	34.2	20.5										
23 00			16.6	56.3	60.3	24.2	23.4	56.5		12.5			
12	20.3	34.3	45.1				23.5						
24 00			12.3										
12	20.4	34.4	15.3			24.3	23.6	56.6			16.4		
25 00			52.4				8.1						31.6
12	20.5	34.5	39.5										
26 00			53.6			24.4	8.2						
12	20.6	34.6	62.6				8.3	31.1					
27 00			31.1	D	D			4.2					
12	16.1	9.1	33.2			24.5	8.4						
28 00			7.2				8.5	31.2					
12	16.2	9.2	4.2			24.6							
29 00			29.3				8.6						
12	16.3	9.3	59.3			2.1	20.1	31.3					
30 00			40.3	R	R								
12	16.4	9.4	64.4			2.2	20.2			12.6			
31 00			47.4				20.3	31.4					
12	16.5	9.5	6.4			2.3							

June 1944

Date/Time	☉	⊕	☾	☋	☊	☿	♀	♂	♃	♄	⚷	♆	♇
1 00	16.5	9.5	46.5	56.3	60.3	2.3	20.4	31.4	4.2	12.6	16.4	46.4	31.5
12	16.6	9.6	18.5	R	R	2.4	D	D	D	D	D	R	D
2 00			48.6			2.5	20.5	31.5					
12	35.1	5.1	57.6				20.6						
3 00			50.1			2.6							
12	35.2	5.2	28.1				16.1	31.6	4.3				
4 00			44.2				23.1	16.2					
12	35.3	5.3	1.3				23.2						
5 00	35.4	5.4	43.4				16.3	33.1					
12			14.5				23.3	16.4					
6 00	35.5	5.5	34.6				23.4						
12			5.1				23.5	16.5	33.2				
7 00	35.6	5.6	26.2				16.6				15.1		
12			11.4	56.2	60.2	23.6							
8 00	45.1	26.1	10.5				8.1	35.1	33.3				
12			58.6				8.2	35.2					
9 00	45.2	26.2	54.2										
12			61.3				8.3	35.3			16.5		
10 00	45.3	26.3	60.5	D	D		8.4	35.4	33.4	4.4			
12			41.6				8.5						
11 00	45.4	26.4	13.2				8.6	35.5					
12			49.4					35.6	33.5				
12 00	45.5	26.5	30.5				20.1						
12			37.1				20.2	45.1				D	
13 00	45.6	26.6	63.2				20.3	45.2	33.6				
12			22.4				20.4						
14 00	12.1	11.1	36.5	R	R		20.5	45.3					
12			17.1				20.6		7.1		15.2		
15 00	12.2	11.2	21.3				16.1	45.4					
12			51.4				16.2	45.5					
16 00	12.3	11.3	42.5						7.2				
12			27.1				16.3	45.6		4.5			
17 00	12.4	11.4	24.2				16.4	12.1					
12			2.4				16.5		7.3				
18 00	12.5	11.5	23.5				16.6	12.2					
12			8.6				35.1	12.3					
19 00	12.6	11.6	16.1				35.2						
12			35.3				35.3	12.4	7.4				
20 00	15.1	10.1	45.4				35.5	12.5					
12			12.5				35.6						
21 00	15.2	10.2	15.6				45.1	12.6	7.5				
12			52.6				45.2	15.1			15.3		
22 00	15.3	10.3	53.1				45.3		4.6				
12			62.2				45.4	15.2	7.6				
23 00	15.4	10.4	56.2	D	D		45.5	15.3					
12			31.3				45.6						
24 00	15.5	10.5	33.4				12.1	15.4	4.1				
12			7.4				12.2	15.5					
25 00	15.6	10.6	4.4				12.3						
12			29.5				12.5	15.6	4.2				
26 00	52.1	58.1	59.5				12.6	52.1			16.6		
12			40.5				15.1						
27 00	52.2	58.2	64.6				15.2	52.2	4.3				
12			47.6				15.3	52.3			29.1		
28 00	52.3	58.3	6.6				15.4						
12			18.1				15.5	52.4	4.4		15.4		
29 00	52.4	58.4	48.1	R	R		52.1						
12			57.2				52.2	52.5					
30 00	52.5	58.5	32.2				52.3	52.6	4.5				
12			50.3				52.4						

July 1944

Date/Time	☉	⊕	☾	☊	☋	☿	♀	♂	♃	♄	⚴	♆	♅
1 00	52.6	58.6	28.3	56.2	60.2	52.5	39.1	4.5	29.1	15.4	16.6	46.4	31.6
12			44.4	R	R	52.6	39.2	D	D	D	D	D	D
2 00	39.1	38.1	1.5			39.2		4.6					
12	39.2	38.2	43.6			39.3	39.3						
3 00			34.1			39.4	39.4		29.2				
12	39.3	38.3	9.2			39.5		29.1					
4 00			5.3			39.6	39.5						
12	39.4	38.4	26.4			53.1	39.6						
5 00			11.5			53.3		29.2					
12	39.5	38.5	58.1			53.4	53.1						
6 00			38.2			53.5	53.2			15.5			
12	39.6	38.6	54.4			53.6		29.3					
7 00			61.6			62.1	53.3						33.1
12	53.1	54.1	41.1	D	D	62.2	53.4						
8 00			19.3			62.3		29.4	29.3				
12	53.2	54.2	13.5			62.4	53.5						
9 00			30.1			62.5	53.6						
12	53.3	54.3	55.3			62.6		29.5					
10 00			37.4			56.2	62.1						
12	53.4	54.4	63.6			56.3	62.2						
11 00			36.2			56.4		29.6					
12	53.5	54.5	25.3			56.5	62.3						
12 00			17.5			56.6	62.4						
12	53.6	54.6	51.1			31.1		59.1					
13 00			42.2	R	R	31.2	62.5		29.4				
12	62.1	61.1	3.4			31.3	62.6			15.6			
14 00			27.5			31.4		59.2			35.1		
12	62.2	61.2	24.6			31.5	56.1						
15 00			23.2			31.6							
12	62.3	61.3	8.3			33.1	56.2	59.3					
16 00			20.4			33.2	56.3						
12	62.4	61.4	16.5			33.3							
17 00			35.6			33.4	56.4	59.4					
12	62.5	61.5	12.1			33.5	56.5		29.5				
18 00			15.2			33.6							
12	62.6	61.6	52.2			7.1	56.6	59.5					
19 00			39.3			7.2	31.1						
12	56.1	60.1	53.4										
20 00			62.4			7.3	31.2	59.6					
12	56.2	60.2	56.5	D	D	7.4	31.3						
21 00			31.6	R	R	7.5				52.1			
12	56.3	60.3	33.6			7.6	31.4	40.1					
22 00			7.6			4.1	31.5						
12	56.4	60.4	29.1			4.2		29.6					
23 00			59.1			4.3	31.6						
12	56.5	60.5	40.2			4.4	33.1	40.2					
24 00			64.2			4.5	33.2						
12	56.6	60.6	47.2			4.5	33.2						
25 00			6.3			4.6	33.3	40.3					
12	31.1	41.1	46.3			29.1							
26 00			18.3			29.2	33.4						
12	31.2	41.2	48.3				33.5	40.4					
27 00			57.4			29.3		59.1					
12	31.3	41.3	32.4			29.4	33.6						
28 00			50.5			29.5	7.1	40.5			46.5		
12	31.4	41.4	28.5	D	D	29.6				52.2			
29 00			44.6				7.2						
12	31.5	41.5	43.1			59.1	7.3	40.6					
30 00	31.6	41.6	14.1			59.2							
12			34.2			59.3	7.4						
31 00	33.1	19.1	9.3					64.1					
12			5.4			59.4	7.5		59.2				

August 1944

Date/Time	☉	⊕	☾	☊	☋	☿	♀	♂	♃	♄	⚴	♆	♅
1 00	33.2	19.2	26.5	56.2	60.2	59.5	7.6	64.1	59.2	52.2	35.1	46.5	33.1
12			10.1	D	D	D	D	64.2	D	D	D	D	D
2 00	33.3	19.3	58.2			59.6	4.1						
12			38.4			40.1	4.2						
3 00	33.4	19.4	54.5			40.2		64.3					
12			60.1				4.3						
4 00	33.5	19.5	41.3	R	R	40.3	4.4						
12			19.5			40.4		64.4					
5 00	33.6	19.6	49.1				4.5		59.3		35.2		
12			30.3			40.5	4.6						
6 00	7.1	13.1	55.5					64.5		52.3			
12			63.1			40.6	29.1						
7 00	7.2	13.2	22.3			64.1	29.2						
12			36.5					64.6					
8 00	7.3	13.3	25.6			64.2	29.3						
12			21.2				29.4						33.2
9 00	7.4	13.4	51.4			64.3		47.1					
12			42.6				29.5		59.4				
10 00	7.5	13.5	27.1			64.4	29.6						
12			24.3					47.2					
11 00	7.6	13.6	2.4			64.5	59.1						
12			23.5	D	D		59.2						
12 00	4.1	49.1	20.1			64.6		47.3					
12			16.2				59.3						
13 00	4.2	49.2	35.3			47.1	59.4						
12			45.4			47.4							
14 00	4.3	49.3	12.4			47.2	59.5		59.5				
12			15.5				59.6			52.4			
15 00	4.4	49.4	52.6			47.5							
12			39.6			47.3	40.1						
16 00	4.5	49.5	62.1				40.2	47.6					
12			56.2			47.4							
17 00	4.6	49.6	31.2	R	R		40.3						
12			33.3				40.4	6.1					
18 00	29.1	30.1	7.3						59.6				
12			4.3			47.5	40.5						
19 00	29.2	30.2	29.4					6.2					
12			59.4				40.6						
20 00	29.3	30.3	40.4				64.1						
12	29.4	30.4	64.5			47.6		6.3					
21 00			47.5				64.2						
12	29.5	30.5	6.5				64.3						
22 00			46.6					6.4					
12	29.6	30.6	18.6	56.1	60.1		64.4		40.1				
23 00			48.6				64.5						
12	59.1	55.1	32.1					6.5		52.5			
24 00			50.1				64.6						
12	59.2	55.2	28.1			R	47.1						
25 00			44.2					6.6					
12	59.3	55.3	1.2				47.2						
26 00			43.3				47.3						
12	59.4	55.4	14.4					46.1					
27 00			34.4	D	D		47.4		40.2				
12	59.5	55.5	9.5				47.5						
28 00			5.6					46.2					
12	59.6	55.6	11.1			47.5	47.6						
29 00			10.2				6.1						
12	40.1	37.1	58.3					46.3				46.6	
30 00			38.5				6.2						
12	40.2	37.2	54.6			47.4	6.3						
31 00			60.2	R	R			46.4	40.3				
12	40.3	37.3	41.4				6.4						

September 1944

Date/Time	☉	⊕	☾	☊	☋	☿	♀	♂	♃	♄	⇧	♆	⚷
1 00	40.3	37.3	19.6	56.1	60.1	47.3	6.5	46.4	40.3	52.5	35.2	46.6	33.2
12	40.4	37.4	49.1	R	R	R	D	46.5	D	D	D	D	D
2 00			30.4			47.2	6.6						
12	40.5	37.5	55.6				46.1						
3 00			63.2					46.6		52.6			
12	40.6	37.6	22.4			47.1	46.2						
4 00			36.6				46.3						
12	64.1	63.1	17.2			64.6		18.1	40.4				
5 00			21.4				46.4						
12	64.2	63.2	51.6			64.5		18.2					
6 00	64.3	63.3	3.2			64.4	46.5						
12			27.4				46.6						
7 00	64.4	63.4	24.6			64.3		18.3					
12			23.1				18.1						
8 00	64.5	63.5	8.3			64.2	18.2						
12			20.4					18.4						
9 00	64.6	63.6	16.5			64.1	18.3		40.5				
12			35.6				18.4						
10 00	47.1	22.1	12.1	D	D	40.6	18.5						
12			15.2				18.5						
11 00	47.2	22.2	52.3				18.6						
12			39.3			40.5	18.6						
12 00	47.3	22.3	53.4				48.1						
12			62.5				48.2						33.3
13 00	47.4	22.4	56.5	R	R	40.4	48.1	40.6					
12			31.5				48.3						
14 00	47.5	22.5	33.6				48.4						
12			7.6				48.2						
15 00	47.6	22.6	29.1				48.5						
12			59.1	62.6	61.6		48.6				39.1		
16 00	6.1	36.1	40.1			40.3	48.3						
12			64.2			D	57.1						
17 00	6.2	36.2	47.2				57.2	48.4					
12			6.2			40.4		64.1					
18 00	6.3	36.3	46.2				57.3						
12			18.3				57.4	48.5					
19 00	6.4	36.4	48.3								R		
12	6.5	36.5	57.3				57.5						
20 00			32.4			40.5	57.6	48.6					
12	6.6	36.6	50.4										
21 00			28.5	62.5	61.5		32.1						
12	46.1	25.1	44.5			40.6	32.2	57.1					
22 00			1.6					64.2					
12	46.2	25.2	43.6			64.1	32.3						
23 00			34.1					57.2					
12	46.3	25.3	9.1			64.2	32.4						
24 00			5.2				32.5						
12	46.4	25.4	26.3			64.3		57.3					18.1
25 00			11.4			64.4	32.6						
12	46.5	25.5	10.5	D	D		50.1						
26 00			58.6			64.5		57.4					
12	46.6	25.6	54.1			64.6	50.2		64.3				
27 00			61.2				50.3	57.5					
12	18.1	17.1	60.4	R	R	47.1							
28 00			41.5			47.2	50.4						
12	18.2	17.2	13.1			47.3	50.5	57.6					
29 00			49.3				50.6						
12	18.3	17.3	30.4			47.4							
30 00	18.4	17.4	55.6			47.5	28.1	32.1					
12			63.2			47.6							

October 1944

Date/Time	☉	⊕	☾	☊	☋	☿	♀	♂	♃	♄	⇧	♆	⚷
1 00	18.5	17.5	22.5	62.5	61.5	6.1	28.2	32.1	64.4	39.1	35.2	18.1	33.3
12			25.1	R	R	6.2	28.3	32.2	D	D	R	D	D
2 00	18.6	17.6	17.3			6.3							
12			21.5			6.4	28.4						
3 00	48.1	21.1	42.1	62.4	61.4		28.5	32.3					
12			3.3			6.5							
4 00	48.2	21.2	27.5			6.6	28.6	32.4		39.2			
12			2.1				46.1	44.1					
5 00	48.3	21.3	23.3				46.2						
12			8.4				46.3	44.2	32.5	64.5			
6 00	48.4	21.4	20.6				46.4	44.3					
12			35.1				46.5						
7 00	48.5	21.5	45.3				46.6	44.4	32.6				
12			12.4				18.1						
8 00	48.6	21.6	15.5				18.2	44.5					
12			52.6				18.3	44.6	50.1				
9 00	57.1	51.1	39.6				18.4						
12	57.2	51.2	62.1	D	D	18.5	1.1						
10 00			56.2	R	R		1.2	50.2	64.6				
12	57.3	51.3	31.2			18.6							
11 00			33.3				48.1	1.3	50.3				
12	57.4	51.4	7.3				48.2	1.4					
12 00			4.3				48.3						
12	57.5	51.5	29.4				48.4	1.5	50.4				
13 00			59.4				48.5	1.6					
12	57.6	51.6	40.4				48.6						
14 00			64.5				57.1	43.1	50.5				
12	32.1	42.1	47.5				57.2	43.2		47.1			
15 00			6.5	62.3	61.3	57.3							
12	32.2	42.2	46.6				57.4	43.3	50.6				
16 00			18.6				57.5	43.4					
12	32.3	42.3	48.6				57.6		28.1				
17 00			32.1				32.1	43.5					
12	32.4	42.4	50.1					43.6					
18 00			28.2				32.2		28.2				
12	32.5	42.5	44.2				32.3	14.1					
19 00	32.6	42.6	1.3	62.2	61.2		32.4	14.2					
12			43.3				32.5		28.3	47.2			
20 00	50.1	3.1	14.4				32.6	14.3				18.2	
12			34.4				50.1						
21 00	50.2	3.2	9.5				50.2	14.4	28.4				
12			5.6				50.3	14.5					
22 00	50.3	3.3	11.1				50.4		28.5				
12			10.1					14.6					
23 00	50.4	3.4	58.2				50.5	34.1					
12			38.3				50.6		28.6		R		
24 00	50.5	3.5	54.4				28.1	34.2					
12			61.5	D	D		28.2	34.3		47.3			
25 00	50.6	3.6	41.1	R	R		28.3		44.1				
12			19.2				28.4	34.4					
26 00	28.1	27.1	13.3				28.5	34.5					
12	28.2	27.2	49.5						44.2				
27 00			30.6				28.6	34.6					
12	28.3	27.3	37.2				44.1	9.1	44.3				
28 00			63.4				44.2						
12	28.4	27.4	22.6				44.3	9.2					
29 00			25.2				44.4	9.3	44.4				
12	28.5	27.5	17.4				44.5			47.4			
30 00			21.6	62.1	61.1			9.4					
12	28.6	27.6	42.2				44.6	9.5	44.5				
31 00			3.4				1.1						
12	44.1	24.1	27.6				1.2	9.6	44.6				

November 1944

Date	Time	☉	⊕	☾	☊	☋	☿	♀	♂	♃	♄	⚷	♆	⚷
1	00	44.1	24.1	2.2	62.1	61.1	1.3	9.6	44.6	47.4	39.2	35.2	18.2	33.3
	12	44.2	24.2	23.4	R	R	1.4	5.1		D	R	R	D	D
2	00			8.5				5.2	1.1					
	12	44.3	24.3	16.1			1.5							
3	00	44.4	24.4	35.3			1.6	5.3				35.1		
	12			45.4			43.1	5.4	1.2					
4	00	44.5	24.5	12.5			43.2			47.5				
	12			15.6			43.3	5.5						
5	00	44.6	24.6	39.2				5.6	1.3					
	12			53.2			43.4							
6	00	1.1	2.1	62.3	D	D	43.5	26.1	1.4					
	12			56.4			43.6	26.2						
7	00	1.2	2.2	31.5			14.1							
	12			33.5			14.2	26.3	1.5					
8	00	1.3	2.3	7.6	R	R		26.4						
	12			4.6			14.3							
9	00	1.4	2.4	29.6			14.4	26.5	1.6					
	12			40.1			14.5	26.6		47.6				
10	00	1.5	2.5	64.1			14.6		43.1					
	12	1.6	2.6	47.1				11.1						
11	00			6.2	53.6	54.6	34.1							
	12	43.1	23.1	46.2			34.2	11.2	43.2					R
12	00			18.2			34.3	11.3			39.1			
	12	43.2	23.2	48.3			34.4							
13	00			57.3				11.4	43.3					
	12	43.3	23.3	32.3			34.5	11.5						
14	00			50.4			34.6		43.4					
	12	43.4	23.4	28.4			9.1	11.6						
15	00			44.5			9.2	10.1						
	12	43.5	23.5	1.6					43.5	6.1				
16	00			43.6			9.3	10.2						
	12	43.6	23.6	34.1	53.5	54.5	9.4	10.3						
17	00	14.1	8.1	9.2			9.5		43.6					
	12			5.2			9.6	10.4						
18	00	14.2	8.2	26.3				10.5	14.1					
	12			11.4			5.1							
19	00	14.3	8.3	10.5			5.2	10.6				18.3		
	12			58.6			5.3		14.2					
20	00	14.4	8.4	54.1				58.1						
	12			61.2	D	D	5.4	58.2						
21	00	14.5	8.5	60.3			5.5		14.3					
	12			41.4			5.6	58.3		6.2				
22	00	14.6	8.6	19.6			26.1	58.4	14.4					
	12			49.1										
23	00	34.1	20.1	30.2			26.2	58.5						
	12	34.2	20.2	55.4	R	R	26.3	58.6	14.5					
24	00			37.5			26.4							
	12	34.3	20.3	22.1				38.1						
25	00			36.3			26.5	38.2	14.6					
	12	34.4	20.4	25.4			26.6							
26	00			17.6			11.1	38.3	34.1					
	12	34.5	20.5	51.2				38.4						
27	00			42.4			11.2							
	12	34.6	20.6	3.5			11.3	38.5	34.2			16.6		
28	00			24.1										
	12	9.1	16.1	2.3			11.4	38.6	34.3	6.3				
29	00			23.5			11.5	54.1						
	12	9.2	16.2	8.6			11.6							
30	00	9.3	16.3	16.2				54.2	34.4					
	12			35.4			10.1	54.3				52.6		

December 1944

Date	Time	☉	⊕	☾	☊	☋	☿	♀	♂	♃	♄	⚷	♆	⚷
1	00	9.4	16.4	45.5	53.5	54.5	10.2	54.3	34.4	6.3	52.6	16.6	18.3	33.3
	12			12.6	R	R	D	54.4	34.5	D	R	R	D	R
2	00	9.5	16.5	52.2			10.3	54.5						
	12			39.3					34.6					
3	00	9.6	16.6	53.4	53.4	54.4	10.4	54.6						
	12			62.5	53.5	54.5	10.5	61.1						
4	00	5.1	35.1	56.6					9.1					
	12			31.6			10.6	61.2						
5	00	5.2	35.2	7.1										
	12			4.2			58.1	61.3	9.2					
6	00	5.3	35.3	29.2				61.4						
	12	5.4	35.4	59.2			58.2		9.3	6.4				
7	00			40.3				61.5						
	12	5.5	35.5	64.3			58.3	61.6						
8	00			47.4	R	R			9.4					
	12	5.6	35.6	6.4			58.4	60.1						
9	00			46.4				60.2	9.5					
	12	26.1	45.1	18.5										
10	00			48.5			58.5	60.3						
	12	26.2	45.2	57.5	53.4	54.4			9.6					
11	00			32.6				60.4						
	12	26.3	45.3	50.6			58.6	60.5	5.1					
12	00	26.4	45.4	44.1				60.6						
	12			1.1										
13	00	26.5	45.5	43.2				41.1	5.2					
	12			14.3										
14	00	26.6	45.6	34.3		R		41.2			52.5			
	12			9.4				41.3	5.3					
15	00	11.1	12.1	5.5										
	12			26.6				41.4	5.4					
16	00	11.2	12.2	10.1			58.5							
	12			58.2				41.5		6.5				
17	00	11.3	12.3	38.3				41.6	5.5					
	12	11.4	12.4	54.4	D	D	58.4							
18	00			61.6				19.1	5.6					
	12	11.5	12.5	41.1				19.2						
19	00			19.2			58.3							
	12	11.6	12.6	13.4				19.3	26.1					
20	00			49.5			58.2	19.4				16.5		
	12	10.1	15.1	55.1			58.1		26.2					
21	00			37.2				19.5						
	12	10.2	15.2	63.4			10.6							
22	00			22.5			10.5	19.6	26.3					
	12	10.3	15.3	25.1				13.1						
23	00			17.2	R	R	10.4							
	12	10.4	15.4	21.4			10.3	13.2	26.4					
24	00	10.5	15.5	51.5			10.2	13.3						
	12			3.1					26.5					
25	00	10.6	15.6	27.3			10.1	13.4						
	12			24.4			11.6				52.4			
26	00	58.1	52.1	2.6				13.5	26.6					
	12			8.1			11.5	13.6						
27	00	58.2	52.2	20.3			11.4		11.1					
	12			16.4				49.1						
28	00	58.3	52.3	35.5			11.3	49.2						
	12			12.1					11.2					
29	00	58.4	52.4	15.2			11.2	49.3						
	12	58.5	52.5	52.3					11.3					
30	00			39.4				49.4						
	12	58.6	52.6	53.5	D	D	11.1	49.5						
31	00			62.6					11.4					
	12	38.1	39.1	31.1				49.6						

1944

January 1945

Date	Time	☉	⊕	☾	☊	☋	☿	♀	♂	♃	♄	⯙	♆	♇
1	00	38.1	39.1	33.2	53.4	54.4	11.1	49.6	11.5	6.5	52.4	16.5	18.3	33.3
	12	38.2	39.2	7.3	D	D	R	30.1	D	6.6	R	R	D	R
2	00			4.3				30.2						
	12	38.3	39.3	29.4					11.6					
3	00			59.4			D	30.3						
	12	38.4	39.4	40.5				30.4	10.1					
4	00	38.5	39.5	64.5										
	12			47.6				30.5						
5	00	38.6	39.6	6.6					10.2					
	12			46.6				30.6						
6	00	54.1	53.1	48.1				55.1	10.3		52.3			
	12			57.1			11.2							
7	00	54.2	53.2	32.1	R	R		55.2						
	12			50.2					10.4					
8	00	54.3	53.3	28.2			11.3	55.3					R	
	12			44.2				55.4	10.5					
9	00	54.4	53.4	1.3										
	12	54.5	53.5	43.4	D	D	11.4	55.5						
10	00			14.4					10.6					
	12	54.6	53.6	34.5			11.5	55.6						
11	00			9.6				37.1						
	12	61.1	62.1	26.1			11.6		58.1					
12	00			11.2				37.2						33.2
	12	61.2	62.2	10.3			10.1		58.2	R				
13	00			58.4				37.3						
	12	61.3	62.3	38.5			10.2	37.4						
14	00			54.6	R	R			58.3					
	12	61.4	62.4	60.2			10.3	37.5						
15	00			41.3					58.4					
	12	61.5	62.5	19.5			10.4	37.6						
16	00	61.6	62.6	49.1			10.5	63.1	58.5					
	12			30.2										
17	00	60.1	56.1	55.4			10.6	63.2				16.4		
	12			37.6					58.6					
18	00	60.2	56.2	22.1				58.1	63.3		52.2			
	12			36.3				58.2	63.4	38.1				
19	00	60.3	56.3	25.5										
	12			17.6				58.3	63.5					
20	00	60.4	56.4	51.2				58.4		38.2				
	12			42.4					63.6					
21	00	60.5	56.5	3.5	D	D		58.5		38.3				
	12	60.6	56.6	24.1				58.6	22.1					
22	00			2.2					22.2					
	12	41.1	31.1	23.3				38.1		38.4				
23	00			8.5				38.2	22.3		6.5			
	12	41.2	31.2	20.6				38.3		38.5				
24	00			35.1					22.4					
	12	41.3	31.3	45.2				38.4	22.5					
25	00			12.4				38.5		38.6				
	12	41.4	31.4	15.5					22.6					
26	00			52.6				38.6		54.1				
	12	41.5	31.5	53.1				54.1	36.1					
27	00	41.6	31.6	62.2	R	R		54.2						
	12			56.2					36.2	54.2				
28	00	19.1	33.1	31.3				54.3						
	12			33.4				54.4	36.3	54.3				
29	00	19.2	33.2	7.5				54.5	36.4					
	12			4.5										
30	00	19.3	33.3	29.6				54.6	36.5	54.4				
	12			59.6				61.1						
31	00	19.4	33.4	64.1				61.2	36.6	54.5				
	12			47.1				61.3						

February 1945

Date	Time	☉	⊕	☾	☊	☋	☿	♀	♂	♃	♄	⯙	♆	♇
1	00	19.5	33.5	6.2	53.4	54.4	61.3	25.1	54.5	6.5	52.1	16.4	18.3	33.2
	12			46.2	R	R	61.4	D	54.6	R	R	R	R	R
2	00	19.6	33.6	18.2			61.5	25.2						
	12	13.1	7.1	48.3			61.6	25.3	61.1					
3	00			57.3			60.1							
	12	13.2	7.2	32.3				25.4						
4	00			50.4			60.2		61.2					
	12	13.3	7.3	28.4			60.3	25.5						
5	00			44.4			60.4		61.3					
	12	13.4	7.4	1.5	D	D	60.5	25.6						
6	00			43.5										
	12	13.5	7.5	14.6			60.6	17.1	61.4					
7	00			34.6			41.1							
	12	13.6	7.6	5.1			41.2	17.2	61.5					
8	00			26.2			41.3			6.4				
	12	49.1	4.1	11.3			41.4	17.3	61.6					
9	00	49.2	4.2	10.4										
	12			58.5			41.5	17.4						
10	00	49.3	4.3	38.6			41.6		60.1					
	12			61.2	R	R	19.1	17.5						
11	00	49.4	4.4	60.3			19.2		60.2					
	12			41.5			19.3	17.6						
12	00	49.5	4.5	19.6										
	12			49.2			19.4	21.1	60.3					
13	00	49.6	4.6	30.4			19.5							
	12			55.6			19.6	21.2	60.4					
14	00	30.1	29.1	63.2			13.1							
	12	30.2	29.2	22.4	53.3	54.3	13.2	21.3						
15	00			36.6			13.3		60.5					
	12	30.3	29.3	17.2			13.4	21.4						
16	00			21.3			13.5		60.6			D		
	12	30.4	29.4	51.5				21.5						
17	00			3.1			13.6							
	12	30.5	29.5	27.3			49.1	21.6	41.1					
18	00			24.4			49.2			6.3				
	12	30.6	29.6	2.6			49.3	51.1	41.2					
19	00			8.1			49.4							
	12	55.1	59.1	20.3	D	D	49.5	51.2	41.3					
20	00			16.4			49.6							
	12	55.2	59.2	35.5			30.1	51.3						
21	00	55.3	59.3	45.6			30.2		41.4					
	12			15.1			30.3							
22	00	55.4	59.4	52.2			30.4	51.4	41.5					
	12			39.3			30.5							
23	00	55.5	59.5	53.4	R	R		51.5						33.1
	12			62.5			30.6		41.6					
24	00	55.6	59.6	56.5			55.1	51.6						
	12			31.6			55.2		19.1					
25	00	37.1	40.1	7.1			55.3							
	12			4.1			55.4	42.1						
26	00	37.2	40.2	29.2			55.5		19.2					
	12			59.2			55.6	42.2		6.2				
27	00	37.3	40.3	40.3			37.1		19.3					
	12			64.3			37.2					15.6		
28	00	37.4	40.4	47.4			37.3	42.3	19.4					
	12	37.5	40.5	6.4			37.4						18.2	

1945

March 1945

Date	Time	☉	⊕	☾	☊	☋	☿	♀	♂	♃	♄	⚸	♆	♇
1	00	37.5	40.5	46.5	53.3	54.3	37.5	42.4	19.4	6.2	15.6	16.4	18.2	33.1
	12	37.6	40.6	18.5	53.2	54.2	37.6	D	19.5	R	R	D	R	R
2	00			48.5			63.1							
	12	63.1	64.1	57.6			63.2	42.5	19.6					
3	00			32.6			63.3							
	12	63.2	64.2	50.6			63.4							
4	00			44.1			63.5	42.6	13.1					
	12	63.3	64.3	1.1			63.6							
5	00			43.1			22.1	3.1	13.2					
	12	63.4	64.4	14.2			22.2							
6	00			34.2			22.3			6.1	D			
	12	63.5	64.5	9.3			22.4	3.2	13.3					
7	00			5.3			22.5							
	12	63.6	64.6	26.4	D	D	36.1		13.4					
8	00	22.1	47.1	11.5			36.2							
	12			10.5			36.3	3.3	13.5					
9	00	22.2	47.2	58.6			36.4							
	12			54.1			36.5							
10	00	22.3	47.3	61.3	R	R	36.6	3.4	13.6					
	12			60.4			25.1							
11	00	22.4	47.4	41.5			25.2		49.1					
	12			13.1			25.3							
12	00	22.5	47.5	49.3			25.4	3.5						
	12			30.5			25.5		49.2					
13	00	22.6	47.6	55.6			25.6					52.1		
	12			63.2			17.1		49.3	47.6				
14	00	36.1	6.1	22.5	53.1	54.1	17.2	3.6						
	12			25.1			17.3		49.4					
15	00	36.2	6.2	17.3			17.4							
	12	36.3	6.3	21.5			17.5							
16	00			42.1			17.6		49.5					
	12	36.4	6.4	3.3			21.1	27.1						
17	00			27.5			21.2		49.6					
	12	36.5	6.5	2.1			21.3							
18	00			23.3			21.4							
	12	36.6	6.6	8.4			21.5		30.1			16.5		
19	00			20.6										
	12	25.1	46.1	35.1			21.6		30.2					
20	00			45.3			51.1	27.2						
	12	25.2	46.2	12.4			51.2		30.3	47.5				
21	00			15.5	D	D	51.3							
	12	25.3	46.3	52.6			51.4							
22	00			53.1	R	R			30.4					
	12	25.4	46.4	62.2			51.5							
23	00	25.5	46.5	56.2			51.6		30.5					
	12			31.3										
24	00	25.6	46.6	33.4			42.1							
	12			7.4			42.2		30.6					
25	00	17.1	18.1	4.5										
	12			29.5			42.3	R	55.1					
26	00	17.2	18.2	59.6	39.6	38.6	42.4							
	12			40.6										
27	00	17.3	18.3	64.6			42.5		55.2					
	12			6.1										
28	00	17.4	18.4	46.1					55.3	47.4				
	12			18.2			42.6							
29	00	17.5	18.5	48.2					55.4					
	12			57.2			3.1							
30	00	17.6	18.6	32.3	39.5	38.5								
	12			50.3					55.5					
31	00	21.1	48.1	28.3										
	12			44.4			3.2	27.1	55.6					

April 1945

Date	Time	☉	⊕	☾	☊	☋	☿	♀	♂	♃	♄	⚸	♆	♇
1	00	21.2	48.2	1.4	39.5	38.5	3.2	27.1	55.6	47.4	52.1	16.5	18.2	33.1
	12	21.3	48.3	43.4	R	R	D	R	D	R	D	D	R	R
2	00			14.5				37.1						
	12	21.4	48.4	34.5										
3	00			9.6				37.2						
	12	21.5	48.5	5.6			3.6							
4	00			11.1		R		37.3						
	12	21.6	48.6	10.1									18.1	
5	00			58.2										
	12	51.1	57.1	38.3				37.4	47.3					
6	00			54.4			3.5							
	12	51.2	57.2	61.5				37.5						
7	00			60.6			3.1							
	12	51.3	57.3	19.1										
8	00			13.2			3.4	37.6		52.2				
	12	51.4	57.4	49.4										
9	00			30.6			42.6	63.1						
	12	51.5	57.5	37.1			3.3							
10	00			63.3	39.4	38.4		63.2						
	12	51.6	57.6	22.5										
11	00			25.1			42.5	3.2						
	12	42.1	32.1	17.3				63.3						
12	00	42.2	32.2	21.6			42.4							
	12			42.2				63.4						
13	00	42.3	32.3	3.4			3.1							
	12			27.6			42.3							
14	00	42.4	32.4	2.2				63.5				16.6		
	12			23.4			42.6							
15	00	42.5	32.5	8.6			42.2	63.6	47.2					
	12			16.2										
16	00	42.6	32.6	35.3			42.1	42.5						
	12			45.5				22.1						
17	00	3.1	50.1	12.6	39.3	38.3								
	12			52.2			51.6	42.4	22.2					
18	00	3.2	50.2	39.3										
	12			53.4	D	D	51.5		22.3					
19	00	3.3	50.3	62.5				42.3						
	12			56.6	R	R								
20	00	3.4	50.4	31.6				22.4						
	12			7.1			51.4	42.2						D
21	00	3.5	50.5	4.2				22.5						
	12			29.2					52.3					
22	00	3.6	50.6	59.2				42.1						
	12			40.3			51.3		22.6					
23	00	27.1	28.1	64.3										
	12	27.2	28.2	47.4			51.6	36.1						
24	00			6.4										
	12	27.3	28.3	46.4										
25	00			18.5				36.2						
	12	27.4	28.4	48.5			51.2	51.5						
26	00			57.5				36.3						
	12	27.5	28.5	32.6										
27	00			50.6	39.2	38.2		36.4						
	12	27.6	28.6	28.6		D								
28	00			1.1			51.4							
	12	24.1	44.1	43.1				36.5	47.1					
29	00			14.2										
	12	24.2	44.2	34.2			51.3	36.6						
30	00			9.2										
	12	24.3	44.3	5.3										

May 1945

Date/Time	☉	⊕	☾	☊	☋	☿	♀	♂	♃	♄	⚴	♆	♅
1 00	24.3	44.3	26.4	39.2	38.2	51.3	51.3	25.1	47.1	52.3	16.6	18.1	33.1
12	24.4	44.4	11.4	R	R	D	R	D	R	D	D	R	D
2 00			10.5					25.2					
12	24.5	44.5	58.5			51.4				52.4			
3 00			38.6	D	D						35.1		
12	24.6	44.6	61.1					25.3					
4 00			60.2										
12	2.1	1.1	41.3			51.5		25.4					
5 00			19.4										
12	2.2	1.2	13.5	R	R			25.5					
6 00			30.1			51.6							
12	2.3	1.3	55.2										
7 00	2.4	1.4	37.4				D	25.6					
12			63.5			42.1							
8 00	2.5	1.5	36.1					17.1					
12			25.3			42.2							
9 00	2.6	1.6	17.5										
12			51.1					17.2					
10 00	23.1	43.1	42.3	39.1	38.1	42.3							
12			3.5					17.3					
11 00	23.2	43.2	24.1			42.4							
12			2.3										
12 00	23.3	43.3	23.5			42.5		17.4		52.5			
12			20.1										
13 00	23.4	43.4	16.3			42.6		17.5					
12			35.5			3.1	51.4						
14 00	23.5	43.5	45.6										
12			15.2			3.2		17.6					
15 00	23.6	43.6	52.3						D				
12			39.5	D	D	3.3		21.1					
16 00	8.1	14.1	53.6			3.4							
12			56.1				51.5	21.2					
17 00	8.2	14.2	31.2			3.5						46.6	
12			33.3										
18 00	8.3	14.3	7.3			3.6		21.3					
12			4.4			27.1							
19 00	8.4	14.4	29.5	R	R	27.2	51.6	21.4					
12			59.5										
20 00	8.5	14.5	40.6			27.3					35.2		
12			64.6			27.4		21.5					
21 00	8.6	14.6	6.1							52.6			
12			46.1			27.5	42.1	21.6					
22 00	20.1	34.1	18.1			27.6							
12			48.2			24.1							
23 00	20.2	34.2	57.2			24.2		51.1					
12			32.2				42.2						
24 00	20.3	34.3	50.3			24.3		51.2					
12			28.3			24.4							
25 00	20.4	34.4	44.3			24.5	42.3						
12	20.5	34.5	1.4			24.6		51.3					
26 00			43.4										
12	20.6	34.6	14.5	52.6	58.6	2.1	42.4	51.4					
27 00			34.5			2.2							
12	16.1	9.1	9.6			2.3							
28 00			5.6			2.4	42.5	51.5					
12	16.2	9.2	11.1			2.5							
29 00			10.2			2.6		51.6					
12	16.3	9.3	58.2			23.1	42.6				39.1		
30 00			38.3	D	D	23.2							
12	16.4	9.4	54.4			23.3		42.1					
31 00			61.5				3.1						
12	16.5	9.5	60.6			23.4		42.2	47.2				

June 1945

Date/Time	☉	⊕	☾	☊	☋	☿	♀	♂	♃	♄	⚴	♆	♅
1 00	16.5	9.5	19.1	52.6	58.6	23.5	3.1	42.2	47.2	39.1	35.2	46.6	33.1
12	16.6	9.6	13.2	D	D	23.6	3.2		D	D	D	R	D
2 00			49.3			8.1		42.3					
12	35.1	5.1	30.4			8.2							
3 00			55.6			8.3	3.3	42.4					
12	35.2	5.2	63.1			8.4							
4 00			22.2	R	R	8.5	3.4						
12	35.3	5.3	36.4			8.6		42.5					
5 00			25.6			20.2					35.3		
12	35.4	5.4	21.1			20.3	3.5	42.6					
6 00			51.3			20.4				39.2			
12	35.5	5.5	42.5			20.5	3.6						
7 00			27.1			20.6	3.1						
12	35.6	5.6	24.3			16.1							
8 00			2.4			16.2	27.1	3.2					
12	45.1	26.1	23.6			16.3							
9 00			20.2			16.4	27.2						
12	45.2	26.2	16.4			16.5		3.3					
10 00			35.6			35.1	27.3						
12	45.3	26.3	12.1			35.2		3.4					
11 00			15.3			35.3							
12	45.4	26.4	52.4			35.4	27.4						
12 00			39.6	D	D	35.5		3.5					
12	45.5	26.5	62.1			35.6	27.5						
13 00			56.2			45.1		3.6					
12	45.6	26.6	31.3			45.3	27.6			39.3			
14 00			33.4			45.4							
12	12.1	11.1	7.5			45.5	24.1	27.1	47.3				
15 00			4.6			45.6						D	
12	12.2	11.2	59.1			12.1	24.2	27.2					33.2
16 00			40.1			12.2							
12	12.3	11.3	64.2			12.4	24.3						
17 00			47.3			12.5		27.3					
12	12.4	11.4	6.3			12.6							
18 00	12.5	11.5	46.3	R	R	15.1	24.4						
12			18.4			15.2		27.4					
19 00	12.6	11.6	48.4			15.3	24.5						
12			57.4			15.5		27.5					
20 00	15.1	10.1	32.5			15.6	24.6						
12			50.5			52.1							
21 00	15.2	10.2	28.5			52.2	2.1	27.6		39.4	35.4		
12			44.6			52.3							
22 00	15.3	10.3	1.6			52.4	2.2	24.1					
12			14.1			52.5							
23 00	15.4	10.4	34.1			39.1	2.3						
12			9.2			39.2		24.2					
24 00	15.5	10.5	5.2			39.3	2.4		47.4				
12			26.3			39.4		24.3					
25 00	15.6	10.6	11.4			39.5	2.5						
12			10.4			39.6							
26 00	52.1	58.1	58.5			53.1	2.6	24.4					
12			38.6	D	D	53.2							
27 00	52.2	58.2	61.1			53.3	23.1						
12			60.2			53.4		24.5					
28 00	52.3	58.3	41.3			53.5	23.2						
12			19.4			53.6	23.3	24.6		39.5			
29 00	52.4	58.4	13.6			62.1							
12			30.1			62.2	23.4						
30 00	52.5	58.5	55.2			62.3	2.1						
12			37.4			62.4	23.5						

1945

July 1945

Date/Time	☉	⊕	☽	☊	☋	☿	♀	♂	♃	♄	⚷	♆	♇
1 00	52.6	58.6	63.5	52.6	58.6	62.5	23.5	2.2	47.4	39.5	35.4	46.6	33.2
12			36.1	R	R	62.6	23.6	D	D	D	D	D	D
2 00	39.1	38.1	25.2			56.1		47.5					
12			17.4			56.2	8.1	2.3					
3 00	39.2	38.2	21.5	D	D	56.3							
12			42.1			56.4	8.2						
4 00	39.3	38.3	3.2			56.5		2.4					
12			27.4			56.6	8.3						
5 00	39.4	38.4	24.6			31.1		2.5					
12			23.1			31.2	8.4			39.6			
6 00	39.5	38.5	8.3			31.3	8.5						
12			20.5					2.6					
7 00	39.6	38.6	16.6			31.4	8.6						
12			45.2			31.5		23.1		35.5			
8 00	53.1	54.1	12.3			31.6	20.1						
12			15.5			33.1							
9 00	53.2	54.2	52.6			33.2	20.2	23.2	47.6				
12			53.1	R	R	33.3							
10 00	53.3	54.3	62.3				20.3						
12			56.4			33.4		23.3					
11 00	53.4	54.4	31.5			33.5	20.4						
12			33.6			33.6	20.5	23.4					
12 00	53.5	54.5	4.1			7.1							
12			29.2				20.6						
13 00	53.6	54.6	59.3			7.2		23.5		53.1			
12			40.3			7.3	16.1						
14 00	62.1	61.1	64.4			7.4					18.1		
12			47.5				16.2	23.6					
15 00	62.2	61.2	6.5			7.5	16.3						
12			46.5			7.6		8.1	6.1				
16 00	62.3	61.3	18.6				16.4						
12	62.4	61.4	48.6			4.1							
17 00			32.1			4.2	16.5	8.2					
12	62.5	61.5	50.1	D	D								
18 00			28.1			4.3	16.6						
12	62.6	61.6	44.2			4.4		8.3					
19 00			1.2				35.1						
12	56.1	60.1	43.2			4.5	35.2	8.4					
20 00			14.3			4.6				53.2			
12	56.2	60.2	34.3				35.3						
21 00			9.4			29.1		8.5					
12	56.3	60.3	5.4				35.4		6.2				33.3
22 00			26.5			29.2	35.5						
12	56.4	60.4	11.6					8.6					
23 00			58.1			29.3	35.6						
12	56.5	60.5	38.2	R	R								
24 00			54.3			29.4	45.1	20.1					
12	56.6	60.6	61.4										
25 00			60.5			29.5	45.2	20.2					
12	31.1	41.1	41.6				45.3						
26 00			13.1			29.6							
12	31.2	41.2	49.3				45.4	20.3					
27 00			30.4			59.1		6.3		35.6			
12	31.3	41.3	55.6				45.5		53.3				
28 00			63.1				45.6	20.4					
12	31.4	41.4	22.3			59.2							
29 00			36.4				12.1						
12	31.5	41.5	25.6			59.3		20.5					
30 00			21.2				12.2						
12	31.6	41.6	51.3					20.6					
31 00			42.5				12.3						
12	33.1	19.1	27.1			59.4	12.4						

1945

August 1945

Date/Time	☉	⊕	☽	☊	☋	☿	♀	♂	♃	♄	⚷	♆	♇
1 00	33.1	19.1	24.2	D	D	59.4	12.4	16.1	6.3	53.3	35.6	18.1	33.3
12	33.2	19.2	2.4		D		12.5	D	6.4	D	D	D	D
2 00			23.5										
12	33.3	19.3	20.1			59.5	12.6	16.2					
3 00			16.2				15.1						
12	33.4	19.4	35.4										
4 00			45.5				15.2	16.3		53.4			
12	33.5	19.5	12.6										
5 00			52.2				15.3						
12	33.6	19.6	39.3	R	R		15.4	16.4					
6 00			53.4										
12	7.1	13.1	62.5				15.5	16.5	6.5				
7 00			56.6		R		15.6						
12	7.2	13.2	33.1										
8 00			7.2				52.1	16.6					
12	7.3	13.3	4.3										
9 00			29.4				52.2						
12	7.4	13.4	59.5					35.1					
10 00			40.5				52.3						
12	7.5	13.5	64.6				52.4						
11 00	7.6	13.6	6.1	52.5	58.5		35.2						
12			46.1			59.4	52.5			53.5			
12 00	4.1	49.1	18.2					6.6					
12			48.2				52.6	35.3					
13 00	4.2	49.2	57.2				39.1						
12			32.3			59.3							
14 00	4.3	49.3	50.3				39.2	35.4					
12			28.3				39.3						
15 00	4.4	49.4	44.4			59.2		35.5					
12			1.4				39.4						
16 00	4.5	49.5	43.4										
12			14.5	D	D	59.1	39.5	35.6	46.1				
17 00	4.6	49.6	34.5				39.6						
12			9.6			29.6							
18 00	29.1	30.1	5.6				53.1	45.1					
12			11.1			29.5							
19 00	29.2	30.2	10.2				53.2						
12			58.2			29.4	53.3	45.2					
20 00	29.3	30.3	38.3	R	R			53.6					
12			54.4			29.3	53.4						
21 00	29.4	30.4	61.5				45.3						
12			60.6				53.5	46.2					
22 00	29.5	30.5	19.2			29.2	53.6			45.1			
12			13.3				45.4			18.2	33.4		
23 00	29.6	30.6	49.5			29.1	62.1						
12			30.6				62.2						
24 00	59.1	55.1	37.2			4.6		45.5					
12			63.4				62.3						
25 00	59.2	55.2	22.6										
12			25.1			4.5	62.4	45.6					
26 00	59.3	55.3	17.3				62.5		46.3				
12			21.5	52.4	58.4								
27 00	59.4	55.4	42.1				62.6	12.1					
12			3.3			4.4	56.1						
28 00	59.5	55.5	27.4										
12			24.6				56.2	12.2	62.1				
29 00	59.6	55.6	23.2				56.3						
12	40.1	37.1	8.3				56.3						
30 00			20.5				56.4	12.3					
12	40.2	37.2	16.6	D	D	D		46.4					
31 00			45.2				56.5						
12	40.3	37.3	12.3				56.6	12.4					

September 1945

Date/Time	☉	⊕	☾	☊	☋	☿	♀	♂	♃	♄	⇧	♆	⚳
1 00	40.3	37.3	15.4	52.4	58.4	4.4	56.6	12.4	46.4	62.1	45.1	18.2	33.4
12	40.4	37.4	52.5	R	R	D	31.1	D	D	D	D	D	D
2 00			39.6					12.5					
12	40.5	37.5	62.1			4.5	31.2						
3 00			56.2				31.3						
12	40.6	37.6	31.3					12.6					
4 00			33.4				31.4						
12	64.1	63.1	7.5			4.6	31.5		46.5				
5 00			4.6					15.1					
12	64.2	63.2	59.1			29.1	31.6						
6 00			40.1										
12	64.3	63.3	64.2			29.2	33.1			62.2			
7 00			47.3				33.2	15.2					
12	64.4	63.4	6.3			29.3							
8 00			46.4	52.3	58.3		33.3						
12	64.5	63.5	18.4			29.4	33.4	15.3	46.6				
9 00			48.4			29.5							
12	64.6	63.6	57.5				33.5						
10 00			32.5			29.6	33.6	15.4					
12	47.1	22.1	50.6			59.1							
11 00			28.6				7.1						
12	47.2	22.2	44.6			59.2		15.5					
12 00			1.6			59.3	7.2						
12	47.3	22.3	14.1			59.4	7.3						
13 00	47.4	22.4	34.1			59.5		15.6	18.1				
12			9.1				7.4						
14 00	47.5	22.5	5.2			59.6	7.5						
12			26.2			40.1							
15 00	47.6	22.6	11.3	D	D	40.2	7.6	52.1					
12			10.3			40.3	4.1						
16 00	6.1	36.1	58.4	R	R	40.4							
12			38.5			40.5	4.2	52.2					
17 00	6.2	36.2	54.6			40.6				62.3			
12			60.1			64.1	4.3		18.2				
18 00	6.3	36.3	41.2			64.2	4.4	52.3					
12			19.3			64.3						18.3	
19 00	6.4	36.4	13.4			64.4	4.5						
12			49.6	52.2	58.2	64.5	4.6	52.4					
20 00	6.5	36.5	55.1			64.6							
12			37.3			47.1	29.1						
21 00	6.6	36.6	63.5			47.2	29.2						
12			36.1			47.3		52.5					
22 00	46.1	25.1	25.3			47.4	29.3		18.3				
12			17.5			47.5	29.4						
23 00	46.2	25.2	51.1			47.6		52.6					
12			42.3			6.1	29.5				R		
24 00	46.3	25.3	3.5				29.6						
12	46.4	25.4	24.1			6.2							
25 00			2.3	52.1	58.1	6.3	59.1	39.1					
12	46.5	25.5	23.5			6.4							
26 00			20.1			6.5	59.2						
12	46.6	25.6	16.2			6.6	59.3	39.2	18.4				
27 00			35.4			46.1							
12	18.1	17.1	45.5			46.2	59.4						
28 00			15.1			46.3	59.5						
12	18.2	17.2	52.2	D	D	46.4		39.3					
29 00			39.3	R	R	46.5	59.6						
12	18.3	17.3	53.4			46.6	40.1			62.4			
30 00			62.5			18.1		39.4					
12	18.4	17.4	56.6			18.2	40.2				18.5		33.5

October 1945

Date/Time	☉	⊕	☾	☊	☋	☿	♀	♂	♃	♄	⇧	♆	⚳
1 00	18.4	17.4	33.1	52.1	58.1	18.3	40.3	39.4	18.5	62.4	45.1	18.3	33.5
12	18.5	17.5	7.2	R	R	18.4	D	D	D	D	R	D	D
2 00			4.3			18.5	40.4	39.5					
12	18.6	17.6	29.3			18.6	40.5						
3 00			59.4			48.1							
12	48.1	21.1	40.5			48.2	40.6	39.6					
4 00			64.5			48.3							
12	48.2	21.2	47.6			48.4	64.1						
5 00	48.3	21.3	6.6			48.5	64.2		18.6				
12			18.1	15.6	10.6	48.6	53.1						
6 00	48.4	21.4	48.1				64.3						
12			57.1			57.1	64.4						
7 00	48.5	21.5	32.2			57.2							
12			50.2			57.3	64.5	53.2					
8 00	48.6	21.6	28.2			57.4	64.6						
12			44.3			57.5							
9 00	57.1	51.1	1.3			57.6	47.1						
12			43.3			32.1	47.2	53.3	48.1				
10 00	57.2	51.2	14.4			32.2							
12			34.4			32.3	47.3						
11 00	57.3	51.3	9.4	15.5	10.5		47.4						
12			5.5			32.4		53.4					
12 00	57.4	51.4	26.5			32.5	47.5						
12			11.5			32.6	47.6						
13 00	57.5	51.5	10.6	D	D	50.1							
12			58.6			50.2	6.1	53.5	48.2				
14 00	57.6	51.6	54.1			50.3	6.2						18.4
12	32.1	42.1	61.2	R	R								
15 00			60.3			50.4	6.3						
12	32.2	42.2	41.4			50.5	6.4	53.6					
16 00			19.5			50.6							
12	32.3	42.3	13.6			28.1	6.5						
17 00			30.1			28.2	6.6			62.5			
12	32.4	42.4	55.3			28.3	62.1						
18 00			37.4				46.1		48.3				
12	32.5	42.5	63.6			28.4							
19 00			36.2			28.5	46.2						
12	32.6	42.6	25.4			28.6	46.3	62.2					
20 00			17.6			44.1							
12	50.1	3.1	51.2			44.2	46.4						
21 00			42.4				46.5						
12	50.2	3.2	3.6			44.3							
22 00			24.2			44.4	46.6	62.3					
12	50.3	3.3	2.4	15.4	10.4	44.5	18.1		48.4				
23 00	50.4	3.4	23.6			44.6							
12			20.2				18.2						
24 00	50.5	3.5	16.4			1.1	18.3	62.4					
12			35.6			1.2							
25 00	50.6	3.6	12.2			1.3	18.4						
12			15.4			1.4	18.5						
26 00	28.1	27.1	52.5	D	D	1.5							
12			39.6				18.6	62.5				35.6	
27 00	28.2	27.2	62.2			1.6	48.1		48.5				
12			56.3			43.1							
28 00	28.3	27.3	31.4	R	R	43.2	48.2						
12			33.5				48.3						
29 00	28.4	27.4	7.5			43.3		62.6					
12			4.6			43.4	48.4						
30 00	28.5	27.5	59.1			43.5	48.5						
12	28.6	27.6	40.1			43.6							
31 00			64.2				48.6						
12	44.1	24.1	47.2			14.1	57.1	56.1	48.6				

1945

November 1945

Date/Time	☉	⊕	☾	☊	⚷	☿	♀	♂	♃	♄	⚴	♆	♅
1 00	44.1	24.1	6.3	15.4	10.4	14.2	57.1	56.1	48.6	62.5	35.6	18.4	33.5
12	44.2	24.2	46.3	R	R	14.3	57.2		D	D	D	R	D	D
2 00			18.4				57.3						
12	44.3	24.3	48.4			14.4							
3 00			57.4			14.5	57.4	56.2					
12	44.4	24.4	32.5			14.6	57.5						
4 00			50.5	15.3	10.3								
12	44.5	24.5	28.5			34.1	57.6						
5 00			44.6			34.2	32.1		57.1				
12	44.6	24.6	1.6			34.3							
6 00			43.6				32.2	56.3					
12	1.1	2.1	34.1			34.4	32.3						
7 00	1.2	2.2	9.1			34.5				R			
12			5.1			34.6	32.4						
8 00	1.3	2.3	26.2			32.5							
12			11.2			9.1							
9 00	1.4	2.4	10.3			9.2	32.6	56.4					
12			58.3	D	D		50.1		57.2				
10 00	1.5	2.5	38.4			9.3							
12			54.4			9.4	50.2					18.5	
11 00	1.6	2.6	61.5				50.3						
12			60.6			9.5							
12 00	43.1	23.1	41.6			9.6	50.4						
12			13.1				50.5	56.5					
13 00	43.2	23.2	49.2	R	R	5.1							
12	43.3	23.3	30.3			5.2	50.6						R
14 00			55.5				28.1		57.3				
12	43.4	23.4	37.6			5.3							
15 00			22.1			5.4	28.2						
12	43.5	23.5	36.3				28.3						
16 00			25.5			5.5							
12	43.6	23.6	21.1				28.4	56.6					
17 00			51.2			5.6	28.5						
12	14.1	8.1	42.4			26.1							
18 00			27.1				28.6						
12	14.2	8.2	24.3			26.2	44.1						
19 00			2.5						57.4				
12	14.3	8.3	8.1			26.3	44.2						
20 00			20.3				44.3						
12	14.4	8.4	16.5			26.4							
21 00	14.5	8.5	45.1				44.4						
12			12.3				44.5	31.1					
22 00	14.6	8.6	15.5	D	D	26.5							
12			39.1				44.6						
23 00	34.1	20.1	53.2			1.1					35.5		
12			62.4			26.6							
24 00	34.2	20.2	56.5			1.2		57.5					
12			31.6			1.3							
25 00	34.3	20.3	7.1			11.1							
12			4.2			1.4							
26 00	34.4	20.4	29.3			1.5							
12	34.5	20.5	59.4										
27 00			40.4	R	R	1.6							
12	34.6	20.6	64.5			43.1			62.4				
28 00			47.6			R							
12	9.1	16.1	6.6			43.2	31.2						
29 00			46.6			43.3		57.6					
12	9.2	16.2	48.1										
30 00			57.1			26.6	43.4						
12	9.3	16.3	32.2				43.5						

December 1945

Date/Time	☉	⊕	☾	☊	⚷	☿	♀	♂	♃	♄	⚴	♆	♅
1 00	9.3	16.3	50.2	15.2	10.2	26.6	43.5	31.2	57.6	62.4	35.5	18.5	33.5
12	9.4	16.4	28.2	R	R	R	43.6	D	D	R	R	D	R
2 00			44.3			26.5	14.1						
12	9.5	16.5	1.3										
3 00	9.6	16.6	43.3			26.4	14.2						
12			14.3				14.3						
4 00	5.1	35.1	34.4			26.3							
12			9.4			26.2	14.4		32.1				
5 00	5.2	35.2	5.5				14.5	R					
12			26.5			26.1							
6 00	5.3	35.3	11.5			5.6	14.6						
12			10.6	D	D		34.1						
7 00	5.4	35.4	58.6			5.5							
12			54.1			5.4	34.2						
8 00	5.5	35.5	61.2			5.3	34.3						
12			60.2										
9 00	5.6	35.6	41.3			5.2	34.4						
12	26.1	45.1	19.4			5.1	34.5						
10 00			13.5						32.2				
12	26.2	45.2	49.6			9.6	34.6						
11 00			55.1			9.5	9.1						
12	26.3	45.3	37.2					31.1					
12 00			63.3			9.4	9.2						
12	26.4	45.4	22.4	R	R		9.3						
13 00			36.6			9.3							
12	26.5	45.5	17.1				9.4						
14 00			21.3			9.5							
12	26.6	45.6	51.4			9.2							
15 00	11.1	12.1	42.6				9.6				35.4		
12			27.2				5.1			62.3			
16 00	11.2	12.2	24.4						32.3				
12			2.6				5.2						
17 00	11.3	12.3	8.2				5.3						
12			20.4			D							
18 00	11.4	12.4	16.6				5.4						
12			45.2				5.5	56.6					
19 00	11.5	12.5	12.3										
12			15.5	D	D		5.6						
20 00	11.6	12.6	39.1				26.1						
12	10.1	15.1	53.3			9.3	26.2						
21 00			62.4										
12	10.2	15.2	56.6				26.3						
22 00			33.1				26.4						
12	10.3	15.3	7.3	R	R	9.4			32.4				
23 00			4.4				26.5	56.5					
12	10.4	15.4	29.5			9.5	26.6						
24 00			59.6										
12	10.5	15.5	64.1				11.1						
25 00			47.1			9.6	11.2						
12	10.6	15.6	6.2										
26 00			46.3			5.1	11.3						
12	58.1	52.1	18.3	D	D		11.4	56.4					
27 00	58.2	52.2	48.3			5.2						18.6	
12			57.4			5.3	11.5						
28 00	58.3	52.3	32.4				11.6						33.4
12			50.5			5.4							
29 00	58.4	52.4	28.5				10.1			62.2			
12			44.5			5.5	10.2	56.3	32.5				
30 00	58.5	52.5	1.5			5.6							
12			43.6				10.3						
31 00	58.6	52.6	14.6			26.1	10.4						
12			34.6										

January 1946

Date	Time	☉	⊕	☾	☊	☋	☿	♀	♂	♃	♄	⚷	♆	♇
1	00	38.1	39.1	5.1	15.2	10.2	26.2	10.5	56.3	32.5	62.2	35.4	18.6	33.4
	12	38.2	39.2	26.1	D	R	26.3	10.6	56.2	D	R	R	D	R
2	00			11.2										
	12	38.3	39.3	10.2			26.4	58.1						
3	00			58.3	R	R	26.5	58.2						
	12	38.4	39.4	38.3										
4	00			54.4			26.6	58.3	56.1					
	12	38.5	39.5	61.5			11.1	58.4						
5	00			60.6			11.2							
	12	38.6	39.6	19.1				58.5						
6	00			13.2			11.3	58.6						
	12	54.1	53.1	49.2			11.4		62.6					
7	00	54.2	53.2	30.4			11.5	38.1		32.6				
	12			55.5				38.2						
8	00	54.3	53.3	37.6			11.6							
	12			22.1			10.1	38.3				35.3		
9	00	54.4	53.4	36.2				38.4	62.5					
	12			25.4			10.2				62.1			
10	00	54.5	53.5	17.5			10.3	38.5						
	12			21.6			10.4	38.6						R
11	00	54.6	53.6	42.2	D	D	10.5		62.4					
	12			3.3				54.1						
12	00	61.1	62.1	27.5			10.6	54.2						
	12	61.2	62.2	2.1				58.1						
13	00			23.2				58.2	54.3					
	12	61.3	62.3	8.4					54.4	62.3				
14	00			20.6				58.3						
	12	61.4	62.4	35.1				58.4	54.5					
15	00			45.3				58.5	54.6					
	12	61.5	62.5	12.5				58.6						
16	00			52.1	R	R		61.1	62.2					
	12	61.6	62.6	39.2				38.1	61.2					
17	00			53.4				38.2						
	12	60.1	56.1	62.5				38.3	61.3		50.1			
18	00			31.1				61.4						
	12	60.2	56.2	33.2				38.4	62.1					
19	00	60.3	56.3	7.4				38.5	61.5					
	12			4.5				38.6	61.6					
20	00	60.4	56.4	29.6				54.1						
	12			40.1				54.2	60.1	53.6				
21	00	60.5	56.5	64.2					60.2		53.6			
	12			47.3				54.3						
22	00	60.6	56.6	6.4				54.4	60.3					
	12			46.4				54.5	60.4					
23	00	41.1	31.1	18.5				54.6						
	12			48.5				61.1	60.5	53.5				
24	00	41.2	31.2	57.6					60.6					
	12	41.3	31.3	32.6				61.2					18.5	
25	00			28.1				61.3	41.1					
	12	41.4	31.4	44.1	D	D		61.4	41.2					
26	00			1.1				61.5		53.4				
	12	41.5	31.5	43.2				61.6	41.3					
27	00			14.2					41.4					
	12	41.6	31.6	34.2				60.1						
28	00			9.3				60.2	41.5					
	12	19.1	33.1	5.3				60.3	41.6					
29	00			26.3				60.4		53.3				
	12	19.2	33.2	11.4				60.5	19.1					
30	00			10.4	R	R		60.6	19.2					
	12	19.3	33.3	58.5					19.3					
31	00	19.4	33.4	38.6				41.1						
	12			54.6				41.2	19.4					

February 1946

Date	Time	☉	⊕	☾	☊	☋	☿	♀	♂	♃	♄	⚷	♆	♇
1	00	19.5	33.5	60.1	15.2	10.2	41.3	19.5	53.2	50.1	53.6	35.3	18.5	33.4
	12			41.2	R	R	41.4	D		R	D	R	R	R
2	00	19.6	33.6	19.3			41.5	19.6			53.5			
	12			13.4			41.6	13.1						
3	00	13.1	7.1	49.5			19.1							
	12			55.1	15.1	10.1	19.2	13.2						
4	00	13.2	7.2	37.2				13.3						
	12			63.3			19.3							
5	00	13.3	7.3	22.5			19.4	13.4	53.1					
	12	13.4	7.4	36.6			19.5	13.5		50.2				
6	00			17.2			19.6							
	12	13.5	7.5	21.3			13.1	13.6						
7	00			51.5			13.2	49.1						
	12	13.6	7.6	42.6			13.3							
8	00			27.2			13.4	49.2						
	12	49.1	4.1	24.3			13.5	49.3						33.3
9	00			2.5			13.6							
	12	49.2	4.2	23.6	D	D	49.1	49.4	39.6					
10	00			20.2				49.5						
	12	49.3	4.3	16.3			49.2							
11	00			35.5			49.3	49.6						
	12	49.4	4.4	45.6			49.4	30.1		R				
12	00	49.5	4.5	15.2	R	R	49.5							
	12			52.3			49.6	30.2						
13	00	49.6	4.6	39.5			30.1	30.3						
	12			53.6			30.2							
14	00	30.1	29.1	56.1			30.3	30.4						
	12			31.3			30.4	30.5						
15	00	30.2	29.2	33.4			30.5							
	12			7.5			30.6	30.6						
16	00	30.3	29.3	4.6			55.1	55.1						
	12			59.2			55.2				53.4			
17	00	30.4	29.4	40.3	12.6	11.6	55.3	55.2						
	12			64.4			55.4	55.3		50.1				
18	00	30.5	29.5	47.4			55.5							
	12	30.6	29.6	6.5			55.6	55.4	39.5					
19	00			46.6			37.1	55.5						
	12	55.1	59.1	48.1			37.2							
20	00			57.1			37.3	55.6						
	12	55.2	59.2	32.2			37.4	37.1						
21	00			50.2			37.5						D	
	12	55.3	59.3	28.3			37.6	37.2						
22	00			44.3			63.1	37.3	D					
	12	55.4	59.4	1.3			63.2							
23	00			43.4			63.3	37.4						
	12	55.5	59.5	14.4			63.4	37.5						
24	00			34.4			63.5							
	12	55.6	59.6	9.5	D	D	63.6	37.6						
25	00	37.1	40.1	5.5			22.1	63.1						
	12			26.5			22.2							
26	00	37.2	40.2	11.6	R	R	22.3	63.2	39.6					
	12			10.6			22.4	63.3						
27	00	37.3	40.3	38.1			22.5							
	12			54.1			22.6	63.4						
28	00	37.4	40.4	61.2			36.1	63.5						
	12			60.3	12.5	11.5	36.2							

1946

March 1946

Date/Time	☉	⊕	☾	☊	☋	☿	♀	♂	♃	♄	⇧	♆	⚷
1 00	37.5	40.5	41.4	12.5	11.5	36.3	63.6	39.6	50.1	53.4	35.3	18.5	33.3
12			19.5	R	R	D	22.1	D	R	R	D	R	R
2 00	37.6	40.6	13.6			36.4							
12			30.1			36.5	22.2						
3 00	63.1	64.1	55.3			36.6	22.3						
12			37.4			25.1							
4 00	63.2	64.2	63.6			25.2	22.4						
12	63.3	64.3	36.1			25.3	22.5						
5 00			25.3										
12	63.4	64.4	17.4			25.4	22.6						
6 00			21.6	12.4	11.4	25.5	36.1						
12	63.5	64.5	42.2			25.6							
7 00			3.4				36.2						
12	63.6	64.6	27.5			17.1	36.3	53.1					
8 00			2.1			17.2							
12	22.1	47.1	23.3				36.4						
9 00			8.4			17.3	36.5		32.6				
12	22.2	47.2	20.6										
10 00			35.1			17.4	36.6						
12	22.3	47.3	45.3	D	D		25.1						
11 00	22.4	47.4	12.4	R	R	17.5							
12			15.6				25.2						
12 00	22.5	47.5	39.1			17.6	25.3						
12			53.2					53.2					
13 00	22.6	47.6	62.4				25.4						
12			56.5				25.5						
14 00	36.1	6.1	31.6			21.1							
12			7.1				25.6						
15 00	36.2	6.2	4.2			17.1					18.4		
12			29.3										
16 00	36.3	6.3	59.4			17.2							
12			40.5			17.3							
17 00	36.4	6.4	64.6	12.3	11.3	R		53.3					
12			6.1				17.4						
18 00	36.5	6.5	46.1			17.5							
12			18.2										
19 00	36.6	6.6	48.3			17.6							
12	25.1	46.1	57.3				21.1	32.5					
20 00			32.4										
12	25.2	46.2	50.4			17.6	21.2		D				
21 00			28.5					53.4					
12	25.3	46.3	44.5				21.3						
22 00			1.5	12.2	11.2	17.5	21.4						
12	25.4	46.4	43.6										
23 00			14.6				21.5						
12	25.5	46.5	34.6			17.4	21.6						
24 00			5.1					53.5					
12	25.6	46.6	26.1			17.3	51.1						
25 00			11.1				51.2						
12	17.1	18.1	10.2	D	D								
26 00			58.2	R	R	17.2	51.3						
12	17.2	18.2	38.3				51.4						
27 00			54.3			17.1							
12	17.3	18.3	61.4				51.5	53.6					
28 00	17.4	18.4	60.4			25.6	51.6		32.4				
12			41.5										
29 00	17.5	18.5	19.6			25.5	42.1						
12			49.1				42.2						
30 00	17.6	18.6	30.2				62.1						
12			55.4			25.4	42.3						
31 00	21.1	48.1	37.5				42.4						
12			22.1			25.3							

April 1946

Date/Time	☉	⊕	☾	☊	☋	☿	♀	♂	♃	♄	⇧	♆	⚷
1 00	21.2	48.2	36.2	12.2	11.2	25.3	42.5	62.1	32.4	53.4	35.3	18.4	33.3
12			25.4	R	R	R	42.6	D	R	D	D	R	R
2 00	21.3	48.3	17.6			25.2	62.2						
12			51.2	12.1	11.1		3.1						
3 00	21.4	48.4	42.4				3.2						
12			3.6			25.1							
4 00	21.5	48.5	24.2				3.3				35.4		
12			2.4				3.4	62.3					
5 00	21.6	48.6	23.6						32.3				33.2
12			20.1			36.6	3.5						
6 00	51.1	57.1	16.3				3.6						
12	51.2	57.2	35.5										
7 00			12.1				27.1						
12	51.3	57.3	15.2	D	D		27.2	62.4					
8 00			52.4										
12	51.4	57.4	39.5				27.3						
9 00			53.6	R	R		27.4						
12	51.5	57.5	56.2		D			62.5					
10 00			31.3				27.5						
12	51.6	57.6	33.4				27.6						
11 00			7.5										
12	42.1	32.1	4.6				24.1						
12 00			59.1				24.2	62.6	32.2				
12	42.2	32.2	40.2										
13 00			64.2			25.1	24.3						
12	42.3	32.3	47.3										
14 00			6.4				24.4						
12	42.4	32.4	46.4	45.6	26.6		24.5	56.1					
15 00			18.5										
12	42.5	32.5	48.6			25.2	24.6						
16 00			57.6				2.1						
12	42.6	32.6	50.1										
17 00	3.1	50.1	28.1			25.3	2.2	56.2					
12			44.1				2.3						
18 00	3.2	50.2	1.2										
12			43.2			25.4	2.4						
19 00	3.3	50.3	14.2				2.5	56.3				18.3	
12			34.3					32.1					
20 00	3.4	50.4	9.3			25.5	2.6						
12			5.3				23.1						
21 00	3.5	50.5	26.4			25.6	56.4						
12			11.4	D	D		23.2			53.5			
22 00	3.6	50.6	10.4			17.1	23.3						
12			58.5										D
23 00	27.1	28.1	38.5			17.2	23.4						
12			54.5				23.5	56.5					
24 00	27.2	28.2	61.6			17.3							
12			41.1				23.6						
25 00	27.3	28.3	19.1	R	R	17.4	8.1						
12			13.2					56.6					
26 00	27.4	28.4	49.3			17.5	8.2						
12			30.4			17.6	8.3				35.5		
27 00	27.5	28.5	55.5					57.6					
12			37.6			21.1	8.4	31.1					
28 00	27.6	28.6	22.2			21.2							
12			36.3				8.5						
29 00	24.1	44.1	25.5	45.5	26.5	21.3	8.6						
12			21.1					31.2					
30 00	24.2	44.2	51.3			21.4	20.1						
12	24.3	44.3	42.5			21.5	20.2						

May 1946

Date/Time	☉	⊕	☽	☊	☋	☿	♀	♂	♃	♄	⚷	♆	♺
1 00	24.3	44.3	27.1	45.5	26.5	21.5	20.2	31.2	57.6	53.5	35.5	18.3	33.2
12	24.4	44.4	24.3	R	R	21.6	20.3	31.3	R	D	D	R	D
2 00			2.5				20.4						
12	24.5	44.5	8.1			51.1							
3 00			20.3			51.2	20.5						
12	24.6	44.6	16.5			51.3	20.6	31.4					
4 00			45.1			51.4							
12	2.1	1.1	12.3	D	D	51.5	16.1						
5 00			15.5				16.2						
12	2.2	1.2	52.6			51.6		31.5	57.5	53.6			
6 00			53.2			42.1	16.3						
12	2.3	1.3	62.4			42.2	16.4						
7 00			56.5			42.3							
12	2.4	1.4	31.6				16.5	31.6					
8 00			7.1			42.4							
12	2.5	1.5	4.3	R	R	42.5	16.6						
9 00			29.4			42.6	35.1						
12	2.6	1.6	59.4			3.1		33.1					33.3
10 00			40.5			3.2	35.2						
12	23.1	43.1	64.6				35.3						
11 00			6.1			3.3							
12	23.2	43.2	46.1			3.4	35.4	33.2					
12 00			18.2			3.5	35.5						
12	23.3	43.3	48.2			3.6							
13 00			57.3			27.1	35.6						
12	23.4	43.4	32.3			27.2	45.1	33.3					
14 00			50.4			27.3							
12	23.5	43.5	28.4			27.4	45.2				35.6		
15 00			44.4			27.5	45.3	33.4	57.4				
12	23.6	43.6	1.5			27.6							
16 00	8.1	14.1	43.5			24.1	45.4						
12			14.5			24.2							
17 00	8.2	14.2	34.6			24.3	45.5	33.5			62.1		
12			9.6			24.4	45.6						
18 00	8.3	14.3	5.6			24.5							
12			11.1	D	D	24.6	12.1						
19 00	8.4	14.4	10.1			2.1	12.2	33.6					
12			58.1			2.2							
20 00	8.5	14.5	38.2			2.3	12.3						
12			54.2			2.4	12.4	7.1					
21 00	8.6	14.6	61.2			2.5							
12			60.3			2.6	12.5						
22 00	20.1	34.1	41.4			23.1	12.6						
12			19.4			23.2		7.2					
23 00	20.2	34.2	13.5			23.3	15.1						
12			49.6			23.4	15.2						
24 00	20.3	34.3	55.1			23.5							
12			37.2	R	R	23.6	15.3	7.3					
25 00	20.4	34.4	63.3			8.1							
12			22.4			8.3	15.4						
26 00	20.5	34.5	36.5			8.4	15.5	7.4					
12			17.1			8.5					62.2		
27 00	20.6	34.6	21.2			8.6	15.6						
12			51.4			20.1	52.1						
28 00	16.1	9.1	42.6			20.2		7.5	57.3				
12			27.2			20.3	52.2						
29 00	16.2	9.2	24.4			20.5	52.3						
12			2.6			20.6		7.6					
30 00	16.3	9.3	8.2			16.1	52.4						
12			20.4			16.2	52.5						
31 00	16.4	9.4	16.6			16.3						45.1	
12			45.2			16.4	52.6	4.1					

June 1946

Date/Time	☉	⊕	☽	☊	☋	☿	♀	♂	♃	♄	⚷	♆	♺
1 00	16.5	9.5	12.4	D	D	16.6	52.6	4.1	57.3	62.2	45.1	18.3	33.3
12			15.6			35.1	39.1		R	D	D	R	D
2 00	16.6	9.6	39.2			35.2	39.2	4.2					
12			53.4			35.3							
3 00	35.1	5.1	62.5			35.4	39.3						
12			31.1			35.5	39.4						
4 00	35.2	5.2	33.3			45.1		4.3					
12	35.3	5.3	7.4			45.2	39.5			62.3			
5 00			4.5			45.3	39.6						
12	35.4	5.4	29.6			45.4		4.4					
6 00			40.1			45.5	53.1						
12	35.5	5.5	64.2			45.6							
7 00			47.3	R	R	12.2	53.2						
12	35.6	5.6	6.4			12.3	53.3	4.5					
8 00			46.5			12.4							
12	45.1	26.1	18.5			12.5	53.4						
9 00			48.6			12.6	53.5	4.6					
12	45.2	26.2	57.6			15.1							
10 00			50.1			15.2	53.6						
12	45.3	26.3	28.1			15.3	62.1						
11 00			44.1			15.4		29.1					
12	45.4	26.4	1.2			15.5	62.2						
12 00			43.2			15.6							
12	45.5	26.5	14.2	D	D	52.1	62.3	29.2		62.4			
13 00			34.3			52.3	62.4						
12	45.6	26.6	9.3			52.4							
14 00			5.3			52.5	62.5	29.3					
12	12.1	11.1	26.3			52.6	62.6						
15 00			11.4	R	R	39.1		D					
12	12.2	11.2	10.4			39.2	56.1				45.2		
16 00			58.5			39.3	56.2	29.4					
12	12.3	11.3	38.5										
17 00			54.5			39.4	56.3						
12	12.4	11.4	61.6			39.5		29.5				D	
18 00			60.6			39.6	56.4						
12	12.5	11.5	19.1			53.1	56.5						
19 00			13.2			53.2		29.6					
12	12.6	11.6	49.2			53.3	56.6						
20 00			30.3			53.4	31.1						
12	15.1	10.1	55.4			53.5				62.5			
21 00			37.5	45.4	26.4	53.6	31.2	59.1					
12	15.2	10.2	63.6			62.1	31.3						
22 00			36.1										
12	15.3	10.3	25.2			62.2	31.4	59.2					
23 00			17.3	D	D	62.3							
12	15.4	10.4	21.5			62.4	31.5						
24 00			51.6			62.5	31.6	59.3					
12	15.5	10.5	3.2	45.5	26.5								
25 00			27.4			62.6	33.1						
12	15.6	10.6	24.5			56.1	33.2						
26 00			23.1			56.2		59.4					
12	52.1	58.1	8.3				33.3						
27 00			20.5			56.3							
12	52.2	58.2	35.1			56.4	33.4	59.5					
28 00			45.3			56.5	33.5						
12	52.3	58.3	12.5	R	R					62.6			
29 00			52.1			56.6	33.6	59.6					
12	52.4	58.4	39.3			31.1	7.1						
30 00			53.5										
12	52.5	58.5	56.1			31.2	7.2	40.1					

July 1946

Date	Time	☉	⊕	☾	☊	☋	☿	♀	♂	♃	♄	⇧	♆	♅
1	00	52.5	58.5	31.2	45.4	26.4	31.3	7.2	40.1	57.3	62.6	45.2	18.3	33.3
	12	52.6	58.6	33.4	R	R	D	7.3	D	D	D	D	D	33.4
2	00	39.1	38.1	7.6			31.4	7.4	40.2			45.3		
	12			29.1			31.5							
3	00	39.2	38.2	59.2				7.5		57.4				
	12			40.4			31.6	7.6						
4	00	39.3	38.3	64.5					40.3					
	12			47.6			33.1	4.1						
5	00	39.4	38.4	6.6										
	12			18.1			33.2	4.2	40.4		56.1			
6	00	39.5	38.5	48.2				4.3						
	12			57.2	D	D	33.3							
7	00	39.6	38.6	32.3				4.4	40.5					
	12			50.3			33.4	4.5						
8	00	53.1	54.1	28.4				4.6	40.6					
	12			44.4			33.5							
9	00	53.2	54.2	1.5										
	12			43.5			33.6	29.1						
10	00	53.3	54.3	14.5				29.2	64.1					
	12			34.5										
11	00	53.4	54.4	9.6			7.1	29.3						
	12			5.6				29.4						
12	00	53.5	54.5	26.6	R	R			64.2					
	12			10.1			7.2	29.5						
13	00	53.6	54.6	58.1							56.2			
	12			38.2				29.6	64.3					
14	00	62.1	61.1	54.2			59.1							
	12			61.3			7.3							
15	00	62.2	61.2	60.3				59.2	64.4					
	12			41.4										
16	00	62.3	61.3	19.4				59.3						
	12			13.5				59.4	64.5	57.5				
17	00	62.4	61.4	49.6										
	12			55.1			7.4	59.5						
18	00	62.5	61.5	37.2				59.6	64.6					
	12			63.3										
19	00	62.6	61.6	22.4			40.1					45.4		
	12			36.5			47.1							
20	00	56.1	60.1	25.6		R	40.2							
	12			21.1			40.3				56.3			
21	00	56.2	60.2	51.2				47.2						
	12			42.4			40.4							
22	00	56.3	60.3	3.5	D	D								
	12			24.1			7.3	40.5						
23	00	56.4	60.4	2.2				40.6	47.3					
	12			23.4										
24	00	56.5	60.5	8.6				64.1						
	12			16.1					47.4					
25	00	56.6	60.6	35.3				64.2						
	12			45.5	R	R	7.2	64.3						
26	00	31.1	41.1	15.1					47.5	57.6				
	12			52.2				64.4						
27	00	31.2	41.2	39.4										
	12			53.6			7.1	64.5	47.6		56.4			
28	00	31.3	41.3	56.2				64.6						
	12			31.4										
29	00	31.4	41.4	33.5			33.6	47.1	6.1					
	12	31.5	41.5	4.1										
30	00			29.2				47.2						
	12	31.6	41.6	59.4			33.5	47.3	6.2					
31	00			40.5	45.3	26.3								
	12	33.1	19.1	64.6			33.4	47.4						

August 1946

Date	Time	☉	⊕	☾	☊	☋	☿	♀	♂	♃	♄	⇧	♆	♅
1	00	33.1	19.1	6.1	45.3	26.3	33.4	47.4	6.3	57.6	56.4	45.4	18.3	33.4
	12	33.2	19.2	46.2	R	R	R	47.5	D	D	D	D	D	D
2	00			18.3			33.3	47.6						
	12	33.3	19.3	48.4					6.4	32.1				
3	00			57.5			33.2	6.1						
	12	33.4	19.4	32.5										33.5
4	00			50.6				6.2	6.5		56.5			
	12	33.5	19.5	28.6			33.1	6.3						
5	00			1.1	D	D								
	12	33.6	19.6	43.1			31.6	6.4	6.6					
6	00			14.1										
	12	7.1	13.1	34.2				6.5						
7	00			9.2			31.5	6.6	46.1					
	12	7.2	13.2	5.2										
8	00			26.3				46.1						
	12	7.3	13.3	11.3	R	R		46.2						
9	00			10.3			31.4	46.2			45.5			
	12	7.4	13.4	58.4				46.3	32.2					
10	00			38.4				46.3						
	12	7.5	13.5	54.5				46.4						
11	00			61.5							56.6			
	12	7.6	13.6	60.6				46.5	46.4					
12	00			19.1										
	12	4.1	49.1	13.1				46.6						
13	00			49.2			D	18.1	46.5					
	12	4.2	49.2	30.3										
14	00			55.4	45.2	26.2		18.2					18.4	
	12	4.3	49.3	37.5				46.6						
15	00			63.6				18.3						
	12	4.4	49.4	36.1				18.4						
16	00			25.3				18.1	32.3					
	12	4.5	49.5	17.4				18.5						
17	00			21.5			31.5							
	12	4.6	49.6	42.1				18.6	18.2					
18	00			3.2										
	12	29.1	30.1	27.3			31.6	48.1						
19	00			24.5				48.2	18.3		31.1			
	12	29.2	30.2	2.6										
20	00			8.2			33.1	48.3						
	12	29.3	30.3	20.3	D	D		18.4						
21	00	29.4	30.4	16.5			33.2	48.4						
	12			35.6										
22	00	29.5	30.5	12.2	R	R	33.3	48.5	18.5	32.4				
	12			15.4										
23	00	29.6	30.6	52.5			33.4	48.6						
	12			53.1			33.5	57.1	18.6					
24	00	59.1	55.1	62.2										
	12			56.4			33.6	57.2						
25	00	59.2	55.2	31.6			7.1	48.1						
	12			7.1			7.2	57.3						
26	00	59.3	55.3	4.3	45.1	26.1		48.2						
	12			29.4			7.3	57.4		31.2				
27	00	59.4	55.4	59.5			7.4	57.5						
	12			64.1			7.5	48.3	32.5					
28	00	59.5	55.5	47.2			7.6	57.6						
	12			6.3			4.1							
29	00	59.6	55.6	46.4			32.1	48.4						
	12			18.5			4.2							
30	00	40.1	37.1	48.6			4.3	32.2						
	12			57.6			4.4	48.5						
31	00	40.2	37.2	50.1			4.5	32.3						
	12			28.2	35.6	5.6	4.6							

September 1946

Date	Time	☉	⊕	☾	☊	☋	☿	♀	♂	♃	♄	⚷	♆	♇
1	00	40.3	37.3	44.2	35.6	5.6	29.1	32.4	48.6	32.5	31.2	45.5	18.4	33.5
	12			1.3	R	R	29.2	32.5		D	D	D	D	D
2	00	40.4	37.4	43.3			29.3		32.6					
	12			14.3			29.4	32.6	57.1					
3	00	40.5	37.5	34.4			29.5							
	12			9.4			29.6	50.1		31.3				
4	00	40.6	37.6	5.4	D	D	59.1		57.2					
	12			26.5	R	R	59.2	50.2						
5	00	64.1	63.1	11.5			59.3							33.6
	12	64.2	63.2	10.5			59.4	50.3	57.3					
6	00			58.6			59.5							
	12	64.3	63.3	38.6			59.6	50.4						
7	00			61.1			40.1		57.4	50.1				
	12	64.4	63.4	60.1			40.2	50.5						
8	00			41.2			40.3		57.5					
	12	64.5	63.5	19.3			40.4	50.6						
9	00			13.3			40.5							
	12	64.6	63.6	49.4			40.6	28.1	57.6					
10	00			30.5			64.1							
	12	47.1	22.1	55.6			64.2	28.2						
11	00			63.2			64.3		32.1					
	12	47.2	22.2	22.3			64.4	28.3						
12	00			36.4	35.5	5.5	64.5			50.2	31.4	45.6		
	12	47.3	22.3	25.6			64.6	28.4	32.2				18.5	
13	00			21.1			47.1							
	12	47.4	22.4	51.3			47.2	28.5						
14	00			42.4			47.3		32.3					
	12	47.5	22.5	3.6			47.4	28.6						
15	00			24.1			47.5							
	12	47.6	22.6	2.3			47.6	44.1	32.4					
16	00			23.4			6.1							
	12	6.1	36.1	8.6			6.2	44.2	32.5					
17	00			16.1			6.3		50.3					
	12	6.2	36.2	35.3			6.4	44.3						
18	00			45.5	D	D	6.5		32.6					
	12	6.3	36.3	12.6	R	R	6.6	44.4						
19	00	6.4	36.4	52.2			46.1							
	12			39.3			46.2	44.5	50.1					
20	00	6.5	36.5	53.4			46.3							
	12			62.6			46.4	44.6						
21	00	6.6	36.6	31.1			46.5		50.2					
	12			33.3			46.6	1.1		50.4	31.5			
22	00	46.1	25.1	7.4			18.1							
	12			4.5			18.2	1.2	50.3					
23	00			59.1	35.4	5.4	18.3							
	12	46.2	25.2	40.2			18.4		50.4					
24	00	46.3	25.3	64.3			18.5	1.3						
	12			47.4										
25	00	46.4	25.4	6.5			18.6	1.4	50.5					
	12			46.6			48.1							
26	00	46.5	25.5	48.1			48.2	1.5						
	12			57.2			48.3		50.6	50.5				
27	00	46.6	25.6	32.2			48.4							
	12			50.3			48.5	1.6						
28	00	18.1	17.1	28.4	35.3	5.3	48.6		28.1			R		
	12			44.4			57.1	43.1						
29	00	18.2	17.2	1.5										
	12			43.5			57.2	43.2	28.2					
30	00	18.3	17.3	14.6			57.3							
	12	18.4	17.4	34.6			57.4		28.3					

October 1946

Date	Time	☉	⊕	☾	☊	☋	☿	♀	♂	♃	♄	⚷	♆	♇
1	00	18.4	17.4	9.6	35.3	5.3	57.5	43.3	28.3	50.6	31.5	45.6	18.5	33.6
	12	18.5	17.5	5.6	D	D	57.6	D		D	D	R	D	D
2	00			11.1				32.1	43.4	28.4		31.6		
	12	18.6	17.6	10.1										
3	00			58.1				32.2						
	12	48.1	21.1	38.2	R	R		32.3	43.5	28.5				
4	00			54.2				32.4						
	12	48.2	21.2	61.3				32.5						
5	00			60.3				32.6	43.6	28.6				
	12	48.3	21.3	41.4					28.1					
6	00			19.4				50.1		44.1				
	12	48.4	21.4	13.5				50.2	14.1					
7	00			49.6				50.3						
	12	48.5	21.5	55.1				50.4		44.2				
8	00			37.2				50.5	14.2				18.6	
	12	48.6	21.6	63.3										
9	00			22.4				50.6		44.3				
	12	57.1	51.1	36.6				28.1	14.3	28.2				
10	00	57.2	51.2	17.1				28.2		44.4				
	12			21.3				28.3						
11	00	57.3	51.3	51.5	35.2	5.2		14.4						
	12			42.6				28.4		44.5				
12	00	57.4	51.4	27.2				28.5						
	12			24.4				28.6						
13	00	57.5	51.5	2.6				14.5	44.6					
	12			8.1				44.1						
14	00	57.6	51.6	20.3				44.2		28.3				
	12			16.5				44.3	1.1		33.1	45.5		
15	00	32.1	42.1	45.1	D	D		14.6						
	12			12.2				44.4	1.2					
16	00	32.2	42.2	15.4				44.5						
	12			52.6				44.6						
17	00	32.3	42.3	53.1					34.1	1.3				
	12			62.3				1.1						
18	00	32.4	42.4	56.4	R	R		1.2						
	12	32.5	42.5	31.5				1.3		1.4	28.4			
19	00			7.1										
	12	32.6	42.6	4.2				1.4	34.2	1.5				
20	00			29.3				1.5						
	12	50.1	3.1	59.4				1.6						
21	00			40.5						1.6				
	12	50.2	3.2	64.6				43.1						
22	00			6.1				43.2						
	12	50.3	3.3	46.2						43.1				
23	00			18.3				43.3			28.5			
	12	50.4	3.4	48.4				43.4	34.3	43.2				7.1
24	00			57.4										
	12	50.5	3.5	32.5				43.5						
25	00			50.6	35.1	5.1		43.6		43.3				
	12	50.6	3.6	28.6										
26	00			1.1				14.1						
	12	28.1	27.1	43.1				14.2		43.4				
27	00	28.2	27.2	14.2						28.6				
	12			34.2				14.3		43.5				
28	00	28.3	27.3	9.2										
	12			5.3	D	D		14.4	R					
29	00	28.4	27.4	26.3				14.5		43.6				
	12			11.3										
30	00	28.5	27.5	10.3				14.6						
	12			58.4						14.1				
31	00	28.6	27.6	38.4				34.1						
	12			54.4						14.2	44.1			

1946

November 1946

Date	Time	☉	⊕	☾	☊	☋	☿	♀	♂	♃	♄	⚴	♆	♇
1	00	44.1	24.1	61.5	35.1	5.1	34.2	34.3	14.2	44.1	33.1	45.5	18.6	7.1
	12			60.5	D	D	34.3	R	D	D	D	R	D	D
2	00	44.2	24.2	41.6					14.3		33.2			
	12			19.6	R	R		34.2						
3	00	44.3	24.3	49.1			34.4						48.1	
	12	44.4	24.4	30.2					14.4					
4	00			55.2			34.5							
	12	44.5	24.5	37.3					14.5	44.2				
5	00			63.4			34.6							
	12	44.6	24.6	22.6										
6	00			25.1				34.1	14.6					
	12	1.1	2.1	17.2			9.1							
7	00			21.4				34.1						
	12	1.2	2.2	51.5										
8	00			3.1										
	12	1.3	2.3	27.3			9.2	14.6	34.2					
9	00			24.5						44.3				
	12	1.4	2.4	23.1										
10	00			8.3					34.3					
	12	1.5	2.5	20.5				14.5						
11	00	1.6	2.6	35.1	D	D			34.4					
	12			45.3		R								
12	00	43.1	23.1	12.5				14.4						
	12			52.1					34.5					
13	00	43.2	23.2	39.3						44.4				
	12			53.4					34.6					
14	00	43.3	23.3	62.6				14.3						
	12			31.2			9.1							
15	00	43.4	23.4	33.3				9.1						
	12			7.4				14.2						R
16	00	43.5	23.5	4.6	R	R	34.6							
	12			59.1				9.2						
17	00	43.6	23.6	40.2			34.5	14.1						
	12	14.1	8.1	64.3				9.3	44.5					
18	00			47.4			34.4							
	12	14.2	8.2	6.5				43.6			45.4			
19	00			46.6			34.3	9.4						
	12	14.3	8.3	18.6			34.2							
20	00			57.1				43.5	9.5					
	12	14.4	8.4	32.2			34.1							
21	00			50.2			14.6				R			
	12	14.5	8.5	28.3			14.5	43.4	9.6					
22	00			44.3						44.6				
	12	14.6	8.6	1.4			14.4	5.1						
23	00			43.4			14.3							
	12	34.1	20.1	14.4				43.3						
24	00	34.2	20.2	34.5			14.2	5.2						
	12			9.5			14.1							
25	00	34.3	20.3	5.5	D	D		43.2	5.3					
	12			26.6				43.6						
26	00	34.4	20.4	11.6										
	12			10.6				43.5	5.4	1.1				
27	00	34.5	20.5	58.6				43.1						
	12			54.1				43.4						
28	00	34.6	20.6	61.1					5.5					
	12			60.1										
29	00	9.1	16.1	41.2			43.3	5.6						
	12			19.2				1.6						
30	00	9.2	16.2	13.3										
	12	9.3	16.3	49.3					26.1	1.2				

December 1946

Date	Time	☉	⊕	☾	☊	☋	☿	♀	♂	♃	♄	⚴	♆	♇
1	00	9.3	16.3	30.4	35.1	5.1	43.3	1.6	26.1	1.2	33.2	45.4	48.1	7.1
	12	9.4	16.4	55.5	D	D	D	R	26.2	D	R	R	D	R
2	00			37.5	R	R								
	12	9.5	16.5	63.6				1.5						
3	00			36.1					26.3					
	12	9.6	16.6	25.2										
4	00			17.4			43.4		26.4					
	12	5.1	35.1	21.5	D	D								
5	00			51.6				1.3						
	12	5.2	35.2	3.2			43.5		26.5					
6	00	5.3	35.3	27.4										
	12			24.5					26.6					
7	00	5.4	35.4	23.1			43.6							
	12			8.3									48.2	
8	00	5.5	35.5	20.5			14.1		11.1					33.6
	12			35.2	R	R		D						
9	00	5.6	35.6	45.4			14.2		11.2					
	12			12.6							33.1			
10	00	26.1	45.1	52.2			14.3			1.4				
	12			39.4					11.3					
11	00	26.2	45.2	53.6			14.4							
	12			56.2					11.4			45.3		
12	00	26.3	45.3	31.4			14.5							
	12	26.4	45.4	33.5			14.6							
13	00			4.1					11.5					
	12	26.5	45.5	29.3			34.1							
14	00			59.4			34.2		11.6					
	12	26.6	45.6	40.5						1.5				
15	00			64.6			34.3	1.6						
	12	11.1	12.1	6.1	D	D	34.4		10.1					
16	00			46.2										
	12	11.2	12.2	18.3			34.5		10.2					
17	00			48.4			34.6							
	12	11.3	12.3	57.5			9.1							
18	00	11.4	12.4	32.5				43.1	10.3					
	12			50.6			9.2							
19	00	11.5	12.5	28.6			9.3		10.4	1.6				
	12			44.6										
20	00	11.6	12.6	43.1			9.4							
	12			14.1			9.5	43.2	10.5					
21	00	10.1	15.1	34.2			9.6							
	12			9.2					10.6					
22	00	10.2	15.2	5.2	R	R	5.1							
	12			26.2			5.2	43.3						
23	00	10.3	15.3	11.3			5.3		58.1					
	12	10.4	15.4	10.3			5.4							
24	00			58.3					58.2	43.1				
	12	10.5	15.5	38.4			5.5	43.4						
25	00			54.4			5.6							
	12	10.6	15.6	61.4			26.1		58.3					
26	00			60.5				43.5						
	12	58.1	52.1	41.5			26.2		58.4					
27	00			19.5			26.3							
	12	58.2	52.2	13.6			26.4							
28	00			49.6			26.5	43.6	58.5					
	12	58.3	52.3	55.1							31.6			
29	00			37.2			26.6		58.6	43.2				
	12	58.4	52.4	63.2			11.1	14.1						
30	00	58.5	52.5	22.3			11.2		38.1					
	12			36.4			11.3	14.2						
31	00	58.6	52.6	25.5										
	12			17.6			11.4		38.2					

January 1947

Date	Time	☉	⊕	☾	☊	☋	☿	♀	♂	♃	♄	⛢	♆	♇
1	00	38.1	39.1	51.1	D	D	11.5	14.3	38.2	43.2	31.6	45.3	48.2	33.6
	12			42.2			11.6	D	38.3	D	R	R	D	R
2	00	38.2	39.2	3.4			10.1							
	12			27.5				14.4						
3	00	38.3	39.3	2.1			10.2		38.4					
	12			23.2			10.3	14.5		43.3		45.2		
4	00	38.4	39.4	8.4			10.4		38.5					
	12	38.5	39.5	20.6			10.5							
5	00			35.2	R	R	10.6	14.6						
	12	38.6	39.6	45.4					38.6					
6	00			12.6			58.1	34.1						
	12	54.1	53.1	52.2			58.2		54.1					
7	00			39.4			58.3							
	12	54.2	53.2	53.6	16.6	9.6	58.4	34.2						
8	00			56.2					54.2					
	12	54.3	53.3	31.4			58.5	34.3						
9	00			33.6			58.6		54.3	43.4				
	12	54.4	53.4	4.2			38.1	34.4						
10	00	54.5	53.5	29.4			38.2		54.4					
	12			59.6			38.3	34.5						
11	00	54.6	53.6	64.1			38.4				31.5			
	12			47.2				54.5						
12	00	61.1	62.1	6.4			38.5	34.6						
	12			46.5			38.6		54.6					
13	00	61.2	62.2	18.6			54.1	9.1					R	
	12			57.1			54.2							
14	00	61.3	62.3	32.1			54.3	9.2	61.1					
	12			50.2	D	D								
15	00	61.4	62.4	28.3			54.4	9.3	61.2	43.5				
	12	61.5	62.5	44.3			54.5							
16	00			1.4			54.6	9.4						
	12	61.6	62.6	43.4			61.1		61.3					
17	00			14.4			61.2	9.5						
	12	60.1	56.1	34.5			61.3		61.4					
18	00			9.5			61.4	9.6						
	12	60.2	56.2	5.5	R	R			61.5					
19	00			26.5			61.5	5.1						
	12	60.3	56.3	11.6			61.6							
20	00			10.6			60.1	5.2	61.6					
	12	60.4	56.4	58.6			60.2							
21	00			54.1			60.3	5.3	60.1	43.6				
	12	60.5	56.5	61.1			60.4							
22	00	60.6	56.6	60.1			60.5	5.4						
	12			41.2					60.2		31.4			
23	00	41.1	31.1	19.2			60.6	5.5						
	12			13.3			41.1		60.3					
24	00	41.2	31.2	49.3	16.5	9.5	41.2	5.6						
	12			30.4			41.3		60.4					
25	00	41.3	31.3	55.5			41.4	26.1						
	12			37.5			41.5							
26	00	41.4	31.4	63.6			41.6	26.2	60.5					
	12			36.1			19.1	26.3						
27	00	41.5	31.5	25.2			19.2		60.6					
	12	41.6	31.6	17.3			19.3	26.4						
28	00			21.4						14.1				33.5
	12	19.1	33.1	51.5			19.4	26.5	41.1					
29	00			42.6			19.5							
	12	19.2	33.2	27.1			19.6	26.6	41.2					
30	00			24.2	D	D	13.1							
	12	19.3	33.3	2.4			13.2	11.1	41.3					
31	00			23.5			13.3							
	12	19.4	33.4	8.6			13.4	11.2						

February 1947

Date	Time	☉	⊕	☾	☊	☋	☿	♀	♂	♃	♄	⛢	♆	♇
1	00	19.4	33.4	16.2	16.5	9.5	13.5	11.2	41.4	14.1	31.4	45.2	48.2	33.5
	12	19.5	33.5	35.4	R	R	13.6	11.3	D	D	R	R	R	R
2	00			45.5			49.1	11.4	41.5					
	12	19.6	33.6	15.1			49.2							
3	00	13.1	7.1	52.3			49.3	11.5			31.3			
	12			39.5			49.4		41.6					
4	00	13.2	7.2	62.1			49.5	11.6						
	12			56.3			49.6		19.1			45.1		
5	00	13.3	7.3	31.5			30.1	10.1		14.2				
	12			7.1	16.4	9.4	30.2	10.2	19.2					
6	00	13.4	7.4	4.3										
	12			29.5			30.3	10.3						
7	00	13.5	7.5	59.6			30.4		19.3					
	12			64.2			30.5	10.4						
8	00	13.6	7.6	47.4			30.6		19.4					
	12	49.1	4.1	6.5			55.1	10.5						
9	00			46.6			55.2	10.6						
	12	49.2	4.2	48.1			55.3		19.5					
10	00			57.2			55.4	58.1						
	12	49.3	4.3	32.3			55.5		19.6					
11	00			50.4			55.6	58.2						
	12	49.4	4.4	28.5			37.1		13.1					
12	00			44.5			37.2	58.3						
	12	49.5	4.5	1.6			37.3	58.4						
13	00			43.6	D	D			13.2					
	12	49.6	4.6	34.1			37.4	58.5						
14	00			9.1			37.5		13.3					
	12	30.1	29.1	5.1	R	R	37.6	58.6						
15	00	30.2	29.2	26.2			63.1		13.4	14.3				
	12			11.2			63.2	38.1			31.2			
16	00	30.3	29.3	10.2	16.3	9.3			38.2					
	12			58.3			63.3		13.5					
17	00	30.4	29.4	38.3			63.4	38.3						
	12			54.3			63.5		13.6					
18	00	30.5	29.5	61.4				38.4						
	12			60.4			63.6	38.5						
19	00	30.6	29.6	41.4			22.1		49.1				48.1	
	12			19.5			22.2	38.6						
20	00	55.1	59.1	13.6				49.2						
	12			49.6			22.3	54.1						
21	00	55.2	59.2	55.1				54.2	49.3					
	12	55.3	59.3	37.2			22.4							
22	00			63.3	16.2	9.2		54.3						
	12	55.4	59.4	22.3			22.5		49.4					
23	00			36.4				54.4						
	12	55.5	59.5	25.5			22.6	54.5	49.5					
24	00			17.6										
	12	55.6	59.6	51.1				54.6						
25	00			42.3				49.6						
	12	37.1	40.1	3.4			36.1	61.1				D		
26	00			27.5				61.2	30.1					
	12	37.2	40.2	24.6										
27	00			23.1				61.3	30.2					
	12	37.3	40.3	8.3										
28	00			20.4			R	61.4						
	12	37.4	40.4	16.6				61.5	30.3					

March 1947

Date	Time	☉	⊕	☾	☊	☋	☿	♀	♂	♃	♄	⚷	♆	♇
1	00	37.5	40.5	45.1	16.2	9.2	36.1	61.5	30.3	14.3	31.2	45.1	48.1	33.5
	12			12.3	R	R	R	61.6	30.4	D	31.1	D	R	R
2	00	37.6	40.6	15.4					14.4					
	12			52.6			22.6	60.1	30.5					
3	00	63.1	64.1	53.2				60.2						
	12			62.3										
4	00	63.2	64.2	56.5				60.3	30.6					
	12			33.1	16.1	9.1	22.5							
5	00	63.3	64.3	7.2				60.4	55.1					
	12			4.4			22.4	60.5						
6	00	63.4	64.4	29.6										
	12			40.2				60.6	55.2					
7	00	63.5	64.5	64.3			22.3	41.1						
	12	63.6	64.6	47.5					55.3					
8	00			6.6			22.2	41.2						
	12	22.1	47.1	18.1					55.4					
9	00			48.3			22.1	41.3						
	12	22.2	47.2	57.4	20.6	34.6	63.6	41.4						
10	00			32.5				55.5						
	12	22.3	47.3	50.6			63.5	41.5						
11	00			28.6				55.6						
	12	22.4	47.4	1.1			63.4	41.6						
12	00			43.2				19.1						
	12	22.5	47.5	14.2			63.3		37.1					33.4
13	00			34.3				19.2						
	12	22.6	47.6	9.3	D	D	63.2	19.3	37.2					
14	00			5.4										
	12	36.1	6.1	26.4				19.4	37.3	R				
15	00	36.2	6.2	11.4	R	R	63.1							
	12			10.4				19.5						
16	00	36.3	6.3	58.5				37.6	19.6	37.4				
	12			38.5										
17	00	36.4	6.4	54.5				13.1	37.5					
	12			61.6				37.5	13.2					
18	00	36.5	6.5	60.6					37.6		45.2			
	12			19.1				13.3						
19	00	36.6	6.6	13.1										
	12			49.2				13.4	63.1					
20	00	25.1	46.1	30.2			37.4	13.5						
	12			55.3					63.2					
21	00	25.2	46.2	37.4				13.6						
	12			63.5	20.5	34.5		49.1						
22	00	25.3	46.3	22.6					63.3					
	12			25.1			D	49.2						
23	00	25.4	46.4	17.2					63.4					
	12	25.5	46.5	21.3				49.3						
24	00			51.5				49.4	63.5					
	12	25.6	46.6	42.6										
25	00			27.1			37.5	49.5						
	12	17.1	18.1	24.3				49.6	63.6					
26	00			2.4										
	12	17.2	18.2	23.5				30.1	22.1					
27	00			20.1										
	12	17.3	18.3	16.2	D	D		30.2		14.3	56.6			
28	00			35.4			37.6	30.3	22.2					
	12	17.4	18.4	45.5										
29	00			15.1				30.4	22.3				18.6	
	12	17.5	18.5	52.2			63.1	30.5						
30	00			39.4	R	R			22.4					
	12	17.6	18.6	53.5				30.6						
31	00			56.1			63.2							
	12	21.1	48.1	31.3				55.1	22.5					

April 1947

Date	Time	☉	⊕	☾	☊	☋	☿	♀	♂	♃	♄	⚷	♆	♇
1	00	21.1	48.1	33.4	20.5	34.5	63.2	55.2	22.5	14.3	56.6	45.2	18.6	33.4
	12	21.2	48.2	7.6	R	R	63.3	D	22.6	R		D	R	R
2	00	21.3	48.3	29.1				55.3						
	12			59.3			63.4	55.4						
3	00	21.4	48.4	40.4	20.4	34.4		36.1						
	12			64.5			63.5	55.5						
4	00	21.5	48.5	6.1				55.6	36.2		D			
	12			46.2			63.6							
5	00	21.6	48.6	18.3				37.1	36.3					
	12			48.4			22.1							
6	00	51.1	57.1	57.5				37.2						
	12			32.6			22.2	37.3	36.4					
7	00	51.2	57.2	28.1										
	12			44.2			22.3	37.4	36.5					
8	00	51.3	57.3	1.3				37.5						
	12			43.3			22.4							
9	00	51.4	57.4	14.4			22.5	37.6	36.6					
	12			34.5	D	D								
10	00	51.5	57.5	9.5			22.6	63.1	25.1					
	12			5.5				63.2						
11	00	51.6	57.6	26.6			36.1		25.2					
	12	42.1	32.1	11.6			36.2	63.3		14.2	31.1			
12	00			58.1				63.4						
	12	42.2	32.2	38.1			36.3		25.3					
13	00			54.1			36.4	63.5						
	12	42.3	32.3	61.1				63.6	25.4					
14	00			60.2	R	R	36.5							
	12	42.4	32.4	41.2			36.6	22.1						
15	00			19.3				25.1	25.5					
	12	42.5	32.5	13.3				22.2						
16	00			49.4				25.2	22.3	25.6				
	12	42.6	32.6	30.4				25.3						
17	00			55.5				25.4	22.4	17.1				
	12	3.1	50.1	37.6				22.5						
18	00			22.1				25.5				45.3		
	12	3.2	50.2	36.2				25.6	22.6	17.2				
19	00			25.3			17.1	36.1						
	12	3.3	50.3	17.4	20.3	34.3			17.3					
20	00			21.5			17.2	36.2						
	12	3.4	50.4	51.6			17.3							
21	00			3.2			17.4	36.3	17.4					
	12	3.5	50.5	27.3			17.5	36.4		14.1				
22	00			24.5			17.6		17.5					
	12	3.6	50.6	23.1				36.5						
23	00	27.1	28.1	8.2			21.1	36.6						
	12			20.4	D	D	21.2		17.6					
24	00	27.2	28.2	16.6			21.3	25.1						D
	12			45.1			21.4	25.2	21.1					
25	00	27.3	28.3	12.3			21.5							
	12			15.5			21.6	25.3	21.2					
26	00	27.4	28.4	52.6										
	12			53.2			51.1	25.4						
27	00	27.5	28.5	62.4			51.2	25.5	21.3					
	12			56.5			51.3							
28	00	27.6	28.6	33.1	R	R	51.4	25.6	21.4					
	12			7.2			51.5	17.1						
29	00	24.1	44.1	4.4			51.6							
	12			29.5			42.1	17.2	21.5					
30	00	24.2	44.2	59.6			42.2	17.3		43.6				
	12			64.2			42.3		21.6					

1947

May 1947

Date/Time	☉	⊕	☾	☊	☋	☿	♀	♂	♃	♄	⚴	♆	⚷
1 00	24.3	44.3	47.3	20.3	34.3	42.4	17.4	21.6	43.6	31.1	45.3	18.6	33.4
12			6.4	R	R	42.5	17.5		D	R	D	D	R	D
2 00	24.4	44.4	46.5			42.6		51.1					
12			18.6			3.1	17.6						
3 00	24.5	44.5	57.1			3.2		51.2					
12			32.2			3.3	21.1						
4 00	24.6	44.6	50.3			3.4	21.2	51.3					
12			28.4			3.5						18.5	
5 00	2.1	1.1	44.4			3.6	21.3						
12			1.5			27.1	21.4	51.4					
6 00	2.2	1.2	43.6			27.2							
12			14.6			27.3	21.5	51.5					
7 00	2.3	1.3	9.1	D	D	27.4	21.6						
12	2.4	1.4	5.1			27.5				31.2			
8 00			26.2			27.6	51.1	51.6	43.5		45.4		
12	2.5	1.5	11.2			24.1							
9 00			10.2			24.2	51.2	42.1					
12	2.6	1.6	58.3			24.4	51.3						
10 00			38.3			24.5							
12	23.1	43.1	54.3			24.6	51.4	42.2					
11 00			61.4			2.1	51.5						
12	23.2	43.2	60.4			2.2		42.3					
12 00			41.4			2.3	51.6						
12	23.3	43.3	19.5			2.4	42.1						
13 00			13.5			2.5		42.4					
12	23.4	43.4	49.6	R	R	23.1	42.2						
14 00			30.6			23.2	42.3	42.5					
12	23.5	43.5	37.1			23.3							
15 00			63.1			23.4	42.4		43.4				
12	23.6	43.6	22.2			23.5		42.6					
16 00			36.3			23.6	42.5						
12	8.1	14.1	25.4			8.2	42.6	3.1					
17 00			17.5			8.3							
12	8.2	14.2	21.6			8.4	3.1						
18 00			42.2			8.5	3.2	3.2					
12	8.3	14.3	3.3			8.6							
19 00			27.5			20.1	3.3	3.3					
12	8.4	14.4	24.6			20.3	3.4						
20 00			23.2			20.4							
12	8.5	14.5	8.4			20.5	3.5	3.4					
21 00			20.6	D	D	20.6	3.6			31.3			
12	8.6	14.6	35.2			16.1		3.5					
22 00			45.4			16.2	27.1						
12	20.1	34.1	12.5			16.3			43.3				
23 00			52.1			16.5	27.2	3.6					
12	20.2	34.2	39.3			16.6	27.3						
24 00			53.5			35.1		27.1					
12	20.3	34.3	56.1			35.2	27.4						
25 00	20.4	34.4	31.3	R	R	35.3	27.5				45.5		
12			33.4			35.4		27.2					
26 00	20.5	34.5	7.6			35.5	27.6						
12			29.2			35.6	24.1	27.3					
27 00	20.6	34.6	59.3			45.1							
12			40.4	D	D	45.2	24.2						
28 00	16.1	9.1	64.6			45.3	24.3	27.4					
12			6.1			45.5							
29 00	16.2	9.2	46.2			45.6	24.4	27.5					
12			18.3			12.1							
30 00	16.3	9.3	48.4			12.2	24.5						
12			57.5			12.3	24.6	27.6	43.2				
31 00	16.4	9.4	32.5			12.4							
12			50.6				2.1	24.1					

June 1947

Date/Time	☉	⊕	☾	☊	☋	☿	♀	♂	♃	♄	⚴	♆	⚷
1 00	16.5	9.5	44.1	20.3	34.3	12.5	2.2	24.1	43.2	31.3	45.5	18.5	33.4
12			1.2	D	R	12.6	D	D	R	31.4	D	R	D
2 00	16.6	9.6	43.2			15.1	2.3	24.2					
12			14.3			15.2	2.4						
3 00	35.1	5.1	34.3			15.3		24.3					
12			9.4	R	R	15.4	2.5						
4 00	35.2	5.2	5.4			15.5	2.6						
12			26.4			15.6		24.4					
5 00	35.3	5.3	11.5			52.1	23.1						
12			10.5				23.2	24.5					33.5
6 00	35.4	5.4	58.5			52.2							
12			38.6			52.3	23.3						
7 00	35.5	5.5	54.6			52.4		24.6					
12			61.6			52.5	23.4						
8 00	35.6	5.6	41.1			52.6	23.5	2.1	43.1				
12			19.1										
9 00	45.1	26.1	13.1			39.1	23.6						
12			49.2			39.2	8.1	2.2					
10 00	45.2	26.2	30.2			39.3					45.6		
12			55.3				8.2						
11 00	45.3	26.3	37.3			39.4	8.3	2.3		31.5			
12			63.4			39.5							
12 00	45.4	26.4	22.4	D	D		8.4	2.4					
12			36.5			39.6	8.5						
13 00	45.5	26.5	25.6			53.1							
12			21.1				8.6	2.5					
14 00	45.6	26.6	51.2			53.2							
12			42.3				20.1	2.6					
15 00	12.1	11.1	3.5			53.3	20.2						
12			27.6			53.4							
16 00	12.2	11.2	2.1				20.3	23.1					
12			23.3			53.5	20.4						
17 00	12.3	11.3	8.5					23.2					
12	12.4	11.4	16.1	R	R	53.6	20.5						
18 00			35.3				20.6		1.6				
12	12.5	11.5	45.5			62.1		23.3					
19 00			15.1				16.1						
12	12.6	11.6	52.3			62.2	16.2						
20 00			39.5					23.4		31.6		D	
12	15.1	10.1	62.1			62.3	16.3						
21 00			56.3				16.4	23.5					
12	15.2	10.2	31.5										
22 00			7.1			62.4	16.5						
12	15.3	10.3	4.3				16.6	23.6					
23 00			29.4										
12	15.4	10.4	59.6			62.5	35.1	8.1					
24 00			64.2										
12	15.5	10.5	47.3				35.2						
25 00			6.4			62.6	35.3	8.2					
12	15.6	10.6	46.5										
26 00			18.6	D	D		35.4				12.1		
12	52.1	58.1	57.1				35.5	8.3					
27 00			32.2			56.1							
12	52.2	58.2	50.3				35.6	8.4					
28 00			28.4			45.1							
12	52.3	58.3	44.4					33.1					
29 00			1.5			45.2	8.5						
12	52.4	58.4	43.5			45.3							
30 00			14.6										
12	52.5	58.5	34.6	R	R	45.4	8.6						

1947

July 1947

Date/Time	☉	⊕	☾	☊	☋	☿	♀	♂	♃	♄	⚷	♆	♇
1 00	52.5	58.5	5.1	20.3	34.3	56.1	45.5	8.6	1.6	33.1	12.1	18.5	33.5
12	52.6	58.6	26.1	R	R	R	D	20.1	R	D	D	D	D
2 00			11.1				45.6						
12	39.1	38.1	10.2										
3 00			58.2				12.1	20.2					
12	39.2	38.2	38.2				12.2		1.5				
4 00			54.3					20.3					
12	39.3	38.3	61.3				12.3						
5 00			60.3	20.2	34.2		12.4						
12	39.4	38.4	41.4					20.4					
6 00			19.4			62.6	12.5			33.2			
12	39.5	38.5	13.4				12.6						
7 00			49.5					20.5					
12	39.6	38.6	30.5				15.1						
8 00			55.6				15.2	20.6					
12	53.1	54.1	37.6			62.5							
9 00			22.1				15.3						
12	53.2	54.2	36.1				15.4	16.1					
10 00			25.2			62.4							
12	53.3	54.3	17.3				15.5						
11 00			21.4				15.6	16.2					
12	53.4	54.4	51.5	D	D								
12 00			42.6			62.3	52.1	16.3					
12	53.5	54.5	27.1								12.2		
13 00			24.2			62.2	52.2						
12	53.6	54.6	2.3				52.3	16.4					
14 00			23.5							33.3			
12	62.1	61.1	8.6			62.1	52.4						
15 00			16.2	R	R		52.5	16.5					33.6
12	62.2	61.2	35.4										
16 00	62.3	61.3	45.6			53.6	52.6	16.6	D				
12			15.2				39.1						
17 00	62.4	61.4	52.4										
12			39.6			53.5	39.2	35.1					
18 00	62.5	61.5	62.2				39.3						
12			56.4										
19 00	62.6	61.6	31.6				39.4	35.2					
12			7.2			53.4	39.5						
20 00	56.1	60.1	4.4	20.1	34.1								
12			29.6				39.6	35.3					
21 00	56.2	60.2	40.2				53.1						
12			64.4			53.3		35.4		33.4			
22 00	56.3	60.3	47.5				53.2						
12			46.1				53.3						
23 00	56.4	60.4	18.2					35.5					
12			48.3				53.4						
24 00	56.5	60.5	57.4				53.5						
12			32.5					35.6					
25 00	56.6	60.6	50.6	D	D		53.6						
12			44.1										
26 00	31.1	41.1	1.2			D	62.1	45.1					
12			43.2				62.2						
27 00	31.2	41.2	14.3					45.2					
12			34.3	R	R		62.3						
28 00	31.3	41.3	9.4				62.4						
12			5.4					45.3		33.5			
29 00	31.4	41.4	26.4				62.5		1.6				
12			11.5				62.6						
30 00	31.5	41.5	10.5			53.4		45.4					
12			58.5				56.1				12.3		
31 00	31.6	41.6	38.6				56.2						
12			54.6					45.5					

August 1947

Date/Time	☉	⊕	☾	☊	☋	☿	♀	♂	♃	♄	⚷	♆	♇
1 00	33.1	19.1	61.6	20.1	34.1	53.5	56.3	45.5	1.6	33.5	12.3	18.5	33.6
12			41.1	R	R	D	56.4	45.6	D	D	D	D	D
2 00	33.2	19.2	19.1	8.6	14.6								
12			13.1			53.6	56.5						
3 00	33.3	19.3	49.2				56.6	12.1					
12			30.2			62.1							
4 00	33.4	19.4	55.3				31.1						
12			37.3			62.2	31.2	12.2				18.6	
5 00	33.5	19.5	63.4							33.6			
12			22.4			62.3	31.3						
6 00	33.6	19.6	36.5			62.4	31.4	12.3					
12			25.6										
7 00	7.1	13.1	17.6			62.5	31.5						
12			51.1	8.5	14.5		31.6	12.4					
8 00	7.2	13.2	42.2			62.6							
12			3.3				56.1	33.1	12.5				
9 00	7.3	13.3	27.4				56.2						
12			24.5					33.2					
10 00	7.4	13.4	2.6	D	D		56.3	33.3	12.6				
12	7.5	13.5	8.1				56.4						
11 00			20.3	R	R		56.5	33.4					
12	7.6	13.6	16.4				56.6	33.5	15.1				
12 00			35.6			31.1							
12	4.1	49.1	12.1				33.6			7.1			
13 00			15.3			31.2	7.1	15.2					
12	4.2	49.2	52.5			31.3			43.1				
14 00			53.1			31.4	7.2						
12	4.3	49.3	62.3			31.5	7.3	15.3					
15 00			56.5			31.6							
12	4.4	49.4	33.1				33.1	7.4					7.1
16 00			7.3				33.2	7.5	15.4				
12	4.5	49.5	4.5				33.3						
17 00			59.1				33.4	7.6	15.5				
12	4.6	49.6	40.3				33.5	4.1					
18 00			64.5				33.6						
12	29.1	30.1	6.1	8.4	14.4	7.1	4.2	15.6					
19 00			46.2			7.2	4.3						
12	29.2	30.2	18.4			7.3			7.2				
20 00			48.5			7.4	4.4	52.1					
12	29.3	30.3	57.6			7.5	4.5						
21 00			50.2			7.6							
12	29.4	30.4	28.3			4.1	4.6	52.2					
22 00			44.3			4.3	29.1			12.4			
12	29.5	30.5	1.4			4.4							
23 00			43.5			4.5	29.2	52.3					
12	29.6	30.6	14.6	D	D	4.6	29.3		43.2				
24 00			34.6	R	R	29.1							
12	59.1	55.1	9.6			29.2	29.4	52.4					
25 00			26.1			29.3	29.5						
12	59.2	55.2	11.1			29.4							
26 00			10.2			29.5	29.6	52.5					
12	59.3	55.3	58.2			29.6	59.1						
27 00			38.2			59.1			7.3				
12	59.4	55.4	54.2			59.2	59.2	52.6					
28 00			61.3			59.3	59.3						
12	59.5	55.5	60.3			59.4							
29 00	59.6	55.6	41.4			59.5	59.4	39.1					
12			19.4			59.6	59.5						
30 00	40.1	37.1	13.4	8.3	14.3	40.1							
12			49.5			40.2	59.6	39.2					
31 00	40.2	37.2	30.5			40.4	40.1						
12			55.6			40.5		39.3	43.3				

September 1947

Date/Time	☉	⊕	☾	☊	☋	☿	♀	♂	♃	♄	♅	♆	♇
1 00	40.3	37.3	37.6	8.3	14.3	40.6	40.2	39.3	43.3	7.3	12.4	18.6	7.1
12			22.1	R	R	64.1	40.3		D	D	D	D	D
2 00	40.4	37.4	36.2			64.2		39.4					
12			25.2			64.3	40.4						
3 00	40.5	37.5	17.3			64.4							
12			21.4			64.5	40.5	39.5					
4 00	40.6	37.6	51.5	8.2	14.2	64.6	40.6			7.4			
12			42.6				47.1						
5 00	64.1	63.1	27.1				64.1	39.6					
12			24.2			47.2	64.2						
6 00	64.2	63.2	2.3			47.3						48.1	
12			23.4			47.4	64.3	53.1					
7 00	64.3	63.3	8.5	D	D	47.5	64.4						
12			20.6			47.6				43.4			
8 00	64.4	63.4	35.2			6.1	64.5	53.2					
12			45.3	R	R	6.2	64.6						
9 00	64.5	63.5	12.4			6.3							
12			15.6			6.4	47.1	53.3					
10 00	64.6	63.6	39.2			6.5	47.2						
12			53.3			6.6							
11 00	47.1	22.1	62.5			46.1	47.3	53.4					
12			31.1			46.2	47.4			7.5			
12 00	47.2	22.2	33.3			46.3							
12			7.5				47.5	53.5					
13 00	47.3	22.3	29.1			46.4	47.6						
12	47.4	22.4	59.2			46.5							
14 00			40.4			46.6	6.1	43.5					
12	47.5	22.5	64.6			18.1	6.2	53.6					
15 00			6.2			18.2							
12	47.6	22.6	46.3			18.3	6.3						
16 00			18.5	8.1	14.1	18.4	6.4	62.1					
12	6.1	36.1	48.6			18.5							
17 00			32.2				6.5						
12	6.2	36.2	50.3			18.6	6.6	62.2					
18 00			28.4			48.1							
12	6.3	36.3	44.5			48.2	46.1						
19 00			1.6			48.3	46.2	62.3					7.2
12	6.4	36.4	14.1			48.4							
20 00			34.2	D	D		46.3		43.6	7.6			
12	6.5	36.5	9.2			48.5	46.4	62.4					
21 00			5.3			48.6	46.5						
12	6.6	36.6	26.3			57.1	46.5						
22 00			11.4			57.2	46.6	62.5					
12	46.1	25.1	10.4	R	R								
23 00			58.4			57.3	18.1						
12	46.2	25.2	38.5			57.4	18.2	62.6					
24 00			54.5			57.5							
12	46.3	25.3	61.5			57.6	18.3						
25 00	16.1	25.4	60.6				18.4	56.1					
12			41.6			32.1				14.1			
26 00	46.5	25.5	19.6			32.2	18.5						
12			49.1			32.3	18.6						
27 00	46.6	25.6	30.1			32.4		56.2					
12			55.2				48.1						
28 00	18.1	17.1	37.2			32.5	48.2						
12			63.3			32.6		56.3		4.1			
29 00	18.2	17.2	22.4			50.1	48.3						
12			36.4	23.6	43.6		48.4						
30 00	18.3	17.3	25.5			50.2		56.4					
12			17.6			50.3	48.5						

October 1947

Date/Time	☉	⊕	☾	☊	☋	☿	♀	♂	♃	♄	♅	♆	♇
1 00	18.4	17.4	51.1	23.6	43.6	50.3	48.6	56.4	14.2	4.1	12.4	48.1	7.2
12			42.2	R	R	50.4	D	56.5	D	D	D	D	D
2 00	18.5	17.5	3.3			50.5	57.1					48.2	
12			27.4			50.6	57.2						
3 00	18.6	17.6	24.5				56.6			R			
12			2.6			28.1	57.3						
4 00	48.1	21.1	8.2	D	D	28.2	57.4						
12			20.3										
5 00	48.2	21.2	16.4			28.3	57.5	31.1					
12	48.3	21.3	35.6			28.4	57.6						
6 00			12.1						14.3				
12	48.4	21.4	15.3			28.5	32.1	31.2					
7 00			52.4			28.6	32.2						
12	48.5	21.5	39.6	R	R								
8 00			62.1				44.1	32.3	31.3				
12	48.6	21.6	56.3				44.2	32.4			4.2		
9 00			31.4										
12	57.1	51.1	33.6				44.3	32.5					
10 00			4.2					32.6	31.4				
12	57.2	51.2	29.3				44.4						
11 00			59.5				44.5	50.1		14.4			
12	57.3	51.3	40.6					50.2	31.5				
12 00			47.2				44.6						
12	57.4	51.4	6.4					50.3					
13 00			46.5			1.1		50.4	31.6				
12	57.5	51.5	48.1										
14 00			57.2			1.2		50.5					
12	57.6	51.6	32.3			1.3		50.6					
15 00	32.1	42.1	50.5						33.1				
12			28.6			1.4	28.1						
16 00	32.2	42.2	1.1				28.2			14.5			
12			43.2						33.2				
17 00	32.3	42.3	14.2	D	D	1.5	28.3						
12			34.3				28.4						
18 00	32.4	42.4	9.4			1.6							
12			5.5				28.5		33.3				
19 00	32.5	42.5	26.5			43.1	28.6			4.3			
12			11.6										
20 00	32.6	42.6	10.6				44.1		33.4				
12			58.6			43.2	44.2			14.6			
21 00	50.1	3.1	54.1				44.3						
12			61.1				44.3						
22 00	50.2	3.2	60.1				44.4		33.5				
12			41.2	R	R	43.3							
23 00	50.3	3.3	19.2				44.5						
12	50.4	3.4	13.2				44.6		33.6				
24 00			49.3										
12	50.5	3.5	30.3			1.1							
25 00			55.4			1.2			34.1				
12	50.6	3.6	37.4				7.1						
26 00			63.5			R	1.3						
12	28.1	27.1	22.6				1.4						
27 00			36.6	23.5	43.5			7.2					
12	28.2	27.2	17.1				1.5					48.3	
28 00			21.2				1.6						
12	28.3	27.3	51.3										
29 00			42.4			43.2	43.1	7.3					
12	28.4	27.4	3.5				43.2		34.2				
30 00			24.1										
12	28.5	27.5	2.2			43.1	43.3						
31 00	28.6	27.6	23.3				43.4	7.4					
12			8.5	D	D								

1947

November 1947

Date	Time	☉	⊕	☾	☊	☋	☿	♀	♂	♃	♄	⊕̇	♆	♇
1	00	44.1	24.1	20.6	23.5	43.5	1.6	43.5	7.4	34.2	4.3	12.4	48.3	7.2
	12			35.2	D	D	R	43.6	7.5	D	D	R	D	D
2	00	44.2	24.2	45.3			1.5				4.4			
	12			12.5			1.4	14.1						
3	00	44.3	24.3	15.6				14.2		34.3				
	12			39.2			1.3		7.6					
4	00	44.4	24.4	53.4				14.3						
	12			62.5			1.2	14.4						
5	00	44.5	24.5	31.1			1.1							
	12			33.2				14.5	4.1					
6	00	44.6	24.6	7.4	R	R		44.6	14.6					
	12			4.6				44.5						
7	00	1.1	2.1	59.1				44.4	34.1		34.4			
	12	1.2	2.2	40.3					34.2	4.2				
8	00			64.4				44.3						
	12	1.3	2.3	47.5				44.2	34.3					
9	00			46.1					34.4					
	12	1.4	2.4	18.2				44.1		4.3				
10	00			48.3					34.5					
	12	1.5	2.5	57.4				28.6	34.6					
11	00			32.6										
	12	1.6	2.6	28.1				28.5	9.1	4.4	34.5			
12	00			44.2					9.2					
	12	43.1	23.1	1.3										
13	00			43.4					9.3					
	12	43.2	23.2	14.4	D	D		28.4	9.4	4.5				
14	00	43.3	23.3	34.5								12.3		
	12			9.6					9.5					
15	00	43.4	23.4	5.6					9.6					
	12			11.1			D		4.6					
16	00	43.5	23.5	10.1				5.1		34.6				
	12			58.2				5.2						
17	00	43.6	23.6	38.2	R	R	28.5							R
	12			54.3				5.3						
18	00	14.1	8.1	61.3				5.4	29.1					
	12			60.3										
19	00	14.2	8.2	41.4			28.6	5.5						
	12			19.4										
20	00	14.3	8.3	13.4				5.6	29.2	9.1				
	12	14.4	8.4	49.5			44.1	26.1						
21	00			30.5	D	D								
	12	14.5	8.5	55.6			44.2	26.2						
22	00			37.6				26.3						
	12	14.6	8.6	22.1			44.3	29.3						
23	00			36.1				26.4						
	12	34.1	20.1	25.2			44.4	26.5						
24	00			17.3						9.2				
	12	34.2	20.2	21.4			44.5	26.6	29.4					
25	00			51.4			44.6	11.1						
	12	34.3	20.3	42.6										
26	00			27.1			1.1	11.2						
	12	34.4	20.4	24.2			1.2	11.3					48.4	
27	00	34.5	20.5	2.3					29.5					
	12			23.5			1.3	11.4			4.5			
28	00	34.6	20.6	8.6	R	R	1.4	11.5						
	12			16.2					9.3					
29	00	9.1	16.1	35.4			1.5	11.6						
	12			45.6			1.6	10.1	29.6					
30	00	9.2	16.2	15.1			43.1							
	12			52.3				10.2						

December 1947

Date	Time	☉	⊕	☾	☊	☋	☿	♀	♂	♃	♄	⊕̇	♆	♇
1	00	9.3	16.3	39.5	23.5	43.5	43.2	10.3	29.6	9.3	4.5	12.3	48.4	7.2
	12			62.1	R	R	43.3		D	D	D	R	D	R
2	00	9.4	16.4	56.3			43.4	10.4	59.1					
	12			31.5				10.5		9.4				
3	00	9.5	16.5	33.6			43.5							
	12	9.6	16.6	4.2			43.6	10.6						
4	00			29.4			14.1	58.1						
	12	5.1	35.1	59.5			14.2			R				
5	00			64.1				58.2	59.2					
	12	5.2	35.2	47.2	D	D	14.3	58.3						
6	00			6.3			14.4							
	12	5.3	35.3	46.5			14.5	58.4		9.5				
7	00			18.6			14.6	58.5						
	12	5.4	35.4	57.1				59.3						
8	00			32.2			34.1	58.6						
	12	5.5	35.5	50.3			34.2	38.1				12.2		
9	00			28.4			34.3							
	12	5.6	35.6	44.5			34.4	38.2						
10	00	26.1	45.1	1.6				38.3						
	12			43.6	R	R	34.5		59.4					
11	00	26.2	45.2	34.1			34.6	38.4		9.6				
	12			9.2			9.1	38.5						
12	00	26.3	45.3	5.2			9.2				4.4			
	12			26.3				38.6						
13	00	26.4	45.4	11.3			9.3	54.1						
	12			10.4			9.4							
14	00	26.5	45.5	58.4			9.5	54.2	59.5					
	12			38.5			9.6	54.3						
15	00	26.6	45.6	54.5			5.1		5.1					
	12	11.1	12.1	61.5				54.4						
16	00			60.6			5.2	54.5						
	12	11.2	12.2	41.6			5.3							
17	00			19.6			5.4	54.6						
	12	11.3	12.3	49.1			5.5	61.1	59.6					
18	00			30.1										
	12	11.4	12.4	55.1			5.6	61.2						
19	00			37.2			26.1	61.3						
	12	11.5	12.5	63.2			26.2			5.2				
20	00			22.3			26.3	61.4						
	12	11.6	12.6	36.3			26.4	61.5						
21	00	10.1	15.1	25.4	D	D								
	12			17.4			26.5	61.6						
22	00	10.2	15.2	21.5			26.6	60.1	40.1					
	12			51.6			11.1							
23	00	10.3	15.3	3.1			11.2	60.2						
	12			27.2			11.3	60.3		5.3				
24	00	10.4	15.4	24.3										
	12			2.4			11.4	60.4						
25	00	10.5	15.5	23.6	R	R	11.5	60.5						
	12			20.1			11.6							
26	00	10.6	15.6	16.3			10.1	60.6						
	12			35.5			10.2	41.1						
27	00	58.1	52.1	45.6										
	12	58.2	52.2	15.2			10.3	41.2	40.2					
28	00			52.4			10.4	41.3		5.4				
	12	58.3	52.3	39.6			10.5							
29	00			62.2			10.6	41.4						
	12	58.4	52.4	56.5	23.4	43.4	58.1	41.5						
30	00			33.1										
	12	58.5	52.5	7.3			58.2	41.6						
31	00			4.5			58.3	19.1				12.1		
	12	58.6	52.6	59.1			58.4							

1947

January 1948

Date/Time	☉	⊕	☽	☊	☋	☿	♀	♂	♃	♄	⊙̇	♆	♅
1 00	58.6	52.6	40.2	23.4	43.4	58.5	19.2	40.2	5.5	4.4	12.1	48.4	7.2
12	38.1	39.1	64.4	R	R	58.6	19.3	D	D	R	R	D	R
2 00	38.2	39.2	47.6			38.1							
12			46.1				19.4						
3 00	38.3	39.3	18.2			38.2	19.5						
12			48.4	D	D	38.3							
4 00	38.4	39.4	57.5			38.4	19.6						
12			32.6			38.5	13.1						
5 00	38.5	39.5	28.1			38.6							
12			44.2			54.1	13.2		5.6				
6 00	38.6	39.6	1.2										
12			43.3			54.2	13.3						
7 00	54.1	53.1	14.4	R	R	54.3	13.4		4.3				
12	54.2	53.2	34.4			54.4							
8 00			9.5			54.5	13.5						
12	54.3	53.3	5.5			54.6	13.6						
9 00			26.6			61.1		R					
12	54.4	53.4	11.6			61.2	49.1						
10 00			58.1				49.2	26.1					
12	54.5	53.5	38.1			61.3							
11 00			54.2			61.4	49.3						
12	54.6	53.6	61.2			61.5	49.4						
12 00			60.2	23.3	43.3	61.6							
12	61.1	62.1	41.3			60.1	49.5						
13 00	61.2	62.2	19.3			60.2	49.6						
12			13.3			60.3							
14 00	61.3	62.3	49.4			60.4	30.1						
12			30.4			60.5	30.2		26.2				
15 00	61.4	62.4	55.4									R	
12			37.5			60.6	30.3						
16 00	61.5	62.5	63.5			41.1	30.4						
12			22.5			41.2							
17 00	61.6	62.6	36.6			41.3	30.5						7.1
12			25.6			41.4	30.6						
18 00	60.1	56.1	21.1			41.5							
12	60.2	56.2	51.1	23.2	43.2	41.6	55.1						
19 00			42.2			19.1	55.2						
12	60.3	56.3	3.3	D	D	19.2			26.3				
20 00			27.4				55.3						
12	60.4	56.4	24.5			19.3	55.4	40.1					
21 00			2.6			19.4			4.2				
12	60.5	56.5	8.1	R	R	19.5	55.5						
22 00			20.2			19.6							
12	60.6	56.6	16.4			13.1	55.6						
23 00			35.5			13.2	37.1						
12	41.1	31.1	12.1			13.3							
24 00			15.3			13.4	37.2	26.4					
12	41.2	31.2	52.5			13.5	37.3						
25 00	41.3	31.3	53.1										
12			62.3			13.6	37.4	59.6					
26 00	41.4	31.4	56.5			49.1	37.5			45.6			
12			33.1			49.2							
27 00	41.5	31.5	7.3			49.3	37.6						
12			4.6			49.4	63.1						
28 00	41.6	31.6	59.2			49.5							
12			40.4				63.2						
29 00	19.1	33.1	64.6	23.1	43.1	49.6	63.3		26.5				
12			6.2			30.1		59.5					
30 00	19.2	33.2	46.3			30.2	63.4						
12	19.3	33.3	18.5			30.3	63.5						
31 00			48.6										
12	19.4	33.4	32.2			30.4	63.6						

February 1948

Date/Time	☉	⊕	☽	☊	☋	☿	♀	♂	♃	♄	⊙̇	♆	♅
1 00	19.4	33.4	50.3	23.1	43.1	30.5	63.6	59.5	26.5	4.2	45.6	48.4	7.1
12	19.5	33.5	28.4	R	R	30.6	22.1	59.4	D	R	R	R	R
2 00			44.5				22.2						
12	19.6	33.6	1.6	D	D	55.1				4.1			
3 00			14.1	R	R	55.2	22.3		26.6				
12	13.1	7.1	34.1				22.4						
4 00			9.2			55.3							
12	13.2	7.2	5.2				22.5	59.3					
5 00			26.3			55.4	22.6						
12	13.3	7.3	11.3										
6 00	13.4	7.4	10.4			55.5	36.1						
12			58.4				36.2						
7 00	13.5	7.5	38.4			55.6							
12			54.5				36.3	59.2					
8 00	13.6	7.6	61.5				36.4						
12			60.5			37.1				11.1			
9 00	49.1	4.1	41.6	2.6	1.6		36.5						
12			19.6										
10 00	49.2	4.2	13.6				36.6	59.1					
12			30.1			25.1							
11 00	49.3	4.3	55.1										
12			37.1		R		25.2						
12 00	49.4	4.4	63.2				25.3						
12	49.5	4.5	22.2					29.6					
13 00			36.3	2.5	1.5		25.4						
12	49.6	4.6	25.3				25.5						
14 00			17.4						11.2	7.6			
12	30.1	29.1	21.4			55.6	25.6						
15 00			51.5					29.5					
12	30.2	29.2	42.5				17.1						
16 00			3.6			55.5	17.2						
12	30.3	29.3	24.1										
17 00			2.2			55.4	17.3	29.4					
12	30.4	29.4	23.2	D	D		17.4						
18 00	30.5	29.5	8.3			55.3							
12			20.5	R	R		17.5						
19 00	30.6	29.6	16.6			55.2	17.6						
12			45.1					29.3					
20 00	55.1	59.1	12.3			55.1	21.1		11.3				
12			15.4				30.6						
21 00	55.2	59.2	52.6				21.2						
12			53.2				30.5	21.3					
22 00	55.3	59.3	62.4					29.2					
12			56.6				30.4	21.4					
23 00	55.4	59.4	33.2				30.3	21.5					
12			7.4										
24 00	55.5	59.5	4.6				30.2	21.6	29.1				
12			59.2	2.4	1.4								
25 00	55.6	59.6	10.1				30.1	51.1					
12	37.1	40.1	64.6					51.2					
26 00			6.2			49.6				7.5			
12	37.2	40.2	46.4					51.3	4.6				33.6
27 00			18.6					51.4	11.4				
12	37.3	40.3	57.2				49.5						
28 00			32.3					51.5					
12	37.4	40.4	50.5					51.6					
29 00			28.6				49.4						
12	37.5	40.5	1.1					42.1	4.5				

1948

March 1948

Date/Time	☉	⊕	☾	☊	☋	☿	♀	♂	♃	♄	⇧	♆	♅
1 00	37.5	40.5	43.2	D	D	49.4	42.1	4.5	11.4	7.5	D	48.4	33.6
12	37.6	40.6	14.3			R	42.2	R	D	R		R	R
2 00			34.4				42.3						
12	63.1	64.1	9.5			49.3							
3 00	63.2	64.2	5.5	R	R		42.4	4.4					
12			26.6										
4 00	63.3	64.3	11.6				42.5						
12			58.1		D		42.6						
5 00	63.4	64.4	38.1						11.5				
12			54.1				3.1						
6 00	63.5	64.5	61.2			49.4	3.2	4.3					
12			60.2									48.3	
7 00	63.6	64.6	41.2				3.3						
12			19.3	2.3	1.3								
8 00	22.1	47.1	13.3				3.4						
12			49.3				3.5						
9 00	22.2	47.2	30.4			49.5							
12			55.4				3.6	4.2					
10 00	22.3	47.3	37.5										
12	22.4	47.4	63.5			49.6	27.1			7.4			
11 00			22.5				27.2						
12	22.5	47.5	36.6										
12 00			25.6			30.1	27.3						
12	22.6	47.6	21.1										
13 00			51.2				27.4						
12	36.1	6.1	42.2			30.2	27.5	4.1					
14 00			3.3	2.2	1.2				11.6				
12	36.2	6.2	27.4			30.3	27.6						
15 00			24.4				24.1						
12	36.3	6.3	2.5	D	D								
16 00			23.6			30.4	24.2						
12	36.4	6.4	20.1										
17 00			16.2			30.5	24.3						
12	36.5	6.5	35.3				24.4						
18 00			45.4			30.6							
12	36.6	6.6	12.6			55.1	24.5	7.6					
19 00	25.1	46.1	52.1	R	R								
12			39.3			55.2	24.6						
20 00	25.2	46.2	53.4										
12			62.6			55.3	2.1						
21 00	25.3	46.3	31.2				2.2						
12			33.3			55.4							
22 00	25.4	46.4	7.5			55.5	2.3						
12			29.1										
23 00	25.5	46.5	59.3			55.6	2.4						
12			40.5			37.1	2.5						
24 00	25.6	46.6	47.1										
12			6.3			37.2	2.6						
25 00	17.1	18.1	46.5			37.3							
12			48.1				23.1		10.1				
26 00	17.2	18.2	57.3			37.4	23.2						
12			32.4			37.5							
27 00	17.3	18.3	50.6				23.3						
12	17.4	18.4	44.1			37.6							
28 00			1.2	D	D	63.1	23.4						
12	17.5	18.5	43.4										
29 00			14.5			63.2	23.5						
12	17.6	18.6	34.6			63.3	23.6						
30 00			5.1			63.4		D		7.3			
12	21.1	48.1	26.1				8.1						
31 00			11.2			63.5							
12	21.2	48.2	10.3			63.6	8.2						

April 1948

Date/Time	☉	⊕	☾	☊	☋	☿	♀	♂	♃	♄	⇧	♆	♅
1 00	21.2	48.2	58.3	2.2	1.2	22.1	8.2	7.6	10.1	7.3	45.6	48.3	33.6
12	21.3	48.3	38.4	R	R	22.2	8.3	D	D	R	D	R	R
2 00			54.4				8.4						
12	21.4	48.4	61.4			22.3							
3 00			60.5			22.4	8.5						
12	21.5	48.5	41.5			22.5							
4 00			19.5			22.6	8.6				12.1		
12	21.6	48.6	13.6										
5 00			49.6			36.1	20.1						
12	51.1	57.1	30.6			36.2							
6 00	51.2	57.2	37.1			36.3	20.2						
12			63.1			36.4	20.3						
7 00	51.3	57.3	22.2			36.5							
12			36.2			36.6	20.4						
8 00	51.4	57.4	25.3										
12			17.3	2.1	1.1	25.1	20.5						
9 00	51.5	57.5	21.4			25.2							
12			51.5			25.3	20.6						
10 00	51.6	57.6	42.5			25.4							
12			3.6			25.5	16.1	4.1					
11 00	42.1	32.1	24.1			25.6					48.2		
12			2.2	D	D	17.1	16.2						
12 00	42.2	32.2	23.3			17.2	16.3						
12			8.4			17.3							
13 00	42.3	32.3	20.5			17.4	16.4						
12			16.6										
14 00	42.4	32.4	45.1			17.5	16.5						
12			12.2			17.6							
15 00	42.5	32.5	15.4			21.1	16.6						
12			52.5			21.2		R					
16 00	42.6	32.6	53.1			21.3	35.1	4.2					
12	3.1	50.1	62.2			21.4							
17 00			56.4	R	R	21.5	35.2						
12	3.2	50.2	31.5			21.6				D			
18 00			7.1			51.1	35.3						
12	3.3	50.3	4.2			51.2							
19 00			29.4			51.3	35.4						
12	3.4	50.4	59.6			51.4							
20 00			64.2			51.5	35.5						
12	3.5	50.5	47.3			42.1		4.3					
21 00			6.5			42.2	35.6						
12	3.6	50.6	18.1			42.3							
22 00			48.2			42.4	45.1						
12	27.1	28.1	57.4			42.5							
23 00			32.5			42.6	45.2						
12	27.2	28.2	28.1			3.1							
24 00			44.2			3.2	45.3						
12	27.3	28.3	1.4	D	D	3.3		4.4					
25 00			43.5			3.4	45.4						D
12	27.4	28.4	14.6			3.5							
26 00			9.1			3.6	45.5						
12	27.5	28.5	5.2			27.2							
27 00			26.3			27.3	45.6						
12	27.6	28.6	11.4			27.4							
28 00			10.4			27.5		4.5					
12	24.1	44.1	58.5			27.6	12.1						
29 00	24.2	44.2	38.6			24.1					12.2		
12			54.6			24.2	12.2						
30 00	24.3	44.3	61.6			24.4							
12			41.1			24.5	12.3						

1948

May 1948

Date/Time	☉	⊕	☾	☊	☋	☿	♀	♂	♃	♄	⯝	♆	♅
1 00	24.4	44.4	19.1	2.1	1.1	24.6	12.3	4.6	10.1	7.3	12.2	48.2	33.6
12			13.2	R	R	2.1	12.4	D	R	D	D	R	D
2 00	24.5	44.5	49.2			2.2							
12			30.2			2.3							
3 00	24.6	44.6	55.3			2.4	12.5						
12			37.3			2.6							
4 00	2.1	1.1	63.3			23.1	12.6	29.1					
12			22.4			23.2							
5 00	2.2	1.2	36.4	D	D	23.3							
12			25.5			23.4	15.1						
6 00	2.3	1.3	17.5			23.5	.			7.4			
12			21.6			23.6	15.2						
7 00	2.4	1.4	42.1			8.2		29.2	11.6				
12			3.2			8.3							
8 00	2.5	1.5	27.3			8.4	15.3						
12			24.3			8.5							
9 00	2.6	1.6	2.4	R	R	8.6	15.4						
12			23.6			20.1		29.3					
10 00	23.1	43.1	20.1			20.2							
12			16.2			20.3	15.5						
11 00	23.2	43.2	35.3			20.4							
12			45.5			20.5							
12 00	23.3	43.3	12.6			20.6	15.6	29.4					
12			52.2			16.1							
13 00	23.4	43.4	39.3			16.2							
12			53.5			16.3	52.1						
14 00	23.5	43.5	62.6			16.4							
12	23.6	43.6	31.2			16.5		29.5					
15 00			33.3			16.6	52.2						
12	8.1	14.1	7.5			35.1							
16 00			29.1			35.2							
12	8.2	14.2	59.2	D	D	35.3	52.3						
17 00			40.4			35.4		29.6					
12	8.3	14.3	64.5			35.5					12.3		
18 00			6.1			35.6	52.4						
12	8.4	14.4	46.2			45.1			11.5				
19 00			18.4										
12	8.5	14.5	48.5			45.2		59.1					
20 00			32.1			45.3	52.5						
12	8.6	14.6	50.2			45.4							
21 00			28.3			45.5							
12	20.1	34.1	44.5					59.2					
22 00			1.6	R	R	45.6							
12	20.2	34.2	14.1			12.1	52.6						
23 00			34.2			12.2						48.1	
12	20.3	34.3	9.3										
24 00			5.4			12.3		59.3					
12	20.4	34.4	26.5			12.4							
25 00			11.5			39.1							
12	20.5	34.5	10.6			12.5				7.5			
26 00			38.1			12.6		59.4					
12	20.6	34.6	54.1										
27 00			61.2			15.1							
12	16.1	9.1	60.2						11.4				
28 00			41.3			15.2	39.2	59.5					
12	16.2	9.2	19.3										
29 00			13.4			15.3							
12	16.3	9.3	49.4										
30 00			30.4			15.4							
12	16.4	9.4	55.5					59.6					
31 00			37.5	D	D	15.5							
12	16.5	9.5	63.5										

June 1948

Date/Time	☉	⊕	☾	☊	☋	☿	♀	♂	♃	♄	⯝	♆	♅
1 00	16.5	9.5	22.6	2.1	1.1	15.5	39.2	59.6	11.4	7.5	12.3	48.1	33.6
12	16.6	9.6	36.6	D	D	15.6	D	40.1	R	D	D	R	D
2 00			17.1				52.1						
12	35.1	5.1	21.1										
3 00	35.2	5.2	51.2								12.4		
12			42.3				52.2	R	40.2				
4 00	35.3	5.3	3.3										
12			27.4						11.3				
5 00	35.4	5.4	24.5										
12			2.6	R	R		52.3		40.3				
6 00	35.5	5.5	8.1										
12			20.3										
7 00	35.6	5.6	16.4							7.6			
12			35.6						40.4				
8 00	45.1	26.1	12.1				52.4						
12			15.3										
9 00	45.2	26.2	52.4										
12			39.6					39.1	40.5				
10 00	45.3	26.3	62.2										
12			56.4										
11 00	45.4	26.4	31.5						40.6				
12			7.1				R						
12 00	45.5	26.5	4.3								11.2		
12			29.5				52.6						
13 00	45.6	26.6	59.6						64.1				
12			64.2										
14 00	12.1	11.1	47.3										
12			6.5	D	D								
15 00	12.2	11.2	46.6					52.5	64.2				
12			48.2				52.3						
16 00	12.3	11.3	57.3										
12			32.4										
17 00	12.4	11.4	50.6				52.4		64.3				
12			44.1										
18 00	12.5	11.5	1.2	R	R						4.1		
12			43.3				52.2	52.3	64.4				
19 00	12.6	11.6	14.4								12.5		
12			34.5						11.1				
20 00	15.1	10.1	9.6				52.2						
12			5.6				52.1		64.5				
21 00	15.2	10.2	11.1										7.1
12			10.2	24.6	44.6						D		
22 00	15.3	10.3	58.3			15.6	52.1						
12			38.3						64.6				
23 00	15.4	10.4	54.4										
12			61.4			15.5	15.6						
24 00	15.5	10.5	60.5					47.1					
12			41.5										
25 00	15.6	10.6	19.6			15.4	15.5						
12			13.6										
26 00	52.1	58.1	49.6					47.2					
12			55.1				15.4						
27 00	52.2	58.2	37.1			15.3		26.6					
12			63.1					47.3	4.2				
28 00	52.3	58.3	22.2			15.3							
12			36.2			15.2							
29 00	52.4	58.4	25.2										
12			17.3			15.2	47.4						
30 00	52.5	58.5	21.3	D	D								
12	52.6	58.6	51.4										

1948

July 1948

Date/Time	☉	⊕	☾	☊	☋	☿	♀	♂	♃	♄	⛢	♆	♇
1 00	52.6	58.6	42.4	24.6	44.6	15.1	15.1	47.5	26.6	4.2	12.5	48.1	7.1
12	39.1	38.1	3.5	D		R	R	D	R	D	D	D	D
2 00			27.6										
12	39.2	38.2	2.1	R	R								
3 00			23.2				12.6	47.6					
12	39.3	38.3	8.3										
4 00			20.4										
12	39.4	38.4	16.5				12.5	6.1					
5 00			45.1						26.5		12.6		
12	39.5	38.5	12.3	24.5	44.5								
6 00			15.4			D		6.2		4.3			
12	39.6	38.6	52.6										
7 00			53.2				12.4						
12	53.1	54.1	62.4										
8 00			56.6					6.3					
12	53.2	54.2	33.2										
9 00			7.4										
12	53.3	54.3	4.6					6.4					
10 00			59.2				12.3						
12	53.4	54.4	40.4			15.2							
11 00			64.5					6.5					
12	53.5	54.5	6.1										
12 00			46.3										
12	53.6	54.6	18.4			15.3							
13 00			48.6					6.6					
12	62.1	61.1	32.1	D	D								
14 00			50.2			15.4			26.4				
12	62.2	61.2	28.3				46.1		4.4				
15 00			44.5			15.5							
12	62.3	61.3	1.6	R	R								
16 00			14.1			15.6		46.2					
12	62.4	61.4	34.1			D							
17 00			9.2			52.1							
12	62.5	61.5	5.3					46.3					
18 00			26.4	24.4	44.4	52.2							
12	62.6	61.6	11.4										
19 00			10.5			52.3							
12	56.1	60.1	58.6					46.4					
20 00			38.6			52.4							
12	56.2	60.2	61.1			52.5						48.2	
21 00			60.1					46.5					
12	56.3	60.3	41.2			52.6					15.1		
22 00			19.2			39.1							
12	56.4	60.4	13.2			39.2		46.6		4.5			
23 00			49.3	24.3	44.3		12.4						
12	56.5	60.5	30.3			39.3							
24 00			55.3			39.4			18.1				
12	56.6	60.6	37.4			39.5							
25 00			63.4			39.6							
12	31.1	41.1	22.4				18.2						
26 00			36.5			53.1			26.3				7.2
12	31.2	41.2	25.5			53.2	12.5						
27 00			17.5			53.3							
12	31.3	41.3	21.6			53.4			18.3				
28 00			51.6			53.5							
12	31.4	41.4	3.1			53.6							
29 00	31.5	41.5	27.1			62.1	12.6	18.4					
12			24.2	D	D	62.2							
30 00	31.6	41.6	2.3	R	R	62.3				4.6			
12			23.4			62.4		18.5					
31 00	33.1	19.1	8.5			62.5	15.1						
12			20.6			62.6							

August 1948

Date/Time	☉	⊕	☾	☊	☋	☿	♀	♂	♃	♄	⛢	♆	♇
1 00	33.2	19.2	35.1	24.3	44.3	56.1	15.1	18.6	26.3	4.6	15.1	48.2	7.2
12			45.2	R	R	56.2		D		D	D	D	D
2 00	33.3	19.3	12.4			56.3	15.2						
12			15.5			56.4		48.1					
3 00	33.4	19.4	39.1			56.5							
12			53.3	24.2	44.2	56.6	15.3						
4 00	33.5	19.5	62.5				31.1	48.2					
12			31.1				31.3						
5 00	33.6	19.6	33.3				31.4	15.4					
12			7.5				31.5	48.3					
6 00	7.1	13.1	29.1				31.6						
12			59.3				33.1				29.1		
7 00	7.2	13.2	40.5				33.2	15.5	48.4				
12			47.1				33.3						
8 00	7.3	13.3	6.3				33.4	15.6					
12			46.5				33.5	48.5					
9 00	7.4	13.4	48.1				33.6						
12			57.3				7.2	52.1			15.2		
10 00	7.5	13.5	32.4				7.3	48.6					
12			50.6				7.4						
11 00	7.6	13.6	44.1				7.5	52.2					
12			1.2	D	D		7.6	57.1					
12 00	4.1	49.1	43.3	R	R		4.1						
12			14.4				4.2	52.3					
13 00	4.2	49.2	34.5				4.3	57.2					
12			9.6				4.4	52.4					
14 00	4.3	49.3	26.1				4.5		29.2				
12			11.1	24.1	44.1		4.6	57.3					
15 00	4.4	49.4	10.2				29.1	52.5					
12			58.2				29.2						
16 00	4.5	49.5	38.3				29.4	52.6	57.4				
12			54.3				29.5			D			
17 00	4.6	49.6	61.4				29.6						
12			60.4				59.1	39.1	57.5				
18 00	29.1	30.1	41.5				59.2						
12			19.5				59.3	39.2					
19 00	29.2	30.2	13.5				59.4		57.6				
12	29.3	30.3	49.6				59.5	39.3					
20 00			30.6	27.6	28.6		59.6						
12	29.4	30.4	55.6				40.1	39.4	32.1				
21 00			63.1				40.2						
12	29.5	30.5	22.1				40.3		29.3				
22 00			36.1				40.4	39.5	32.2				
12	29.6	30.6	25.2				40.5						
23 00			17.2				40.6	39.6					
12	59.1	55.1	21.3				64.1		32.3				
24 00			51.3				53.1						
12	59.2	55.2	42.3				64.2						
25 00			3.4				64.3	53.2	32.4				
12	59.3	55.3	27.4				64.4						
26 00			24.5	D	D		64.5	53.3					7.3
12	59.4	55.4	2.6				64.6		32.5				
27 00			23.6				47.1	53.4					
12	59.5	55.5	20.1				47.2						
28 00			16.2	R	R		47.3	53.5	32.6				
12	59.6	55.6	35.3				47.4				29.4		
29 00			45.4				47.5					48.3	
12	40.1	37.1	12.6				47.6	53.6	50.1				
30 00			52.1										
12	40.2	37.2	39.3				6.1	62.1	50.2				
31 00			53.4				6.2						
12	40.3	37.3	62.6				6.3	62.2					

September 1948

Date	Time	☉	⊕	☽	☊	☋	☿	♀	♂	♃	♄	⛢	♆	♇
1	00	40.3	37.3	31.2	27.6	28.6	6.4	62.2	50.3	26.3	29.4	15.2	48.3	7.3
	12	40.4	37.4	33.4	27.5	28.5	6.5	62.3	D	D	D	D	D	D
2	00			7.6			6.6	62.4						
	12	40.5	37.5	29.2					50.4					
3	00			59.4			46.1	62.5						
	12	40.6	37.6	40.6			46.2							
4	00			47.3			46.3	62.6	50.5			15.3		
	12	64.1	63.1	6.5			46.4							
5	00	64.2	63.2	18.1			46.5	56.1			29.5			
	12			48.3					50.6					
6	00	64.3	63.3	57.4			46.6	56.2						
	12			32.6			18.1							
7	00	64.4	63.4	28.2			18.2	56.3	28.1	26.4				
	12			44.3	D	D	18.3							
8	00	64.5	63.5	1.5				56.4						
	12			43.6			18.4		28.2					
9	00	64.6	63.6	34.1			18.5	56.5						
	12			9.2			18.6		28.3					
10	00	47.1	22.1	5.3				56.6						
	12			26.4	R	R	48.1							
11	00	47.2	22.2	11.5			48.2	31.1	28.4					
	12			10.5			48.3	31.2						
12	00	47.3	22.3	58.6										
	12			38.6			48.4	31.3	28.5		29.6			
13	00	47.4	22.4	61.1			48.5							
	12			60.1			48.6	31.4						
14	00	47.5	22.5	41.2					28.6					
	12			19.2			57.1	31.5						
15	00	47.6	22.6	13.2			57.2							
	12			49.3				31.6	44.1					
16	00	6.1	36.1	30.3	27.4	28.4	57.3							
	12			55.3			57.4	33.1	44.2					
17	00	6.2	36.2	37.4				33.2						
	12			63.4			57.5							
18	00	6.3	36.3	22.4			57.6	33.3	44.3					
	12	6.4	36.4	36.5						26.5				
19	00			25.5			32.1	33.4						
	12	6.5	36.5	17.5			32.2		44.4					
20	00			21.6				33.5						
	12	6.6	36.6	51.6			32.3	33.6			59.1			
21	00			3.1			32.4		44.5					
	12	46.1	25.1	27.1				7.1						
22	00			24.2	D	D	32.5		44.6					
	12	46.2	25.2	2.2				7.2						
23	00			23.3			32.6							
	12	46.3	25.3	8.4				7.3	1.1					
24	00			20.5			50.1	7.4						
	12	46.4	25.4	16.5			50.2							
25	00			35.6				7.5	1.2			40.4		
	12	46.5	25.5	12.1			50.3							
26	00			15.3				7.6						
	12	46.6	25.6	52.4	R	R	50.4		1.3					
27	00			39.5				4.1		26.6				
	12	18.1	17.1	62.1			50.5	4.2	1.4					
28	00			56.2										
	12	18.2	17.2	31.4				4.3			59.2			
29	00			33.6			50.6		1.5					
	12	18.3	17.3	4.1				4.4						
30	00	18.4	17.4	29.3			28.1	4.5						
	12			59.5					1.6					

October 1948

Date	Time	☉	⊕	☽	☊	☋	☿	♀	♂	♃	♄	⛢	♆	♇
1	00	18.5	17.5	64.1	27.4	28.4	28.1	4.6	1.6	26.6	59.2	15.3	48.4	7.3
	12			47.3	R	R	28.2		43.1	D	D	D	D	D
2	00	18.6	17.6	6.5			29.1							7.4
	12			18.1			29.2							
3	00	48.1	21.1	48.3			28.3		43.2					
	12			57.5			29.3							
4	00	48.2	21.2	50.1										
	12			28.3			29.4		43.3	11.1				
5	00	48.3	21.3	44.5	D	D	28.4	29.5						
	12			1.6					43.4					
6	00	48.4	21.4	14.2				29.6						
	12			34.3							R			
7	00	48.5	21.5	9.4				59.1	43.5		59.3			
	12			5.5				59.2						
8	00	48.6	21.6	26.6										
	12			10.1			R		59.3	43.6				
9	00	57.1	51.1	58.2										
	12	57.2	51.2	38.2				59.4	14.1					
10	00			54.3	R	R		59.5						
	12	57.3	51.3	61.4										
11	00			60.4				59.6	14.2	11.2				
	12	57.4	51.4	41.4			28.3							
12	00			19.5				40.1						
	12	57.5	51.5	13.5				40.2	14.3					
13	00			49.5			28.2							
	12	57.6	51.6	30.6				40.3	14.4					
14	00			55.6										
	12	32.1	42.1	37.6			28.1	40.4						
15	00			22.1				40.5	14.5					
	12	32.2	42.2	36.1			50.6							
16	00			25.2				40.6						
	12	32.3	42.3	17.2			50.5	64.1	14.6		59.4			
17	00			21.2						11.3				
	12	32.4	42.4	51.3			50.4	64.2	34.1					
18	00	32.5	42.5	42.3			50.3							
	12			3.4				64.3						
19	00	32.6	42.6	27.4	D	D	50.2	64.4	34.2					
	12			24.5			50.1							
20	00	50.1	3.1	2.6				64.5						
	12			8.1			32.6	64.6	34.3				48.5	
21	00	50.2	3.2	20.1			32.5							
	12			16.2				47.1	34.4					
22	00	50.3	3.3	35.3			32.4							
	12			45.4				47.2	11.4					
23	00	50.4	3.4	12.5			32.3	47.3	34.5					
	12			15.6			32.2							
24	00	50.5	3.5	39.2				47.4	34.6					
	12			53.3			32.1	47.5						
25	00	50.6	3.6	62.1										
	12			56.6				47.6	9.1					
26	00	28.1	27.1	33.1	R	R	57.6							
	12	28.2	27.2	7.3				6.1			59.5			
27	00			4.4				6.2	9.2					
	12	28.3	27.3	29.6										
28	00			40.2				6.3	9.3	11.5				
	12	28.4	27.4	64.3	D	D	57.5	6.4						
29	00			47.5		D								
	12	28.5	27.5	46.1				6.5	9.4					
30	00			18.3			57.6							
	12	28.6	27.6	48.5				6.6	9.5					
31	00			57.6				46.1						
	12	44.1	24.1	50.2										

November 1948

Date/Time	☉	⊕	☾	☊	☋	☿	♀	♂	♃	♄	⚹	♆	⚹
1 00	44.1	24.1	28.4	R	R	57.6	46.2	9.6	11.5	59.5	15.3	48.5	7.4
12	44.2	24.2	44.5			32.1	46.3		D	D	D	R	D	D
2 00			43.1					5.1	11.6				
12	44.3	24.3	14.3				46.4						
3 00	44.4	24.4	34.4			32.2	46.5						
12			9.5					5.2					
4 00	44.5	24.5	5.6			32.3	46.6						
12			11.2										
5 00	44.6	24.6	10.3			32.4	18.1	5.3					
12			58.3				18.2						
6 00	1.1	2.1	38.4			32.5		5.4					
12			54.5				18.3						
7 00	1.2	2.2	61.6			32.6	18.4		10.1				
12			60.6				50.1	5.5					
8 00	1.3	2.3	19.1				18.5			59.6			
12			13.1				50.2	18.6	5.6		15.2		
9 00	1.4	2.4	49.1	D	D	50.3							
12	1.5	2.5	30.2			50.4	48.1						
10 00			55.2				48.2	26.1					
12	1.6	2.6	37.3			50.5							
11 00			63.3			50.6	48.3	26.2					
12	43.1	23.1	22.3						10.2				
12 00			36.3			28.1	48.4						
12	43.2	23.2	25.4			28.2	48.5	26.3					
13 00			17.4			28.3							
12	43.3	23.3	21.5			28.4	48.6	26.4					
14 00			51.5				57.1						
12	43.4	23.4	42.6			28.5							
15 00			3.6			28.6	57.2	26.5					
12	43.5	23.5	24.1	R	R	44.1	57.3						
16 00			2.2			44.2		26.6					
12	43.6	23.6	23.3				57.4		10.3				
17 00	14.1	8.1	8.3			44.3	57.5				48.6		
12			20.4			44.4		11.1					
18 00	14.2	8.2	16.5			44.5	57.6					R	
12			45.1			44.6	32.1	11.2					
19 00	14.3	8.3	12.2			1.1							
12			15.3				32.2						
20 00	14.4	8.4	52.4	27.3	28.3	1.2		11.3					
12			39.5			1.3	32.3						
21 00	14.5	8.5	62.1			1.4	32.4	11.4	10.4				
12			56.2			1.5							
22 00	14.6	8.6	31.4			1.6	32.5						
12			33.5				32.6	11.5					
23 00	34.1	20.1	4.1			43.1							
12	34.2	20.2	29.2			43.2	50.1	11.6					
24 00			59.4	D	D	43.3	50.2						
12	34.3	20.3	40.5			43.4							
25 00			47.1			43.5	50.3	10.1	10.5	40.1			
12	34.4	20.4	6.2				50.4						
26 00			46.4			43.6		10.2					
12	34.5	20.5	18.5			14.1	50.5						
27 00			57.1			14.2	50.6						
12	34.6	20.6	32.3			14.3		10.3					
28 00			50.4			14.4	28.1						
12	9.1	16.1	28.6	R	R		28.2	10.4					
29 00			1.1			14.5							
12	9.2	16.2	43.3			14.6	28.3		10.6				
30 00	9.3	16.3	14.4			34.1	28.4	10.5					
12			34.5			34.2							

December 1948

Date/Time	☉	⊕	☾	☊	☋	☿	♀	♂	♃	♄	⚹	♆	⚹
1 00	9.4	16.4	5.1	27.3	28.3	34.3	28.5	10.6	10.6	40.1	15.2	48.6	7.4
12			26.2	R	R	34.4	28.6		D	D		R	D	R
2 00	9.5	16.5	11.3										
12			10.4			34.5	44.1	58.1					
3 00	9.6	16.6	58.5			34.6	44.2						
12			38.6				9.1	58.2					
4 00	5.1	35.1	61.1			9.2	44.3		58.1				
12			60.1			9.3		58.3					
5 00	5.2	35.2	41.2				44.4						
12	5.3	35.3	19.2			9.4	44.5				15.1		
6 00			13.3			9.5		58.4					
12	5.4	35.4	49.3			9.6	44.6						
7 00			30.4			5.1	1.1	58.5					
12	5.5	35.5	55.4			5.2							
8 00			37.5				1.2	58.2					
12	5.6	35.6	63.5			5.3	1.3	58.6					
9 00			22.5	D	D	5.4							
12	26.1	45.1	36.5			5.5	1.4	38.1					
10 00			25.6			5.6	1.5						
12	26.2	45.2	17.6				26.1						
11 00			51.1				1.6	38.2					
12	26.3	45.3	42.1			26.2	43.1						
12 00	26.4	45.4	3.2			26.3		38.3	58.3				
12			27.2			26.4	43.2						
13 00	26.5	45.5	24.3	R	R	26.5	43.3						
12			2.4			26.6		38.4					
14 00	26.6	45.6	23.4				43.4						
12			8.5			11.1	43.5	38.5					
15 00	11.1	12.1	20.6			11.2							
12			35.2			11.3	43.6	38.6					
16 00	11.2	12.2	45.3			11.4	14.1						
12			12.4	27.2	28.2	11.5			58.4				
17 00	11.3	12.3	15.5				14.2	54.1					
12	11.4	12.4	39.1			11.6	14.3			R			
18 00			53.2			10.1		54.2					
12	11.5	12.5	62.4			10.2	14.4						
19 00			56.6			10.3	14.5						
12	11.6	12.6	33.1			10.4		54.3					
20 00			7.3			10.5	14.6						
12	10.1	15.1	4.5				34.1	54.4	58.5				
21 00			29.6			10.6							
12	10.2	15.2	40.2			58.1	34.2	54.5					
22 00			64.3			58.2	34.3						
12	10.3	15.3	47.5			58.3							
23 00	10.4	15.4	6.6			58.4	34.4	54.6					
12			18.2	D	D	58.5	34.5						
24 00	10.5	15.5	48.3				61.1						
12			57.5			58.6	34.6		58.6				
25 00	10.6	15.6	32.6			38.1	9.1						
12			28.2			38.2	61.2						
26 00	58.1	52.1	44.3	R	R	38.3	9.2						
12			1.4			38.4	9.3	61.3					
27 00	58.2	52.2	43.5			38.5							
12			34.1				9.4				12.6		
28 00	58.3	52.3	9.2			38.6	9.5	61.4					
12			5.3			54.1		38.1					
29 00	58.4	52.4	26.4			54.2	9.6	61.5					
12	58.5	52.5	11.5	27.1	28.1	54.3	5.1						
30 00			10.6			54.4		61.6					
12	58.6	52.6	38.1			54.5	5.2						
31 00			54.2				5.3						
12	38.1	39.1	61.2			54.6		60.1					

January 1949

Date	Time	☉	⊕	☽	☊	☋	☿	♀	♂	♃	♄	⯝	♆	♇
1	00	38.1	39.1	60.3	27.1	28.1	61.1	5.4	60.1	38.1	40.1	12.6	48.5	7.4
	12	38.2	39.2	41.4	R	R	61.2	5.5	60.2	38.2	R	R	D	R
2	00			19.4			61.3							
	12	38.3	39.3	13.5			61.4	5.6						
3	00			49.5	3.6	50.6	61.5	26.1	60.3					
	12	38.4	39.4	30.6									57.1	
4	00	38.5	39.5	55.6			61.6	26.2	60.4					
	12			63.1			60.1	26.3						
5	00	38.6	39.6	22.1			60.2		60.5					7.3
	12			36.1			60.3	26.4		38.3				
6	00	54.1	53.1	25.1			60.4	26.5						
	12			17.2			60.5		60.6					
7	00	54.2	53.2	21.2				26.6						
	12			51.2	D	D	60.6	11.1	41.1					
8	00	54.3	53.3	42.3			41.1							
	12			3.3			41.2	11.2	41.2			59.6		
9	00	54.4	53.4	27.4	R	R	41.3	11.3						
	12	54.5	53.5	24.4			41.4			38.4				
10	00			2.5				11.4	41.3					
	12	54.6	53.6	23.6			41.5	11.5						
11	00			20.1			41.6		41.4					
	12	61.1	62.1	16.2			19.1	11.6						
12	00			35.3			19.2	10.1						
	12	61.2	62.2	45.4					41.5					
13	00			12.5			19.3	10.2						
	12	61.3	62.3	52.1			19.4	10.3	41.6	38.5				
14	00			39.2			19.5							
	12	61.4	62.4	53.4				10.4	19.1					
15	00	61.5	62.5	62.6	3.5	50.5	19.6	10.5						
	12			31.2			13.1							
16	00	61.6	62.6	33.3				10.6	19.2					
	12			7.5			13.2	58.1					R	
17	00	60.1	56.1	29.1			13.3		19.3					
	12			59.3				58.2						
18	00	60.2	56.2	40.5			13.4	58.3		38.6				
	12			47.1					19.4					
19	00	60.3	56.3	6.3			13.5	58.4						
	12			46.4				58.5	19.5					
20	00	60.4	56.4	18.6			13.6							
	12			57.1				58.6	19.6			12.5		
21	00	60.5	56.5	32.3			49.1	38.1						
	12	60.6	56.6	50.4	D	D								
22	00			28.6	R	R		38.2	13.1	54.1				
	12	41.1	31.1	1.1				38.3						
23	00			43.2			49.2		13.2					
	12	41.2	31.2	14.3				38.4						
24	00			34.4				38.5	13.3					
	12	41.3	31.3	9.5										
25	00			5.6			R	38.6						
	12	41.4	31.4	11.1	3.4	50.4		54.1	13.4					
26	00			10.2						54.2	59.5			
	12	41.5	31.5	58.3				54.2	13.5					
27	00	41.6	31.6	38.4			49.1	54.3						
	12			54.4										
28	00	19.1	33.1	61.5				54.4	13.6					
	12			60.6				54.5						
29	00	19.2	33.2	41.6			13.6		49.1					
	12			13.1				54.6						
30	00	19.3	33.3	49.1	3.3	50.3	13.5	61.1	49.2	54.3			48.6	
	12			30.2										
31	00	19.4	33.4	55.2			13.4	61.2						
	12			37.3				61.3	49.3					

February 1949

Date	Time	☉	⊕	☽	☊	☋	☿	♀	♂	♃	♄	⯝	♆	♇
1	00	19.5	33.5	63.3	3.3	50.3	13.3	61.3	49.3	54.3	59.5	12.5	48.5	7.3
	12	19.6	33.6	22.3	R	R	13.2	61.4	49.4	D	R	R	R	R
2	00			36.4				61.5						
	12	13.1	7.1	25.4			13.1		49.5					
3	00			17.4				61.6						
	12	13.2	7.2	21.4			19.6	60.1		54.4				
4	00			51.5			19.5		49.6					
	12	13.3	7.3	42.5				60.2						
5	00			3.5	D	D	19.4	60.3	30.1					
	12	13.4	7.4	27.6			19.3							
6	00			24.6				60.4	30.2					
	12	13.5	7.5	23.1	R	R	19.2	60.5						
7	00			8.2										
	12	13.6	7.6	20.2			19.1	60.6	30.3	54.5				
8	00	49.1	4.1	16.3			41.1							
	12			35.4			41.6		30.4			59.4		
9	00	49.2	4.2	45.5			41.2							
	12			12.6			41.5	41.3						
10	00	49.3	4.3	52.2					30.5					
	12			39.3	3.2	50.2		41.4						
11	00	49.4	4.4	53.5			41.4	41.5	30.6					
	12			62.6										
12	00	49.5	4.5	31.2				41.6	55.1	54.6				
	12			33.4			19.1							
13	00	49.6	4.6	7.6			41.3							
	12			29.2				19.2	55.2					
14	00	30.1	29.1	59.4			19.3							
	12	30.2	29.2	40.6				55.3						
15	00			47.3			D	19.4						
	12	30.3	29.3	6.5				19.5	55.4					7.2
16	00			18.1										
	12	30.4	29.4	48.2				19.6	61.1					
17	00			57.4			13.1	55.5						
	12	30.5	29.5	32.6			41.4							
18	00			28.2	D	D	13.2	55.6						
	12	30.6	29.6	44.3			13.3							
19	00			1.5										
	12	55.1	59.1	43.6			13.4	37.1						
20	00			34.1			41.5	13.5		59.3				
	12	55.2	59.2	9.2	R	R		37.2						
21	00	55.3	59.3	5.3			13.6		61.2					
	12			26.4			41.6	49.1	37.3					
22	00	55.4	59.4	11.5										
	12			10.6				49.2						
23	00	55.5	59.5	38.1	3.1	50.1	19.1	49.3	37.4					
	12			54.1										
24	00	55.6	59.6	61.2				49.4	37.5					
	12			60.2			19.2	49.5						
25	00	37.1	40.1	41.3					37.6					
	12			19.4			19.3	49.6		61.3				
26	00	37.2	40.2	13.4			30.1							
	12			49.4			19.4		63.1					
27	00	37.3	40.3	30.5			30.2							
	12	37.4	40.4	55.5			19.5	30.3	63.2					
28	00			37.6										
	12	37.5	40.5	63.6			19.6	30.4						

March 1949

Date	Time	☉	⊕	☾	☊	☋	☿	♀	♂	♃	♄	⇧	♆	⊕
1	00	37.5	40.5	22.6	3.1	50.1	19.6	30.5	63.3	61.3	59.3	12.5	48.6	7.2
	12	37.6	40.6	36.6	42.6	32.6	13.1	D	D	D	R	R	R	R
2	00			17.1				30.6	63.4					
	12	63.1	64.1	21.1			13.2		61.4					
3	00			51.1			13.3	55.1	63.5					
	12	63.2	64.2	42.2				55.2						
4	00			3.2	D	D	13.4			59.2				
	12	63.3	64.3	27.2				55.3	63.6					
5	00			24.3			13.5	55.4						
	12	63.4	64.4	2.3			13.6		22.1		D			
6	00			23.4				55.5						
	12	63.5	64.5	8.4		49.1	55.6	22.2						
7	00	63.6	64.6	20.5		49.2								
	12			16.5			37.1		61.5					
8	00	22.1	47.1	35.6		49.3	37.2	22.3						
	12			12.1	R	R	49.4							
9	00	22.2	47.2	15.2				37.3	22.4					
	12			52.3			49.5	37.4						
10	00	22.3	47.3	39.5			49.6							
	12			53.6			30.1	37.5	22.5					
11	00	22.4	47.4	56.1				37.6						
	12			31.3			30.2		22.6					
12	00	22.5	47.5	33.5			30.3	63.1						
	12			4.1				63.2	36.1	61.6				
13	00	22.6	47.6	29.3			30.4							
	12			59.5			30.5	63.3						
14	00	36.1	6.1	64.1			30.6	63.4	36.2					
	12	36.2	6.2	47.3			55.1							
15	00			6.5				63.5	36.3					
	12	36.3	6.3	18.1			55.2	63.6						
16	00			48.3			55.3							
	12	36.4	6.4	57.5			55.4	22.1	36.4		59.1			
17	00			50.1	D	D	22.2							
	12	36.5	6.5	28.3			55.5		36.5					
18	00			44.5			55.6	22.3		60.1				
	12	36.6	6.6	43.1			37.1	22.4	36.6					
19	00			14.2			37.2							
	12	25.1	46.1	34.4				22.5						
20	00			9.5			37.3	22.6	25.1					
	12	25.2	46.2	5.6			37.4							
21	00			11.1			37.5	36.1	25.2					
	12	25.3	46.3	10.2			37.6	36.2				48.5		
22	00			58.3	R	R	63.1							
	12	25.4	46.4	38.4			63.2	36.3	25.3					
23	00	25.5	46.5	54.5				36.4						
	12			61.5			63.3		25.4					
24	00	25.6	46.6	60.6			63.4	36.5		60.2				
	12			41.6			63.5	36.6	25.5					
25	00	17.1	18.1	13.1			63.6							
	12			49.1			22.1	25.1						
26	00	17.2	18.2	30.2			22.2	25.2	25.6					
	12			55.2			22.3							
27	00	17.3	18.3	37.2			22.4	25.3	17.1					
	12			63.3			22.5	25.4						
28	00	17.4	18.4	22.3										
	12			36.3			22.6	25.5	17.2					
29	00	17.5	18.5	25.4			36.1	25.6						
	12			17.4			36.2		17.3					
30	00	17.6	18.6	21.4			36.3	17.1						
	12			51.4			36.4	17.2		60.3				
31	00	21.1	48.1	42.5			36.5		17.4					
	12	21.2	48.2	3.5	D	D	36.6	17.3						

April 1949

Date	Time	☉	⊕	☾	☊	☋	☿	♀	♂	♃	♄	⇧	♆	⊕
1	00	21.2	48.2	27.6	42.6	32.6	25.1	17.4	17.5	60.3	29.6	12.5	48.5	7.2
	12	21.3	48.3	24.6	D	D	25.2	D	D	D	R	D	R	R
2	00			2.6			25.3	17.5	17.6					
	12	21.4	48.4	8.1			25.4	17.6						
3	00			20.1			25.5							
	12	21.5	48.5	16.2			25.6	21.1	21.1					
4	00			35.3			17.1	21.2						
	12	21.6	48.6	45.3			17.2		21.2					
5	00			12.4			17.3	21.3						
	12	51.1	57.1	15.5			17.4	21.4						
6	00			52.6			17.5		21.3	60.4				
	12	51.2	57.2	53.1			17.6	21.5						
7	00			62.2	R	R	21.1	21.6	21.4					
	12	51.3	57.3	56.4			21.2							
8	00			31.5			21.3	51.1						
	12	51.4	57.4	7.1			21.4	51.2	21.5					
9	00			4.2			21.5							
	12	51.5	57.5	29.4			51.1	51.3	21.6					
10	00			59.6			51.2	51.4						
	12	51.6	57.6	64.2			51.3		51.1					
11	00	42.1	32.1	47.4			51.4	51.5						
	12			6.6			51.5	51.6						
12	00	42.2	32.2	18.2			51.6		51.2					
	12			48.4			42.1	42.1						
13	00	42.3	32.3	57.6			42.2	42.2	51.3					
	12			50.2	D	D	42.3							7.1
14	00	42.4	32.4	28.4			42.4	42.3		60.5				
	12			44.6			42.6	42.4	51.4					
15	00	42.5	32.5	43.2			3.1							
	12			14.4			3.2	42.5	51.5					
16	00	42.6	32.6	34.5	R	R	3.3							
	12			5.1			3.4	42.6						
17	00	3.1	50.1	26.2			3.5	3.1	51.6					
	12			11.3			3.6				12.6			
18	00	3.2	50.2	10.5			27.1	3.2	42.1					
	12			58.6			27.3	3.3						
19	00	3.3	50.3	54.1			27.4							
	12			61.1			27.5	3.4	42.2					
20	00	3.4	50.4	60.2			27.6	3.5						
	12			41.3	D	D	24.1		42.3					
21	00	3.5	50.5	19.3			24.2	3.6						
	12			13.4			24.3	27.1						
22	00	3.6	50.6	49.4			24.4		42.4					
	12	27.1	28.1	30.5			24.6	27.2						
23	00			55.5			2.1	27.3	42.5					
	12	27.2	28.2	37.5			2.2							
24	00			63.6			2.3	27.4		60.6				
	12	27.3	28.3	22.6			2.4	27.5	42.6					
25	00			36.6			2.5					48.4		
	12	27.4	28.4	17.1			2.6	27.6	3.1					
26	00			21.1			23.1	24.1						
	12	27.5	28.5	51.1			23.2							
27	00			42.2			23.3	24.2	3.2					D
	12	27.6	28.6	3.2	R	R	23.4	24.3						
28	00			27.2			23.5		3.3					
	12	24.1	44.1	24.3			23.6	24.4						
29	00			2.3			8.1	24.5						
	12	24.2	44.2	23.4			8.2		3.4					
30	00			8.4			8.3	24.6						
	12	24.3	44.3	20.5			8.4	2.1	3.5					

May 1949

Date	Time	☉	⊕	☾	☊	☋	☿	♀	♂	♃	♄	⊕̇	♆	♅
1	00	24.3	44.3	16.6	42.6	32.6	8.4	2.1	3.5	60.6	29.6	12.6	48.4	7.1
	12	24.4	44.4	35.6	R	R	8.5	2.2	D	D	D	D	R	D
2	00			12.1			8.6	2.3	3.6					
	12	24.5	44.5	15.2			20.1							
3	00			52.3			20.2	2.4	27.1					
	12	24.6	44.6	39.4			20.3	2.5						
4	00			53.5										
	12	2.1	1.1	62.6			20.4	2.6	27.2					
5	00			31.1			20.5	23.1						
	12	2.2	1.2	33.3			20.6		27.3					
6	00	2.3	1.3	7.4	D	D			23.2					
	12			4.5			16.1							
7	00	2.4	1.4	59.1			16.2	23.3	27.4					
	12			40.2				23.4						
8	00	2.5	1.5	64.4			16.3		27.5					
	12			47.6			16.4	23.5						
9	00	2.6	1.6	46.2				23.6						
	12			18.3			16.5		27.6			15.1		
10	00	23.1	43.1	48.5				8.1						7.2
	12			32.1			16.6	8.2	24.1	41.1				
11	00	23.2	43.2	50.3	R	R								
	12			28.5			35.1	8.3						
12	00	23.3	43.3	1.1				8.4	24.2					
	12			43.3			35.2							
13	00	23.4	43.4	14.4				8.5	24.3					
	12			34.6			35.3	8.6						
14	00	23.5	43.5	5.2										
	12			26.3	42.5	32.5	35.4	20.1	24.4					
15	00	23.6	43.6	11.5				20.2						
	12			10.6					24.5					
16	00	8.1	14.1	38.1			35.5	20.3						
	12			54.2				20.4						
17	00	8.2	14.2	61.3					24.6					
	12			60.4				20.5						
18	00	8.3	14.3	41.5			35.6	20.6	2.1					
	12			19.6										
19	00	8.4	14.4	13.6				16.1						
	12			30.1				16.2	2.2					
20	00	8.5	14.5	55.1	D	D								
	12			37.2				16.3	2.3					
21	00	8.6	14.6	63.2			45.1	16.4			R			
	12			22.2										
22	00	20.1	34.1	36.3				16.5	2.4					
	12			25.3										
23	00	20.2	34.2	17.3				16.6						
	12	20.3	34.3	21.3			R	35.1	2.5					
24	00			51.4										
	12	20.4	34.4	42.4				35.2	2.6					
25	00			3.5	R	R		35.3						
	12	20.5	34.5	27.5			35.6							
26	00			24.5				35.4	23.1					
	12	20.6	34.6	2.6				35.5						
27	00			8.1					23.2					
	12	16.1	9.1	20.1				35.6				15.2		
28	00			16.2				45.1						
	12	16.2	9.2	35.3					23.3					
29	00			45.4			35.5	45.2						
	12	16.3	9.3	12.5				45.3	23.4					
30	00			15.5										
	12	16.4	9.4	39.1				45.4						
31	00			53.2			35.4	45.5	23.5					
	12	16.5	9.5	62.3					60.6					

June 1949

Date	Time	☉	⊕	☾	☊	☋	☿	♀	♂	♃	♄	⊕̇	♆	♅
1	00	16.5	9.5	56.4	42.5	32.5	35.4	45.6	23.5	60.6	29.6	15.2	48.4	7.2
	12	16.6	9.6	31.5	R	R	R	12.1	23.6	R	59.1	D	R	D
2	00			7.1			35.3							
	12	35.1	5.1	4.2				12.2	8.1					
3	00			29.3				12.3						
	12	35.2	5.2	59.5			35.2							
4	00			40.6	42.4	32.4		12.4	8.2					
	12	35.3	5.3	47.2	D	D		12.5						
5	00			6.3	42.5	32.5			8.3					
	12	35.4	5.4	46.5			35.1	12.6						
6	00			48.1										
	12	35.5	5.5	57.2				15.1	8.4					
7	00			32.4			16.6	15.2						
	12	35.6	5.6	50.6	R	R								
8	00			44.1				15.3	8.5					
	12	45.1	26.1	1.3	42.4	32.4		15.4						
9	00			43.4			16.5		8.6					
	12	45.2	26.2	14.6				15.5						
10	00			9.2				15.6						
	12	45.3	26.3	5.3					20.1					
11	00			26.5				52.1						
	12	45.4	26.4	11.6			16.4	52.2						
12	00			58.1					20.2					
	12	45.5	26.5	38.3				52.3					15.3	
13	00			54.4				52.4	20.3					
	12	45.6	26.6	61.5										
14	00			60.6				52.5						
	12	12.1	11.1	19.1				52.6	20.4					
15	00			13.1										
	12	12.2	11.2	49.2				39.1	20.5					
16	00	12.3	11.3	30.3				39.2				59.2		
	12			55.3	42.3	32.3	D				60.5			
17	00	12.4	11.4	37.4				39.3	20.6					
	12			63.4										
18	00	12.5	11.5	22.4				39.4						
	12			36.5				39.5	16.1					
19	00	12.6	11.6	25.5	D	D								
	12			17.5				39.6	16.2					
20	00	15.1	10.1	21.6				53.1						
	12			51.6										
21	00	15.2	10.2	42.6	R	R	16.5	53.2	16.3					
	12			27.1				53.3						
22	00	15.3	10.3	24.1										
	12			2.2				53.4	16.4					
23	00	15.4	10.4	23.2			16.6	53.5						
	12			8.3					16.5					
24	00	15.5	10.5	20.4				53.6						D
	12			16.4			35.1	62.1						
25	00	15.6	10.6	35.5					16.6					
	12			45.6				62.2						
26	00	52.1	58.1	15.1			35.2	62.3						
	12			52.2					35.1					
27	00	52.2	58.2	39.3			35.3	62.4		60.4				
	12			53.5				62.5	35.2					
28	00	52.3	58.3	62.6								59.3	15.4	
	12			31.1	42.2	32.2	35.4	62.6						
29	00	52.4	58.4	33.3					35.3					
	12			7.4			35.5	56.1						
30	00	52.5	58.5	4.6			35.6	56.2						
	12			59.1			35.4							

1949

July 1949

Date/Time	☉	⊕	☾	☊	☋	☿	♀	♂	♃	♄	⛢	♆	♇
1 00	52.6	58.6	40.3	42.2	32.2	45.1	56.3	35.4	60.4	59.3	15.4	48.4	7.2
12			64.4	R	R	D	56.4	D	R	D	D	D	D
2 00	39.1	38.1	47.6			45.2		35.5					
12			46.2			45.3	56.5						
3 00	39.2	38.2	18.3				56.6	35.6					
12			48.5	D	D	45.4							
4 00	39.3	38.3	57.6			45.5	31.1						7.3
12			50.2	R	R		31.2	45.1					
5 00	39.4	38.4	28.3			45.6			60.3				
12			44.5				12.1	31.3					
6 00	39.5	38.5	1.6				31.4	45.2					
12			14.2			12.2							
7 00	39.6	38.6	34.3			12.3	31.5	45.3					
12			9.4			12.4	31.6						
8 00	53.1	54.1	5.6			12.5				59.4			
12			11.1			12.6	33.1	45.4					
9 00	53.2	54.2	10.2										
12			58.4			15.1	33.2						
10 00	53.3	54.3	38.5	42.1	32.1	15.2	33.3	45.5					
12			54.6			15.3							
11 00	53.4	54.4	60.1			15.4	33.4						
12			41.2			15.5	33.5	45.6					
12 00	53.5	54.5	19.3			15.6							
12			13.3			52.1	33.6	12.1					
13 00	53.6	54.6	49.4			52.2	7.1		60.2				
12			30.5			52.3							
14 00	62.1	61.1	55.5			52.4	7.2	12.2		15.5			
12	62.2	61.2	37.6			52.5	7.3						
15 00			63.6			52.6							
12	62.3	61.3	36.1			39.1	7.4	12.3					
16 00			25.1			39.2	7.5						
12	62.4	61.4	17.1	51.6	57.6	39.3							
17 00			21.2			39.4	7.6	12.4		59.5			
12	62.5	61.5	51.2			39.5	4.1						
18 00			42.2	D	D	39.6		12.5					
12	62.6	61.6	3.2	R	R	53.1	4.2						
19 00			27.3			53.2							
12	56.1	60.1	24.3			53.3	4.3	12.6					
20 00			2.4			53.5	4.4		60.1				
12	56.2	60.2	23.4			53.6							
21 00			8.5			62.1	4.5	15.1					
12	56.3	60.3	20.5			62.2	4.6						
22 00			16.6			62.3							
12	56.4	60.4	45.1			62.4	29.1	15.2					
23 00			12.2			62.5	29.2						
12	56.5	60.5	15.3			62.6		15.3					
24 00			52.4			56.2	29.3						
12	56.6	60.6	39.5			56.3	29.4						
25 00			62.1			56.4		15.4					
12	31.1	41.1	56.2			56.5	29.5			59.6			
26 00			31.4			56.6	29.6						
12	31.2	41.2	33.5	51.5	57.5	31.1		15.5					
27 00			4.1			31.2	59.1						
12	31.3	41.3	29.3			31.3			61.6				
28 00			59.4			31.5	59.2	15.6					
12	31.4	41.4	40.6			31.6	59.3						
29 00			47.2			33.1							
12	31.5	41.5	6.4			33.2	59.4	52.1					
30 00			46.5			33.3	59.5						
12	31.6	41.6	48.1			33.4		52.2					
31 00			57.3			33.5	59.6						
12	33.1	19.1	32.4	D	D	33.6	40.1				15.6		

August 1949

Date/Time	☉	⊕	☾	☊	☋	☿	♀	♂	♃	♄	⛢	♆	♇
1 00	33.1	19.1	50.6	51.5	57.5	7.1	40.1	52.3	61.6	59.6	15.6	48.4	7.3
12	33.2	19.2	44.1	D	D	7.2	40.2	D	R	D	D	D	D
2 00			1.3	R	R	7.3	40.3						
12	33.3	19.3	43.4			7.5		52.4		40.1			
3 00			14.6			7.6	40.4						
12	33.4	19.4	9.1			4.1							
4 00			5.2			4.2	40.5	52.5	61.5				
12	33.5	19.5	26.3			4.3	40.6						
5 00			11.4			4.4							
12	33.6	19.6	10.6			4.5	64.1	52.6					7.4
6 00			38.1			4.6	64.2						
12	7.1	13.1	54.2			29.1		39.1					
7 00			61.3			29.2	64.3						
12	7.2	13.2	60.3	51.4	57.4	29.3	64.4						
8 00			41.4			29.4		39.2					
12	7.3	13.3	19.5			29.5	64.5						
9 00	7.4	13.4	13.6			29.6	64.6						
12			49.6			59.1		39.3					
10 00	7.5	13.5	55.1			59.2	47.1						
12			37.2				47.2			40.2			
11 00	7.6	13.6	63.2			59.3		39.4					
12			22.3			59.4	47.3						
12 00	4.1	49.1	36.3			59.5							
12			25.3			59.6	47.4	39.5	61.4				
13 00	4.2	49.2	17.4			40.1	47.5						
12			21.4			40.2							
14 00	4.3	49.3	51.4	D	D	40.3	47.6	39.6					
12			42.4			40.4	6.1						
15 00	4.4	49.4	3.5			40.5							
12			27.5			40.6	6.2	53.1					
16 00	4.5	49.5	24.5				6.3						
12			2.6			64.1		53.2					
17 00	4.6	49.6	23.6	R	R	64.2	6.4						
12			20.1			64.3							
18 00	29.1	30.1	16.1			64.4	6.5	53.3		40.3			
12			35.2			64.5	6.6						
19 00	29.2	30.2	45.3			64.6							
12			12.4				46.1	53.4					
20 00	29.3	30.3	15.5			47.1	46.2						
12			52.6			47.2					52.1		
21 00	29.4	30.4	53.1	51.3	57.3	47.3	46.3	53.5				48.5	
12			62.2			47.4	46.4						
22 00	29.5	30.5	56.4						61.3				
12			31.5			47.5	46.5	53.6					
23 00	29.6	30.6	7.1			47.6	46.6						
12			4.3			6.1							
24 00	59.1	55.1	29.4			6.2	18.1	62.1					
12			59.6										
25 00	59.2	55.2	64.2			6.3	18.2						
12			47.4			6.4	18.3	62.2		40.4			
26 00	59.3	55.3	6.6			6.5							
12			18.2				18.4						
27 00	59.4	55.4	48.4			6.6	18.5	62.3					
12			57.6	D	D	46.1							
28 00	59.5	55.5	50.2				18.6						
12	59.6	55.6	28.3			46.2	48.1	62.4					
29 00			44.5			46.3							
12	40.1	37.1	43.1			46.4	48.2						
30 00			14.2					62.5					
12	40.2	37.2	34.3			46.5	48.3						
31 00			9.5	R	R	46.6	48.4						
12	40.3	37.3	5.6					62.6					

September 1949

Date/Time	☉	⊕	☽	☊	☋	☿	♀	♂	♃	♄	⊕	♆	♅
1 00	40.3	37.3	11.1	51.3	57.3	18.1	48.5	62.6	61.3	40.4	52.1	48.5	7.4
12	40.4	37.4	10.2	R	R	18.2	48.6	56.1	R	D	D	D	D
2 00			58.3							40.5			
12	40.5	37.5	38.4			18.3	57.1						
3 00			54.5					57.2	56.2				
12	40.6	37.6	61.6			18.4							
4 00			41.1			18.5	57.3						
12	64.1	63.1	19.2					56.3					
5 00			13.2			18.6	57.4						
12	64.2	63.2	49.3				57.5		61.2				
6 00			30.3				48.1		56.4				7.5
12	64.3	63.3	55.4	51.2	57.2		57.6						
7 00			37.4				48.2	32.1					
12	64.4	63.4	63.5				48.3		56.5				
8 00			22.5					32.2					
12	64.5	63.5	36.6				48.4	32.3					
9 00			25.6						56.6				
12	64.6	63.6	17.6				48.5	32.4		40.6			
10 00			51.1										
12	47.1	22.1	42.1	D	D		32.5	31.1					
11 00			3.1				48.6	32.6					
12	47.2	22.2	27.1										
12 00	47.3	22.3	24.2			57.1	50.1	31.2					
12			2.2				50.2						
13 00	47.4	22.4	23.2										
12			8.3			57.2	50.3	31.3					
14 00	47.5	22.5	20.3										
12			16.4			57.3	50.4						
15 00	47.6	22.6	35.4				50.5	31.4					
12			45.5										
16 00	6.1	36.1	12.6	R	R		50.6						
12			15.6			57.4	28.1	31.5					
17 00	6.2	36.2	39.1						64.1				
12			53.2				28.2						
18 00	6.3	36.3	62.4					31.6					
12			56.5				28.3						
19 00	6.4	36.4	31.6			57.5	28.4		D		48.6		
12			7.2					33.1					
20 00	6.5	36.5	4.4				28.5				52.2		
12			29.5				28.6						
21 00	6.6	36.6	40.1					33.2					
12			64.3			R	44.1						
22 00	46.1	25.1	47.5				44.2						
12			46.1					33.3					
23 00	46.2	25.2	18.3				44.3						
12			48.5			57.4							
24 00	46.3	25.3	32.1	D	D		44.4	33.4					
12	46.4	25.4	50.3				44.5			64.2			
25 00			28.5										
12	46.5	25.5	1.1				44.6						
26 00			43.3			57.3	1.1	33.5					
12	46.6	25.6	14.5										
27 00			34.6				1.2						
12	18.1	17.1	5.2			57.2		33.6					
28 00			26.3				1.3						
12	18.2	17.2	11.5			57.1	1.4						
29 00			10.6					7.1					
12	18.3	17.3	38.1	R	R		48.6	1.5					
30 00			54.2										
12	18.4	17.4	61.3				48.5	1.6	7.2				

October 1949

Date/Time	☉	⊕	☽	☊	☋	☿	♀	♂	♃	♄	⊕	♆	♅
1 00	18.4	17.4	60.4	51.2	57.2	48.5	43.1	7.2	61.2	64.2	52.2	48.6	7.5
12	18.5	17.5	41.4	R	R	48.4	D	D	D	D	D	D	D
2 00			19.5				43.2	7.3					
12	18.6	17.6	13.6			48.3	43.3		61.3	64.3			
3 00			49.6			48.2							
12	48.1	21.1	55.1				43.4	7.4					
4 00			37.1			48.1							
12	48.2	21.2	63.2				43.5						
5 00	48.3	21.3	22.2			18.6	43.6	7.5					
12			36.2			18.5							
6 00	48.4	21.4	25.3				14.1						
12			17.3			18.4	14.2	7.6					
7 00	48.5	21.5	21.3										
12			51.4	D	D	18.3	14.3						
8 00	48.6	21.6	42.4				4.1						
12			3.4			18.2	14.4						
9 00	57.1	51.1	27.4				14.5						
12			24.5										
10 00	57.2	51.2	2.5			18.1	14.6	4.2					
12			23.5	R	R					64.4			
11 00	57.3	51.3	8.6				34.1						
12			20.6				34.2	4.3			R		
12 00	57.4	51.4	35.1				34.3						
12			45.1				34.3						
13 00	57.5	51.5	12.2			D	34.4	4.4					
12	57.6	51.6	15.2										
14 00			52.3				34.5						
12	32.1	42.1	39.4					4.5				57.1	
15 00			53.5				34.6						
12	32.2	42.2	62.6	D	D		9.1						
16 00			31.1			18.2		4.6					
12	32.3	42.3	33.2				9.2						
17 00			7.4						61.4				
12	32.4	42.4	4.5			18.3	9.3	29.1					7.6
18 00			59.1				9.4						
12	32.5	42.5	40.2										
19 00			64.4			18.4	9.5			64.5			
12	32.6	42.6	47.6					29.2					
20 00			46.2			18.5	9.6						
12	50.1	3.1	18.4			18.6	5.1						
21 00			48.6					29.3					
12	50.2	3.2	32.2	R	R		48.1	5.2					
22 00	50.3	3.3	50.4				48.2						
12			28.6				5.3	29.4					
23 00	50.4	3.4	1.2				48.3	5.4					
12			43.4				48.4						
24 00	50.5	3.5	14.6					5.5	29.5				
12			9.2				48.5						
25 00	50.6	3.6	5.4				48.6	5.6					
12			26.6				57.1	26.1					
26 00	28.1	27.1	10.1					29.6	61.5				
12			58.2				57.2	26.2					
27 00	28.2	27.2	38.4				57.3						
12			54.5				57.4	26.3	59.1				
28 00	28.3	27.3	61.6				57.5	26.4		64.6			
12			41.1				57.6						
29 00	28.4	27.4	19.2	D	D		26.5	59.2					
12			13.2				32.1						
30 00	28.5	27.5	49.3				32.2	26.6					
12	28.6	27.6	30.3				32.3	11.1					
31 00			55.4				32.4	59.3					
12	44.1	24.1	37.4				32.5	11.2					

1949

November 1949

Date	Time	☉	⊕	☾	☊	☋	☿	♀	♂	♃	♄	⚷	♆	♅
1	00	44.1	24.1	63.5	51.2	57.2	32.6	11.2	59.3	61.5	64.6	52.2	57.1	7.6
	12	44.2	24.2	22.5	D	D	D	11.3	59.4	D	D	R	D	D
2	00			36.5			50.1				52.1			
	12	44.3	24.3	25.6			50.2	11.4						
3	00			17.6			50.3	11.5	59.5	61.6				
	12	44.4	24.4	21.6			50.4							
4	00			42.1	R	R	50.5	11.6						
	12	44.5	24.5	3.1			50.6							
5	00			27.1				10.1	59.6					
	12	44.6	24.6	24.2			28.1	10.2						
6	00			2.2			28.2							
	12	1.1	2.1	23.2			28.3	10.3	40.1					
7	00	1.2	2.2	8.3			28.4							
	12			20.3			28.5	10.4		47.1				
8	00	1.3	2.3	16.4			28.6							
	12			35.4			44.1	10.5	40.2					
9	00	1.4	2.4	45.5				10.6						
	12			12.5			44.2		60.1					
10	00	1.5	2.5	15.6			44.3	58.1	40.3			57.2		
	12			39.1			44.4							
11	00	1.6	2.6	53.1			44.5	58.2						
	12			62.2			44.6		40.4					
12	00	43.1	23.1	56.3			1.1	58.3						
	12			31.4			1.2	58.4						
13	00	43.2	23.2	33.5										
	12	43.3	23.3	7.6			1.3	58.5	40.5					
14	00			29.2	D	D	1.4							
	12	43.4	23.4	59.3			1.5	58.6						
15	00			40.4			1.6		40.6					
	12	43.5	23.5	64.6			43.1	38.1		60.2				
16	00			6.2			43.2							
	12	43.6	23.6	46.3				38.2						
17	00			18.5			43.3	38.3	64.1					
	12	14.1	8.1	57.1			43.4							
18	00			32.3	R	R	43.5	38.4						
	12	14.2	8.2	50.5			43.6							
19	00			44.1			14.1	38.5	64.2					
	12	14.3	8.3	1.3			14.2					47.2		
20	00	14.4	8.4	43.5				38.6						R
	12			34.1	51.1	57.1	14.3		64.3					
21	00	14.5	8.5	9.3			14.4	54.1						
	12			5.5			14.5			60.3				
22	00	14.6	8.6	26.6			14.6	54.2						
	12			10.2			34.1	54.3	64.4					
23	00	34.1	20.1	58.4										
	12			38.5			34.2	54.4						
24	00	34.2	20.2	61.1			34.3		64.5					
	12			60.2			34.4	54.5						
25	00	34.3	20.3	41.3			34.5							
	12			19.4			34.6	54.6						
26	00	34.4	20.4	13.5					64.6					
	12	34.5	20.5	49.5			9.1	61.1		60.4				
27	00			30.6			9.2							
	12	34.6	20.6	37.1	D	D	9.3	61.2						
28	00			63.1			9.4		47.1					
	12	9.1	16.1	22.2			9.5	61.3						
29	00			36.2										
	12	9.2	16.2	25.2			9.6	61.4						
30	00			17.3			5.1		47.2					
	12	9.3	16.3	21.3			5.2	61.5						

December 1949

Date	Time	☉	⊕	☾	☊	☋	☿	♀	♂	♃	♄	⚷	♆	♅
1	00	9.3	19.3	51.3	R	R	5.3	61.5	47.2	60.4	47.2	52.1	57.2	7.6
	12	9.4	16.4	42.3			5.4	61.6	47.3	D	D	R	D	R
2	00			3.4						60.5				
	12	9.5	16.5	27.4			5.5	60.1						
3	00	9.6	16.6	24.4			5.6							
	12			2.5			26.1	60.2	47.4					
4	00	5.1	35.1	23.5			26.2					15.6		
	12			8.6			26.3	60.3						
5	00	5.2	35.2	20.6										
	12			35.1	21.6	48.6	26.4	60.4	47.5		47.3			
6	00	5.3	35.3	45.1			26.5							
	12			12.2			26.6	60.5		60.6				
7	00	5.4	35.4	15.3			11.1							
	12			52.3			11.2	60.6	47.6					
8	00	5.5	35.5	39.4										
	12	5.6	35.6	53.5			11.3							
9	00			62.6			11.4	41.1						
	12	26.1	45.1	31.1			11.5		6.1					
10	00			33.2			11.6	41.2						
	12	26.2	45.2	7.3			10.1							
11	00			4.4				41.3						
	12	26.3	45.3	29.5			10.2		6.2	41.1				
12	00			40.1	21.5	48.5	10.3	41.4						
	12	26.4	45.4	64.2			10.4							
13	00			47.3			10.5							
	12	26.5	45.5	6.5	D	D	10.6	41.5	6.3					
14	00			46.6										
	12	26.6	45.6	48.2			58.1	41.6					57.3	
15	00	11.1	12.1	57.3	R	R	58.2							
	12			32.5			58.3		6.4					
16	00	11.2	12.2	28.1			58.4	19.1		41.2				
	12			44.3			58.5							
17	00	11.3	12.3	1.4				19.2						
	12			43.6			58.6							
18	00	11.4	12.4	34.2			38.1		6.5					
	12			9.4			38.2	19.3						
19	00	11.5	12.5	5.6			38.3							
	12			11.1										
20	00	11.6	12.6	10.3			38.4	19.4	6.6					
	12	10.1	15.1	58.5			38.5			41.3				
21	00			38.6			38.6							
	12	10.2	15.2	61.2			54.1	19.5						
22	00			60.3	21.4	48.4		46.1						
	12	10.3	15.3	41.4			54.2	19.6						
23	00			19.5			54.3							
	12	10.4	15.4	13.6			54.4							
24	00			30.1			54.5							7.5
	12	10.5	15.5	55.2				13.1	46.2	41.4				
25	00			37.3			54.6							
	12	10.6	15.6	63.3			61.1							
26	00	58.1	52.1	22.4			61.2	13.2						
	12			36.4									15.5	
27	00	58.2	52.2	25.4			61.3		46.3					
	12			17.5	D	D	61.4							
28	00	58.3	52.3	21.5	R	R	61.5	13.3						
	12			51.5										
29	00	58.4	52.4	42.6			61.6			46.4	41.5			
	12			3.6			60.1							
30	00	58.5	52.5	27.6				13.4						
	12			2.1			60.2					R		
31	00	58.6	52.6	23.1			60.3							
	12			8.1					46.5					

1949

January 1950

Date/Time	☉	⊕	☾	☋	☊	☿	♀	♂	♃	♄	⚳	♆	♅
1 00	38.1	39.1	20.2	21.4	48.4	60.4	13.4	46.5	41.5	47.3	15.5	57.3	7.5
12	38.2	39.2	16.2	R	R	D	13.5	D	D	R	R	D	R
2 00			35.3			60.5		41.6					
12	38.3	39.3	45.4	21.3	48.3								
3 00			12.4			60.6							
12	38.4	39.4	15.5				46.6						
4 00			52.6			41.1							
12	38.5	39.5	53.1				13.6						
5 00			62.2										
12	38.6	39.6	56.3			41.2							
6 00			31.4					18.1	19.1				
12	54.1	53.1	33.6										
7 00	54.2	53.2	4.1	21.2	48.2								
12			29.2			41.3							
8 00	54.3	53.3	59.3										
12			40.5										
9 00	54.4	53.4	64.6		R		18.2						
12			6.1										
10 00	54.5	53.5	46.3										
12			18.4			41.2			19.2				
11 00	54.6	53.6	48.6	D	D	R							
12			32.1	R	R		18.3						
12 00	61.1	62.1	50.3										
12	61.2	62.2	28.4			41.1							
13 00			44.6										
12	61.3	62.3	43.1			60.6							
14 00			14.3										
12	61.4	62.4	34.5			60.5			19.3				
15 00			9.6				18.4						
12	61.5	62.5	26.2			60.4							
16 00			11.3			60.3							
12	61.6	62.6	10.5										
17 00			58.6			60.2	13.5						
12	60.1	56.1	54.2			60.1							
18 00	60.2	56.2	61.3	21.1	48.1					15.4			
12			60.4			61.6		18.5	19.4				
19 00	60.3	56.3	41.5			61.5							R
12			13.1										
20 00	60.4	56.4	49.2			61.4	13.4						
12			30.3			61.3							
21 00	60.5	56.5	55.3										
12			37.4			61.2							
22 00	60.6	56.6	63.5										
12			22.5			61.1	13.3	18.6	19.5				
23 00	41.1	31.1	36.6										
12			25.6			54.6							
24 00	41.2	31.2	21.1	D	D		13.2						
12	41.3	31.3	51.1			54.5				47.2			
25 00			42.1										
12	41.4	31.4	3.2										
26 00			27.2			54.4	13.1		19.6				
12	41.5	31.5	24.2	R	R								
27 00			2.3					48.1					
12	41.6	31.6	23.3			19.6							
28 00			8.3										
12	19.1	33.1	20.4										
29 00			16.4				19.5						
12	19.2	33.2	35.5		D								
30 00	19.3	33.3	45.5	17.6	18.6			13.1					
12			12.6				19.4						
31 00	19.4	33.4	52.1										
12			39.2										

February 1950

Date/Time	☉	⊕	☾	☋	☊	☿	♀	♂	♃	♄	⚳	♆	♅
1 00	19.5	33.5	53.3	17.6	18.6	54.4	19.3	48.1	13.1	47.2	15.4	57.3	7.5
12			62.4	R	R	D	R	D	D	R	R	R	R
2 00	19.6	33.6	56.5			54.5							
12			33.1				19.2	48.2					
3 00	13.1	7.1	7.2						13.2				
12			4.3										
4 00	13.2	7.2	29.5			54.6	19.1						
12			59.6										
5 00	13.3	7.3	64.2										
12	13.4	7.4	47.3			61.1							
6 00			6.5			41.6							
12	13.5	7.5	18.1	17.5	18.5	61.2							7.4
7 00			48.2	D	D				13.3				
12	13.6	7.6	57.4			41.5							
8 00			32.5	17.6	18.6	61.3							
12	49.1	4.1	28.1										
9 00			44.3			61.4							
12	49.2	4.2	1.4			41.4							
10 00			43.6	R	R	61.5							
12	49.3	4.3	34.1							47.1			
11 00	49.4	4.4	9.3			61.6			13.4				
12			5.4	17.5	18.5								
12 00	49.5	4.5	26.5			60.1	41.3						
12			10.1			60.2	R						
13 00	49.6	4.6	58.2										
12			38.3			60.3							
14 00	30.1	29.1	54.4										
12			61.6			60.4							
15 00	30.2	29.2	41.1			60.5	41.2		13.5				
12			19.2										
16 00	30.3	29.3	13.3			60.6							
12			49.4			41.1							
17 00	30.4	29.4	30.5										
12	30.5	29.5	55.5			41.2							
18 00			37.6			41.3							
12	30.6	29.6	22.1										
19 00			36.1			41.4			13.6				
12	55.1	59.1	25.2			41.5							
20 00			17.2										
12	55.2	59.2	21.3	D	D	41.6							
21 00			51.3			19.1	D						
12	55.3	59.3	42.3								15.3		
22 00			3.4			19.2	48.1						
12	55.4	59.4	27.4			19.3							
23 00			24.4			19.4		49.1					
12	55.5	59.5	2.5					64.6					
24 00	55.6	59.6	23.5			19.5							
12			8.5			19.6						57.2	
25 00	37.1	40.1	20.6			13.1							
12			16.6	R	R								
26 00	37.2	40.2	45.1			13.2							
12			12.1			13.3							
27 00	37.3	40.3	15.2			13.4		49.2					
12			52.3			41.3							
28 00	37.4	40.4	39.3			13.5	18.6						
12			53.4			13.6							

1950

March 1950

Date	Time	☉	⊕	☾	☊	☋	☿	♀	♂	♃	♄	⚷	♆	♅
1	00	37.5	40.5	62.5	17.5	18.5	49.1	41.3	18.6	49.2	64.6	15.3	57.2	7.4
	12			56.6	R	R	49.2	D	R	D	R	R	R	R
2	00	37.6	40.6	33.2										
	12			7.3			49.3	41.4						
3	00	63.1	64.1	4.5	17.4	18.4	49.4		49.3					
	12	63.2	64.2	29.6			49.5							
4	00			40.2			49.6		18.5					
	12	63.3	64.3	64.3			30.1							
5	00			47.5				41.5						
	12	63.4	64.4	46.1			30.2							
6	00			18.3			30.3							
	12	63.5	64.5	48.5	D	D	30.4							
7	00			32.1			30.5	41.6		49.4				
	12	63.6	64.6	50.2			30.6		18.4		64.5			
8	00			28.4			55.1							
	12	22.1	47.1	44.6										
9	00			43.2			55.2	19.1						
	12	22.2	47.2	14.3			55.3							
10	00			34.5			55.4					D		
	12	22.3	47.3	5.1			55.5	19.2	18.3					
11	00	22.4	47.4	26.2			55.6			49.5				
	12			11.3	R	R	37.1							
12	00	22.5	47.5	10.5			37.2							
	12			58.6			37.3	19.3						
13	00	22.6	47.6	54.1										
	12			61.2			37.4		18.2					
14	00	36.1	6.1	60.3			37.5	19.4						
	12			41.4			37.6							
15	00	36.2	6.2	19.5			63.1			49.6				
	12			13.6			63.2	19.5						
16	00	36.3	6.3	30.1			63.3		18.1					
	12			55.1			63.4	19.6						
17	00	36.4	6.4	37.2			63.5							
	12			63.3			63.6							
18	00	36.5	6.5	22.3			22.1	13.1						
	12	36.6	6.6	36.4			22.2	46.6						
19	00			25.4			22.3			64.4				
	12	25.1	46.1	17.5	D	D	22.4	13.2		30.1				
20	00			21.5			22.5							
	12	25.2	46.2	51.6			22.6	13.3						
21	00			42.6			36.1		46.5					
	12	25.3	46.3	3.6			36.2							
22	00			27.6			36.3	13.4						
	12	25.4	46.4	2.1			36.4							
23	00			23.1			36.5	13.5						7.3
	12	25.5	46.5	8.1			36.6	46.4						
24	00			20.2			25.1	13.6		30.2				
	12	25.6	46.6	16.2			25.2							
25	00			35.2			25.3							
	12	17.1	18.1	45.3			25.4	49.1						
26	00			12.3			25.5		46.3					
	12	17.2	18.2	15.4			25.6	49.2						
27	00	17.3	18.3	52.4	R	R	17.1					15.4		
	12			39.5			17.2	49.3						
28	00	17.4	18.4	53.6			17.3							
	12			56.1			17.5	49.4	46.2	30.3				
29	00	17.5	18.5	31.2	D	D	17.6							
	12			33.3			21.1							
30	00	17.6	18.6	7.4			21.2	49.5						
	12			4.6			21.3							
31	00	21.1	48.1	59.1			21.4	49.6	46.1					
	12			40.3			21.5							

April 1950

Date	Time	☉	⊕	☾	☊	☋	☿	♀	♂	♃	♄	⚷	♆	♅
1	00	21.2	48.2	64.4	17.4	18.4	21.6	30.1	46.1	30.3	64.3	15.4	57.2	7.3
	12			47.6	D	D	51.1	D	R	D	R	D	R	R
2	00	21.3	48.3	46.2			51.2	30.2		30.4				
	12			18.4			51.3		6.6					
3	00	21.4	48.4	48.6	R	R	51.5	30.3						
	12			32.2			51.6							
4	00	21.5	48.5	50.4			42.1	30.4					57.1	
	12			28.6			42.2							
5	00	21.6	48.6	1.2			42.3	30.5	6.5					
	12	51.1	57.1	43.4			42.4							
6	00			14.6			42.5	30.6						
	12	51.2	57.2	9.2			42.6		30.5					
7	00			5.4			3.1	55.1						
	12	51.3	57.3	26.5			3.2							
8	00			10.1			3.3	55.2	6.4					
	12	51.4	57.4	58.2			3.4							
9	00			38.4			3.5	55.3						
	12	51.5	57.5	54.5	D	D	27.1							
10	00			61.6			27.2	55.4						
	12	51.6	57.6	41.1			27.3							
11	00			19.2			27.4	55.5	6.3					
	12	42.1	32.1	13.3			27.5		30.6					
12	00			49.4				55.6						
	12	42.2	32.2	30.4			27.6							
13	00			55.5			24.1	37.1						
	12	42.3	32.3	37.6			24.2							
14	00			63.6			24.3	37.2						
	12	42.4	32.4	36.1			24.4	37.3	6.2					
15	00			25.1			24.5							
	12	42.5	32.5	17.1			24.6	37.4						
16	00	42.6	32.6	21.2	R	R	2.1							
	12			51.2				37.5		55.1				
17	00	3.1	50.1	42.2			2.2							
	12			3.3			2.3	37.6			64.2			
18	00	3.2	50.2	27.3			2.4							
	12			24.3			2.5	63.1	6.1					
19	00	3.3	50.3	2.4			2.6	63.2						
	12			23.4										
20	00	3.4	50.4	8.4			23.1							
	12			20.5				63.3						
21	00	3.5	50.5	16.5			23.2	63.4						
	12			35.5						55.2				
22	00	3.6	50.6	45.6			23.3	63.5						
	12			12.6			23.4							
23	00	27.1	28.1	52.1				63.6						
	12			39.1			23.5							
24	00	27.2	28.2	53.2				22.1	47.6					
	12			62.3			23.6							
25	00	27.3	28.3	56.3			22.2							
	12			31.4	D	D	22.3							
26	00	27.4	28.4	33.5			8.1							
	12			7.6			22.4							
27	00	27.5	28.5	29.1			8.2			55.3				
	12			59.2			22.5							
28	00	27.6	28.6	40.4										
	12	24.1	44.1	64.5			22.6						D
29	00			6.1			8.3	36.1				15.5		
	12	24.2	44.2	46.3										
30	00			18.5	R	R		36.2						
	12	24.3	44.3	57.1										

May 1950

Date	Time	☉	⊕	☽	☊	☋	☿	♀	♂	♃	♄	⚷	♆	♅
1	00	24.3	44.3	32.3	17.4	18.4	8.3	36.3	47.6	55.3	64.2	15.5	57.1	7.3
	12	24.4	44.4	50.5	R	R	D	D	R	D	R	D	R	D
2	00			44.1			8.4	36.4						
	12	24.5	44.5	1.3				36.5						
3	00			43.5						55.4				
	12	24.6	44.6	34.1				36.6						
4	00			9.3			R	D						
	12	2.1	1.1	5.5				25.1						
5	00			11.1										
	12	2.2	1.2	10.3				25.2						
6	00			58.5			8.3	25.3						
	12	2.3	1.3	38.6										
7	00			61.2				25.4						
	12	2.4	1.4	60.3										
8	00			41.4				25.5						
	12	2.5	1.5	19.5				25.6						
9	00			13.6	D	D								
	12	2.6	1.6	30.1			8.2	17.1		55.5				
10	00			55.2										
	12	23.1	43.1	37.2				17.2					48.6	
11	00			63.3										
	12	23.2	43.2	22.3			8.1	17.3						
12	00			36.4				17.4						
	12	23.3	43.3	25.4										
13	00			17.5	R	R	23.6	17.5						
	12	23.4	43.4	21.5										
14	00	23.5	43.5	51.5				17.6	6.1					
	12			42.6			23.5	21.1						
15	00	23.6	43.6	3.6										
	12			27.6	17.3	18.3		21.2				D		
16	00	8.1	14.1	2.1										
	12			23.1			23.4	21.3		55.6				
17	00	8.2	14.2	8.1				21.4						
	12			20.1										
18	00	8.3	14.3	16.2			23.3	21.5						
	12			35.2										
19	00	8.4	14.4	45.3				21.6				15.6		
	12			12.3			23.2	51.1						
20	00	8.5	14.5	15.4					6.2					
	12			52.4				51.2						
21	00	8.6	14.6	39.5										
	12			53.5			23.1	51.3						
22	00	20.1	34.1	62.6				51.4						
	12			31.1	17.2	18.2								
23	00	20.2	34.2	33.1				51.5						
	12			7.2										
24	00	20.3	34.3	4.3				51.6						
	12			29.4			2.6	42.1						
25	00	20.4	34.4	59.5	D	D			6.3	37.1				
	12			40.6				42.2						
26	00	20.5	34.5	47.2				42.3						
	12			6.3										
27	00	20.6	34.6	46.5				42.4						
	12			18.6	R	R								
28	00	16.1	9.1	57.2			D	42.5						
	12			32.4					6.4					
29	00	16.2	9.2	50.6				42.6						
	12			44.2				3.1						
30	00	16.3	9.3	1.4										
	12			43.6				3.2						
31	00	16.4	9.4	34.2			23.1							
	12			9.4				3.3						

June 1950

Date	Time	☉	⊕	☽	☊	☋	☿	♀	♂	♃	♄	⚷	♆	♅
1	00	16.5	9.5	5.6	17.2	18.2	23.1	3.4	6.5	37.1	64.2	15.6	48.6	7.3
	12			11.2	R	R	D	D	D	D	D	R	R	D
2	00	16.6	9.6	10.4				3.5						
	12	35.1	5.1	58.6			23.2							
3	00			54.2				3.6						
	12	35.2	5.2	61.3				27.1						7.4
4	00			60.5					6.6					
	12	35.3	5.3	41.6	17.1	18.1	23.3	27.2						
5	00			13.1				27.3						
	12	35.4	5.4	49.3						37.2	52.1			
6	00			30.4			23.4	27.4						
	12	35.5	5.5	55.4										
7	00			37.5				27.5	46.1					
	12	35.6	5.6	63.6	D	D	23.5	27.6						
8	00			22.6										
	12	45.1	26.1	25.1			23.6	24.1						
9	00			17.1										
	12	45.2	26.2	21.2	R	R	8.1	24.2						
10	00			51.2				24.3	46.2					
	12	45.3	26.3	42.2			8.2							
11	00			3.3				24.4						
	12	45.4	26.4	27.3			8.3	24.5						
12	00			24.3										
	12	45.5	26.5	2.4			8.4	24.6	46.3		64.3			
13	00			23.4										
	12	45.6	26.6	8.4			8.5	2.1						
14	00			20.5			8.6	2.2						
	12	12.1	11.1	16.5										
15	00			35.5			20.1	2.3	46.4					
	12	12.2	11.2	45.6			20.2							
16	00			12.6	25.6	46.6		2.4						
	12	12.3	11.3	52.1			20.3	2.5						
17	00			39.1			20.4							
	12	12.4	11.4	53.2				2.6	46.5					
18	00			62.3			20.5	23.1						
	12	12.5	11.5	56.3			20.6							
19	00			31.4			16.1	23.2						
	12	12.6	11.6	33.5				46.6						
20	00			7.6			16.2	23.3						
	12	15.1	10.1	29.1			16.3	23.4						
21	00			59.2			16.4							
	12	15.2	10.2	40.3			16.5	23.5			52.2			
22	00			64.4				23.6	18.1					
	12	15.3	10.3	47.5			16.6							
23	00			6.6			35.1	8.1						
	12	15.4	10.4	18.2			35.2							
24	00			48.3			35.3	8.2	18.2					
	12	15.5	10.5	57.5			35.4	8.3						
25	00			32.6			35.5							
	12	15.6	10.6	28.2			35.6	8.4						
26	00			44.4	25.5	46.5	45.1	8.5						
	12	52.1	58.1	1.6			45.2		18.3				D	
27	00			14.1			45.3	8.6						
	12	52.2	58.2	34.3			45.4		R					
28	00			9.5			45.5	20.1						
	12	52.3	58.3	26.1			45.6	20.2	18.4		64.4			
29	00	52.4	58.4	11.3			12.1							
	12			10.5			12.2	20.3						
30	00	52.5	58.5	38.1			12.3	20.4						
	12			54.3			12.4		18.5					

July 1950

Date/Time	☉	⊕	☾	☊	⚷	☿	♀	♂	♃	♄	⇧	♆	⚸
1 00	52.6	58.6	61.4	25.5	46.5	12.5	20.5	18.5	37.2	64.4	52.2	48.6	7.4
12			60.6	R	R	12.6	D		R	D	D	D	D
2 00	39.1	38.1	19.2	25.4	46.4	15.1	20.6						
12			13.3			15.2	16.1	18.6					
3 00	39.2	38.2	49.4			15.3							
12			30.5			15.4	16.2						
4 00	39.3	38.3	55.6			15.5	16.3						
12			63.1			52.1		48.1					
5 00	39.4	38.4	22.2			52.2	16.4						
12			36.3			52.3							
6 00	39.5	38.5	25.3			52.4	16.5						
12			17.4	D	D	52.5	16.6	48.2					
7 00	39.6	38.6	21.4			52.6					52.3		
12			51.5	R	R	39.1	35.1						
8 00	53.1	54.1	42.5			39.3	35.2	48.3					
12			3.5			39.4							
9 00	53.2	54.2	27.6			39.5	35.3						
12			24.6			39.6	35.4						
10 00	53.3	54.3	2.6			53.1		48.4					
12			8.1			53.2	35.5		64.5				
11 00	53.4	54.4	20.1			53.3							
12			16.1			53.5	35.6						
12 00	53.5	54.5	35.2			53.6	45.1	48.5					
12			45.2			62.1							
13 00	53.6	54.6	12.3			62.2	45.2						
12			15.3			62.3	45.3						
14 00	62.1	61.1	52.4	25.3	46.3	62.4		48.6					
12			39.4			62.5	45.4						7.5
15 00	62.2	61.2	53.5			56.1	45.5						
12			62.6			56.2		57.1					
16 00	62.3	61.3	31.1			56.3	45.6						
12			33.2			56.4							
17 00	62.4	61.4	7.3			56.5	12.1						
12			4.4			56.6	12.2	57.2					
18 00	62.5	61.5	29.5			31.1							
12			59.6			31.2	12.3						
19 00	62.6	61.6	64.1			31.3	12.4	57.3	37.1				
12			47.2			31.4							
20 00	56.1	60.1	6.3			31.5	12.5						
12			46.4	D	D	31.6	12.6						
21 00	56.2	60.2	18.6			33.2		57.4		64.6			
12			57.1			33.3	15.1						
22 00	56.3	60.3	32.3			33.4							
12			50.4	R	R	33.5	15.2	57.5					
23 00	56.4	60.4	28.6			33.6	15.3				52.4		
12			1.1			7.1							
24 00	56.5	60.5	43.3			7.2	15.4						
12			14.4			7.3	15.5	57.6					
25 00	56.6	60.6	34.6			7.4							
12			5.2			7.5	15.6						
26 00	31.1	41.1	26.4	25.2	46.2		52.1	32.1					
12			11.5			7.6							
27 00	31.2	41.2	58.1			4.1	52.2						
12	31.3	41.3	38.3			4.2		32.2					
28 00			54.4			4.3	52.3						
12	31.4	41.4	61.6			4.4	52.4						
29 00			41.2			4.5							
12	31.5	41.5	19.3			4.6	52.5	32.3					
30 00			13.4			29.1	52.6						
12	31.6	41.6	49.6			29.2				55.6	47.1		
31 00			55.1			29.3	39.1	32.4					
12	33.1	19.1	37.2			29.4	39.2						

August 1950

Date/Time	☉	⊕	☾	☊	⚷	☿	♀	♂	♃	♄	⇧	♆	⚸
1 00	33.1	19.1	63.3	25.2	46.2	29.4	39.2	32.4	55.6	47.1	52.4	48.6	7.5
12	33.2	19.2	22.4	R	R	29.5	39.3	32.5	R	D	D	D	D
2 00			36.4			29.6	39.4						
12	33.3	19.3	25.5	D	D	59.1							
3 00			17.6			59.2	39.5	32.6					
12	33.4	19.4	21.6			59.3							
4 00			42.1			59.4	39.6						
12	33.5	19.5	3.1			53.1							
5 00			27.1			59.5		50.1					
12	33.6	19.6	24.2			59.6	53.2						
6 00			2.2	R	R	40.1	53.3						
12	7.1	13.1	23.2			40.2		50.2					
7 00			8.3				53.4						
12	7.2	13.2	20.3			40.3	53.5						
8 00			16.4			40.4		50.3	55.5	47.2			
12	7.3	13.3	35.4			40.5	53.6						
9 00			45.4				62.1						
12	7.4	13.4	12.5			40.6		50.4			52.5		
10 00			15.5			64.1	62.2						
12	7.5	13.5	52.6	25.1	46.1	64.2							
11 00			53.1				62.3	50.5					
12	7.6	13.6	62.1			64.3	62.4					57.1	
12 00			56.2			64.4							
12	4.1	49.1	31.3			62.5	50.6						
13 00			33.4			64.5	62.6						
12	4.2	49.2	7.5			64.6							
14 00			4.6			56.1							
12	4.3	49.3	59.2			47.1	56.2	28.1					
15 00			40.3			47.2							7.6
12	4.4	49.4	64.4				56.3						
16 00			47.5			47.3	56.4	28.2	55.4	47.3			
12	4.5	49.5	46.1			47.4							
17 00			18.2	D	D		56.5						
12	4.6	49.6	48.4			47.5	56.6	28.3					
18 00			57.5										
12	29.1	30.1	50.1			47.6	31.1						
19 00	29.2	30.2	28.2			6.1		28.4					
12			44.4				31.2						
20 00	29.3	30.3	1.5			6.2	31.3						
12			14.1				28.5						
21 00	29.4	30.4	34.3	R	R	6.3	31.4						
12			9.4				31.5						
22 00	29.5	30.5	5.6			6.4		28.6					
12			11.1				31.6						
23 00	29.6	30.6	10.3			6.5	33.1		55.3				
12			58.4				44.1						
24 00	59.1	55.1	38.6			6.6	33.2			47.4			
12			61.1				33.3						
25 00	59.2	55.2	60.3				44.2						
12			41.4			46.1	33.4						
26 00	59.3	55.3	19.5				33.5						
12			13.6			46.2	44.3						
27 00	59.4	55.4	30.2				33.6						
12			55.3				7.1						
28 00	59.5	55.5	37.4			46.3	44.4						
12			63.5				7.2						
29 00	59.6	55.6	22.5				7.3	44.5					
12			36.6										
30 00	40.1	37.1	17.1	D	D	46.4	7.4		55.2				
12			21.2				44.6			52.6			
31 00	40.2	37.2	51.2				7.5						
12			42.3				7.6						

September 1950

Date/Time	☉	⊕	☾	☋	☊	☿	♀	♂	♃	♄	⇧	♆	⚷
1 00	40.3	37.3	3.3	25.1	46.1	46.4	7.6	1.1	55.2	47.5	52.6	57.1	7.6
12			27.4	D	D	46.5	4.1		D	R	D	D	D
2 00	40.4	37.4	24.4				4.2						
12			2.4					1.2					
3 00	40.5	37.5	23.5				4.3						
12			8.5				4.4						
4 00	40.6	37.6	20.5					1.3					
12	64.1	63.1	16.6			R	4.5						
5 00			35.6	R	R		4.6						
12	64.2	63.2	45.6					1.4					
6 00			15.1				29.1						
12	64.3	63.3	52.1				29.2		55.1				
7 00			39.2			46.4		1.5					
12	64.4	63.4	53.3				29.3						
8 00			62.3				29.4						
12	64.5	63.5	56.4					1.6		47.6			
9 00			31.5				29.5						
12	64.6	63.6	33.6			46.3	29.6	43.1					
10 00			4.1										
12	47.1	22.1	29.2				59.1						
11 00			59.3			46.2	59.2	43.2					
12	47.2	22.2	40.5										
12 00			64.6			46.1	59.3						
12	47.3	22.3	6.2				59.4	43.3				57.2	
13 00			46.3	D	D	6.6							
12	47.4	22.4	18.5				59.5						
14 00			57.1			6.5	59.6	43.4					
12	47.5	22.5	32.2						30.6				
15 00			50.4			6.4	40.1						
12	47.6	22.6	28.6				40.2	43.5					
16 00			1.2			6.3					6.1		4.1
12	6.1	36.1	43.3				40.3	43.6					
17 00			14.5			6.2	40.4						
12	6.2	36.2	9.1										
18 00	6.3	36.3	5.2			6.1	40.5	14.1					
12			26.4										
19 00	6.4	36.4	11.5	R	R	47.6	40.6						
12			58.1			47.5	64.1	14.2					
20 00	6.5	36.5	38.2										
12			54.4				64.2						
21 00	6.6	36.6	61.5			47.4	64.3	14.3					
12			60.6										
22 00	46.1	25.1	19.1	D	D	47.3	64.4	14.4					
12			13.2				64.5						
23 00	46.2	25.2	49.4						30.5				
12			30.5			47.2	64.6	14.5		6.2			
24 00	46.3	25.3	55.5				47.1						
12			37.6										
25 00	46.4	25.4	22.1				47.2	14.6					
12			36.2				47.3						
26 00	46.5	25.5	25.3	R	R								
12			17.3		D		47.4	34.1					
27 00	46.6	25.6	21.4				47.5						
12			51.4					34.2					
28 00	18.1	17.1	42.5				47.6						
12			3.5				6.1						
29 00	18.2	17.2	27.6					34.3					
12	18.3	17.3	24.6				6.2						
30 00			23.1			47.3	6.3						
12	18.4	17.4	8.1					34.4					

October 1950

Date/Time	☉	⊕	☾	☋	☊	☿	♀	♂	♃	♄	⇧	♆	⚷
1 00	18.4	17.4	20.1	25.1	46.1	47.3	6.4	34.4	30.5	6.3	52.6	57.2	4.1
12	18.5	17.5	16.2	R	R	47.4	6.5	34.5	R	D	D	D	D
2 00			35.2										
12	18.6	17.6	45.2			47.5	6.6						
3 00			12.3				46.1	34.6					
12	48.1	21.1	15.3			47.6							
4 00			52.3				46.2						
12	48.2	21.2	39.4	D	D	6.1	46.3	9.1	30.4				
5 00			53.4										
12	48.3	21.3	62.5			6.2	46.4	9.2					
6 00			56.6			6.3	46.5						
12	48.4	21.4	31.6			6.4							
7 00			7.1				46.6	9.3					
12	48.5	21.5	4.2			6.5	18.1						
8 00			29.3			6.6							
12	48.6	21.6	59.5			46.1	18.2	9.4		6.4		57.3	
9 00	57.1	51.1	40.6				18.3						
12			47.1			46.2		9.5					
10 00	57.2	51.2	6.3			46.3	18.4						
12			46.5	R	R	46.4	18.5						
11 00	57.3	51.3	18.6			46.5		9.6					
12			57.2			46.6	18.6						
12 00	57.4	51.4	32.4			48.1	5.1						
12			50.6			18.1							
13 00	57.5	51.5	44.2			18.2	48.2						
12			1.4			18.3	48.3	5.2					
14 00	57.6	51.6	43.6			18.4							
12			34.2	36.6	6.6	18.5	48.4						
15 00	32.1	42.1	9.4			18.6	48.5	5.3					
12			5.6			48.1							
16 00	32.2	42.2	11.1			48.2	48.6	5.4					
12			10.3			57.1				6.5	R		
17 00	32.3	42.3	58.5			48.3							
12			38.6			48.4	57.2	5.5					
18 00	32.4	42.4	61.2			48.5	57.3						
12	32.5	42.5	60.3	D	D	48.6		5.6					
19 00			41.4			57.1	57.4						
12	32.6	42.6	19.5			57.2	57.5						
20 00			13.6			57.3	26.1						
12	50.1	3.1	30.1			57.4	57.6						
21 00			55.2			57.5	32.1	26.2					
12	50.2	3.2	37.3			57.6							
22 00			63.4			32.1	32.2						
12	50.3	3.3	22.4				32.3	26.3					
23 00			36.5			32.2							
12	50.4	3.4	25.6	R	R	32.3	32.4						
24 00			17.6			32.4	32.5	26.4					
12	50.5	3.5	51.1			32.5		D					
25 00			12.1			32.6	32.6	26.5		6.6			
12	50.6	3.6	3.2			50.1	50.1						
26 00	28.1	27.1	27.2			50.2							
12			24.2			50.3	50.2	26.6					
27 00	28.2	27.2	2.3			50.4	50.3						
12			23.3				11.1						
28 00	28.3	27.3	8.4			50.5	50.4						
12			20.4			50.6	50.5						
29 00	28.4	27.4	16.4			28.1		11.2					
12			35.5			28.2	50.6						
30 00	28.5	27.5	45.5			28.3	28.1	11.3					
12			12.5			28.4							
31 00	28.6	27.6	15.6			28.5	28.2						
12			52.6			28.6	28.3	11.4					

1950

November 1950

Date/Time	☉	⊕	☾	☊	☋	☿	♀	♂	♃	♄	⚴	♆	♇
1 00	44.1	24.1	39.6	36.6	6.6	28.6	28.3	11.4	30.4	6.6	52.6	57.3	4.1
12			62.1	R	R	44.1	28.4	11.5	D	D	R	D	D
2 00	44.2	24.2	56.1			44.2	28.5						
12			31.2			44.3			46.1				
3 00	44.3	24.3	33.3			44.4	28.6	11.6					
12	44.4	24.4	7.3	D	D	44.5	44.1					57.4	
4 00			4.4			44.6		10.1					
12	44.5	24.5	29.5				44.2						
5 00			59.6			1.1	44.3						
12	44.6	24.6	64.1			1.2		10.2					
6 00			47.2			1.3	44.4						
12	1.1	2.1	6.4			1.4	44.5	10.3					
7 00			46.5	R	R	1.5							
12	1.2	2.2	48.1			1.6	44.6						4.2
8 00			57.3				1.1	10.4					
12	1.3	2.3	32.5			43.1							
9 00			28.1			43.2	1.2	10.5					
12	1.4	2.4	44.3			43.3	1.3						
10 00	1.5	2.5	1.5	36.5	6.5	43.4							
12			14.1			43.5	1.4	10.6					
11 00	1.6	2.6	34.3				1.5						
12			9.5			43.6		58.1					
12 00	43.1	23.1	26.1			14.1	1.6		46.2				
12			11.3			14.2	43.1						
13 00	43.2	23.2	10.5			14.3		58.2					
12			38.1			14.4	43.2		30.5				
14 00	43.3	23.3	54.3				43.3	58.3					
12			61.5			14.5							
15 00	43.4	23.4	60.6			14.6	43.4						
12			19.1			34.1	43.5	58.4					
16 00	43.5	23.5	13.3			34.2							
12	43.6	23.6	49.4			34.3	43.6	58.5					
17 00			30.5	D	D		14.1						
12	14.1	8.1	55.6			34.4	14.2						
18 00			63.1			34.5		58.6					
12	14.2	8.2	22.1			34.6	14.3						
19 00			36.2			9.1	14.4	38.1					
12	14.3	8.3	25.3	R	R	9.2							
20 00			17.3				14.5						
12	14.4	8.4	21.4			9.3	14.6	38.2					
21 00			51.4			9.4							
12	14.5	8.5	42.4			9.5	34.1	38.3					
22 00			3.5			9.6	34.2						R
12	14.6	8.6	27.5						46.3				
23 00			24.6			5.1	34.3	38.4					
12	34.1	20.1	2.6	36.4	6.4	5.2	34.4						
24 00	34.2	20.2	23.6			5.3		38.5					
12			20.1			5.4	34.5		30.6				
25 00	34.3	20.3	16.1				34.6	38.6					
12			35.1			5.5							
26 00	34.4	20.4	45.2			5.6	9.1						
12			12.2			26.1	9.2	54.1					
27 00	34.5	20.5	15.2			26.2							
12			52.3				9.3	54.2					
28 00	34.6	20.6	39.3	36.3	6.3	26.3	9.4						
12			53.3			26.4							
29 00	9.1	16.1	62.4			26.5	9.5	54.3					
12	9.2	16.2	56.4			26.6	9.6						
30 00			31.5					54.4					
12	9.3	16.3	33.5			11.1	5.1						

December 1950

Date/Time	☉	⊕	☾	☊	☋	☿	♀	♂	♃	♄	⚴	♆	♇
1 00	9.3	16.3	7.6	36.3	6.3	11.2	5.2	54.4	30.6	46.3	52.6	57.4	4.2
12	9.4	16.4	29.1	R	R	11.3	D	54.5	D	D	R	D	R
2 00			59.2			11.4	5.3						
12	9.5	16.5	40.2				5.4	54.6			52.5		
3 00			64.3	D	D	11.5			55.1				
12	9.6	16.6	47.4			11.6	5.5	61.1				57.5	
4 00			6.6	R	R	10.1	5.6						
12	5.1	35.1	18.1										
5 00			48.2			10.2	26.1	61.2		46.4			
12	5.2	35.2	57.4			10.3	26.2						
6 00	5.3	35.3	32.6			10.4		61.3					4.1
12			28.1			10.5	26.3						
7 00	5.4	35.4	44.3				26.4						
12			1.5			10.6		61.4					
8 00	5.5	35.5	14.1			58.1	26.5						
12			34.4				26.6	61.5					
9 00	5.6	35.6	9.6			58.2							
12			26.2	36.2	6.2	58.3	11.1						
10 00	26.1	45.1	11.4			58.4	11.2	61.6	55.2				
12			10.6										
11 00	26.2	45.2	38.2			58.5	11.3	60.1					
12	26.3	45.3	54.4			58.6	11.4						
12 00			61.6					60.2					
12	26.4	45.4	41.2			38.1	11.5						
13 00			19.3			38.2	11.6						
12	26.5	45.5	13.5					60.3					
14 00			49.6			38.3	10.1						
12	26.6	45.6	55.1				10.2	60.4					
15 00			37.3			38.4							
12	11.1	12.1	63.3			38.5	10.3						
16 00			22.4				10.4	60.5					
12	11.2	12.2	36.5			38.6			55.3				
17 00			25.6				10.5	60.6					
12	11.3	12.3	17.6			54.1	10.6						
18 00	11.4	12.4	51.1					41.1					
12			42.1			54.2	58.1						
19 00	11.5	12.5	3.2				58.2						
12			27.2					41.2					
20 00	11.6	12.6	24.2			54.3	58.3						
12			2.3	36.1	6.1		58.4	41.3					
21 00	10.1	15.1	23.3										
12			8.3				58.5						
22 00	10.2	15.2	20.4			54.4	58.6	41.4					
12			16.4						55.4				
23 00	10.3	15.3	35.4				38.1	41.5					
12	10.4	15.4	45.5				38.2			46.5			
24 00			12.5			R		41.6					
12	10.5	15.5	15.5				38.3						
25 00			52.6	22.6	47.6		38.4						
12	10.6	15.6	39.6			54.3		19.1					
26 00			62.1				38.5				52.4		
12	58.1	52.1	56.1				38.6	19.2					
27 00			31.2										
12	58.2	52.2	33.2			54.2	54.1						
28 00			7.3			54.2	19.3	55.5					
12	58.3	52.3	4.4			54.1							
29 00	58.4	52.4	29.4				54.3	19.4					
12			59.5			38.6	54.4						
30 00	58.5	52.5	40.6					19.5					
12			47.1			38.5	54.5						
31 00	58.6	52.6	6.2			38.4	54.6						
12			46.3	D	D		19.6						

General Info

This volume of the Zen Human Design Ephemeris covers 25 years of data. Much care has gone into presenting this wealth of information as accurately and easily to read as possible.

The data has been calculated by computer, based on the highly regarded Swiss Ephemeris, which itself is based on NASA calculations. Mistakes in the calculations are highly unlikely. It is, however, despite very careful proof-reading, not impossible to find a mistake in the visual aides that were inserted by hand, such as the graying of positions at the beginning of a month, the shading of Sundays, or the triangles indicating gate changes.

The positions of the activating forces (the "planets") are checked twice a day, at midnight and noon GMT. (See below map to adjust to other timezones.) The results are displayed in tables, with two months per page and six pages per year. If no gate or line change has happened since the last checkpoint twelve hours earlier, nothing is displayed. For visual support, gate changes are marked with a black triangle in the upper left corner. Sundays are shaded in gray.

At the top of each month the current gate/line activation for each planet is displayed. If a change has happened within the past twelve hours, it's in black, if the last change happened more than twelve hours ago, it's in gray.

In the second row, D and R indicate direct or retrograde motion of the planet, in black only when reversal of direction happened within the past twelve hours, otherwise in gray.

www.ingramcontent.com/pod-product-compliance
Lightning Source LLC
Chambersburg PA
CBHW080636230426
43663CB00016B/2886